浙江省普通高校“十三五”新形态教材

新编21世纪高等职业教育精品教材 ◆ 金融类

个人理财实务

GEREN LICAI SHIWU

主　编　侯　锐
副主编　吴　凯　吴迪良　姚　莹　俞爱平
　　　　李方超　季　鹏　吴欣阳

中国人民大学出版社
·北京·

图书在版编目（CIP）数据

个人理财实务 / 侯锐主编. -- 北京 : 中国人民大学出版社，2023.10
新编 21 世纪高等职业教育精品教材. 金融类
ISBN 978-7-300-31714-4

Ⅰ.①个… Ⅱ.①侯… Ⅲ.①私人投资－高等职业教育－教材 Ⅳ.①F830.59

中国国家版本馆 CIP 数据核字（2023）第 090196 号

浙江省普通高校“十三五”新形态教材
新编 21 世纪高等职业教育精品教材·金融类
个人理财实务
主 编 侯 锐
副主编 吴 凯 吴迪良 姚 莹 俞爱平 李方超 季 鹏 吴欣阳
Geren Licai Shiwu

出版发行	中国人民大学出版社		
社　　址	北京中关村大街 31 号	**邮政编码**	100080
电　　话	010－62511242（总编室）		010－62511770（质管部）
	010－82501766（邮购部）		010－62514148（门市部）
	010－62515195（发行公司）		010－62515275（盗版举报）
网　　址	http://www.crup.com.cn		
经　　销	新华书店		
印　　刷	天津鑫丰华印务有限公司		
开　　本	787 mm×1092 mm　1/16	**版　　次**	2023 年 10 月第 1 版
印　　张	21	**印　　次**	2024 年 7 月第 2 次印刷
字　　数	454 000	**定　　价**	58.00 元

Preface 前 言

党的二十大报告强调：中国式现代化是全体人民共同富裕的现代化。作为助力共同富裕的有效支撑，个人理财业务已成为国内商业银行等金融机构产品和服务创新的重要领域。与此同时，随着我国市场经济的飞速发展和居民收入水平的不断提高，人们的理财意识越来越强，国内理财市场也呈现出快速发展的态势，金融行业对理财规划专业人才的需求也日益增加。因此，编者对标高职高专教学指导委员会制定的《高等职业学校金融服务与管理专业教学标准》、《理财规划师国家职业标准》、“1+X 证书家庭理财规划”的内容，根据新形态教材编写要求，编写本书。

本书的主要特色是：

1. 内容全面，时效性强

本书共分 12 个项目，内容包括：个人理财基础知识；认识客户，收集信息，分析与评价财务状况；现金、银行理财产品、消费规划；证券产品投资规划；黄金、信托、典当；保险规划；房地产理财规划；教育规划；个税规划；退休养老规划；财产分配与财产传承规划；撰写理财规划报告书。内容涵盖了理财工作中的主要理财项目。本书在编写时引入了最新的行业规则、条例、政策、法律法规，内容时效性强。

2. 基于工作岗位和工作过程编排内容，符合职业教育规律

本书适应高职高专人才培养模式改革的要求，在内容编排上，充分基于理财工作岗位和理财工作过程，以项目和任务为载体，从将“个人理财基础知识”“认识客户，收集信息，分析与评价财务状况”作为理财工作基础知识与素材储备开始，到分项目理财规划设计的展开，最终以“撰写理财规划报告书”作为理财工作终了的成果呈现，整个过程基于实际岗位与工作流程，力图培养学生的职业能力与职业素养，符合职业教育规律。

3. 编写体例设计突出实用性，适合课堂教学与自学

本书采用了项目与任务的编写体例。每个项目的工作内容与流程由若干个任务体现。在项目构成上，每个项目总目标由知识目标、技能目标、素养目标组成；由情景引入提出项目背景；由若干个任务落实项目实施；由项目总结与自测(包含思维导图、项目综述、项目自测)作为项目学习检验。在其中的每个任务构成上，由“任务目标”明确学习方向；由“任务引入”完成背景介绍；由“任务预备”介绍本任务操作过程中的知识、流程与技巧，并适当穿插“拓展阅读”来补充相关内容；由“任务实施”明确学习者应

知应会。

同时，考虑到教师用书与课堂教学实际，以及学习者学习过程中的阶段检测与总结需要，本书在任务中设置“课堂活动之‘想一想’”“课堂活动之‘说一说’”“课堂活动之‘做一做’”“课堂活动之‘写一写’”“课堂活动之‘判一判’”，以供课堂教学活动设计需要和学习者的学习需要。

4. 数字资源与习题资源丰富，新形态教材特点鲜明

为构建符合高职高专学生电子化、可视化、移动化、短暂化的阅读认知习惯的学习环境，提高学习者的感受度和知识接收效率，本书在文字内容基础上，针对每个项目任务中的重点难点部分，提供了视频微课。学习者扫描微课二维码，即可观看微课。全书共计 30 余个微课，均由有着丰富的一线授课经验和从业经验的人员出镜讲解。除此之外，本书还配套有内容详细、编排精美的 PPT，每个任务和项目的课后习题与总结。

本书可作为高等学校经济类相关专业学生学习个人理财的教材，也可作为金融经济领域及其他相关行业的从业人员扩展视野、了解个人理财工作的参考用书。

本书由侯锐担任主编，由吴凯、吴迪良、姚莹、俞爱平、李方超、季鹏、吴欣阳担任副主编。具体编写分工如下：项目 1 至项目 3、项目 10、项目 11，由侯锐、李方超编写；项目 4 由吴迪良、吴欣阳编写；项目 5、项目 6 由俞爱平、季鹏编写；项目 7、项目 8 由吴凯编写；项目 9、项目 12 由姚莹编写。陈柳伶、徐强、景高乐在本书编写过程中提供了资料整理方面的帮助。

在本书的编写过程中，编者得到了中国人民大学出版社的大力支持，借此机会，向中国人民大学出版社的编辑们表示诚挚的谢意。本书参考了金融界和教育界专家、学者的大量研究成果，并从互联网上选用了一定的案例和资料，在此谨向有关单位和作者表示衷心的感谢！

本书内容繁多、涉及面广，再加上编者所掌握的资料有限，书中难免有不当或纰漏之处，敬请广大读者批评指正！

侯　锐

2023 年 9 月于浙江绍兴

Contents | 目　录

项目1 认识个人理财——个人理财基础知识

知识目标

1. 掌握个人理财的基本概念、基本内容和理财的原则。
2. 熟悉生命周期理论和时间价值理论的基本内容。
3. 掌握测量风险和收益的方法。
4. 理解个人理财活动的影响因素及影响机理。
5. 掌握个人理财工作流程。

技能目标

1. 能够准确和全面地理解个人理财活动。

2. 能够利用生命周期理论和时间价值理论给出有指导意义的理财建议，掌握个人理财基本理论在理财活动中的应用方法。

3. 能够从风险和收益两方面对理财方案或工具进行评价。

4. 提高宏观敏锐性，增强对经济金融形势与环境变化的关注度，具备将宏观环境与个人理财活动进行整合和综合分析的能力。

素养目标

养成记账习惯，培养理性消费和正确的财富观。

情景引入

泰森靠自己的打拼成为一代拳王。他在职业生涯的巅峰期，曾经在拳击台上几分钟便可以挣到1 500万美元。他凭借拳击，在16年中赚了7亿美元，相当于49亿元人民币。如果一个人年收入为25万元，他需要工作11 200年才能获得这些收入。

然而，由于没有进行必要的财富管理，泰森只用了几年的时间就从亿万富豪变成了负债累累的人。他不得不于2003年8月申请破产。有钱的时候，他挥霍无度，住着有108间卧室的豪宅，戴着价值上千万美元的手表，养过老虎，每月生活费40万美元，两年通信账单23万美元，一场生日舞会就花费41万美元……

根据法庭的公告，泰森申请破产时，他的债务总额约为2 300万美元，相当于当时的1.9亿元人民币。美国媒体给泰森破产案起的标题是“没脑子的笨蛋跌入谷底!”

如果泰森能够聘请一位理财顾问，相信他的生活一定是另外一种样子；如果泰森具备一些理财的意识和能力，他的生活也一定是另外一种样子。这正是理财的价值所在，可惜，世界上没有如果。

对于个人和家庭而言，重视理财、实践理财或选择一位好的理财规划师，可以为其财富“保驾护航”；反之，好不容易打拼得来的财富很有可能会“毁于一旦”。

思考： 你觉得什么是理财？该如何进行理财？理财需要具备哪些基础知识和技能？

任务1.1 认识个人理财

任务目标

1. 掌握个人理财的概念。
2. 掌握个人理财的主要内容。
3. 理解个人理财的原则。

任务引入

您有没有计算过，自己的一生可能需要花费多少钱？

您有没有规划过，自己的财富有多少是用来消费的，有多少是用来投资的？

您有没有调查过，哪些投资品种更适合自己投资？各类投资品种的合理占比应是多少？

现实生活中，许多人对个人理财的理解存在误区，最突出的是将理财完全理解为投资，即理财就是指使财产升值。实际上，个人理财是指合理地分配资产和收入，不仅要考虑财富的积累，更要考虑财富的保障。为了给客户提供规范、合理、优质的个人理财服务，作为未来的理财从业人员，我们首先要了解什么是个人理财，为什么需要个人理财，个人理财的主要内容和目标有哪些。

任务预备

1.1.1 个人理财的概念和必要性

1. 个人理财的概念

个人理财，又称个人财务规划，是一种综合的金融服务，是指专业理财人员通过分析和评估客户生活各方面的财务状况与风险属性，和客户共同确定其理财目标体系，最终帮助客户制定出合理的可操作的理财方案的过程。个人理财包括个人生活理财和个人投资理财。

个人生活理财是指通过制订财务计划，对个人消费性财务资源进行适当管理，并通过不断调整计划以达到财务安全和财务自由目的的经济活动。个人生活理财的核心在于根据个人的消费性资源状况和消费偏好来实现个人的人生目标。

个人投资理财就是通过制订财务计划，对个人投资性财务资源进行适当管理，并通过不断调整计划，以达到财务安全和财务自由目的的经济活动。个人投资理财的核心在于根据个人的投资性资源状况和风险偏好来实现个人的人生目标。

拓展阅读

个人理财业务

个人理财业务在20世纪30年代产生于美国。20世纪70年代个人理财业务得到大发展，成为一项稳定的金融服务业务。

美国理财师资格鉴定委员会称个人理财是“制定合理利用财务资源、实现个人人生目标的程序”。国际理财协会将个人理财定义为“理财师通过收集整理顾客的收入、资产、负债等数据，倾听顾客的希望、要求、目标等，在专家的协助下，为顾客提供储蓄策划、投资策划、保险策划、税收策划、财产事业继承策划、经营策略等生活设计方案，并为具体的实施提供合理的建议。”《商业银行个人理财业务管理暂行办法》中提到，“个人理财业务是指商业银行为客户提供的财务分析、财务规划、投资顾问、资产管理等专业化服务活动。”

目前我国开展个人理财业务的有商业银行、证券公司、保险公司、信托公司等银行和非银行金融机构。

课堂活动之“说一说”

请你给“个人理财”一个直观、形象、易于理解的定义。

2. 个人理财的必要性

（1）平衡现在和未来的收支。

人生收入支出曲线如图1－1所示。

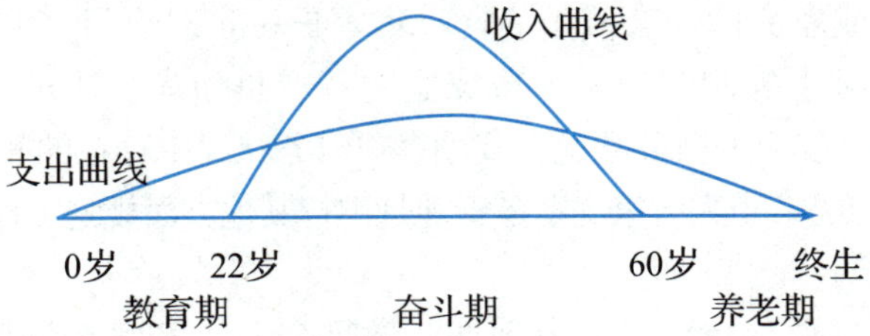

图1－1　人生收入支出曲线

平衡现在和未来的收支是个人理财的核心作用，通过个人理财可以使人一生的收入和支出基本平衡，不会因为某个时期缺乏收入来源，而放弃某项必要支出或达不到前期的生活水平。

（2）提高生活水平。

平衡一生的收支往往只能保证客户的基本需求得到满足，然而每个人都希望过得更

微课 1

什么是个人理财？
为什么要理财？

好，能够不断追求高品质的生活。因此，通过理财提高生活水平是个人理财规划的作用和原因之一。

对于绝大多数家庭来说，由于工资薪金有限，因此很难满足更高品质的生活的需求，而通过科学合理的理财规划获取投资收益是满足这一需求的重要途径。通过个人理财可以系统、整体地规划出客户一生的目标与计划，保证个人及其家庭在财务安全的前提下享受更高品质的生活。

（3）规避风险与灾害。

风险无处不在，任何人在任何时候都可能遭遇意外事件，如果事先早做安排，可以将意外事件带来的损失降到最低限度，从而达到规避风险、保障生活的目的。个人理财可以事先采取有针对性的防范措施，当风险来临时不至于惊慌失措。

（4）实现人生梦想。

在人生的不同阶段，我们有着不同的梦想和需要。通过个人理财，可以检视个人的资产状况，进行资产配置，让有限的资源发挥最大的效用。个人理财可以帮助我们实现人生的梦想，使我们的生活变得更好。

课堂活动之“想一想”

你觉得哪些理财工具或者理财方式能够帮你实现以上四个目标？

1.1.2 个人理财的主要内容与目标

1. 个人理财的主要内容

个人理财主要包括个人或家庭财务管理、现金规划、消费规划（含住房规划）、投资规划、教育规划、保险规划、税收筹划、养老规划、财产分配与传承规划等。

（1）个人或家庭财务管理。

个人或家庭财务管理既是理财规划最基础的工作，又是理财规划最基本的内容。个人或家庭财务管理主要是收集客户一定时期内收入和支出的项目及金额，并加以整理，在此基础上编制客户个人或家庭的现金流量表；收集客户一定时点资产和负债的项目及金额，并加以整理，在此基础上编制客户个人或家庭的资产负债表；通过分析客户的现金流量表和资产负债表，得到客户的财务状况，找到客户财务状况中存在的问题，并提出解决这些问题的意见和建议。可见，个人或家庭财务管理是进行其他方面规划工作的基础。

（2）现金规划。

在理财规划中，既要保持资产的流动性，满足个人或家庭支付日常家庭费用和意外事件开销，又要使流动性较强的资产尽可能保持一定的收益。现金规划是为满足个人或家庭短期需求而进行的管理日常现金及现金等价物和短期融资的活动，因此现金规划是理财规划的必备基础。这里所指的现金及现金等价物通常包括流动性比较强的现钞、银行活期存款、货币市场基金、支付宝和微信等第三方支付工具中的余额等金融资产。

（3）消费规划。

消费规划主要是基于一定的财务资源，对个人或家庭的消费水平和消费结构进行规划，以达到适度消费、稳步提高生活质量的目标。

消费规划主要包括住房消费规划、汽车消费规划以及信用卡等个人信贷消费规划。影响家庭财务增长的重要原则是“开源节流”，在收入一定的情况下，做好消费规划对一个家庭的财务状况具有重要的影响。消费规划是理财业务不可或缺的内容，如果消费缺乏计划或者消费计划不得当，家庭很可能支付过高的消费成本，严重者甚至会导致家庭出现财务危机。

（4）投资规划。

投资规划是根据客户投资理财目标和风险承受能力，为客户制定合理的资产配置方案，构建投资组合来帮助实现理财目标的过程。

构建投资组合依赖不同的投资工具，这些投资工具根据期限长短、风险收益的特征与功能不同，大致可以分为货币市场工具和资本市场工具，其他包括个人外汇、个人信托、艺术品投资等。合理的投资规划是为不同客户或同一客户不同时期的理财目标设计的，不同的理财目标要借助不同的投资产品来实现。因此，投资规划要求理财规划师在充分了解客户的财务状况和风险偏好的基础上，通过合理的资产分配，使投资组合既能满足客户的理财目标，又能获得充分的回报。

（5）教育规划。

教育规划是理财规划师帮助客户进行子女教育金筹集的规划。教育规划主要是通过分析了解客户对子女的教育目标、目前的年龄、当前的教育费用，在考虑未来一定时期内通货膨胀因素的前提下，估算客户为其子女达成教育目标所需的费用，进而计算客户未达成既定的教育目标的教育金缺口，以及怎样通过储蓄和投资弥补教育金缺口。

（6）保险规划。

保险规划是保险规划师帮助客户分析客户个人或家庭在人身和财产方面可能遭遇的各种风险、影响与危害，分析客户保险需求，帮助客户选择合适的保险品种、期限、保险金额，选择合适的保险公司进行投保，以避免风险发生时给个人或家庭的生活带来冲击。保险规划师应系统考虑如何管理风险，让个人及家庭尽可能获得最大的安全保障，从而提高客户的生活质量。

（7）税收筹划。

税收筹划是理财规划师帮助客户在纳税行为发生之前，在不违反法律法规的前提下，通过分析客户个人或家庭的生产经营状况、投资状况和收入状况，对涉税事项进行事先安排，以达到少交税或递延纳税的目的。

（8）养老规划。

退休后能够享受自立的、有尊严的、高品质的退休生活，是一个人一生中非常重要的理财目标，可见，养老规划是整个人生理财规划中不可或缺的部分。合理而有效的养老规划，不仅可以满足一个人退休后生活的支出，保证自己的生活品质，抵抗通货膨胀的影响，而且可以显著提高个人的净资产，提高整个家庭的生活幸福感。

（9）财产分配与传承规划。

财产分配与传承规划是指为了家庭财产在家庭成员之间进行合理分配而制订的财务规划。为了保证家庭财产实现代际相传、安全让渡而设计的财务方案就是遗产规划。遗产规划指当事人在其健在时通过选择遗产管理工具和制定遗产分配方案，将拥有或控制的各项资产或负债进行合理安排，确保在自己去世或丧失行为能力时能够实现一定的目标，这是从财务的角度对个人一生的财产进行的最终整体安排。

2. 个人理财的目标

（1）总体目标。

每个人的理财目标各有不同，同一个人在不同阶段的理财目标也不相同，但从一般角度而言，个人理财的目标可以归纳为两个层次：实现财务安全和追求财务自由。

所谓财务安全，是指个人或家庭对自己的财务现状有充足的信心，认为现有的财富足以应对未来的财务支出和其他生活目标的实现，不会出现较大的财务危机。所谓财务自由，是指个人或家庭的投资收入大于全部支出，这时即达到了财务自由。当达到财务自由时，个人不再为赚取生活费用而工作，投资收入将成为个人或家庭收入的主要来源。

财务安全度＝投资性资产市场价值/投资性资产原值×100%

如果财务安全度大于100%，表示个人投资性资产保值能力强，反之则表示个人投资性资产保值能力弱。

财务自由度＝投资性收入(非工资收入)/日常消费支出×100%

如果财务自由度大于100%，表示个人财务自由度大，反之则表示个人财务自由度小。

（2）具体目标。

1）现金与消费规划目标：必须保证持有必要的流动性资产，以确保有足够的资金来支付短期内计划中和计划外的费用；确定合理的消费支出，减少不符合理财规划与设计的开支，以满足个人财务状况稳健、持续发展的需要。

2）投资规划目标：确定合理的投资结构，根据理财目标和客户的风险属性（风险偏好和风险承受能力）进行资产配置，确定有效的投资方案，最终达到财务自由的目的。

3）保险规划目标：为抵御不测和灾害，必须进行科学的规划和适当的财务安排，购买适合的保险产品，将意外事件可能带来的损失降到最低，更好地规避风险。

4）教育规划目标：使客户有能力支付自身及其子女的教育费用，充分实现个人及家庭的教育期望目标，让受教育者不会因为费用拮据而中断学业。

5）税收筹划目标：充分利用政策优惠和差别待遇，适当减少或延缓税负支出，达到整体税后收入最大化的目标。

6）养老规划目标：尽早进行规划，使人们在晚年能过上有尊严、自立的老年生活。

7）财产分配与传承规划目标：通过对相关财产的事先约定，避免财产分配过程中可能发生的纠纷，确保个人意志能够得到延伸，实现家庭财产的顺利传承。

1.1.3　个人理财的原则

1. 整体规划原则

整体规划原则，既包括规划思想的整体性，也包括规划方案的整体性。理财规划师不仅要综合考虑客户的财务状况及其变化，而且要关注客户非财务状况及其变化，提出符合客户实际和预期目标的规划。整体规划原则是开展理财工作的基本原则之一。

2. 量入为出原则

在收入一定的前提下，消费与投资支出往往此消彼长，个人理财应该正确处理消费、投资与收入之间的矛盾，形成资产的动态平衡，确保在投资达到预期目的的同时，也保证生活质量有所提高。

3. 现金保障优先原则

为客户建立一个能够帮助客户家庭在出现失业、大病、灾难等意外事件的情况下，也能安然渡过危机的现金保障系统十分重要，这也是理财规划师进行任何理财规划前，应首先考虑和重点安排的，只有建立了完备的现金保障系统，才能考虑将客户家庭的其他资产进行专项安排。

4. 风险管理优于追求收益原则

个人理财，首先应该考虑的因素是风险，而非收益。个人理财旨在通过财务安排和合理运作来实现个人或家庭财富保值增值，最终使生活更加舒适、快乐。保值是增值的前提，理财规划师必须认清可能出现的各种风险，合理利用理财规划工具规避风险。

5. 家庭类型与理财策略相匹配原则

基本的家庭类型有青年家庭、中年家庭和老年家庭三种，不同的家庭形态，其财务收支状况与风险承受能力各不相同，理财需求和具体的理财规划内容也不尽相同。

6. 终生理财、快乐理财原则

理财贯穿于人生始终，一个人在人生不同时期，其理财需求是不同的，因此必须考虑理财规划方案的阶段性和延续性。同时，理财的根本目的是让生活更美好，保持快乐轻松的心态才能做出最正确的理财决策。

任务实施

1. 请你谈一谈什么是个人理财，为什么要进行个人理财。

2. 你觉得一份完整的理财规划方案应包括哪些方面内容？

3. 张宇家 2021 年年初拥有金融资产共计 30 万元，到 2022 年 6 月 30 日，这些金融资产价值达到了 36 万元。请你计算张宇家的财务安全度，并评价张宇家的资产保值能力如何（暂不考虑其他因素）。

4. 张宇家每月消费支出为 5 000 元，现拥有投资性资产共计 60 万元，预计每年能带来 9 万元投资收益，请你计算张宇家的财务自由度，并给予简单评价。

5. 学以致用：算一算你的家庭或是你个人的财务安全度和财务自由度，并将计算和分析结果分享给家庭成员，初步检视家庭或个人的财务状况。

任务 1.2 个人理财规划的基础理论——生命周期理论

任务目标

1. 理解生命周期理论的基本含义。

2. 能够依据客户材料判断客户的生命周期阶段，并初步诊断客户的财务状况。

3. 能够应用生命周期理论为人生的不同阶段设计简单的理财规划目标。

任务引入

多多，女，27 岁，广东省佛山市某区政府公务员，已参加工作两年，2022 年年初结婚，家庭月收入 1.7 万元，家庭总资产 150 万元，夫妻二人暂不考虑生育子女。虽然有房贷，但夫妻二人花钱仍然大手大脚，活得“潇洒”。

杨洋夫妇，同为 39 岁，已工作 17 年，丈夫现为深圳某公司财务高管，妻子为深圳某银行高级会计经理，二人育有一女 9 岁，家庭每月结余 3.9 万元，家庭总资产 500 万元，夫妻二人的父母健在。在外人看来他们是幸福的一家人，但杨太太总是很焦虑，杨先生在职场上也是丝毫不敢放松。

沈君夫妇，丈夫 57 岁，妻子 55 岁，均为上海某高校中层管理人员，儿子 22 岁，已工作一年。沈君家庭总资产超过 1 200 万元。夫妻二人工作稳定、收入良好、职业体面，朋友们都非常羡慕他们。但沈君夫妇也有烦心事，一是担心职位变动会影响退休金；二是由于两人长期从事伏案工作，已患有颈椎病和高血压；三是沈君夫妇刚刚用积蓄为儿子付了婚房的首付款，两人手头目前可用于投资的资金不多，但是还想进行投资，使资产保值甚至增值，在选择投资产品时犯了难。

作为理财规划师的你，如何看待多多小两口的“潇洒”？为什么家庭资产颇丰的中年夫妇杨洋一家却还有烦心事？沈君夫妇是不是可以“坐等退休”了？在其他信息暂时不知晓的情况下，仅凭客户的年龄，我们是否可以对客户的财务状况和理财诉求（理财目标）有大致的判断？

也许，学过“生命周期理论”后，我们就会找到答案。

任务预备

1.2.1 认知生命周期理论

理财是伴随人一生的一项系统工程。身处人生的每一个阶段，采取适合自己的理财策略，无疑是我们实现人生幸福的有力保障。在人生的每个阶段，其财务状况、获取收入的能力、财务需求与生活重心等各不相同，在不同的生命周期阶段，个人或家庭的理财观念和理财策略也不尽相同。

1. 个人生命周期理论

微课 2

生命周期理论

生命周期理论是由美国经济学家 F. 莫迪利安尼、R. 布伦贝格、A. 安东共同提出来的。

依据微观经济学中的消费者行为理论，从对个人消费行为的研究出发，个人生命周期理论的前提是：首先，假定消费者是理性的，能以合理的方式支配自己的收入，进行消费。其次，消费者行为的唯一目的是实现效用最大化。这样，理性的消费者将根据效用最大化的原则，根据他（她）一生的全部预期收入来安排他（她）的消费支出。消费不是取决于个人现期收入，而是取决于其一生的收入。也就是说，一个人将综合考虑其过去积蓄的财富、现在的收入、将来的收入，以及可预期的支出、工作时间、退休时间等诸多因素，来决定一生中的消费和储蓄，使消费水平在一生内保持在一个相对平稳的水平而不出现大幅波动。人在一生中的不同阶段，收入水平是不一样的，通常是步入社会参加工作不久的青年人收入不高；进入中年以后，随着年龄和资历的增加，职务会提升，收入也随之提高；待步入老年退休以后，收入又会减少。但是不管在什么阶段，人们的消费与收入基本上保持固定的比例，即人们不愿意把收入都消费掉，总要有所节余，以备不时之需。

总之，人的一生，消费是相对稳定地贯穿始终的，而收入与支出却有较大的波动性。因此，把握好个人和家庭不同时期的特点，合理地分配家庭收入，以实现消费的稳定性，这样才能做到既可保证生活需要，又使节余的资金保值、增值。

2. 个人生命周期的阶段划分

（1）单身期。

单身期指从上大学开始一直到结婚的这段时期，一般为 3～10 年。这一时期人的收入比较低，消费支出大，但没有太大的家庭负担，精力旺盛。该时期是提高自身、投资自己的大好阶段。因此应尽力寻找收入机会，广开财源，节约消费，不寻求高风险投资，可做好妥善的投资理财计划，为将来打好基础。该时期的重点是提升自己的专业知识，培养未来的获得能力。该时期的财富状况是资产较少，可能还有负债（如贷款、父母借款），甚至净资产为负。

（2）家庭建立期（家庭形成期）。

家庭建立期指从结婚到新生儿诞生时期，一般为 1～5 年。这一时期是家庭的主要消费期。经济收入增加而且生活稳定，家庭已经有一定的经济基础，但为提高生活质量往往需要较大的家庭建设支出，如购买一些较高档的家居用品，贷款买房的家庭还有一笔较大的开支——月供款。

（3）家庭成长期。

家庭成长期指从孩子出生到接受完教育参加工作为止的这段时间，一般要 25 年左右。这一时期又可以分成两个时段：一是家庭成长初期，即新生儿诞生到九年义务教育结束，此时由于家庭人口增加，生活费用大增；二是家庭成长后期，即子女进入高中、大学直到参加工作，此时子女教育费用猛增，且子女生活费用也大幅上升。

（4）家庭成熟期。

家庭成熟期指子女已参加工作到自己退休的这段时间，一般约为 10 年。这个时期是家庭的巅峰时期，子女已完全自立，父母的工作能力、工作经验、经济状况都达到顶峰，精力充沛。

（5）养老期（又称家庭衰老期、家庭衰退期）。

养老期指从退休到安度晚年这段时期，通常在 60 岁以后。退休以后，通过前期的妥善安排，可以利用退休金安度晚年。此时，儿女已经成家，老人可以享受天伦之乐。

3. 家庭生命周期的阶段划分

家庭生命周期，是指单个家庭从形成到家庭消亡的整个过程，即夫妻从结婚建立家庭开始，至夫妻二人最后一人死亡止这一期间。为了便于确定理财规划重心，一般将整个周期按照家庭人员结构的变化划分为：家庭形成期（筑巢期）、家庭成长期（满巢期）、家庭成熟期（离巢期）和家庭衰老期（空巢期）。

1.2.2 个人及家庭生命周期各阶段的理财重点及优先顺序

1. 个人生命周期各阶段的理财重点及优先顺序

（1）单身期。

该时期自己没有太大的家庭负担，精力旺盛，因为要为未来家庭积累资金，所以，理财的重点是要努力寻找一份高薪工作，打好经济基础。可以拿出小部分资金进行高风险投资，目的是学习投资理财的经验。在保险方面，由于此时负担较轻，年轻人的保费又相对较低，因此可为自己购买定期寿险或意外伤害保险，减少因意外导致收入减少或负担加重。

理财优先顺序：节财计划＞资产增值计划＞应急基金＞购置住房

（2）家庭建立期（家庭形成期）。

该时期是家庭的主要消费期，理财的主要内容是合理安排家庭建设的支出。如有余钱可以适当进行投资，鉴于财力仍不够强大，最好选择安全的投资方式，如储蓄、债券等。另外，为防止家庭经济支柱遭受意外后使房贷中断，一定要拨出一部分钱为其投保，可以选择缴费较少的定期寿险、意外伤害保险、健康保险等。

理财优先顺序：购置住房（或以还房贷为主的债务计划）＞购置大件＞节财计划＞应急基金

（3）家庭成长期。

该时期子女的教育费用和生活费用猛增，财务上的负担通常比较重，但已经有了一定的财富积累和投资经验，可以建立多元化的投资组合，如房产投资、股票投资、基金投资以及一些低风险的投资产品。在保险需求上，除了寿险外，还应该考虑健康保险、财产保险和养老保险。

理财优先顺序：子女教育规划＞债务计划＞资产增值规划＞养老规划

（4）家庭成熟期。

该时期自身的工作能力、经济状况都达到顶峰状态，子女已完全自立，财富积累迅速。本时期理财的重点是扩大投资，但不宜过多选择风险投资。此外还要存储一笔养老资金。保险方面，健康险、寿险都应该考虑。

理财优先顺序：资产增值管理＞养老规划＞特殊目标规划＞应急基金

（5）养老期。

该时期人生的主要目的是安度晚年，理财原则是身体、精神第一，财富第二。那些不富裕的家庭应合理安排晚年医疗、保健、娱乐、健身、旅游等开支，投资和花费有必要更为保守，可以带来固定收入的资产应优先考虑，保本在这个时期比什么都重要，最好不要进行新的投资，尤其不能再进行风险投资。

理财优先顺序：养老规划＞遗产规划＞应急基金＞特殊目标规划

课堂活动之“说一说”

你现在处于个人生命周期的哪个阶段？你觉得你目前的理财重点任务有哪些？对于扮演处于不同生命周期阶段的同学，请你简单说明他们的理财重点。

2. 家庭生命周期各阶段的理财重点

阅读资料

理财价值观

（1）家庭形成期（筑巢期）。

该时期，从结婚成立家庭到子女出生，一般夫妻双方年龄在25岁～35岁。这一时期，在居住方面，主要分两种情况：一是和父母同住，家庭仍然以父母为中心，父母是家庭的主要经济来源；二是自行租房或购房，经济上基本独立于父母。

这一阶段，家庭财务状况特征主要体现为两方面：一是家庭工作收入与整个职业发展阶段相比，处于收入最低的阶段。家庭刚刚成立，投资性资产相当有限甚至为零，随着家庭人口数量的增长，支出也随之逐年上升，储蓄能力受到很大制约，净资产积累速度很慢；二是随着家庭的成立和子女的出生，以及父母年龄的增长，家庭的保险需求大幅增加。

综合上述特点，在家庭形成期，理财的重点应为追求收入的成长和风险的控制。在具体规划过程中，应加强储蓄，增加投资性资产，建议通过基金定投方式实现强制储蓄，尽力避免透支信贷，特别是大额贷款侵蚀收益，如大额房屋贷款、汽车贷款等；在投资组合方面，考虑到这一时期投资经验可能不是很丰富，可用于投资的资金积累比较有限，所以应重点选择风险程度较低的理财产品，逐步实现财富积累。

（2）家庭成长期（满巢期）。

该时期，从子女出生到子女完成大学学业为止，一般夫妻双方年龄在30岁～55岁。在这一时期，如果不考虑父母，家庭成员数量相对固定。随着年龄的增长，在这一阶段中后期父母有可能有一方或双方离世。在居住方面，一般以自行购房为主，在经济上达到完全独立。

此阶段，在收入方面，由于职位升迁和技术成熟，工作收入大幅增加，投资性资产的积累也使理财收益逐年增加。支出方面，家庭日常开支相对固定，增加的费用主要来自子女教育费用和购房购车费用。保险方面，随着父母年龄的增长、自身工作压力的增加和子女养育费用的增加，家庭风险增加，进而保险需求增加。投资方面，根据该阶段的财务特征，与家庭形成期相比，可适当增加不同风险程度的产品配置，提高整体的收益水平，但应一如既往地保证流动性资产的充裕。在子女教育金规划方面，应设定子女的教育目标以及届时需要的资金量，以便尽早准备教育金。

（3）家庭成熟期（离巢期）。

该时期，从子女参加工作至夫妻双方退休为止，一般夫妻双方年龄在55岁～65岁。在这一阶段，家庭成员人数随着子女独立而减少，父母也随着年龄的增长相继离世。居住方面主要是自行居住，或同父母一起居住，以便赡养老人。经济上完全独立，一般情况下，收入达到人生的最高峰。

从理财角度分析，家庭成熟期是人生的黄金时期，在这一阶段，个人工作收入达到巅峰，由于前面两个阶段的投资性资产的积累，生息资产逐步达到最大值，理财收益在整个收入中占据的比例达到最大。该时期子女已经独立，家庭支出大幅减少，储蓄大量增加，家庭负担的减少也使得家庭风险下降，理财重点由子女教育转为自身养老储备。在资产配置方面，由于临近退休，追求高收益已经不是主要目标，资产在保值基础上的增值才是本阶段理财的主要目标。因此，投资组合中，股票、基金、债券、储蓄等产品要合理地均衡配置；在资金保障方面，主要是准备退休金，可适当选择投资年金产品或退休信托；在信贷方面，一般建议在退休前还清所有贷款。

（4）家庭衰老期（空巢期）。

该时期，从夫妻双方均退休到双方离世为止。年龄方面一般在65岁以上。此阶段家庭成员只有夫妻两人或其中一人。经济方面主要来源于退休前的积累、退休金或子女的赡养费用。

这一时期由于停止工作，工作收入为零，以退休金收入为主，辅以子女给的转移性收入和理财收入。支出方面，空巢期前期，由于自身身体状况尚可，又有空闲时间，所以休闲类支出占比较高，如旅游支出。随着身体状况的下降，医疗费用则会提升。总体来看，本阶段的支出大于收入，储蓄为负。本阶段的理财重点在于资产的保值，以保证老有所养。另外，由于老年人生病概率增加，对流动性资产的需求也相应提高。在资产配置方面，以风险较低的固定收益类产品为主，同时提高货币性资产的配置，最后才是股票类产品的配置；在资产保障方面，主要保障生病后的看护费用和治疗费用，建议做好遗产信托或公证遗嘱。

需要说明的是，以家庭生命周期不同阶段确定的理财重点，是针对一般家庭而言的。影响家庭理财的因素有很多，如家庭成员的寿命、在兄弟姐妹中的排行，以及生养子女的状况等，甚至结婚的年龄都会影响理财重点的确定。另外，以上四个阶段，是以多数家庭的历程分类的，这样的划分并不适合特殊家庭，但对其理财规划也具有一定的参考价值。

任务实施

1. 请对本节“任务引入”中的三个家庭进行生命周期阶段判断，并根据案例信息和本节所学，分析三个家庭的理财重点及顺序。

2. 学以致用：请运用生命周期阶段分析你自己目前所处阶段、此阶段特点及理财重点。

3. 请使用康奈尔笔记法总结本节内容。

任务 1.3 个人理财规划的基础理论——时间价值理论

任务目标

1. 理解货币时间价值、单利、复利、现值、终值、年金的概念。

2. 能够掌握单利、复利、年金在计息方式等方面的区别。

3. 能够准确计算不同计息方式下的现值、终值和年金额。

4. 能够将现实的理财业务中关于金额的测算转化为准确的数学表达式并进行计算。

任务引入

曼哈顿区位于美国东部哈德逊河下游，面积约 60 平方千米，是纽约市中心，百老汇剧院就位于该辖域范围内。曼哈顿区有发达的文化产业，在全球具有极强的影响力。据传，曼哈顿岛是在 1626 年，由荷兰人彼得·米纽伊特用价值仅为 60 荷兰盾（约 24 美元）的念珠、玻璃、石头之类的小玩意儿从当地印第安酋长手中购买的。相信大多数人会说："太划算了，24 美元买一个岛。"（颇具讽刺意味的是，"曼哈顿"在印度安语中的含义为"我们受骗了"。）

但我们不要忘记，此 24 美元非彼 24 美元。近 400 年前的 24 美元，折算到现在值多少钱呢？假定投资回报率为 8%，那么相当于 24 美元在复利模式下连续滚动投资了 400 年，利用复利公式计算，得到约合 19 万亿美元。美国现在的人口大约 3 亿人，也就是说从今天的角度来看，为了买曼哈顿岛，平均每个美国人花了 6 万多美元，现在大家是否觉得很划算呢？

再问大家一个问题，1990 年的 50 万元、2020 年的 50 万元，你觉得哪个 50 万元更值钱？相信你会觉得 1990 年的 50 万元更值钱。为什么同样是 50 万元，你会觉得价值不同？为什么 1626 年的 24 美元相当于今天的 19 万亿美元？难道货币的价值伴随着时间的推演也在发生着变化吗？作为理财规划师的你，是否清楚这些问题，又该如何帮助客户进行投资回报的展望呢？

任务预备

1.3.1　货币时间价值

1. 概念

什么是货币时间价值？货币时间价值（time value of money），也称资金的时间价值，就是货币经历一定时间的投资和再投资所增加的价值。

本杰明·富兰克林曾说："钱生钱，并且所生之钱会生出更多的钱。"这就是货币时间价值的本质。

微课 3

货币的时间价值

时间价值是客观存在的，任何企业的财务活动，都是在特定的时空中进行的。时间价值原理，正确地揭示了不同时点上资金之间的换算关系，是财务决策的基本依据。为此，理财规划师必须了解时间价值的概念和计算方法。

关于时间价值的概念，传统的说法是：即使在没有风险和通货膨胀的条件下，今天 1 元钱的价值也大于一年以后 1 元钱的价值。股东投资 1 元钱，就牺牲了当时使用或消费这 1 元钱的机会或权利，按牺牲时间计算的这种牺牲的代价或报酬，就叫时间价值。

货币时间价值理论的主要观点为：目前拥有的货币比未来收到的同样金额的货币具有更大的价值，因为目前拥有的货币可以进行投资，在目前到未来这段时间里获得复利，即使没有通货膨胀的影响，只要存在投资机会，货币的现值就一定大于它的未来价值。

通常情况下，货币时间价值相当于没有风险和通货膨胀情况下社会平均的利润率。在实务中，通常以国债一年的利率作为参照。货币时间价值的应用贯穿于个人理财活动的方方面面：在筹资管理中，货币时间价值让我们意识到资金的获取是需要付出代价的，这个代价就是资金成本；在项目投资决策中，项目投资的长期性决定了必须考虑货币时间价值（净现值法、内含报酬率法等，都是考虑了货币时间价值的投资决策方法）；在证券投资管理中，收益净现值法是证券估价的主要方法，同样要求考虑货币时间价值。

课堂活动之“想一想”

今天的1元钱和明天的1元钱的价值一样吗？

2. 表现形式

（1）绝对数形式。

货币时间价值的绝对数形式，即时间价值额，是资金在生产经营过程中带来的真实增值额，具体表现为存款的利息、债券的利息和股票的股息等。

（2）相对数形式。

货币时间价值的相对数形式，即时间价值率，即不同时间段货币的增值幅度，具体表现为存款利率、投资回报率等。

1.3.2 利率

从货币时间价值表现形式来看，利率是计算货币时间价值的重要工具和形式。利率（interest rate）是指在借贷期内所获得的利息额与借贷本金的比率，它是衡量利息大小的尺度。

1. 基础公式

利率的计算公式为：

利率＝利息/本金

2. 名义利率与实际利率

名义利率，也称货币利率，是以货币为标准计算出来的利率，通常情况下，在合同和有价证券上载明的利率就是名义利率。实际利率，是名义利率剔除物价变动因素后的利率。

实际利率＝名义利率－通货膨胀率

例如，1998年我国银行一年期存款利率为5.22%，同期通货膨胀率为－1.2%。由此可知，1998年我国银行一年期存款的名义利率为5.22%，实际利率为6.42%[5.22%－(－1.2%)]。在实际生活和经营决策中，实际利率更为重要，因为它反映了资金真实的价值与报酬。

3. 年利率、月利率与日利率

三者间的换算关系如下：

年利率＝月利率×12＝日利率×360

月利率＝日利率×30

日利率＝年利率÷360

如无特别说明，一般情况下，理财产品的投资回报率以年利率标明。

4. 计息方式：单利与复利

(1) 单利：单利是一种无论时间长短，都按最初的本金计息，利息不再加入本金重复计算利息的计息方式。简单地说就是：本金生利息，而利息不生利息。

(2) 复利：复利是指将每期产生的利息作为下期本金的一部分，即并入本金后再进行计息的计息方式，也称“利滚利”。简单地说就是：本金生利息而利息也生利息。除非特别说明，个人理财实务中通常以年为计息期，复利计算。

5. 一些基本术语

(1) 现值：现值（present value）通常简写为PV或P。现值是指将来的一笔首付款折算为现在的价值，也就是一笔资金按规定的折现率折算成现在或指定起始日期的数值。现值可以分为单利现值和复利现值。

(2) 终值：终值（future value）通常简写为FV或F，又称将来值或本利和，是指现在一定量的资金在某一时点上的价值，或者说是用复利计息方法计算的一定金额的初始投资在未来某一时点的本利和。通俗地讲，是指现在存入一笔钱，按照一定的利率和计息方式，计算将来能得到多少钱。终值按计算利息的方式不同，可以划分为单利终值和复利终值。

(3) 期数：计息期的次数，通常用 n 表示。如某银行理财产品持续期为30天，一位客户对其连续投资长达一年，则期数为12；某客户在年初购买了一年期短期国债，年末赎回，则期数为1。特别注意，期数 n 表示的是次数，而不是年数。

(4) 利率：概念前面已做介绍。在计算终值时，可称其为投资回报率；在计算现值（折现）时，可称其为折现率。

拓展阅读

神奇的“72法则”

所谓“72法则”就是以1%的复利来计息，经过72年以后，你的本金就会增加一倍。这个公式好用的地方在于它能以一推十。例如，利用年报酬率5%的投资工具，经过14.4（72/5）年，本金就会增加一倍；利用12%的投资工具，则6（72/12）年左右就能让本金增加一倍。

因此，如果你手中有100万元，运用了年报酬率15%的投资工具，便可以很快知道，经过约4.8年，你的100万元就会变成200万元。虽然利用“72法则”不像查表计算得那么精确，但可以十分接近。因此，当你手中没有复利系数表时，记住简单的“72法则”，或许能帮你不少忙。

1.3.3 终值的计算

1. 单利终值的计算

微课 4

终值的计算及有效年利率

单利终值的计算公式为：

$$F=P\times(1+i\times n)$$

式中，F 表示终值；P 表示现值；i 表示年利率；n 表示计息期数。值得注意的是，i 的时间类型要与 n 的时间类型一致，即如果 n 对应的是以年为单位的次数，那么 i 可以使用年利率；如果 n 对应的是以月为单位的次数，那么要将年利率转化为月利率。此原则，以下计算同样适用。

【例 1-1】 陈先生现在有一笔资金 1 000 元，如果进行银行的定期储蓄存款，期限为 3 年，年利率为单利 2.0%，那么根据银行存款利息的计算规则，到期时所得的本利和是多少？

陈先生手里的 1 000 元是现值，采取的是 2%的单利年利率，存期为 3 年，到期时的终值是：

$$F=P\times(1+i\times n)=1\,000\times(1+2.0\%\times3)=1\,060(\text{元})$$

2. 复利终值的计算

复利终值的计算公式为：

$$F=P\times(1+i)^n$$

式中，F 表示终值；P 表示现值；i 表示年利率；n 表示计息期数。式中的 $(1+i)^n$ 又称为“复利终值系数”，用符号 $(F/P, i, n)$ 表示。复利终值系数的值可以通过查阅“复利终值系数表”得到。

【例 1-2】 王明将现有资金 1 000 元进行投资，若年利率为 12%，三年后复利终值是多少？如按半年计息一次，其复利终值又是多少？

按一年计息一次：

$$F=1\,000\times(1+12\%)^3=1\,000\times(F/P,12\%,3)=1\,000\times1.404\,9=1\,404.9(\text{元})$$

按半年计息一次，即 $i=12\%/2=6\%$，$n=3\times2=6$，则：

$$F=1\,000\times(F/P,6\%,6)=1\,000\times1.418\,5=1\,418.5(\text{元})$$

1.3.4 现值的计算

1. 单利现值的计算

在单利计息的情况下，将未来的一笔款项折算成现在或指定起始日所得到的价值就是单利现值。单利现值的计算公式为：

$$P=\frac{F}{1+i\times n}$$

2. 复利现值的计算

复利现值是指在复利计息情况下，将未来的一笔款项折算成现在或指定起始日所得到的价值。复利现值的计算公式为：

$$P=\frac{F}{(1+i)^{n}}=F\times(1+i)^{-n}$$

式中的 $(1+i)^{-n}$ 又称为“复利现值系数”，用符号（P/F，i，n）表示。复利现值系数的值可以通过查阅“复利现值系数表”得到。

微课5

现值的计算

1.3.5 年金

微课6

什么是年金？
普通和即付年金
现终值的计算

1. 概念

年金（annual worth）是定期或不定期的时间内，一系列的现金流入或流出，或者说年金就是一定时期内每次等额收付的系列款项。简言之，年金就是指等额、定期的系列收支。

在年金这一问题中，要分清楚年金额、年金期间和年金时期三个概念。年金额是指每次发生收支的金额，年金期间是指相邻两次年金额的间隔时间，年金时期是整个年金收支的持续期，一般有若干个期间。

年金在理财中被广泛运用，最常见的是以年和月为时间间隔进行收支。分期付款赊购、分期偿还贷款、发放养老金、支付租金和提取折旧等都是年金的具体表现形式。

2. 类型

年金按其每次收付款项发生的时点不同，可以分为普通年金、期初年金、递延年金、永续年金等类型。

（1）普通年金。

普通年金是指从第一期起，在一定时期内**每期期末**等额收付的系列款项，又称为后付年金、期末年金。

（2）期初年金。

期初年金是指从第一期起，在一定时期内**每期期初**等额收付的系列款项，又称先付年金、即付年金、预付年金。即付年金与普通年金的区别，仅在于付款的时间不同，期初付款的是即付年金，期末付款的是普通年金。

（3）递延年金。

递延年金是指第一次收付款发生时间与第一期无关，而是隔若干期（m）后才开始发生的系列等额收付款项，它是普通年金的特殊形式。

（4）永续年金。

永续年金是指无限期等额收付的特种年金，它是普通年金的特殊形式，即期限趋于无穷的普通年金。

3. 普通年金终现值计算

（1）普通年金终值的计算。

普通年金终值，是指一定时期内每期期末收付款项的**复利终值之和**。其计算公式为：

$$F=A\times\frac{(1+i)^{n}-1}{i}$$

式中，F 表示终值；A 为每次发生的相等的金额，即年金额；$\frac{(1+i)^{n}-1}{i}$ 称作“普通年金终值系数”，用符号（F/A，i，n）表示，可通过查阅“普通年金终值系数表”获得。上式又可以写为：

$$F=A\times(F/A,i,n)$$

【例 1-3】 某客户每年年末投资 1 万元，投资期为 5 年，年利率为 5%，5 年后到期本利和为多少？

$$F=A\times(F/A,i,n)=10\,000\times(F/A,5\%,5)=10\,000\times5.525\,6=55\,256(\text{元})$$

（2）普通年金现值的计算。

普通年金现值，是指一定时期内每期期末收付款项的**复利现值之和**。其计算公式为：

$$P=A\times\frac{1-(1+i)^{-n}}{i}$$

式中，P 表示现值；A 为每次发生的相等的金额，即年金额；$\frac{1-(1+i)^{-n}}{i}$ 称作“普通年金现值系数”，用符号（P/A，i，n）表示，可通过查阅“普通年金现值系数表”获得。上式又可以写为：

$$P=A\times(P/A,i,n)$$

【例 1-4】 李女士采取分期付款方式购买商品房一套，每年年末付款 15 000 元，分 10 年付清，银行利率为 6%。该项分期付款相当于一次性支付多少现金？

$$P=A\times(P/A,i,n)=15\,000\times(P/A,6\%,10)=15\,000\times7.360\,1=110\,402(\text{元})$$

4. 期初年金终现值计算

（1）期初年金终值的计算。

期初年金终值，是指一定时期内，**每期期初**等额收付款项的**复利终值之和**。n 期期初年金和 n 期普通年金的区别在于，期初年金与普通年金的付款（或收款）次数相同，付款（或收款）时间不同。n 期期初年金终值比 n 期普通年金终值多一次利息。故可以先求出 n 期普通年金终值之后再乘以（$1+i$），便可求出 n 期期初年金的终值。其计算公式为：

$$F=A\times\frac{(1+i)^{n}-1}{i}\times(1+i)$$

根据 n 期期初年金与 n 期普通年金的关系还可以推导出另一公式：

$$F=A\times\frac{(1+i)^{n+1}-1}{i}-1$$

式中，$\frac{(1+i)^{n+1}-1}{i}-1$ 称为“期初年金终值系数”，它是在普通年金终值系数的基础上，期数加1、系数减1的结果，通常用符号［（F/A，i，n+1）−1］表示。也就是说，利用普通年金终值系数表，同样可以快速求出期初年金终值，公式为：

$$F=A\times[(F/A,i,n+1)-1]$$

【例1-5】 陈先生给儿子准备上大学的资金，他连续6年于每年年初存入银行3 000元，若银行存款利率为5%，则陈先生在第6年年末能一次性取出的本利和为多少钱？

$$F=A\times[(F/A,i,n+1)-1]=3\,000\times[(F/A,5\%,6+1)-1]$$
$$=3\,000\times[8.142\,0-1]=21\,426(元)$$

（2）期初年金现值的计算。

期初年金（预付年金、即付年金）现值，是指一定时期内，**每期期初**等额收付款项的**复利现值之和**。同期初年金终值计算一样，期初年金现值的计算，也可以在计算普通年金现值的基础上进行。n 期普通年金现值比 n 期期初年金现值多贴现一期，故只要计算出 n 期普通年金现值，然后乘以（1+i），即为期初年金的现值。其计算公式为：

$$P=A\times\frac{1-(1+i)^{-n}}{i}\times(1+i)$$

根据 n 期期初年金与 n 期普通年金的关系还可以推导出另一公式：

$$P=A\times\frac{1-(1+i)^{-(n-1)}}{i}+1$$

式中，$\frac{1-(1+i)^{-(n-1)}}{i}+1$ 称为“期初年金现值系数”，它是在普通年金现值系数的基础上，期数减1、系数加1所得的结果，通常用符号［（P/A，i，n−1）+1］表示。也就是说，利用普通年金现值系数表，同样可以快速求出期初年金现值，公式为：

$$P=A\times[(P/A,i,n-1)+1]$$

【例1-6】 客户王萍每年年初支付租金2万元，预计需付5年，利率为10%，这些租金相当于现在一次性支付多少钱？

$$P=A\times[(P/A,10\%,n-1)+1]=20\,000\times[(P/A,10\%,4)+1]$$
$$=20\,000\times[3.169\,9+1]=83\,398(元)$$

任务实施

1. 请整理单利现值、单利终值、复利现值、复利终值、普通年金现值、普通年金终值、期初年金现值、期初年金终值的计算公式，并请熟知复利现终值系数和普通年金现终值系数表示符号。

2. 如果某投资者现在投入100 000元，年利率为6%，每半年计息一次，5年后该投资者可以得到多少钱？

3. 如投资100元，报酬率为10%，按复利计算，累计10年可积累多少元？

4. 陈太太购买某公司的股票，股票分红为每股1.10元，预计未来5年内以每年

10%的速度增长，5 年后的股利为多少?

5. 某客户计划现在存入一笔钱准备 4 年后买车，估计 4 年后买一辆车需用 30 万元，如果年利率为 5%，每年计息一次，该客户现在需存入多少钱才够 4 年后买车之用?

6. 假定某投资者想在 3 年后获得 133 103 元，年利率为 10%，那么他现在需要投资多少钱?

7. 某投资者计划现在存入一笔钱准备 6 年后买房，估计 6 年后买一套商品房需用 100 万元，如果名义年利率为 8%，每季计息一次，问投资者需存入多少钱才够 6 年后买房之用?

8. 李冬每年年末支付租金 6 000 元，预计需付 6 年，假设银行存款利率为 10%，为保证按时支付，李冬现在应一次性存入多少钱?

9. 如果每年年初投资 1 000 元，每年的投资收益率为 10%，求第 5 年年末终值。

10. 张先生准备在 3 年后还清届时的 100 万元的债务，从现在起每年年末等额存入银行一笔款项。假定年利率为 10%，那么他需要每年存入多少钱?

11. 李女士未来 3 年内每年年末存入银行 1 万元，年利率为 3%，则该笔投资 3 年后的本利和为多少?

12. 想一想：同样是终值，复利终值与普通年金终值有何区别? 如果客户用一笔资金对某理财产品持续多年投资，计算终值，应用复利终值还是普通年金终值? 如果客户用多笔的、等额的、规律的资金对某理财产品持续多年投资，计算终值，应用复利终值还是普通年金终值?

13. 学以致用：学习复利，对你的理财意识带来了怎样的启发?

任务 1.4

客观认识理财——风险与收益

任务目标

1. 掌握风险和收益的关系。
2. 掌握衡量投资风险的方法，能够借助此方法，理性选择或判断投资方案。
3. 培养对理财产品或理财行为的理性认识习惯。

任务引入

大多数有过投资经历和常识的人有一个基本认识：风险和收益是正相关的，高收益对应着高风险。这个命题放在整体市场上，大家基本不会否认。但如此的话，是不是意味着我们不用对理财或者投资资产进行判别，仅仅凭预期收益就能判断风险? 或者我们在选择投资产品或理财方案时仅看预期的收益率就可以做出判断? 如果你觉得这样判断过于片面，那又该如何测量风险呢? 又如何将风险与收益结合起来，作为选择或判断理财方案或产品的有效工具呢?

任务预备

1.4.1 风险的概念

风险的一般含义为：损失的不确定性，是由于未来的不确定性而产生的预期收益损失的可能，具体表现为实际收益率和预期收益率之间的离差。

投资的风险主要来源于两个方面：投资产品本身价格的波动，如股票价格的涨跌、房价的涨跌等；投资产品本身的流动性，即该投资产品是否容易卖出变现，如房地产、古玩等投资产品。

1.4.2 风险与收益的关系

投资的风险和收益是孪生兄弟，它们相伴而生。世界上几乎不存在低风险高收益的投资产品，要想获得高收益，就要承担一定的高风险。反过来讲，即便承担了高风险，也不一定能获得高收益，有可能导致更严重的损失。因此，人们常说的“高风险，高收益”其实是一种不准确的说法，应该描述为“高风险可能高收益，但也有可能高亏损”。

在研究风险与收益时要把握如下几个方面：

首先，风险与收益的对称性。在一个完全竞争的市场，风险和收益往往是同方向变化的，风险高的投资收益率高，风险低的投资收益率低。高收益低风险的投资必然会吸引更多的投资者介入而逐渐降低收益。

其次，现实市场信息的不对称性和垄断，会导致风险与收益相背离。市场中存在以下四种情况：高风险低收益（赌博）、高风险高收益、低风险低收益，低风险高收益（机遇）。

再次，市场中常见的两种状态为高风险高收益和低风险低收益，高风险的额外收益实际上是投资者由于承担更多的风险所需要的报酬。保守的投资者会选择低风险低收益的投资，激进的投资者则青睐高风险高收益的投资。

最后，投资者对风险的接受程度各不相同，这就是投资者的风险偏好。大多数理性的投资者不会选择高风险低收益的投资，在收益相同的情况下，他们希望承受最小的风险，除非投资收益率提高到能够补偿投资者承受的风险，否则他们不会进行投资。

风险与收益的基本关系是：风险与收益相对应。也就是说，风险较大的投资对象，其要求的收益率相对较高；反之，收益率较低的投资对象，风险相对较小。但是，绝不能因为风险与收益有着这样的基本关系，就盲目地认为风险越大，收益就一定越高。风险与收益相对应的原理揭示了二者内在的本质关系：风险与收益共生共存，承担风险是获取收益的前提；收益是风险的成本和报酬。风险和收益的上述本质联系可以用公式表示为：

$$预期收益率\ R(必要收益率)=无风险收益率\ R_f+风险补偿率(风险报酬率)R_r$$

式中，无风险收益率通常用一年期国债的利率。

1.4.3 投资风险的衡量方法

1. 概率

在现实生活中，某一事件在完全相同的条件下可能发生也可能不发生，既可能出现这种结果，又可能出现那种结果，我们称这种事件为随机事件。概率就是用来表示随机事件发生或某种结果出现可能性大小的数值。

一般，我们用 X 表示随机事件，X_i 表示随机事件的第 i 种结果，P_i 表示该结果的相应概率，其取值范围为 0～1，当 $P_i=0$ 时，说明该事件结果出现的可能性为 0；当 $P_i=1$ 时，说明该事件结果必然发生。P_i 越大，表明该结果出现的可能性越大。所有可能的结果出现的概率之和一定等于 1。

将随机事件各种可能的结果按一定的规则进行排列，同时列出各结果出现的相应概率，这一完整的描述称为概率分布。某一投资活动当其概率分布集中，意味着投资报酬率受客观因素变动的影响小，即投资风险较小；反之，当概率分布分散，意味着投资报酬率受客观因素变动的影响大，即投资风险较大。

2. 期望报酬率

期望报酬率是各种可能的报酬率按其概率进行加权平均的报酬率。计算公式为：

$$E(R)=\sum_{i=1}^{n}P_iR_i$$

式中，$E(R)$ 为期望报酬率；P_i 为第 i 种可能情况出现的概率；R_i 为第 i 种可能情况下的报酬率；n 为可能情况的个数。

某客户有两个投资机会，其未来的预期报酬率及发生的概率如表 1－1 所示。

表 1－1　两个项目的概率及投资报酬率

经济状况	发生概率	A 项目投资报酬率	B 项目投资报酬率
繁荣	0.3	80%	30%
一般	0.5	20%	20%
衰退	0.2	−70%	5%
合计	1	—	—

想一想，上述两个项目哪个风险大？哪个风险小？为什么？

现在分别计算表 1－1 中 A、B 两个项目的期望报酬率：

$$E(R_A)=0.3\times80\%+0.5\times20\%+0.2\times(-70\%)=20\%$$

$$E(R_B)=0.3\times30\%+0.5\times20\%+0.2\times5\%=20\%$$

课堂活动之“想一想”

A、B 两个项目的期望报酬率一致，为什么你刚刚还觉得其中一个项目风险大、一个项目风险小？评价风险的大小，是否可以仅看期望报酬率？

3. 方差与标准差

基于上面的问题，我们发现评价风险时仅看期望值可能是不够的，那么我们就需要借助其他的统计学指标。风险小的表现往往可以用平稳、稳定、不忽高忽低等类似的形容词来表达，而统计学中方差和标准差恰好可以表示数据的波动程度。

（1）方差。

方差可理解为一组数据偏离其均值的平方的加权平均。方差越大，这组数据就越离散，数据的波动也就越大；方差越小，这组数据就越聚合，数据的波动也就越小。预期收益率的方差越大，预期收益率的分布也就越离散，不确定性及风险也就越大。

其计算公式为：

$$\sigma^2=\sum_{i=1}^{n}P_i\left[R_i-E(R_i)\right]^2$$

【例1-7】 某项投资的有关资料如表1-2所示。

表1-2 某项投资的发生概率及投资报酬率

经济状况	发生概率	投资报酬率
良好	0.15	20%
衰退	0.15	−20%
正常	0.7	10%

根据以上数据，计算该项投资的方差。计算如下：

首先，需要算出期望报酬率：

$$E(R_i)=0.15\times20\%+0.15\times(-20\%)+0.7\times10\%=7\%$$

再计算方差：

$$\begin{aligned}\sigma^2&=\sum_{i=1}^{n}P_i\left[R_i-E(R_i)\right]^2\\&=0.15\times(20\%-7\%)^2+0.15\times(-20\%-7\%)^2+0.7\times(10\%-7\%)^2\\&=0.0141\end{aligned}$$

（2）标准差。

方差的开平方为标准差，即一组数据偏离其均值的平均距离。其计算公式为：

$$\sigma=\sqrt{\sigma^2}$$

以上例数据为例，其标准差为：

$$\sigma=\sqrt{\sigma^2}=\sqrt{0.0141}=0.11874=11.874\%$$

4. 标准差系数（变异系数）

至此，我们知道一个投资项目或理财产品最重要的两个方面——收益和风险，可以分别用收益率和方差（或标准差）来表示。但很多时候，可供选择的投资方案具有不同的收益率和标准差。如例1-8所示，A项目的收益率小于B项目的收益率，但是A项目的风险却小于B项目的风险，此时该如何选择二者呢？这时就需要将绝对数指标变换为相对数指标，以助于准确判断和选择。这种相对数指标称为标准差系数，又称变异系数，简写为CV。标准差系数用于衡量实际报酬率偏离预期报酬率的相对程度，即每一单位投资报酬率的风险程度。标准差系数越大，说明投资项目的风险越大；标准差系数越小，则代表投资项目的风险越小。或者，可以更简单地认为，变异系数小的方案，相比较其他方案，要么同等收益率下，它的风险小；要么同等风险下，它的收益率大；或者两者同时最优。其计算公式如下：

$$CV=\frac{\sigma_i}{E(R_i)}$$

【例 1－8】 A 项目与 B 项目的有关资料如表 1－3 所示。

表 1－3　A、B 项目相关资料

	A 项目	B 项目
期望收益率	0.05	0.07
标准差	0.07	0.12

通过分别计算 A、B 项目的标准差系数就可以从中选择较优的项目：

A 项目的标准差系数＝0.07/0.05＝1.4

B 项目的标准差系数＝0.12/0.07＝1.71

显然，A 项目为更优选择。

拓展阅读

资管新规、刚性兑付、净值型理财产品

《关于规范金融机构资产管理业务的指导意见》（业界俗称“资管新规”）规定，“资产管理业务是金融机构的表外业务，金融机构开展资产管理业务时不得承诺保本收益。出现兑付困难时，金融机构不得以任何形式垫资兑付”，“金融机构应当加强投资者教育，不断提高投资者的金融知识水平和风险意识，向投资者传递‘卖者尽责、买者自负’的理念”，打破了“刚性兑付”。在资管新规正式落地后，银行理财市场开始转型，最大的变化就是商业银行在销售理财产品时，不能再宣传产品的预期收益率，并且不能宣传或承诺保本收益。

刚性兑付，指的是买银行理财产品亏了钱，银行会用自有资金来补偿投资者的本金和利息，这样对投资者来说是不存在风险的。在过去，刚性兑付曾是银行理财最大的卖点，我们也习惯了刚性兑付和保本保息，而现在没有这样的“好事”了，这对投资者来说也是一种考验，逼投资者去学习理财知识。

你可能会有疑问，为什么要打破刚性兑付呢？

其实刚性兑付是我国特殊发展时期的产物，如果不打破刚性兑付，风险就会转嫁给银行或者其他金融机构，很可能会爆发系统性风险。因为刚性兑付推高了无风险收益率、扭曲了市场定价机制，因而影响市场效率，可见它是导致高杠杆的主要原因之一。打破刚性兑付本质上是为了金融系统安全，能更好地和国际金融市场接轨。

由于打破了刚性兑付，净值型理财产品应运而生。净值型理财产品与普通的理财产品相比，并没有预期的收益，通常也没有固定的投资期限。因此，它属于一种开放

式、非保本浮动收益型的理财产品。投资者在进行赎回的时候，会按照实际市场的净值进行估算。

比如某位投资者购买了一份净值型的理财产品，购买的金额为 1 000 元，购买时的净值为 1 元/份，如果在某一天，该产品的净值为 1.1 元/份，那么，该投资者的收益就为 100(1 000×1.1−1 000) 元。此时卖出的话，就可以获得 100 元的收益。如果某一天净值变成了 0.9 元/份，那么，他的收益就为 −100(1 000×0.9−1 000) 元，此时卖出就亏了 100 元。因此，投资者在购买这类产品时，要实时关注产品的净值，选择合适的时间卖出，保持好自己的收益。

任务实施

1. 期望收益率、收益率的方差（或标准差）、标准差系数（变异系数）分别表示某投资项目在哪些方面的表现？

2. 请在笔记本上总结期望收益率、方差、标准差、标准差系数的计算公式，并熟记。

3. 某项投资的情况、概率及资产利润率如表 1-4 所示。

表 1-4 某项投资的情况、概率及资产利润率

可能出现的情况	概率	资产利润率（%）
运行情况好	0.3	20
运行情况一般	0.5	10
运行情况较差	0.2	−5

请为投资者计算该项目的利润率期望值、标准差、标准差系数。

任务 1.5 个人理财业务的影响因素与工作流程

任务目标

1. 了解个人理财业务的影响因素，能够分析宏观经济变化对个人理财策略产生的影响。

2. 掌握个人理财工作的开展流程，能够初步了解理财工作的步骤。

任务引入

理财规划师的工作不仅仅是对着电脑和数据搜寻理财产品，准确地说，理财规划师的工作更像是为客户提供一种金融服务。既然是为客户提供金融服务，很显然，理财规划师需要了解客户的需求、客户的现状、客户的财务和非财务等方面的信息，这样才能提供有针对性的金融服务。与客户打交道是理财工作必不可少的环节，如果以此为起点，理财工作是否有比较固定的、合理的工作流程？具体工作流程又是怎样的？同样，看似是给一个人或一个家庭做理财规划，可是这其中总有着很多的宏观经济因素在左右着客户的生活和理财方案的内容，比如经济大环境、利率、汇率，甚至房价等，这些宏观因素对理财生活又会产生怎样的影响？这些影响对于理财规划师制定理财方案是否会产生策略方向性上的影响？

任务预备

1.5.1 个人理财业务的影响因素

1. 宏观因素

（1）政治、法律与政策环境。

在各国法律体系中，与金融机构的经营管理相关的法令很多，金融机构开展个人理财业务受到相关法律法规的制约。我国有关金融机构经营管理的法律法规主要有：《中华人民共和国商业银行法》《中华人民共和国银行业监督管理法》《中华人民共和国证券法》《中华人民共和国保险法》《中华人民共和国证券投资基金法》《中华人民共和国信托法》《中华人民共和国公司法》《中华人民共和国个人所得税法》等。

另外，对于金融机构来说，国家政策的影响也非常显著。其中，财政政策、货币政策、收入分配政策、税收政策等宏观经济政策对投资理财具有实质性影响。

1）财政政策。中央政府通常根据当前宏观经济形势，采取税收、预算、国债、财政补贴、转移支付等手段来调整财政收入与支出的规模与结构，使其达到预期的财政政策目标，并对整个经济运行产生影响。积极的财政政策可以有效地刺激投资需求的增长，从而提升资产价格。

2）货币政策。中央银行通常根据当前宏观经济走势，运用法定存款准备金率、公开市场业务操作等货币政策工具调控货币供应量和信用规模，使其达到预定货币政策目标，进而影响整体经济运行。宽松的货币政策有助于刺激投资需求增长、支持资产价格上升；相反，紧缩性的货币政策则会抑制投资需求，导致利率上升和金融资产价格下跌。

3）收入分配政策。收入分配政策是指国家为实现宏观调控总目标和总任务，针对居民收入水平高低、收入差距大小在分配方面制定的原则和方针。偏紧的收入分配政策会抑制当地投资需求，造成相应的资产价格下跌；而偏松的收入分配政策则会刺激当地投资需求，支持资产价格上涨。收入分配政策除了影响总体收入水平之外，还会直接影响一个经济体的收入分配结构。例如，当不同社会群体之间的收入差距加大时，私人银行业务的发展空间即凸显出来。

4）税收政策。由于税收政策直接关系投资收益与成本，因此对个人和家庭的投资策略具有直接的影响。税收政策不仅影响可用于投资的个人可支配收入的多少，而且可以通过改变投资的交易成本来改变投资收益率。例如，在股市低迷时期，通过降低印花税减少交易成本，从而刺激股市反弹；在房地产价格飞速上涨过程中提高交易税率，也具有抑制房地产价格上涨的意义。

宏观经济政策对投资理财的影响具有综合性、复杂性和全面性的特点。各种宏观经济政策由于其发挥作用的方式不同，因此通常需相互配合使用以达到整个宏观调控的目标。宏观调控的整体方向和趋势决定了个人和家庭投资理财的战略选择。

（2）经济环境。

对于经济环境的认知和理解主要从经济发展阶段和消费者的收入水平两个方面入手。

1）经济发展阶段。

根据美国学者罗斯顿（W. W. Rostow）的观点，世界各国的经济发展可被归纳为以下五个阶段：传统经济社会、经济起飞前的准备阶段、经济起飞阶段、迈向经济成熟阶段、大量消费阶段。

2）消费者的收入水平。

个人金融业务以消费者收入为基础，但是消费者不可能将全部收入均用于购买金融产品，因此需要从不同角度衡量一个经济体中的消费者的收入水平。衡量消费者收入水平的指标主要包括：国民收入、人均国民收入、个人收入、个人可支配收入和个人可任意支配收入。

国民收入，是指一个国家物质生产部门的劳动者在一定时期内（通常为一年）新创造的价值的总和。

用国民收入除以人口总量就得到的一个国家的人均国民收入。这个指标基本能够反映一个国家的经济发展水平。人均国民收入可以作为商业银行开展个人金融业务的一个重要参考指标，不同的人均国民收入水平决定了消费者不同的金融产品与金融服务的消费能力。

个人收入，是指消费者个人从各种来源获得的收入。

个人可支配收入，是指个人收入中扣除税款和非税性负担后所得余额。个人可用这部分收入进行投资，购买个人理财产品和服务。

个人可任意支配收入，是指个人可支配收入中扣除用于维持个人与家庭生存不可缺少的成本费用（例如房租、水电、食物、燃料、衣着等项目开支）后剩余的收入。这部分收入是金融机构开展个人理财业务所应考虑的主要因素，因为这部分收入需求弹性很大。

（3）宏观经济状况。

在理财业务中，从具体的金融产品设计与定价到投资组合的构建与投资策略的选择，各个环节都会受到宏观经济状况的制约。因此，我们需要掌握一些反映宏观经济状况的经济指标的运行规律。

1）经济增长速度和经济周期。

一个经济周期通常要经历复苏、繁荣、衰退和萧条等不同阶段，投资者在投资理财时，应该清楚地认识和了解经济周期的演变过程。经济增长对个人投资理财策略产生影响的不同的情况，如表1-5所示。

表 1-5　经济增长对个人投资理财策略产生影响的不同情况

理财产品	预期未来经济增长比较快、处于景气周期		预期未来经济增长缓慢、处于衰退周期	
	理财策略调整建议	调整理由	理财策略调整建议	调整理由
储蓄	减少配置	收益偏低	增加配置	收益稳定
债券	减少配置	收益偏低	增加配置	风险较低
股票	增加配置	企业盈利增长、支撑牛市	减少配置	企业亏损增加、引发熊市
基金	增加配置	可以实现增值	减少配置	资产缩水
房产	增加配置	价格上涨	适当减少	市场转淡

2）通货膨胀率。

在通货膨胀条件下，名义利率不能够真实反映资产的投资收益率，名义利率减去通货膨胀率之后得到的实际利率将远远低于名义利率，甚至是负值。在通货膨胀环境下，所有的固定利率（不随市场利率变化而调整产品利率）资产都将大幅贬值，居民的名义工资收入也远远跟不上物价上涨，个人和家庭的购买力大大下降。为避免通货膨胀风险，个人和家庭应回避固定利率债券和其他固定收益产品，持有一些浮动利率资产、股票和外汇，以对自己的资产进行保值。当然，在严重通货膨胀的环境下，股票等资产也会同样贬值，持有外汇和其他国外资产可能成为最优的保值选择。如果发生通货紧缩，则情况正好相反。通货膨胀对个人投资理财策略产生影响的不同情况如表 1-6 所示。

表 1-6　通货膨胀对个人投资理财策略产生影响的不同情况

理财产品	预期未来温和的通货膨胀		预期未来通货紧缩	
	理财策略调整建议	调整理由	理财策略调整建议	调整理由
储蓄	减少配置	净收益降低	维持配置	收益稳定
债券	减少配置	净收益降低	减少配置	价格下跌
股票	适当增加配置	价格上升	减少配置	价格下跌
黄金	增加配置	规避通货膨胀	维持配置	价格稳定

3）就业率。

如果就业率较高，预期未来家庭收入可通过努力劳动获得明显增加，那么个人理财策略可以偏于积极方向，更多地配置收益较好的股票、房地产等风险资产；反之，个人理财策略则偏于保守方向，更多地配置防御性资产，如储蓄产品等。

4）国际收支与汇率。

在开放经济体系下，一个经济体的国际收支状况和货币汇率的变动对个人理财策略具有显著的影响。当一个经济体出现持续的国际收支顺差（或逆差）时，将会导致本币汇率升值（或贬值），那么个人理财组合应同时考虑本币理财产品与外币理财产品的搭配，对于外币理财产品的选择还需要考虑不同币种结构的配置问题。开放金融体系下的个人理财业务必须考虑汇率风险的影响。汇率变化对个人投资理财策略产生影响的不同情况如表1-7所示。

表1-7 汇率变化对个人投资理财策略产生影响的不同情况

理财产品	预期未来本币升值		预期未来本币贬值	
	理财策略调整建议	调整理由	理财策略调整建议	调整理由
储蓄	增加配置	收益将增加	减少配置	收益将减少
债券	增加配置	本币资产升值	减少配置	本币资产贬值
股票	增加配置	本币资产升值	减少配置	本币资产贬值
基金	增加配置	本币资产升值	减少配置	本币资产贬值
房产	增加配置	本币资产升值	减少配置	本币资产贬值
外汇	减少配置	外币资产贬值	增加配置	外币资产升值

(4) 社会环境。

1) 社会文化环境。

社会文化环境主要是指一个国家、地区或民族的传统，如风俗习惯、伦理道德观念、价值观念、宗教信仰、审美观、语言等。社会文化环境是历史积淀的结果，它在不知不觉中影响着人们的基本行为模式。在一个开放、进步、文明的文化环境中，个人理财业务的发展空间非常广阔。伴随着金融业的开放，我国的金融机构也迫切需要开拓国际金融市场业务和产品。因此，国内、国际社会文化环境都会对理财业务的开展产生影响。

2) 社会制度环境。

各种制度的变迁也对个人理财业务产生了深远的影响。新中国成立至今，随着计划经济向市场经济的转变，一系列社会制度发生变迁，其中以社会保障体系、教育体系以及住房制度的改革尤为典型。

养老保险制度。从1999年开始我国实行养老制度改革，原来由单位履行的社会职能逐渐社会化，人们开始为自己的老年生活做规划，个人经济压力也随之加大，理财越来越成为现实需求，商业保险规划、长期投资组合、新退休理念等逐步纳入个人理财计划中。

医疗保险制度。自1998年以来，国家有关部门陆续出台文件，改革和完善医疗保险制度体系。在医疗制度改革后，由个人承担的医药费比例提高，居民家庭用于治疗和药品方面的支出有所增长，这也在一定程度上刺激了个人理财需求的增加。

其他社会保障制度。我国的失业保险制度和最低生活保障制度尚不够完善，部分人群特别是下岗职工的生活处于不稳定状态，考虑到未来的不确定性，这部分人群存在强烈的理财需求。

随着高等教育体制改革的不断深入，教育经费给个人带来的负担逐步增加，子女教育、子女就业也成为人们生活财务预算的重要组成部分，因此教育支出日益成为家庭理财规划的重要内容。

住房分配制度改革。我国的住房分配制度改革取消了实物分房，开始推行货币购房，住房支出主要由个人负担，居民日益成为住房市场的消费主体。住房支出是人生当中非常大的一笔支出，给个人带来的负担显而易见，但通过恰当的理财可以减轻一部分经济压力。例如，目前大多数居民通过银行按揭贷款购买住房，如果能够深入了解个人住房按揭贷款、公积金贷款、个人住房装修贷款等产品的特性，同时结合理财规划构建合理的个人理财组合，将可以在一定程度上缓解经济压力。

（5）人口环境。

人口环境对个人理财业务的影响表现在规模与结构两个方面。人口总量的增长会导致金融业务和金融产品的需求量增大。在我国，个人理财业务虽然起步较晚，但在很短的时间内业务量快速增长。人口的结构对个人理财业务的影响也很显著。性别、年龄、民族、职业、教育程度不同的消费者，由于在收入、阅历、生活方式、价值观念、风俗习惯、社会活动等方面存在差异，必然会有不同的金融消费需求和消费方式。所以金融机构在发展理财业务时，必须认真考虑人口环境对个人理财业务的影响。

（6）技术环境。

21 世纪的今天，科学技术在各个领域飞速发展，技术的变革与进步深刻地影响着金融机构的市场份额、产品生命周期和竞争优势。如今，在发达国家的金融市场中有上千种金融衍生品，这些都与计算机信息技术和网络技术的发展紧密相关。随着科学技术的飞速发展，金融机构开发新产品的周期大大缩短，产品更新换代显著加快。随着互联网的普及与应用，理财产品的网络销售日益普及，通过网络购买，金融机构和投资者均可节约交易成本。同时，金融机构通过网络不断为投资者提供理财产品的相关信息，介绍新产品，加快了理财产品推陈出新的速度。

2. 微观因素

对个人理财业务产生直接影响的微观因素主要是金融市场，下面分别从不同的角度分析金融市场对个人理财业务的影响。

（1）金融市场的竞争程度。

金融市场上的竞争状况是影响商业银行个人理财业务的一个重要因素。一方面，伴随着金融业的全面开放，我国的个人理财业务一直是内资与外资银行争抢的一个重要领域；另一方面，证券公司等其他金融机构也在金融市场上与商业银行竞争个人理财业务。当市场需求相对稳定时，提供同类产品的金融机构越多，竞争者的业务创新越快、营销手段越先进，各金融机构面临的发展个人理财业务的压力也就越大。

（2）金融市场的开放程度。

随着金融市场开放程度的提高，各金融机构可提供的个人理财业务的产品种类不断增加。开放的金融市场为各金融机构的个人理财业务的不断创新提供了必要条件；同时，市场开放程度提高也对各金融机构管理个人理财业务风险提出了更高的要求。

（3）金融市场的价格机制。

理财产品的定价是影响理财产品业务的一个重要因素，金融市场上的一系列价格指标对理财产品的定价都有重要的影响。其中，利率水平对于个人理财业务来说是最基础、最核心的影响因素之一。

利率包括法定利率和市场利率。法定利率是中央银行或金融行政管理当局规定的利率水平，又称官方利率。在不同国家，法定利率内容不完全相同，但一般都由政府货币管理当局、中央银行或由本国法律规定，并在其所辖范围内实行。而市场利率，就是在市场上进行交易时使用的利率，反映了资金的成本。市场利率是市场资金借贷成本的真实反映，能够及时反映短期市场利率变动的指标有银行间同业拆借利率、国债回购利率等，新发行的债券的利率一般也是按照当时的市场基准利率来设计的。通过观察并参照这些指标的变化，投资者往往能够迅速掌握市场资金供求关系的真实变化情况，从而做出及时的反应和正确的理财决策。

此外，还需要注意区分名义利率和实际利率。名义利率是没有剔除通货膨胀因素的利率，即借贷契约和有价证券上载明的利率，通常金融机构公布或采用的利率都是名义利率。实际利率是指剔除通货膨胀因素后的利率，可以反映真实的资金成本。与名义利率相比，实际利率能更好地反映资金成本，能更准确地说明金融市场银根的松紧，能对经济产生实际性的影响。

利率变化对个人投资理财策略产生影响的不同情况如表1-8所示。

表1-8 利率变化对个人投资理财策略产生影响的不同情况

理财产品	预期未来利率上升		预期未来利率下降	
	理财策略调整建议	调整理由	理财策略调整建议	调整理由
储蓄	增加配置	收益将增加	减少配置	收益将减少
债券	减少配置	面临下跌风险	增加配置	面临上涨机会
股票	减少配置	面临下跌风险	增加配置	面临上涨机会
基金	减少配置	面临下跌风险	增加配置	面临上涨机会
房产	减少配置	贷款成本高	增加配置	贷款成本低
外汇	减少配置	本币回报率高	增加配置	外汇汇率提高

1.5.2 个人理财工作的流程

包括以下六个步骤：建立客户关系、收集客户数据及确定目标与期望、分析客户现行财务状况、整合个人理财策略并制订个人理财计划（撰写理财方案）、执行个人理财计划、监控个人理财计划。本书将在后续项目中对各个步骤进行详细说明。

任务实施

1. 请总结各个宏观经济要素的变动对个人理财活动产生了怎样的影响。

2. 请使用一款记账类App，从今天开始记录每天的收支情况。此项记账任务请同学们至少坚持做到本学期期末。

项目总结与自测

1. 复习本项目主要知识点，归纳形成本项目知识体系，理解各知识点内部的逻辑关系。

2. 重点掌握生命周期理论、货币时间价值理论及各类现终值的计算方法。

3. 使用任意一款记账类 App 进行日常收支记账，养成记账习惯，培养理性的消费观。

项目总结

思维导图：

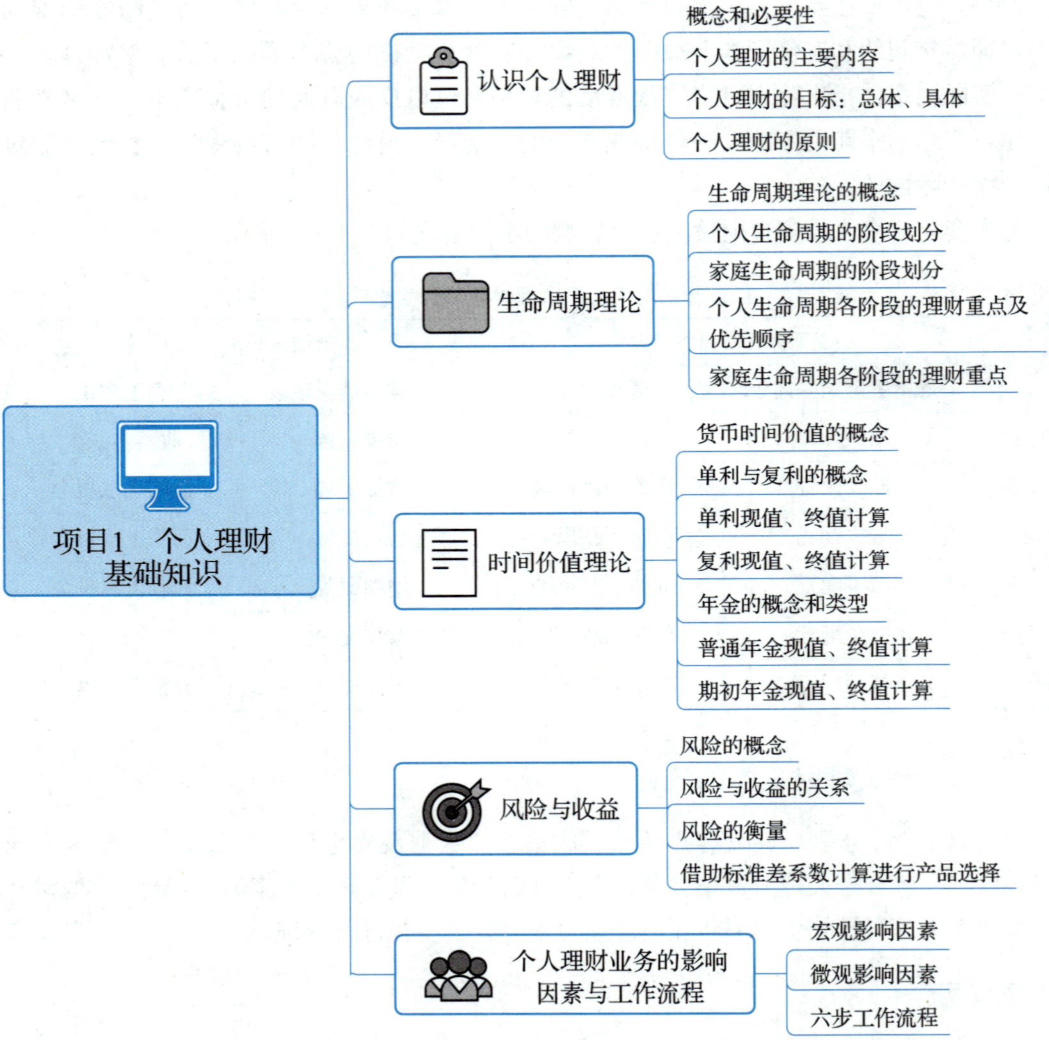

项目综述： 本项目分为 5 个任务：任务 1.1 介绍了个人理财的基本内涵、基本内容和原则。任务 1.2 介绍了生命周期理论，将生命周期理论细分为个人生命周期和家庭生命周期，并重点介绍了每个阶段的理财重点。任务 1.3 介绍了时间价值理论，主要内容有单利和复利的概念、单利现终值计算方法、复利现终值计算方法、年金的概念和类型、普通年金和期初年金的现终值计算方法。该任务有一定难度，希望同学们能够进一步总结课堂笔记，巩固知识点。任务1.4介绍了风险与收益的关系，借助统计学指标标准差进行风险度量，并可以使用变异系数进行方案或产品的选择。任务1.5介绍了在进行理财活动的时候需要参考的宏观、微观因素有哪些，这些因素对理财策略的影响结果，以及理财工作的基本流程。最后以思维导图和自测题目的方式，对整个项目进行总结和归纳。本项目介绍的是课程学习入门的基础知识，需要扎实掌握，为后期的深入学习打下基础。

项目自测

项目知识训练

一、判断题

1. 理财就是生财，就是投资赚钱。（　　）
2. 理财是有钱人的事，对于普通的工薪阶层是没有用的。（　　）
3. 将终值转换为现值的过程被称为“折现”。（　　）
4. 复利的计算是将上期末的本利和作为下一期的本金，在计算时每一期本金的数额是相同的。（　　）
5. 不同的人有不同的风险偏好，同一人在生命周期的不同阶段，对风险的承受能力也不同。（　　）
6. 利率可分为实际利率和名义利率，名义利率才能真实反映资产的投资收益率。（　　）
7. 方差越大，这组数据就越离散，数据的波动就越大。（　　）
8. 家庭形成期至家庭衰老期，随着户主年龄的增加，投资股票等风险资产的比重应逐步增加。（　　）
9. 理财价值观是有对错标准的。（　　）
10. 个人理财规划首先要考虑的因素是收益，不用考虑风险。（　　）

二、单选题

1. 一般来说，在家庭生命周期中，处于（　　）的家庭财务状况应无新增负债。

   A. 家庭形成期　　B. 家庭成长期　　C. 家庭成熟期　　D. 家庭衰老期

2. 把选择性支出大部分都用在当前消费上，提升当前生活水平的理财价值观为（　　）。

   A. 偏当前享受型　　B. 偏子女型　　C. 偏购房型　　D. 偏退休型

3. 下列指标中，用来描述投资人对投资回报的预期的是（　　）。

   A. 收益率的方差　　B. 收益率的标准差　　C. 收益率的协方差　　D. 期望收益率

4. 单利和复利的区别在于（　　）。

   A. 单利的计息期总是一年，而复利则有可能为年、月或日

   B. 用单利计算的货币收入没有现值和终值之分，而复利就有现值和终值之分

   C. 单利属于名义利率，复利则为实际利率

   D. 单利仅在原有本金上计算利息，而复利是对本金及其产生的利息一并计算

5. 在普通年金现值系数的基础上，期数减 1、系数加 1 的计算结果应当等于（　　）。
   A. 递延年金现值系数　　B. 永续年金现值系数
   C. 期初年金现值系数　　D. 以上都不正确
6. 每年年底存入银行一定的款项，计算第 5 年年末的价值总额，应采用的系数是（　　）。
   A. 复利终值系数　　B. 复利现值系数
   C. 普通年金终值系数　　D. 普通年金现值系数
7. 一般情况下，浮动收益证券比固定收益证券（　　）。
   A. 收益高、风险小　　B. 收益低、风险小　　C. 收益低、风险大　　D. 收益高、风险大
8. 在经济的（　　）阶段，个人和家庭应考虑增加储蓄和固定收益类理财产品。
   A. 萧条　　B. 繁荣　　C. 复苏　　D. 衰退
9. 暂不考虑其他因素，预期未来为温和通货膨胀，个人理财策略应为（　　）。
   A. 增加储蓄配置　　B. 增加债券配置　　C. 增加黄金配置　　D. 减少股票配置
10. （　　）不属于个人理财规划的内容。
    A. 健康规划　　B. 教育投资规划　　C. 住房规划　　D. 养老规划
11. 在个人生命周期中的退休期，个人理财的投资工具应以（　　）为主。
    A. 固定收益类工具　　B. 股票　　C. 房地产　　D. 外汇
12. 某投资者拥有的投资组合中 A 股票占比 40%、B 股票占比 10%、C 股票占比 20%、D 股票占比 30%。A、B、C、D 四只股票的收益率分别为 10%、12%、3%、−7%，则该投资组合的期望收益率为（　　）。
    A. 4.5%　　B. 3.7%　　C. 8.1%　　D. 7.2%
13. 张先生准备在第 3 年年末还清 100 万元债务，从现在起每年年末等额存入银行一笔款项，假定年利率为 10%，那么他每年需要存入（　　）元。
    A. 274 650　　B. 302 115　　C. 333 333　　D. 356 888
14. 某人打算在 5 年后用 2 万元购买一台电脑，某产品的年利率为 12%，他现在应向该产品中投入（　　）元。
    A. 12 000　　B. 13 432　　C. 15 000　　D. 11 349
15. 王先生在未来 8 年内，每年年初获得 1 万元，年利率为 5%，则这笔年金的终值为（　　）元。
    A. 310 265.64　　B. 100 265.64　　C. 281 420.08　　D. 268 019.12

三、多选题

1. 影响货币时间价值的主要因素有（　　）。
   A. 时间　　B. 收益率　　C. 单利与复利
   D. 风险承受能力　　E. 风险评估方法
2. 一个人的财务安全主要包括（　　）。
   A. 是否有稳定、充足的收入　　B. 个人是否有发展的潜力
   C. 是否有充足的现金准备　　D. 是否有适当的住房
   E. 是否购买了适当的财产保险和人身保险

3. 家庭生命周期包括（　　）。

A. 家庭形成期　　B. 家庭成长期　　C. 家庭成熟期

D. 家庭衰退期（家庭衰老期）　　E. 家庭消灭期

4. 下列各项中，弹性较小的理财目标有（　　）。

A. 子女教育　　B. 出国旅游　　C. 赡养父母

D. 购买豪华车　　E. 房地产投资

5. 制定财务目标，要遵从的原则有（　　）。

A. 在制定目标时要具体化

B. 首要的是追求投资收益最大化

C. 改善客户总体财务状况比仅仅为客户创造投资收益更为重要

D. 短期目标、中期目标和长期目标要同时兼顾，尽量不要厚此薄彼

E. 将预留现金储备作为必须实现的财务目标来完成

四、计算题

1. 一笔投资本金为 100 元，报酬率为 10%，按复利计算，累计 10 年后可积累多少元？
2. 某人连续 5 年于每年年末投资 1 000 元，年利率 12%，则第 5 年年末可以得到本利和为多少？
3. 李女士分期分批付款购买住宅，现向银行借款 30 万元，还款期为 10 年，银行贷款利率为 6%，问每年年末等额偿还的资金是多少？
4. 王平每年年初支付租金 2 000 元，预计需付 5 年，年利率为 10%，这些租金相当于现在一次性支付多少钱？
5. 投资某证券预计 3 年后可获利 1 000 元，假设贴现率为 12%，其复利现值应为多少？如按半年计息一次，其复利现值又是多少？
6. 某投资者计划现在投资一款理财产品，并期望 7 年后用这笔理财产品的本利和作为要购买的房产的首付款，预计届时首付款为 100 万元。该理财产品年化收益率 8%，每季计息一次，问该投资者想达到付得起首付款的目标，现在应向该产品中投入多少钱？假设上问算出的金额超出了该投资者的实力，那么我们可以建议该投资者以季度为单位，分批等额地投资，则分批等额投资的金额为多少？

五、简答题

1. 简述个人生命周期各个阶段的时间划分、理财重点和建议顺序。
2. 简述家庭生命周期各个阶段的理财重点。
3. 简述理财业务的基本流程。
4. 简述个人理财规划的总体目标和各分项规划的具体目标。
5. 简述理财价值观的类型及特点。

项目技能训练

实训任务一：财商测试

实训目标：了解自己的财商，做好理财的准备。

实训内容：根据表 1-9 或者表 1-10，测试自己的财商（测试结果仅供参考）。

表 1-9 财商测试一

你是理财高手吗?

1. 你对股市不是很熟悉，但有可靠消息透露某股票即将有主力介入炒作，你如何考虑?
   A. 相信消息的可靠性，投入全部存款购买，甚至动用孩子的教育金
   B. 取少量的存款投入，看行情如何再决定是否继续投资
   C. 不投资，不相信股市
2. 你的新房子正在装修，你会在哪一部分花最多的钱?
   A. 客厅的沙发、摆设　B. 卧室的床　C. 浴室、厨房
3. 岁末大扫除，你会先丢掉下列哪一样物品?
   A. 体积过大的老电器　B. 零零碎碎的小东西　C. 过期的旧书杂志
4. 新年伊始，你去庙里进香，结果抽了一个大吉签。如果要你把这个大吉签系在树枝上，你选以下哪个树枝?
   A. 尽量高的树枝　B. 一伸手就够得到的树枝　C. 低矮的树枝
5. 对你来说，钱的意义最大的是以下的哪一笔?
   A. 孩子的抚养费用　B. 海外以及全球的旅游　C. 能获得权利、自由或安全感
6. 你是如何刷牙的?
   A. 慢慢仔细地刷，至少两分钟以上　B. 迅速刷，两三下完毕
   C. 一边让水龙头开着一边刷牙
7. 你到了古玩店，看到柜台上有 3 件令你怦然心动的东西：闹钟、烛台、首饰盒，但是你的口袋里只有买一样东西的钱，你会选择哪一件?
   A. 闹钟　B. 烛台　C. 首饰盒
8. 如果送给你一棵树苗，种在你家的花园里，你想象一下，它几年之后会长成什么样子?
   A. 开满鲜花　B. 枝繁叶茂，结满果实　C. 枯死了
9. 你准备为自己买一台笔记本电脑，但是你手头的钱并不宽裕，那么你会怎么做?
   A. 挪用其他预算买最高配置的
   B. 考虑自己的金钱与需求，买一台性能比较不错而自己又能承受得起的
   C. 能满足自己最简单需要、能用就行了
10. 好朋友急于向你借钱，他和你有深厚的感情，那么你会怎么做?
   A. 一定会竭尽所能来帮助他
   B. 会在手头宽裕的情况下帮助他，但让他写借条及归还日期
   C. 即使友情深厚，也不借钱给他

计分方法：

1. a—1 b—2 c—3　2. a—1 b—2 c—3　3. a—3 b—1 c—2　4. a—2 b—3 c—1
5. a—3 b—1 c—2　6. a—3 b—2 c—1　7. a—1 b—2 c—3　8. a—3 b—2 c—1
9. a—2 b—3 c—1　10. a—2 b—3 c—1

结果分析：

27 分以上：你买东西至少考虑三次以上，但是在朋友面前又装作很随性的样子，所以一般人都觉得你经济宽裕，而不知你其实是个开源和节流并重的理财大师。你是个高品位的人，常常买一些用不着的装饰品、衣服等，注意一下这一点，你会做得更好。

15～27 分：你赚钱的能力很强，可惜的是你花钱的能力更强，所以尽管收入很高，你仍然觉得钱不够花。你天生有致富的本领，可惜不太会把握，回想一下自己花钱的态度，别太注意“表面功夫”，要考虑收支平衡。

15 分以下：你对理财颇有概念，从不乱花钱。美中不足的是，你只在节流方面努力，很少思考开源的方法。最好有意改变一下观念，如此，你会意外地得到好主意，而财运也必为之大开。

表 1-10 财商测试二

你在驾驭金钱，还是被金钱驾驭？

1. 我喜欢刺激的休闲活动，例如高空弹跳、激流泛舟。
   A. 是　B. 有时　C. 不会
2. 朋友急于向我借钱，基于交情，我一定会设法帮助他。
   A. 是　B. 有可能　C. 不会
3. 虽然我对股市不是很熟悉，但是有可靠消息透露某只股票即将有主力介入炒作，我会考虑投入全部存款。
   A. 是　B. 有可能　C. 不会
4. 我喜欢运用不同的理财工具如股票、基金或期货来投资。当行情看涨时，我也会利用借款来扩大我的投资额度。
   A. 是　B. 有可能　C. 不会
5. 拥有笔记本电脑、空气清新机、健康俱乐部会员中的任何两项。
   A. 是　B. 有可能　C. 不会
6. 我对于参加投资说明会的意愿颇高。
   A. 是　B. 有可能　C. 不会
7. 某天在公共电话亭打电话赫然发现地上有一个信封袋，一打开发现里面有一万元，我会马上装起来。
   A. 是　B. 有可能　C. 不会
8. 百货公司周年庆正举办消费满一万元可参加汽车抽奖的活动，我一定会想办法凑到一万元的收据来参加抽奖。
   A. 是　B. 有可能　C. 不会
9. 有关部门将要推行某项政策，与我自身利益相冲突，我一定会合法地表达我的不满。
   A. 是　B. 有可能　C. 不会
10. 当了多年上班族，几位高中同学决定要自己创业，开发一项颇具潜力的产品，虽然要两年后才能看出成果，我仍然看好他们，同时很愿意入股。
   A. 是　B. 有可能　C. 不会

选 A 的得 3 分，选 B 的得 2 分，选 C 的得 1 分。

25～30 分：你的财商相当高，对投资的资讯掌握度很高，而且不容易受市场左右。这样的人在市场反转向下的时候，往往能全身而退。唯一需要注意的是资金的调配，分散风险，追求更高的获利增长。

16～24 分：你的财商中等，社会上大多数人都属于这种类型：平常非常了解理财投资的重要性，但对自己的判断力没有信心；有时运气好尝到甜头，但缺乏全盘性的规划，到头来恐怕也没赚到多少钱。建议最好做中长期投资，以避免情绪受到市场波动的影响。

10～15 分：你的财商需要提升。你可能是说得一口股票经却不敢行动的保守投资者，或者你可能是在市场追高杀跌的大散户，投资时任何利空消息对你都会产生影响。建议这类投资者将大部分资金交给理财专家管理，保留小部分资金来享受追逐市场的操作乐趣。

实训任务二：评价风险、择优投资

实训目标：掌握评价风险的方法，掌握评价方案或产品优劣的基础方法。

实训内容：某企业有甲、乙两种投资方案，预测的报酬率和发生的概率如表 1-11 所示，请计算方差或标准差来比较两种方案的风险，再计算标准差系数（变异系数）比较甲、乙两种方案的优劣。

表 1-11　甲、乙方案的资料

经济状况	发生概率	甲方案预测的报酬率	乙方案预测的报酬率
繁荣	0.4	60%	25%
一般	0.4	20%	20%
衰退	0.2	−60%	10%
合计	1	—	—

实训任务三：掌握生命周期理论

实训目标：巩固生命周期理论的掌握情况。

实训内容：根据以下资料，判断该客户个人或家庭处于生命周期的哪个阶段，这个阶段都会有哪些主要的理财需求？并给他们提出简单的理财建议。

1. 小张，今年 23 岁，未婚，某公司办公室文员。手头现有存款 8 万元，另有市值 1.5 万元的指数基金，基金处于被套的状态。小张每个月到手工资 4 000 元左右，而且两年之内不打算结婚。小张想通过理财让自己的资产保值增值。

2. 小王，女，26 岁，已工作 3 年，政府公务员，2021 年年初结婚，家庭月总收入 1.7 万元，但每月还房贷要近 6 000 元。家庭目前暂不考虑生育小孩。

3. 徐磊夫妇，同为 39 岁，已工作 17 年，丈夫现为深圳某公司财务高管，妻子为深圳某银行高级会计经理，育有一女 9 岁，家庭每月结余 1.2 万元；希望为女儿准备留学的教育金。

4. 沈峰夫妇，丈夫 54 岁，妻子 53 岁，上海某公司中层管理人员。儿子大学毕业并且已经工作 1 年。沈先生家庭总金融资产超过 100 万元，打算为儿子准备买房子的首付款 50 万元。

5. 李大爷，63 岁，和妻子目前都是退休人员，退休后家庭月收入是 9 000 元，有定期存款 30 万元；有一个儿子已经结婚，没有和李大爷一起生活。李大爷希望保持目前的生活水平，有一笔钱留给自己的孙子。

项目延伸

项目延伸

理财规划师
资格认证考试

项目 2

兵马未动，粮草先行——认识客户，收集信息，分析与评价财务状况

知识目标

1. 掌握与客户建立关系的方法和技巧。
2. 掌握判定客户风险属性的方法，理解风险承受能力和风险偏好的概念。
3. 掌握判断客户生命周期、价值观的方法。
4. 了解收集客户信息的重要性，掌握收集客户信息的方法。
5. 掌握家庭资产负债表、现金流量表的编制与分析方法。
6. 掌握客户财务状况的分析方法。

技能目标

1. 能够与客户建立合作关系。
2. 能够为客户判定风险属性，并能够将风险属性与理财紧密联系。
3. 能够较全面地收集客户的信息，并能够对信息进行有效整理。
4. 能够根据收集到的信息，为客户编制资产负债表和现金流量表。
5. 能够借助财务指标对客户的财务报表进行准确分析。
6. 能够根据财务报表的分析结果，为客户出具财务状况综合评价报告。

素养目标

1. 树立真诚为客户服务的工作意识。
2. 培养严谨、勤勉、专业、诚信的工作作风。
3. 树立长期理财、理性理财的意识和能力。
4. 培养和提高数字敏锐度，建立用数字说话的意识和学习习惯。

情景引入

“老婆，你今天买菜花了多少钱?”丈夫问妻子。

“一袋大米 50 元，蔬菜和水果 30 元，鱼虾 40 元，总共 120 元。”妻子答道。

拿着手机的丈夫此时已经打开了家庭理财软件，他在一个名为“现金及消费”的账户中添加了一条“食品支出 120 元”的记录，并在备注栏内注明“大米 50 元，蔬菜、水果 30 元，鱼虾 40 元”，而所发生收支的“人员”一栏填写了“全家人”。

接着，丈夫又将上午给女儿新买的一本钢琴教材的费用记录下来，“人员”一栏填写了“女儿”。

每天晚饭以后，丈夫或者妻子在手机上记账已经成为这个家庭必做的功课。在账本中，大到几万元的奖金收入，小到几元钱的买菜支出，家庭的每一笔收支都被记录得一清二楚。自从记账之后，有了不少“惊人”发现：妻子总爱买鞋子，一年能买十多双；丈夫因参加各种职业培训和资格考试，累计花费达 1 万元。“其实还是为女儿花的钱最多。”妻子对丈夫说。2022 年统计结果显示，上小学的女儿全年消费支出 22 900 元，丈夫花掉了 19 900 元，而妻子的消费支出仅为 13 900 元，再算上全家人的共同支出 62 800 元，生活在杭州的这个三口之家的年总支出为 119 500 元。

“那么咱们家这一年的收入有多少呢？咱家‘家底’有多少？欠银行的房贷还剩多少？”妻子冒出了一连串问题，丈夫挠挠头说：“等一下，我看看这个软件有没有显示，收入有显示，可是你说的‘家底’是啥意思？欠银行的房贷本金嘛，哎呀，这上面没写，我也记不清了。看来，这个软件的功能还要继续更新啊。”

思考：良好的记账习惯可以让我们清楚收支情况。案例中所说的“家底”是什么意思？“家底”应如何统计？有没有一种工具可以将家庭的财务状况全面、准确地展现出来？通过财务数据的统计，我们又能发现哪些财务状况？

任务 2.1 建立客户关系

任务目标

1. 掌握与客户交流的主要手段和技巧。
2. 掌握开发和维护客户关系的方法。
3. 了解理财规划师的职业道德。

任务引入

在杭州某银行的营业部，两名女客户停留在理财产品宣传栏前。该网点的实习理财经理小陈看到后，马上想上前询问客户要办理什么业务，可是一个疑问阻碍了她的脚步。“唐突要客户的微信，客户会不会同意？万一不同意，眼前的新增客户的机会就这么浪费了，唉！”如果你是小陈，你将如何与两位潜在客户打交道？如何将她们发展为确定客户？

任务预备

2.1.1 建立客户关系的目的

寻找目标市场及目标客户群，让潜在客户和目标客户产生购买欲望并付诸行动，促使他们尽快成为金融机构的现实客户，是建立客户关系的目的。

一般而言，具有理财需求的客户群有以下几类：

（1）财富净值很高，但没有时间去规划及管理资产的人士，如企业主、公司高管等。

（2）财富净值较低，但积极规划未来的群体，如大学生。

（3）具有极高的家庭责任感，对子女有很高期许的人群。

（4）家庭居住环境面临较大改变，需要做特殊调整安排的人群。

（5）发生了能激发客户寻找专业理财服务事件的人群。

只有通过与客户充分的沟通交流，设法与客户建立起初步的信任，从而建立起业务关系，理财规划师才能获取客户的各方面信息，进而全面了解客户的财务状况，为其提供切实可行的专业建议，制定符合客户需求和客观情况的理财规划。

在实际操作中，客户的财务保密需求、风险偏好不同，对理财规划流程了解程度有差异等原因，都有可能造成理财规划师无法获得全面、有效的信息。理财规划师只有具备熟练的沟通技巧和丰富的实践经验，才能全面地了解客户的财务目标、投资偏好、风险态度和风险承受能力等基本信息，获得客户的认可，从而与客户建立良好的关系。

2.1.2 客户的开发与维护

1. 客户的开发

一般来讲，客户包括两类：客户和潜在客户。已签约的人称为客户，否则称为潜在客户。客户开发的步骤首先是结识潜在客户，然后努力把潜在客户转变为客户。

结识潜在客户是实现客户开发的第一步。可以通过如同学会、生日会、座谈会、讲座等集体活动，微信、QQ 等网络工具，发送短信、电话拜访、面谈和随机问卷调查等方式，结识更多潜在客户。

紧接着要努力与潜在客户建立友谊，成为朋友。朋友间最重要的是信任，理财规划师要取得客户的信任，应该做到以下几点：衣着打扮、言谈举止符合基本商务礼仪；会谈中积极、友好、自信，善于创造轻松的氛围；专业知识深厚，工作、生活经验丰富；永远以客户利益为导向。

课堂活动之“想一想”

面谈是最直接、最重要、最行之有效也是必不可少的有效沟通方式。为使面谈进行得有效且顺利，你觉得理财规划师在与客户初次面谈之前，需要做哪些方面的准备？

2. 客户的维护

微课 7

交流沟通的技巧

当潜在客户终于签约成为客户，此时大部分理财销售人员急于去寻找新的潜在客户，而忽略了老客户，导致老客户强烈不满。我们经常可以听到客户对理财销售人员的抱怨：“没签约时天天往我这儿跑，恨不得住在我这儿，等拿到钱了，不但不露面了，甚至连个电话也没有了！”

因此，维护好与客户的关系是理财规划师工作的重中之重。只重视新客户而忽视维护老客户，势必会造成售后服务中的问题得不到及时有效的解决，从而使客户大量流失，同时企业又必须不断补充“新客户”，如此不断循环，这就是“漏斗原理”。企业在失去 100 个老客户的同时又得到 100 个“新客户”，表面看来没有任何影响，但获得这些“新客户”所花费的宣传、促销等成本，要比维护老客户高出很多倍。

阅读资料

维护好客户关系的几个小建议

成功的理财销售人员一定会把留住老客户作为自己的重要工作来做。在绝大部分情况下，老客户的宣传、推销作用要比专业销售人员大得多。一个有购买意向的消费者，通常会相信亲友、同事或其他人亲身经历后的推荐，这就是客户的口碑效应。调查显示，一位满意的客户可以带来 8 笔潜在的生意，一位不满意的客户则会影响 25 个人的购买意向。

任务实施

1. 请你谈一谈开发和维护客户关系对理财规划师工作的重要性。

2. 邀请两名同学，模拟理财规划师与客户首次面谈时的场景，其他同学评价两名同学做得好的地方与做得不妥或还需完善的地方。（此题也可以小组为单位进行。）

任务 2.2 客户风险属性判断

任务目标

1. 理解风险承受能力的概念。
2. 掌握评估风险承受能力的方法。
3. 理解风险偏好类型的含义，理解风险偏好类型对投资理财活动的影响。
4. 掌握评估风险偏好类型的方法。
5. 掌握利用风险矩阵获得理财对象的综合风险特征的方法。
6. 能够根据理财对象的风险综合特征指导理财活动。

任务引入

如果你买过理财产品，相信你还记得，理财规划师会先让你填写一份风险偏好类型和风险承受能力测试的问卷。即便是以前填写过该问卷，如果超过 1 年未进行投资理财活动，在投资理财活动之前还需要再次进行测评。那么，你知道理财规划师为什么要判断客户的风险偏好吗？客户的风险偏好类型与投资理财活动、推荐的产品类型之间存在着什么联系？风险偏好和风险承受能力是一回事吗？如果不是的话，各自的含义又是什么？相信学习完本任务，你会找到答案。

任务预备

2.2.1 风险承受能力的概念与评估方式

风险承受能力，是指一个人有多大能力承担风险，也就是你能承受多大的投资损失而不至于影响你的正常生活。风险承受能力要综合衡量，与个人资产状况、家庭情况、工作情况等都有关系。

风险承受能力反映了风险客观上对理财对象的影响程度。同样的风险对不同职业、负担、财务状况、投资经验的理财对象的影响是大相径庭的。例如，同样拿出 10 万元进行股票投资，股票市场大幅下跌了 50%，这对于一位仅有 10 万元养老金的退休人员和一位千万富翁来说影响显然是完全不同的。

风险承受能力评估的方式主要是调查问卷评估。其中，问卷中的题目多是对客户资产实力和流动性资产的评估。

2.2.2 投资者风险偏好类型

根据对风险的态度的不同，可以将投资者分为风险厌恶型、风险偏好型和风险中立型三类。在实际理财业务中，一般采用五级分类模式。有些商业银行采用六级分类模式，《商业银行理财产品销售管理办法》要求商业银行将客户的风险等级至少分为五级。

1. 风险厌恶型投资者

风险厌恶型投资者厌恶风险，对待风险态度消极，不愿为增加收益而承担风险。他们非常注重资金安全，极力回避风险。风险厌恶型投资者多半是那些缺少时间和专业知识去打理投资事务的人，既想安全又不愿过多地操心，即使有远远高于平均收益水平的投资机会，他们也不愿轻易涉足。在投资工具选择上，风险厌恶型投资者以储蓄存款和政府债券为主。

微课 8

风险偏好类型与理财产品的匹配

对于风险厌恶型投资者，边际收益对他们的满足程度，可能不及边际风险带给他们的恐慌。比如老年投资者为自己准备的养老金，他们最在乎的是其安全性，如果用百分之一的风险换取百分之百的收益，他们都不会动用这部分资金。因此，应为风险厌恶型投资者选择储蓄、债券、保险等安全性高的投资工具。

2. 风险偏好型投资者

风险偏好型投资者喜爱风险，对待风险投资较为积极，愿意为获取高收益而承担高风险，重视风险分析和规避，不因风险的存在而放弃投资机会。他们追求的目标是高收益，而不满足平均的投资收益，即使一笔投资失败，还可以通过其他的投资赚回来。风险偏好型投资者一般有雄厚的资金、冒险的精神、乐观的心态、熟练的投资技巧、无后顾之忧的家庭。适合此类投资者的投资工具大多风险大、收益率高、投机成分重，如股票、期货等。风险偏好型投资者必须对自己的经济实力、心理承受能力和专业知识，有一个较为客观的分析和估计。

风险偏好型投资者坚信高风险必定伴随着高收益，在为此类投资者设计投资组合时一定要了解投资者的资金情况，因为风险偏好型投资者往往会乐观地认为风险不会出现，夸大其风险承受能力，万一失败，可能会影响整个家庭当前和以后的生活。所以理财规划师一定要对风险偏好型投资者列出所有可能的风险及损失程度，并叮嘱其投资时一定要遵循组合设计的最大风险止损原则，不能因为一时的贪心而酿成大错。

3. 风险中立型投资者

风险中立型投资者对待收益与风险的态度介于前两类投资者之间。从其对资金安全的要求看，首先，该类投资者要求回收的资金等于或大于投入的本金数额。其次，该类投资者希望回收的资金相比较投入的本金，其收益率尽可能高于通货膨胀率，即回收的资金实际价值高于原有本金。最后，从这类投资者的风险态度来看，他们有一定的冒险精神，但不满足于平均收益，一旦有较好的机会，他们绝不放过，以期获得高收益，但对于太高的风险，却也望而生畏。这类投资者通常在资产配置中，将一小部分资金用于投资高风险高收益的项目，一旦此项目投资失败，也不会对家庭的正常生活产生严重影响。如果用优化模型来衡量风险中立型投资者，通常情况下期望得到单位风险的收益率最大化是这类投资者的典型特征。

2.2.3 风险偏好类型和风险承受能力的评估方法

1. 定性分析

定性分析主要是通过对投资者年龄、财富、工作状况、教育程度、家庭状况、性别等方面的信息进行分析，从而大致确定投资者的风险承受能力。一般而言，年龄是影响投资者风险承受能力的首要因素，年龄越大，风险承受能力越弱；个人财富越多，风险承受能力越强；工作越稳定，收入越高，风险承受能力越强；受教育程度越高，风险承受能力越强；未婚的风险承受能力高于已婚；男性的风险承受能力高于女性。

定性分析主要是通过与投资者面对面的交谈来基本判断投资者的风险属性。但由于定性分析仅仅是凭理财规划师的直觉，没有严格的量化关系，而且受理财规划师的经验、技巧及理财规划师自己的风险偏好的影响，不同的理财规划师可能得出差别较大的结论，因此，理财规划师在采用定性分析的同时还需要采用定量分析，综合运用两种方法以确定投资者的实际风险承受能力和风险偏好类型。

2. 定量分析

定量分析通常采用有组织的形式，如通过设计“投资者风险承受能力问卷调查表”来收集投资者的必要信息，将观察结果转化为某种形式的数值进行分析，来判断投资者的风险承受能力和风险偏好类型。一般而言，设计问卷调查表必须遵循三个原则：一是所设计的问卷调查表必须通俗易懂，尽量避免专业词汇；二是问卷调查表不能有影响投资者独立判断的信息；三是问卷调查表的问题，在逻辑上前后需要保持一致。设计好“投资者风险承受能力问卷调查表”后，根据不同的回答赋予相应的分值，然后根据得分确定其风险承受能力和风险偏好类型。

课堂活动之“说一说”

谈一谈你所理解的风险承受能力与风险偏好类型。

2.2.4 风险属性特征综合评价

通过风险承受能力和风险偏好类型的测定，可以利用风险矩阵获得理财对象的综合风险属性特征，从而选择合适的理财产品组合。通常，风险矩阵是通过表格的形式列出理财产品的参考组合比例，在实际为客户设计理财方案时，还需要考虑客户家庭（或个人）的理财目标、利率趋势、市场状况等因素。

任务实施

1. 请对照表2-1，完成自己的风险承受能力评估。

表2-1 风险承受能力评估表

分数	2分	4分	6分	8分	10分
就业情况	失业	自营事业	佣金收入	上班族	公职人员
家庭负担	单薪养三代	单薪无子女	双薪有子女	双薪无子女	未婚
置业状况	无自宅	房贷>50%	房贷<50%	自宅无房贷	投资不动产
投资经验	无	1年以内	2～5年	6～10年	10年以上
投资知识	无	懂一些	自修有心得	财经专业毕业	有专业证书
年龄	总分50分，25岁以下者50分，每多一岁少1分，75岁以上者0分				

注：暂不考虑其他因素，可认为分数越高，客户的风险承受能力越强。

2. 请对照表2-2，完成自己的风险偏好类型评估。

表2-2 风险偏好类型评估表

分数	2分	4分	6分	8分	10分
首要考虑	保本保息	抗通胀保值	年现金收益	长期得利	赚短线差价
认赔动作	加码摊平	持有待回升	部分认赔	事后止损	预设止损点
赔钱心理	难以成眠	影响情绪大	影响情绪小	照常生活	学习经验
最重要特征	安全性	流动性	收益性	收益兼成长	获利性
避免工具	债券	房地产	股票	期货	无
本金损失容忍度	总分50分，不能容忍任何损失为0分，每增加一个承受损失百分比加2分，可容忍25%以上损失者为满分50分				

风险偏好类型：0～19分：非常保守型；20～39分：温和保守型；40～59分：中庸型；60～79分：温和进取型；80～100分：积极进取型。

3. 你觉得客户的风险承受能力、风险偏好类型与理财规划师给客户出具的理财建议的内容之间具有怎样的关系？这些因素如何影响个人理财活动？

4. 请完成《商业银行理财客户风险评估问卷》并知晓适合的产品类型。

商业银行理财客户风险评估问卷

以下11个问题将根据您的财务状况、投资经验、投资风格、风险偏好和风险承受能力等对您进行风险评估，我们将根据评估结果为您更好地配置资产。请您认真作答，感谢您的配合！（每个问题请选择唯一选项，不可多选）

客户姓名：

联系方式：

证件类型：

证件号码：

一、财务状况

1. 您的年龄是？

A. 18～25岁（—2） B. 25～50岁（0）

C. 51～60岁（—2） D. 61～65岁（—3）

E. 高于65岁（—10）

2. 您的家庭年收入为（折合人民币）？（不包括自用住宅和私营企业等实业投资，包括储蓄、保险、金融投资、实物投资，并需扣除未结清贷款、信用卡账单等债务。）

A. 15万元及以下（0）

B. 15万元（不含）～50万元（含）（2）

C. 50万元（不含）～100万元（含）（6）

D. 100万元（不含）～1 000万元（含）（8）

E. 1 000万元（不含）以上（10）

3. 在您每年的家庭收入中，可用于金融投资（储蓄存款除外）的比例是？

A. 小于10%（2） B. 10%～25%（4）

C. 25%～50%（8） D. 大于50%（10）

二、投资经验（任一项选A客户均视为无投资经验客户）

4. 以下哪项最能说明您的投资经验？

A. 除存款、国债外，我几乎不投资其他金融产品（0）

B. 大部分投资于存款、国债，较少投资于股票、基金等风险产品（2）

C. 资产均衡地分布于存款、国债、银行理财产品、信托产品、股票、基金等（6）

D. 大部分投资于股票、基金、外汇等高风险产品，较少投资于存款、国债（10）

5. 您有多少年投资股票、基金、外汇、金融衍生产品等风险投资品的经验？

A. 没有经验（0） B. 有经验，但少于两年（2） C. 2～5年（6）

D. 5～8年（8） E. 8年以上（10）

6. 以下哪项描述最符合您的投资态度？

A. 厌恶风险，不希望本金损失，希望获得稳定回报（0）

B. 保守投资，不希望本金损失，愿意承担一定幅度的收益波动（4）

C. 寻求资金的较高收益和成长性，愿意为此承担有限本金损失（8）

D. 希望赚取高回报，愿意为此承担较大本金损失（10）

三、投资风格

7. 本金 100 万元，不提供保本承诺的情况下，您会选择哪一种投资机会？
   A. 有 100%的机会赢取 1 000 元现金，并保证归还（0）
   B. 有 50%的机会赢取 5 万元现金，并有较高可能性归还本金（4）
   C. 有 25%的机会赢取 50 万元现金，并有一定的可能性损失本金（6）
   D. 有 10%的机会赢取 100 万元现金，并有较高可能性损失本金（10）
8. 投资于理财、股票、基金等金融投资产品（不含存款和国债）时，您可接受的最大投资期限是多久？
   A. 1 年以下（4）
   B. 1～3 年（6）
   C. 3～5 年（8）
   D. 5 年以上（10）
9. 您的投资目的是？
   A. 资产保值（2）
   B. 资产稳健增值（6）
   C. 资产迅速增值（10）

四、风险承受能力

10. 您的投资出现何种程度的波动时，您会出现明显焦虑？
   A. 本金无损失，但收益未达预期（—5）
   B. 出现轻微本金损失（5）
   C. 本金 10%以内的损失（10）
   D. 本金 20%～50%的损失（15）
   E. 本金 50%以上的损失（20）
11. 对您而言，保本比高收益更重要。
   A. 非常同意（—2）
   B. 同意（0）
   C. 无所谓（2）
   D. 不同意（4）
   E. 非常不同意（5）

评估结果：（客户风险等级）

[客户确认栏]

本人保证以上所填全部信息为本人真实的意思表示，并接受贵行评估意见。

客户签名：

评估人：

评估日期：　　　　　　　　　　银行签章：

资料来源：中国银行业协会《商业银行理财客户风险评估问卷基本模板（修订版）》.

根据问卷调查结果计分，按照不同的分值划分客户类型。不同类型的客户可以投资不同类型的理财产品或投资工具（见表2-3）。

表2-3　客户类型及适合的产品类型

分值范围	客户类型	适合的产品类型
-9～15分	保守型	低风险产品
16～35分	谨慎型	低、中低风险产品
36～60分	稳健型	低、中低、中等风险产品
61～80分	进取型	低、中低、中等、中高风险产品
81～100分	激进型	低、中低、中等、中高及高风险产品

5. 请根据你在第1题、第2题中的测评结果，使用风险矩阵表（见表2-4），找出适合自己的投资产品建议比例。

表2-4　风险矩阵表

风险偏好		风险承受能力				
		0～19分	20～39分	40～59分	60～79分	80～100分
非常保守型	货币	70	50	40	20	10
	债券	30	40	40	50	50
	股票	0	10	20	30	40
温和保守型	货币	40	30	20	10	10
	债券	50	50	50	50	40
	股票	10	20	30	40	50
中庸型	货币	40	30	10	0	0
	债券	30	30	40	40	30
	股票	30	40	50	60	70
温和进取型	货币	20	0	0	0	0
	债券	40	50	40	30	20
	股票	40	50	60	70	80
积极进取型	货币	0	0	0	0	0
	债券	50	40	30	20	10
	股票	50	60	70	80	90

任务 2.3

收集客户信息并协助客户制定理财目标

任务目标

1. 了解客户信息的基本覆盖面。
2. 掌握收集客户信息和整理客户信息的方法。
3. 掌握确定理财目标的原则和方法，能帮助客户制定理财目标。

任务引入

国际理财规划师理事会标准委员会在有关理财程序条款中指出，“理财规划师在为客户提供理财建议之前，必须收集到足够的、适用于客户的相关定量信息和文件资料。”在收集信息的过程中，理财规划师必须使客户了解，有可靠、完整、准确的信息才能保证财务建议的有效性。所以，各国的理财规划师协会或理财规划师职业资格认证机构在制定职业资格要求时，都将收集客户信息作为理财规划的基础，并将其视为理财规划的必要程序之一。

任务预备

2.3.1 客户信息的分类与收集方法

1. 客户信息的分类

（1）非财务信息。

个人非财务信息是指与个体相关的，并且可用于识别特定个体的信息。例如，姓名、性别、年龄、生日、个人证件号码、标志或其他记号、图像或录音以及其他相关信息（包括某些单独使用时无法识别，但能方便地与其他数据进行对照参考，并由此识别特定个体的信息）。非财务信息对理财活动具有重要的作用。如理财规划师可根据客户的年龄、家庭生活情况等信息，初步判断客户的家庭收入、财务负担、保险需求等事项。通俗地说，通过了解客户的非财务信息，可以大致了解客户是“什么样”的客户了。

非财务信息的种类主要有以下几类：

基本信息：姓名、性别、年龄、住所、籍贯、国籍、生日、电话号码、照片、邮箱等。

健康状况信息：保健医疗、健康状况、病历、伤残、精神特征等。

家庭生活信息：家庭基本状况、亲族关系、婚姻史等。

社会生活信息：职业、学历、专业资格、奖惩记录、成绩、兴趣、嗜好等。

（2）财务信息。

虽然非财务信息很重要，可以帮助理财规划师对客户有初步的了解，但仅靠非财务信息来制定理财方案，显然是不够的。如果说非财务信息可以告诉我们客户的基本状况是好还是差，那么财务信息就可以更加明确地告诉我们，客户的状况好到什么程度或者差到什么水平，原因是什么。没有全面准确地收集财务信息，就没有分析客户财务状况的素材，那么，根据客户财务状况下的“处方药”——理财方案，就无从做起。

财务信息通常包括：资产规模与种类、负债水平与时限、收入分布与金额、支出分布与金额、投资状况、纳税负担、保险产品持有情况、养老金储备情况、子女教育金准备情况等。

拓展阅读

宏观经济信息对理财规划同样重要

理财规划师提供的理财建议，与客户所处的宏观经济环境有着密切的联系。一般来说，理财规划师需要掌握的宏观经济信息主要有以下几个方面：

(1) 宏观经济状况：就业状况、通货膨胀率、利率、景气指数、经济周期等。

(2) 宏观经济政策：货币政策、财政政策等。

(3) 金融市场：货币市场、资本市场、保险市场、外汇市场、黄金市场、房地产市场、金融监管等。

(4) 制度安排及改革：住房、医疗、教育、社会保障制度、个人所得税制度改革方向。

2. 客户信息的收集方法

客户的财务信息和非财务信息是理财规划师进行分析和拟定理财方案的基础。理财规划师与客户初次见面时，仅通过交谈的方式收集信息是不够的，通常还要借助数据调查表，即通过填写调查表等相关表单的形式来收集客户更全面的信息。

因为数据调查表的内容较为专业，所以在收集信息时可以采用理财规划师提问，客户回答，然后由理财规划师填写的方式来进行。如果客户自己填写调查表，那么在开始填写之前，理财规划师应对有关项目加以解释，否则客户提供的信息很可能不符合要求。在收集客户信息的过程中，如果客户出于个人原因，不愿意回答某些问题，理财规划师应谨慎地了解客户产生顾虑的原因，并向客户解释该信息的重要性，以及在缺乏该信息的情况下，可能造成的误差。

基于此，理财机构通常设计了一系列客户信息调查表（或类似的表格，见表 2-5 至表 2-13）供客户填写，以收集详尽的资料与数据。值得说明的是，各家银行或理财机构制作的调查表在格式上会有所不同，但信息面涵盖范围基本相同。

表 2-5　客户个人基本信息调查表

项目	本人	配偶	子女
姓名			
出生日期			
民族			
国籍			
联系方式			

续表

项目	本人	配偶	子女
职业			
职称			
工作单位			
单位联系电话			
参加工作时间			
婚姻状况（未婚、已婚、离婚、再婚）			
家庭住址			
健康状况			
家族病史			
电子邮件			
拟退休年龄			

表 2-6　客户家庭成员基本信息调查表

与客户的关系	年龄	职业	年收入（万元）	是否有家族病史	身体状况

表 2-7　客户资产调查表

资产类型			金额（万元）
现金			
银行储蓄	活期	人民币	
		外汇	
	定期	人民币	
		外汇	
股票			
基金	货币市场基金		
	封闭式基金		
	开放式基金		
	基金定投		
债券			
银行理财产品			
投资性房产			
其他投资资产（如黄金、艺术品等）			

表 2-8　客户实物资产调查表

<table>
<tr><th>项目</th><th colspan="8">具体内容</th></tr>
<tr><td rowspan="3">汽车</td><td>品牌型号</td><td>购买时间</td><td>购买价格</td><td colspan="2">是否按揭</td><td colspan="3">购买的车险产品</td></tr>
<tr><td></td><td></td><td></td><td colspan="2"></td><td colspan="3"></td></tr>
<tr><td></td><td></td><td></td><td colspan="2"></td><td colspan="3"></td></tr>
<tr><td rowspan="3">房产</td><td>区位</td><td>建筑面积</td><td>购买价格</td><td>市价</td><td>是否自住</td><td>贷款金额</td><td>月还款额</td><td>按揭剩余年限</td></tr>
<tr><td></td><td></td><td></td><td></td><td></td><td></td><td></td><td></td></tr>
<tr><td></td><td></td><td></td><td></td><td></td><td></td><td></td><td></td></tr>
<tr><td rowspan="5">其他资产</td><td colspan="2">资产类型</td><td colspan="2">资产名称</td><td colspan="2">购买价格</td><td colspan="2">现值</td></tr>
<tr><td colspan="2">收藏品</td><td colspan="2"></td><td colspan="2"></td><td colspan="2"></td></tr>
<tr><td colspan="2">珠宝首饰</td><td colspan="2"></td><td colspan="2"></td><td colspan="2"></td></tr>
<tr><td colspan="2">奢侈资产</td><td colspan="2"></td><td colspan="2"></td><td colspan="2"></td></tr>
<tr><td colspan="2">其他</td><td colspan="2"></td><td colspan="2"></td><td colspan="2"></td></tr>
</table>

表 2-9　客户负债状况调查表

项目	负债总额	偿还期限
信用卡欠款		
车贷		
房贷		
其他		

表 2-10　客户投保状况调查表

被保险人	保险公司	保险品种	投保日期	保险金额	年缴保费	保险期限

表 2-11　客户子女教育金情况调查表

问题	回答
您觉得子女接受高等教育对您而言是否重要？有多重要？	
您希望子女接受高等教育到哪个阶段？（大专、本科、硕士研究生、博士研究生）	
您希望子女上什么类型的大学？（民办、公办、国内、国外）	
目前该大学的学费、生活费是多少？	
目前您为子女教育准备的资金有多少？	

表 2-12 客户退休计划调查表

项目	选择范围	我的选择/计划
家庭生活	与配偶共同或各自生活	
	是否与子女同住并照看他们的小孩	
	鳏寡者是否要再婚	
社交生活	是否希望参加退休人士的团体活动	
	是否更愿意积极地与亲朋好友联络	
居住环境	是否打算移民到国外	
	是否打算搬迁到异地（如与子女在同一个城市生活）	
	是否愿意住养老院或老年公寓	
运动保健	是否计划每年做全面体检	
	是否有从事健身休闲活动的爱好	
旅游活动	计划每年旅游的次数	
	所追求的旅游品质（高端、中端、亲民）	
进修学习	是否想上老年大学或进修一些感兴趣的科目	

表 2-13 客户投资需求调查表

项目	期望达到、保持或需要的数量	重要性（特别重要、重要、一般）
现金准备	人民币（ ）万元	
综合投资需求	年收益率（ ）%	
债券投资需求	年收益率（ ）%	
股票投资需求	年收益率（ ）%	
基金投资需求	年收益率（ ）%	
保险投资需求	年收益率（ ）%	
其他	年收益率（ ）%	

课堂活动之“做一做”

请你设计一份关于客户收支情况的调查表。

2.3.2 协助客户制定理财目标

1. 制定理财目标的步骤

（1）了解客户的生活愿景。

理财规划师应了解客户的基本情况、财务状况，并且通过交流和沟通，了解客户的风险属性、投资需求和目标等信息。在确定客户的理财目标前，应当先征询客户的期望目标，即对客户的生活愿景有基本的了解。我们可以简单地认为，客户所描述的生活愿景，是还未经加工过的理财目标，是理财目标的内容基础。

（2）在 SMART 原则下，将生活愿景加工为理财目标。

在了解了客户的生活愿景后，结合 SMART 原则，将生活愿景在宏观经济基本假设条件、预计实现年限、终值、内容描述等方面进行具体化。此步骤就是理财规划师将客户的比较口语化甚至比较模糊的生活愿景描述，转化、加工为明确的、可衡量的、符合实际且具体化的规范语句，这个规范语句，就是理财规划师为客户初步拟定的理财目标。当然，在这个过程中，理财规划师还需要综合考虑客户的生命周期、风险属性、财务状况等信息，为客户制定符合实际的理财目标。

阅读资料

制定理财目标的“SMART”原则

（3）将初定的理财目标告知客户，必要时进行调整。

理财规划师在初定了理财目标后，必须将目标内容与客户进行沟通，即要向客户说明目标内容，如客户觉得目标内容不妥（如与客户的原本想法相违背），则需要进行适当调整。

微课 9

如何将生活愿景“加工”为理财目标?

2. 理财目标的分类

（1）按理财目标实现时间分类。

按理财目标实现时间分类，可以将理财目标分为短期目标、中期目标和长期目标。一般而言，这里的短期通常是指 5 年内，中期是指 5 年以上 10 年以内，长期则指 10 年以上。

短期目标一般需要客户每年或每两年重新修订或修改。中长期目标在确定后，一般不进行频繁修改，只在必要情况下才进行调整。如接近退休年龄的客户安排退休金的投资问题等。

值得注意的是，短、中、长期目标之间的界限并不是绝对的，相同的理财目标对于不同的客户其分类可能不同，理财规划师要根据客户的实际情况来界定和划分。

（2）按理财目标重要性分类。

按照理财目标重要性分类，可以将理财目标分为必须实现的理财目标和期望实现的理财目标。

必须实现的理财目标是指对于客户正常生活而言，必须要完成的计划；期望实现的理财目标是指在保证客户正常生活水平的前提下，客户期望完成的计划。前者与客户的生存相关，因此在制订理财计划时应优先考虑。后者是在所有必须实现的目标都满足后，再考虑其具体实现途径和步骤。如果客户的财务实力还无法满足必须实现的理财目标，就需要对客户期望实现的理财目标进行调整，甚至舍弃。

3. 常见的理财目标内容

理财规划师在帮助客户制定理财目标时，可以采取让客户填写调查表或是面谈的方式，听取客户的理财需求，进而将客户的理财需求加工为具体的理财目标。但一般情况下，由于未受过专业的训练，客户的理财需求或者诉求并不具体和科学，甚至没有清晰的规划。此时，就需要理财规划师为客户罗列出常见的范式理财目标，同时与客户的理财需求（或生活愿景）相结合，加工成符合客户实际情况的个性化理财目标。表 2 - 14、表 2 - 15、表 2 - 16 为常见的范式理财目标内容，理财规划师应熟悉目标内容，以帮助客户明确理财目标的大方向。

表 2-14　常见的理财目标

目标种类	目标内容
短期目标	调整现有资产与负债结构（如降低债务比重、提高流动资产比重等）
	初步建立保障体系
	控制开支
中期目标	为购车、购房筹集资金
	提高保险保障
	提高资产投资收益
长期目标	建立养老基金
	资产的保值增值
	为孩子准备教育金、购房首付款等

表 2-15　不同生命周期阶段下的理财目标内容及重要性排序

生命周期阶段种类	排序 1	排序 2	排序 3	排序 4
单身期	节财计划	应急资金	资产保值与增值	购置住房
家庭形成期	购置住房	购置其他生活硬件	节财计划	应急资金
家庭成长期	子女教育规划	资产增值	应急资金	特殊目标规划
家庭成熟期	资产增值	退休养老规划	特殊目标规划	应急资金
退休养老期	退休养老规划	遗产规划	应急资金	特殊目标规划

表 2-16　生命周期阶段与短期目标、中长期目标相结合的理财目标

生命周期阶段种类	短期目标	中长期目标
单身期	建立紧急备用金、强制储蓄、自身教育投资、基本保险保障	购置住房、资产增值、子女教育金储备
家庭形成期	强制储蓄、购置住房、提升保险保障、资产增值	子女教育金储备、资产增值、换房计划
家庭成长期	子女基础教育投资、资产增值、巩固保险保障、房贷还贷	子女高等教育投资、退休养老规划、换房计划
家庭成熟期	子女高等教育投资、换房计划、医疗类保险保障、资产保值增值	退休养老规划、财产传承
退休养老期	紧急备用金、医疗保险类保险保障、财产传承、资产保值	医疗保健、制定遗嘱

为了使客户的理财目标直观明了地呈现，理财规划师可以采用表格的方式来汇总写明理财目标（见表2－17）。客户的目标有时可能是含混不清或模棱两可的，这就需要理财规划师与客户充分沟通，深入而准确地了解客户的期望和目标，在此基础上对客户提出的目标加以细化并量化。一般情况下，客户的目标往往不止一个，而且目标不可能一次就实现。因此，理财规划师应将客户的所有目标按照轻重缓急进行排序，以便综合规划时统筹安排。

表2－17　理财目标汇总表

目标类型		目标内容	优先程度	开始计划时间	希望实现时间	预计实现资金成本
短期目标	1 2 3 …					
中期目标	1 2 3 …					
长期目标	1 2 3 …					

任务实施

请将自己的短、中、长期理财目标内容、优先程度、开始计划时间、希望实现时间和预计实现资金成本等信息，填入表2－17。

任务2.4 个人或家庭资产负债表的编制与分析

任务目标

1. 掌握资产负债表的编制与分析方法。
2. 了解分析客户资产负债情况对制定理财方案的重要意义。
3. 能对客户的资产负债情况给出综合评价。

任务引入

经过前面的一系列工作，尤其是收集客户信息之后，作为理财规划师的我们已经对客户有了初步的了解。但如果这时就开始为客户制定理财方案，你会发现，依然是无从下手。为什么会这样？因为按照逻辑顺序，也是理财规划的工作顺序，我们缺少关键一步，也是足以影响理财方案内容大方向的一步，那就是我们还未对客户的财务状况进行分析和诊断。缺少对客户财务状况的分析诊断，就如同医生未曾“望闻问切”就直接给病人开药方，按方抓药后很可能治不了病。如果理财规划师不对客户的财务状况进行分析诊断，而是直接写理财方案，那该理财方案就很可能无法帮助客户实现理财目标。

既然分析诊断客户的财务状况这么重要，那么该如何进行呢？在实际理财工作中，理财规划师首先将收集到的庞杂的信息进行归纳整理，形成一份能够较全面、准确地反映客户基本财务状况（资产、负债、收入、支出等）的表单或表格，这相当于有了分析的对象；再借助一些绝对和相对的财务指标，计算出数值，评价指标数值，进而得到客户在某个财务指标方面的表现情况，这相当于分析的方法；最终，再将客户在多个财务指标上的表现结果进行归纳整理，这相当于形成了分析结论。

以上所说的分析对象与分析方法，就是我们接下来要学习的编制财务报表和分析财务报表的方法。通俗点说，做这件事情可以帮助理财规划师准确地发现客户的财务问题、正确地评估客户的财务状况，以保证后期制定的理财方案能够帮助客户解决目前的财务问题，进而实现理财目标。

任务预备

2.4.1 资产负债表的编制

1. 资产负债表的结构

通常来说，资产负债表呈左右结构，左边为资产项，右边为负债项和净资产项。

资产包括：流动资产、投资资产（又叫生息资产、金融资产）、自用资产。按照流动性由强到弱，通常最先写流动资产，然后是投资资产，最后是自用资产。

微课 10

编制资产负债表

负债包括：短期负债、中期负债、长期负债。其中，短期负债通常是指一个月以内到期的负债，主要为信用卡欠款；中期负债通常指一年以内到期的负债；长期负债则指一年以后到期的负债，主要有房贷、车贷等。需要说明的是，具体某种负债属于短期、中期还是长期，没有严格规定，主要看贷款期限，如同样是车贷，有的客户只贷了六个月，则可认为是中期负债，有的客户贷了 5 年，则应认为是长期负债。

总资产减去总负债得到净资产。

2. 资产负债表的科目与估值原则

为了有利于家庭财务管理，同时尽可能全面反映客户的资产负债情况，在科目设置上，流动资产、投资资产、自用资产、短期负债、中期负债和长期负债又进一步划分为若干小类。每小类科目名称及估值原则如表 2－18 所示。

表 2－18　家庭资产负债表主要科目及估值原则

一级科目	二级科目	估值原则
流动资产	现金	余额
	活期存款及各类定期存款（因为可以提前取款）	
	开放式货币市场基金	
	支付宝、微信钱包等第三方支付端	
投资资产（金融资产）	不可提前赎回的银行理财产品	本金（暂不将小额利息计入资产，除非利息金额较高，如>1 万元）
	债券	市价（国债可用本金或本金＋利息）
	股票	市价
	非货币市场基金	
	信托	
	储蓄型保险保单现金价值	
	贵金属投资	
	投资性房产	
	金融衍生品	
	其他金融资产	
自用资产	自住房	
	自用车	
	家具、家电等大额消费品	
	珠宝首饰	
	昂贵衣物	
	收藏品	
	其他奢侈自用品	
短期负债	信用卡欠款	应还金额（一般默认客户有能力免息还款）
	其他短期负债	
中期负债	教育贷款	贷款未偿本金＋应还利息
	消费贷款	
	其他中期负债	
长期负债	房屋贷款	
	汽车贷款	
	其他长期负债	

3. 资产负债表示例

家庭资产负债表示例，如表 2-19 所示。

表 2-19 家庭资产负债表示例

资产			负债		
项目		金额	项目		金额
流动资产	现金		短期负债	信用卡欠款	
	活期、定期存款，其他储蓄存款			其他短期负债	
	支付宝、微信余额		短期负债小计		
	开放式货币市场基金		中期负债	教育贷款	
流动性资产小计				消费贷款	
投资资产（金融资产）	定期类银行理财产品（不可提前赎回）			其他中期负债	
	债券		中期负债小计		
	股票		长期负债	房屋贷款	
	非货币市场基金			汽车贷款	
	信托			其他长期负债	
	储蓄型保险保单现金价值		长期负债小计		
	贵金属投资		总负债		
	投资性房产				
	金融衍生品				
	其他金融资产				
投资资产小计					
自用资产（实物资产）	自住房				
	自用车				
	家具、家电等大额消费品				
	珠宝首饰				
	昂贵衣物				
	收藏品				
	其他奢侈自用品				
自用资产小计					
总资产			净资产		

注：其他储蓄存款中的定期存款，一般情况下可以提前支取，所以通常将定期存款认为是现金等价物，即属于流动资产。

2.4.2 资产负债表的分析

1. 绝对数分析

微课 11

分析资产负债表

客户的资产负债表示截至某时点客户的资产和负债情况，是衡量其财务状况是否良好和稳健的重要参考。

资产负债表中的净资产能够反映真正属于客户的财富规模，是客户能够真正支配的财富量。

净资产=总资产−总负债

通常，对于资产负债表的绝对数分析指的是分析净资产。最直观的分析，可看净资产为正还是为负，以及净资产的规模。如果客户的净资产为负，并在短期内没有改善的可能，则该客户被认为已经“破产”。需要指出的是，客户偿还债务或用现金购买其他资产，只是改变了资产负债表的结构，而并未改变其净资产的数额。

每个客户的情况不同，因此客户持有净资产的理想数值不能一概而论。如何通过分析客户净资产的状况判断其财务状况，以及采取何种措施，下面给出一些普遍的看法。

假定某客户的收入处于该地区的中上等水平，并已工作多年，以下分几种情况进行讨论：

客户的净资产为负，说明其目前的财务状况不容乐观，有必要近期将部分债务尽快偿还，同时大幅度减少支出，增加收入。

客户的净资产低于其年收入的一半，说明其有必要控制开支，需要更多地进行储蓄或投资，同时努力工作使收入增加。

客户的净资产数额在其年收入的一半和三年的收入总和之间，如果客户尚年轻，则其财务状况良好。但如果客户已经接近退休年龄，则仍有必要采取措施增加其净资产。客户的净资产数额超过其三年以上的收入总和，则该客户目前的财务状况良好，继续保持。

2. 财务指标分析（相对数分析）

虽然通过分析净资产来评价客户的财务状况的方法比较方便和简单，但仅依靠净资产这一绝对数指标，无法对客户的资产负债情况进行更深入的了解，更无法科学合理地做众多客户间的横向比较。这时，我们就需要借助一些常用的财务比率来进一步分析客户的资产负债情况。理财规划师在使用财务比率分析时，需要准确掌握比率的计算方法、比率结果的合理区间、比率的含义。只有这样，理财规划师才能够准确计算，并将计算结果与合理区间进行比较，得出客户在该比率上的表现情况，进而形成资产负债状况的综合评价结论。下面，介绍几种常用的财务比率。

（1）资产负债率（负债总资产比率）。

资产负债率是客户的总负债和总资产的比值。

资产负债率=总负债/总资产

该指标可直观表示客户的债务压力大小。通常情况下，该比率的变化范围为0～1，合理区间为0.5以下。如果该比率大于1，意味着该客户的净资产为负，即没有实际的财富积累。如果该比率小于1但大于0.5，意味着该客户的债务压力较大，财务状况同样不容乐观，在这种情况下，客户为了还债，可能需要降低生活品质。当然也有一种可能，就是客户过于超前消费、负债消费，导致负债规模较大，也是比较危险的财务状况。如果客户遭遇了一些意外事故，极有可能发生没有应急准备金的尴尬局面。

课堂活动之“想一想”

资产负债率是不是越低越好呢？

（2）净资产偿付比率（清偿比率）。

净资产偿付比率＝净资产/总资产

该比率反映了客户的财富积累效果和综合偿债能力的高低，也能够帮助理财规划师判断客户面临破产的可能性。通常情况下，净资产偿付比率的变化范围为0～1，合理区间为0.5以上。如果某客户净资产偿付比率太低，意味着他（她）现在的生活主要依靠借债来维持，一旦债务到期或经济不景气，该客户的资产出现损失，则可能资不抵债，同时也可以表示该客户的财富积累效果不够显著。当然，如果客户的净资产偿付比率很高（接近1），意味着该客户可能没有充分利用自己的信用额度，这时可以考虑通过适度借款来提前消费、提前享受，同时也优化了财务结构。

（3）投资资产与净资产比率。

投资资产与净资产比率＝投资资产/净资产

该比率反映了客户通过投资增加财富，以提高净资产规模的能力。投资收益是提高净资产水平的重要途径。然而，投资伴随着风险，投资规模越大，面临的资产损失风险也越高。因此，投资资产与净资产比率应保持在一个合理的水平，通常保持在0.5左右比较适宜，并且应随着经济环境的好坏而动态调整。此外，投资资产与净资产比率也受客户投资能力和理财价值观的影响，有时候较低的数值也属正常。

（4）即付比率。

即付比率＝流动资产/负债总额

该比率反映了客户的短期偿债能力。即付比率偏低意味着在经济形势不利时无法迅速减轻负债规避风险，即短期偿债能力较弱。偏高意味着客户短期的偿债能力较强，但也说明过于注重流动资产，综合收益率低，财务结构不合理。该比率的合理值为0.7左右。

（5）自用资产权数。

自用资产权数＝自用资产/总资产

该比率表明自用资产在总资产中所占的比重。自用资产的根本用途是为家庭或个人生活消费提供使用价值，满足个人或家庭生活消费需要，是纯消费性质，不会带来价值增值。因而，这一比率过高，一方面表明该客户收入水平或财务状况处于较低的层次，另一方面表明该客户的资产增值能力不强。该比率一般建议在0.5～0.8。

（6）融资比率。

融资比率＝投资负债/投资资产

投资负债是运用财务杠杆，在期望投资率高于借款利率的情况下，加速资产增值的负债。通俗点说，如果用于投资的钱是借来的，那么这笔借来的钱就叫作投资负债。该比率高的话意味着客户的财务风险较大，理财规划师需要及时关注，提醒客户尽早清偿。目前，还没有该比率的建议区间，但从快速清偿的角度，理财规划师可以建议客户投资负债的规模应与流动资产规模相当。

任务实施

1. 编制资产负债表并进行分析的意义是什么？

2. 请在笔记本上总结：流动资产、投资资产（金融资产）、自用资产、流动负债、长期负债各自包含的具体项目。

3. 请在笔记本上总结：资产负债率、清偿比率、投资资产与净资产比率、即付比率、自用资产权数、融资比率的计算公式和合理区间值。

4. 请为徐先生一家编制年度资产负债表并借助上面的 6 个指标进行简要分析与诊断。

徐先生一家拥有现金 41 300 元，银行活期存款 8 万元，支付宝余额 1 万元，5 年期定期存款 15.6 万元。两年前用自有资金 40 万元购买了债券，每年的收益率是6%。自用住房 65 万元，近期房价上涨，现已增值了 20%。汽车 30 万元，家具家电 8 万元。未偿还的房贷有 30 万元，未偿还的车贷有 12 万元，信用卡透支 5 万元。

任务 2.5 个人或家庭收入支出表的编制与分析

任务目标

1. 掌握收入支出表的编制与分析方法。

2. 了解分析客户收入支出情况对制定理财方案的重要意义。

3. 能对客户的收入支出情况给出综合评价。

任务引入

如果说资产负债表反映的是一个家庭或个人在某个时点上的财富拥有情况，是存量的概念、宏观的概念的话，那么收入支出表反映的就是一个家庭或个人在一段时间内的收入支出情况，是流量的概念、微观的概念。或者说，你可以从以下角度试着理解两种报表的意思表达，如果说资产负债表反映的是“果”，那么收入支出表就是“因”，正是由于逐月逐年的收入实现、支出的节俭，才使得“好看”的资产负债表反映出可观的财富水平；反之，也正是由于逐月逐年的收入减少或没有实现预期增加，再加上非理性的消费支出，就形成了“难看”的资产负债表。要想知道为什么会形成如此“好看”或是

“难看”的资产负债表，我们需要一个“放大镜”来寻找其中的原因，这个“放大镜”就是收入支出表。

任务预备

2.5.1 收入支出表的编制

收入支出表用于全面反映客户一定时期的收入与支出情况，其作用体现在两个方面：一方面，它将客户在某一时期的收入与支出进行归纳汇总，作为估计未来收入与支出的基础，可以反映客户收入情况与理财目标之间的差距；另一方面，它帮助理财规划师对客户在该时期的收入和支出进行比较，判断其是否合理，进而提出改善的措施。收入支出表分为收入、支出和盈余（或赤字）三个部分，一般以一年为一个时间段（一般而言，客户的工资薪酬会按月发放，但是因为年终奖、股息、红利等收入往往按年发放，因此在进行客户资料统计时，通常要求填写年收入情况），将客户在该时期内的收入、支出情况分别列出。

微课 12

编制家庭收入支出表

1. 收入项目

收入项目主要有应税收入、免税收入和总收入。

（1）应税收入。

应税收入是按照我国个人所得税法规定，应该缴纳个人所得税的收入。应税收入主要有工薪所得（工资、奖金等）、劳务报酬所得、稿酬所得、财产转让所得、财产租赁所得、个人经营所得、承包承租经营所得、特许权使用费所得以及偶然所得等。一般来说，这部分收入是个人或家庭最基本的收入来源，它直接决定了一般家庭收入的多少。由于工资薪金所得对应的个税金额单位通常已经代扣代缴，因此计入收入支出表的工资薪金的金额是税后收入金额。

（2）免税收入。

免税收入是指按照我国个人所得税法的规定，可以免缴个人所得税的收入。主要有国债和国家金融债券的利息收入、保险赔款、政府特殊津贴、补贴、抚恤金、救济金、复员费等。这些收入并不是所有个人或家庭都有的，大多数个人或家庭的这些收入都很少甚至完全没有。由于免税收入无须缴纳个税，因此在计入收入支出表时，如实记录免税收入金额即可。

（3）总收入。

总收入是将个人或家庭应税收入和免税收入加总所得的收入总额。

2. 支出项目

支出项目主要有消费支出、理财支出、其他支出、总支出、盈余（或赤字）项目。

（1）消费支出。

消费支出主要是指个人或家庭为满足日常生活需要而发生的支出，主要包括用于衣食住行、教育、文化、娱乐、医疗、交际等方面的消费支出。这些支出是客户家庭最基本、最主要的消费支出。

（2）理财支出。

理财支出主要是客户家庭的债务利息支出、保费支出、投资支出。

（3）其他支出。

其他支出主要是客户家庭发生的税收支出、捐赠支出或其他偶然性支出等。

（4）总支出。

总支出就是将以上消费支出、理财支出和其他支出加总所得的支出总额。

（5）盈余（或赤字）项目

盈余或赤字是用总收入减去总支出后所得的差额。如果收入总额大于支出总额则为盈余，反之则为赤字。

由于家庭财务管理的会计严格程度、受制度和准则的约束程度要弱于企业财务管理，因此在编制收入支出表时，理财规划师不必拘泥于收入支出的项目名称的叫法，相比较而言，能将客户的所有收入和支出全面如实地记录下来更为重要。

3. 个人或家庭收入支出表示例

个人或家庭收入支出表示例，如表 2－20 所示。

表 2－20　个人或家庭收入支出表示例

收入		
应税项目		金额
工薪所得	工资（含岗位津贴或补贴）	
	奖金（季度奖、年终奖）、分红	
	退休金	
	其他工薪所得	
股息、红利所得	确定性利息收入	
	股息、红利所得	
劳务报酬所得		
稿酬所得		
财产转让所得	房地产转让所得	
	有价证券转让所得	
	其他资产转让所得	
财产租赁所得	不动产租赁收入	
	动产租赁收入	
个人经营所得		
承包、承租经营所得		
特许权使用费所得		
偶然所得		

支出		
消费支出		金额
食	日常伙食支出	
	外出用餐支出	
衣	购置衣服及鞋帽等	
	洗衣费	
	理发、美容、化妆品	
住	房租或购房支出	
	水电气费、物业费	
	日用品	
行	油费或购车支出	
	出租车、公交车费	
	停车费	
	车辆维修费、年检费	
文化娱乐	书报杂志费	
	视听娱乐费	
	旅游费	

续表

收入		支出		
应税项目	**金额**	**消费支出**		**金额**
应税收入小计		**教育**	学杂费、文具费等	
免税收入			补习费、兴趣班学费	
国债、国家金融债券利息收入		**医疗**	门诊费、体检费	
保险赔款			补品、药品、医疗器材费	
政府特殊津贴、补贴			住院费	
抚恤金、救济金		**人情交际**	礼金	
免税收入小计			电话费	
		消费支出小计		
		理财支出		
		债务支出	房贷每月还贷支出	
			车贷每月还贷支出	
			信用卡还贷支出	
			其他消费贷款还贷额	
		投资支出	负债投资支出	
			自有资金投资支出	
		保险支出	财产险保费支出	
			寿险保费支出	
			健康险保费支出	
			其他保险保费支出	
		理财支出小计		
		其他支出		
		税收支出		
		捐赠支出		
		其他偶然性支出		
		其他支出小计		
总收入		**总支出**		
		盈余或赤字		

2.5.2 收入支出表的分析

1. 绝对数分析

对于收入支出表的分析，首先可以从绝对数的角度进行分析。如观察总收入、总支

微课 13

分析家庭收入支出表

出、盈余（或赤字）的金额，尤其是盈余或赤字的金额，可以直观反映出客户的收入留存情况。也可以依据多年（或多月）的收入、支出或盈余绘出金额变化的走势图，以此方式来了解客户的收支变化情况。

2. 财务指标分析（相对数分析）

除了从绝对数的角度分析收入表现，也可以借助于一些相对数或财务比率指标值，相对数分析可以清晰地看到每种类型的收入或支出占总收入和总支出的比例，进而可以了解客户的收入构成和支出占比的情况。如消费支出与总支出相比、理财支出与总支出相比、工薪所得与总收入相比等。下面介绍几个在分析客户收支情况时常用的比率。

（1）结余比率（储蓄比率）。

结余比率＝盈余(税后结余)/税后收入

该指标反映了客户控制其开支和能够增加净资产的能力。该指标的参考值一般为30%左右，至少应为10%。

（2）负债收入比率。

负债收入比率＝年债务支出/年税后收入

负债收入比率是反映客户在一定时期（如一年）财务状况良好程度的指标。0.4是负债收入比率的临界点，过高意味着客户的还债压力大，容易影响生活质量甚至发生财务危机。对于收入和债务支出相对稳定的客户，选用一年作为测评周期较为适合，而对于收入与债务数额变动较大的客户，选用较短的测算周期（如月、季）则更能反映其财务状况。

（3）消费支出比率。

消费支出比率＝消费支出/总收入

消费支出比率是一个可以快速衡量客户富裕程度的指标。该比率越低，说明客户收入越高，即满足其基本的消费需要，只需要动用其收入的很小一部分即可，其余大部分可以结余下来；该比率越高，说明客户收入越低，需要动用大部分甚至全部收入，才能满足日常消费需要，少有或没有结余。消费支出可用固定支出近似代替。目前理论界暂无该指标的建议值。理财规划师可以用该指标对多个客户进行横向比较，初步得出财富水平的大致排序，也可以对同一客户不同时期的表现进行纵向比较，初步得出该客户的富裕程度变化趋势。

（4）流动性比率。

流动性比率＝流动资产/月支出

流动性比率是反映客户流动资产金额与每月支出比例的指标。一般来说，客户的流动资产至少应能满足其家庭3个月开支的需要。这样看来，这一比率应大于3较为适宜。但是由于流动资产主要是以现金、活期存款和3个月以内的短期债券等形式的资产存在，这些资产尽管安全性和流动性都比较好，但是收益率极低，所以这一比率过高也意味着资产的浪费，有观点认为，应将其控制在3～6较为合理。

（5）财务自由度。

财务自由度=投资性收入(非工资收入)/总支出

简单地说，一个人的资产产生的被动收入（即在投资上赚的钱）等于或超过他的日常开支，相当于不去工作，靠投资收入就可以满足自己的开销需要，光靠理财便可以维生，这种状态就可以称为财务自由。财务自由度越大，我们越能选择自己想要的生活方式。该指标大于或等于1较为理想。

任务实施

1. 收入支出表与资产负债表之间存在着怎样的关系？

2. 请为王先生一家编制年度收入支出表，计算结余比率、负债收入比率和消费支出比率，并进行简要分析。

王先生今年30岁，在一家金融企业任职，税后月收入1万元；王太太29岁，在外企工作，税后月收入8 000元，两人都有社会保险，无任何商业保险。结婚3年，二人目前有一个1岁的女儿。夫妻二人于3年前贷款购买了一套价值150万元的住房，贷款余额50万元，月供2 300元；拥有价值10万元的轿车一辆；拥有一年期定期存款10万元、基金5万元。夫妻双方父母均有稳定的退休工资，目前能够自行支付日常生活费用。王先生家庭每月支出包括：物业费300元，交通费1 000元，通信费200元，医疗费200元，衣食费2 000元，其他支出500元，孩子相关支出1 500元。

3. 请为徐先生一家编制年度收入支出表，并借助本节中的五个指标对收支情况做简要分析（其中流动性资产金额可参考上节“任务实施”中编制的徐先生一家的资产负债表）。徐先生一家年度收支情况如下：

徐先生目前每年可获得税后薪金收入157 800元，税后年终奖金4.4万元。徐太太每月可获得税后薪金6 000元，税后年终奖金1.2万元。现在一家人居住的房子于2019年贷款购买，每月需还贷3 211元。为打理自住房，每月约需要花费230元。在自住房中生活每月需要的水、电、煤气费用约300元，徐先生与徐太太平均每人每月手机费用为259元，家庭月网络费120元，年有线电视费398元。徐先生家庭平时一日三餐的月花费为3 320元。汽车燃油费每月平均650元，每月需还汽车贷款2 365元。徐先生在今年为自己和太太各购买了20万元保额的寿险，年保费共计13 000元。每年徐太太会花费5 000元购买一些化妆品，夫妇两人每年还计划花25 000元去旅游度假。

项目总结与自测

1. 巩固并熟练掌握客户信息内容构成、资产负债表编制与分析方法、收入支出表编制与分析方法等知识点。

2. 通过财务报表的编制与分析，锻炼与培养理财意识和能力。

项目总结

思维导图：

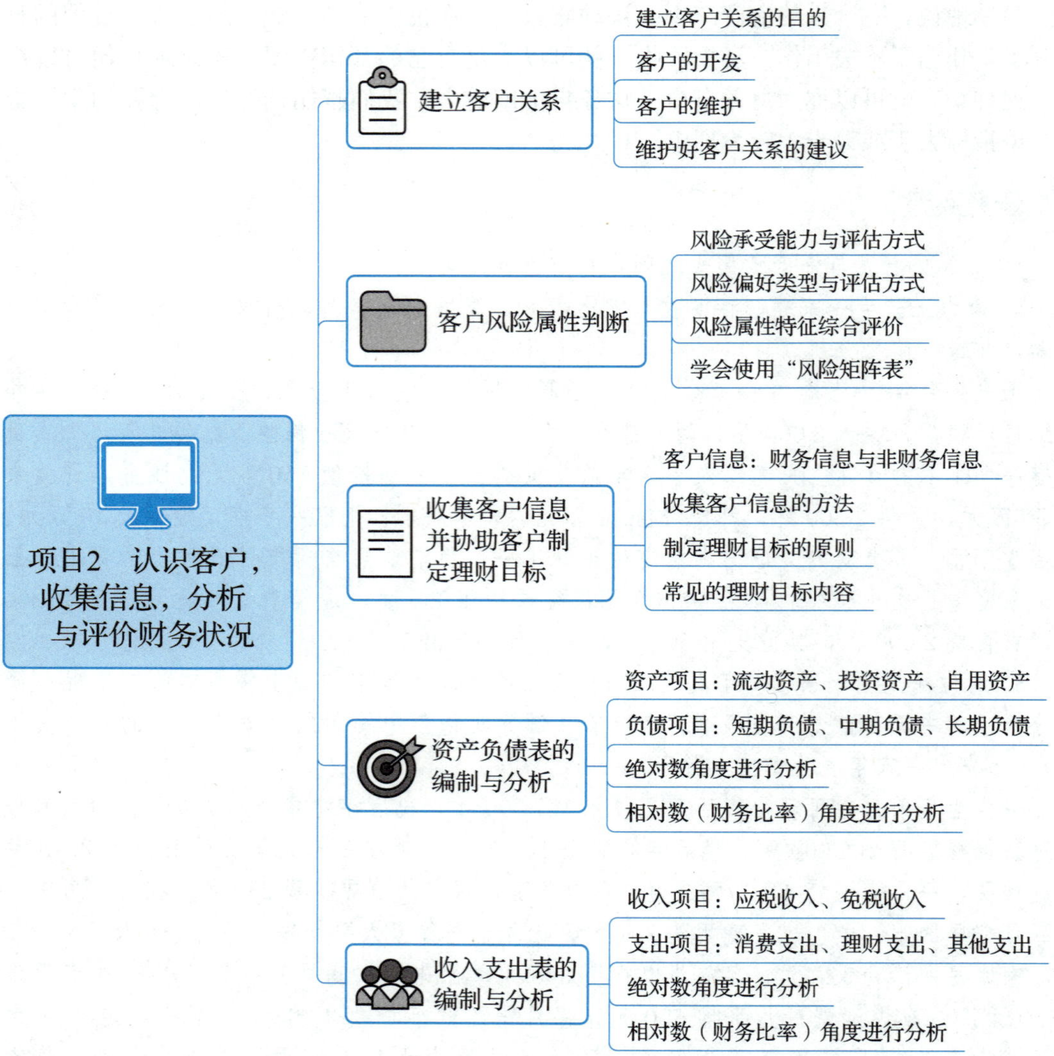

项目综述：本项目分为5个任务：任务2.1介绍了与客户建立良好合作关系的方式方法。任务2.2介绍了理财工作的基础环节——了解客户的风险属性。任务2.3介绍了收集客户信息的方法、制定理财目标的方法和常见的理财目标内容。其中，收集客户信息时，除了要全面收集财务信息之外，客户的非财务信息也同样重要。常见的理财目标内容，要结合生命周期理论进行记忆。任务2.4介绍了资产负债表的编制方法与分析方法。其中，资产负债表的准确与否直接影响到后期的分析结论是否正确。请同学们务必掌握资产负债表的编制方法，尤其要扎实掌握资产和负债的项目构成。任务2.5介绍了收入支出表的编制与分析方法。如果说资产负债表具有存量概念，那么收入支出表则具有流量概念。最后以思维导图和自测题目的方式，对整个项目进行总结和归纳。本项目的内容是理财工作的基础内容，完成本项目的任务内容后，理财规划师对于客户的风险属性、理财诉求、财务现状等方面将有较准确的了解，为在后期帮助客户进行理财规划打下基础。

项目自测

项目知识训练

一、判断题

1. 在与客户沟通时，邮件方式是所有沟通方式中最有利于信息收集、理财规划师最常采用的方式。（　）
2. 一般情况下，建议客户持有的流动资产要相当于1～2个月开销水平的规模。（　）
3. 对于客户风险属性的分析，只需要分析其风险偏好类型即可。（　）
4. 客户的非财务信息对于理财规划师为客户制定理财方案也具有重要作用。（　）
5. 为客观准确地反映资产规模，车辆与房屋这类资产在计入资产负债表时，应使用市值。（　）
6. 暂不考虑其他因素，自用资产权数较高，表明该客户收入水平或财务状况处于较低的层次，同时也表明该客户的资产增值能力不强。（　）
7. 客户的风险承受能力越高，意味着客户越倾向于冒风险。（　）
8. 与外向型客户进行沟通时，应做到：态度热情、多倾听，与对方建立非正式关系，切忌态度冷淡。（　）
9. 资产负债表与收入支出表之间没有任何关系。（　）
10. 如果家庭开支稳定，意外项支出较少，可以建议少留有现金，但最好还是要留有相当于3个月开销水平的现金规模。（　）

二、单选题

1. 在个人理财规划工作流程中，（　）是决定理财业务能否顺利开展的首要环节。
   A. 建立客户关系　　B. 收集客户信息
   C. 分析评估客户财务状况　　D. 制定理财规划方案
2. 与潜在客户进行（　）是理财规划师建立客户关系最重要、最常用的方式。
   A. 电话交谈　　B. 互联网沟通　　C. 书面交流　　D. 面谈
3. 财务信息是指客户目前的（　）、资产负债状况和其他财务安排，以及这些信息的未来变化情况。
   A. 收入情况　　B. 收支情况　　C. 年度结余　　D. 收支平衡
4. （　）是指客户通过理财规划所要实现的目标或满足的期望。
   A. 投资目标　　B. 理财目的　　C. 理财目标　　D. 投资目的
5. （　）是记录和分析客户资产和负债情况的重要工具。
   A. 资产负债表　　B. 收入支出表
   C. 客户的财务状况　　D. 客户的收支状况

6. 以下不属于对客户现金流量表（收入支出表）进行分析的主要作用的是（　　）。
   A. 现金流量表能说明客户现金流入和流出的原因
   B. 现金流量表可以反映客户的偿债能力
   C. 现金流量表可以反映理财活动对财务状况的影响
   D. 现金流量表可以反映客户的投资能力
7. 下列属于财务信息的是（　　）。
   A. 风险承受能力　　B. 价值观　　C. 投资偏好　　D. 收入状况
8. 净资产是客户的总资产减去总负债后的余额，是客户真正拥有的财富价值。以下有关客户净资产的说法错误的是（　　）。
   A. 净资产一般为正值
   B. 净资产越大，说明个人拥有的财富越多
   C. 理财规划师只需要对客户净资产的规模进行分析，而不必考虑其结构
   D. 取得投资收益是扩大净资产规模的途径之一
9. 流动性最强的资产是（　　）。
   A. 活期储蓄存款　　B. 股票
   C. 货币市场基金　　D. 具有现金价值的保单
10. 一般情况下，负债收入比率的临界点为（　　）以内。
   A. 30%　　B. 40%　　C. 50%　　D. 60%

三、多选题

1. 理财规划师在与客户交流时，应该用（　　）的态度对待客户。
   A. 尊敬　　B. 真诚
   C. 理解　　D. 包容
2. 非财务信息是指财务信息以外的与理财规划有关的信息，包括客户的（　　）。
   A. 社会地位、年龄　　B. 投资偏好
   C. 风险承受能力　　D. 价值观
3. 增加净资产的主要方法是开源节流，包括（　　）。
   A. 增加储蓄　　B. 减少消费
   C. 增加投资及其他物品价值　　D. 减少负债
   E. 减少储蓄
4. 以下描述资产负债表和收入支出表（现金流量表）直接的关系，正确的是（　　）。
   A. 两者是互为结果的
   B. 两者没有联系
   C. 两个时点之间资产负债表中净资产变化的原因，正是通过该时期的收入支出表来揭示的
   D. 当现金流出大于现金流入时，净资产减少
   E. 当现金流入大于现金流出时，净资产增加
5. 资产负债状况的主要评价指标有（　　）。
   A. 结余比率　　B. 资产负债率

C. 负债收入比率　　　　D. 净资产偿付比率

E. 即付比率

四、简答题

1. 如果你是理财规划师，你如何与客户建立业务关系？与客户交流和沟通的技巧有哪些？
2. 简述确定理财目标的SMART原则的内容。
3. 简述家庭（或个人）资产负债表的结构和项目构成。
4. 简述家庭（或个人）现金流量表（收入支出表）的结构和项目构成。

项目技能训练

实训任务一：编制财务报表并分析

实训目标：巩固编制财务报表的技能，并能对客户财务状况进行分析总结。

实训内容：36岁的赵先生是一家建筑公司的部门主管，每月的税后收入约2万元；34岁的赵太太在一家贸易公司做会计，每月收入约5 000元，他们的儿子5岁了，正在上幼儿园。三口之家每月的花销为：基本生活开销4 000元，子女教育费用1 000元，服装购置、娱乐等其他开支约4 000元。单位已为二人代扣代缴了五险一金。此外，夫妇二人还有一些其他收入：年终奖金收入赵先生约15 000元、赵太太约6 000元，存款及债券等利息收入约15 000元。赵先生比较偏爱投资，债券和基金都有涉足。目前有现金和活期存款各2万元，定期类银行理财产品（不可提前赎回）10万元，债券投资10万元还有三年到期，基金投资15万元。赵家现有两套房产：一套价值78万元，剩余32万元贷款未还，每月还款6 200元，用于自住；另一套价值60万元，剩余28万元贷款未还，每月还款4 700元，用于出租，每月租金收入2 000元。家中现有一辆价值15万元的汽车，剩余贷款10万元，每月还款4 600元。

1. 根据以上资料，为客户赵先生一家编制年度家庭资产负债表和年度收入支出表。

2. 从财务数据绝对数角度分析赵先生一家的财务状况。

3. 从以资产负债率、净资产偿付比率（清偿比率）、结余比率、流动性比率、投资资产与净资产比率、财务自由度、自用资产权数等指标为代表的财务比率角度分析赵先生一家的财务状况。

实训任务二：计算财务比率并分析

实训目标：熟练掌握常用的财务比率计算方法，并能对结果进行分析评价。

实训内容：张女士家庭正处于典型的家庭成长期。妻子张女士，30岁，超市收银员；丈夫刘先生，31岁，外企普通白领。夫妻二人每月税后收入6 000元，丈夫在每年年底还有一次性奖金30 000元。两人的孩子即将在3个月后出生。夫妻二人现有用商业贷款购买的自有住房一套，价值约50万元，6年后将还清剩余贷款108 000元。两人对自己的资产进行了简单分配但投资品种仅限于定期存款，并且保险品种较少，不能合理地抵御未来可能出现的各种风险。张女士家庭资产负债和收入支出情况如表2-21和表2-22所示。

表 2-21 张女士家庭资产负债表

日期：2022.12.31		客户姓名：张女士	
资产	**金额（元）**	**负债**	**金额（元）**
流动资产		**长期负债**	
现金	1 000	汽车贷款	0
活期存款	0	房屋贷款	108 000
流动资产小计	1 000	**长期负债小计**	108 000
投资资产			
定期类理财产品	40 000		
投资资产小计	40 000		
自用资产			
房屋	500 000		
自用资产小计	500 000	**总负债**	108 000
总资产	541 000	**净资产**	433 000

表 2-22 张女士家庭收入支出表

日期：2022.1.1—2022.12.31			客户姓名：张女士		
收入	**金额（元）**	**百分比（%）**	**支出**	**金额（元）**	**百分比（%）**
经常性收入			**经常性支出**		
工资	72 000	70.6	日常费用	30 000	38.5
奖金	30 000	29.4	保姆费	4 200	5.4
经常性收入小计	102 000	100	怀孕费用	2 800	3.5
收入总计	102 000	100	房屋还贷	18 000	23
			保险费	3 000	3.8
			经常性支出小计	58 000	74.2
			非经常性支出		
			旅游费用	10 000	12.9
收入总计（+）	102 000		人情费	10 000	12.9
支出总计（−）	78 000		**非经常性支出小计**	20 000	25.8
结余	24 000		**支出总计**	78 000	100

1. 计算并分析净资产偿付比率（清偿比率）。
2. 计算并分析资产负债率。
3. 计算并分析流动性比率、储蓄比率（结余比率）。
4. 计算并分析投资资产与净资产比率。
5. 综合分析张女士家庭财务状况。
6. 结合财务状况分析结果，请为张女士家提出理财建议。

项目延伸

项目延伸

国际通行理财业务流程图

项目3 理财的起点——现金、银行理财产品、消费规划

知识目标

1. 掌握现金规划的基础知识及步骤。
2. 掌握商业银行理财产品的分类。
3. 掌握银行储蓄类产品的种类及特点。
4. 掌握个人信贷类产品的种类及特点。
5. 理解信用卡的融资功能。
6. 掌握消费规划的基础知识及步骤。

技能目标

1. 掌握估算客户现金需求的方法，并能为客户进行现金规划。
2. 能够基于客户实际情况，推荐适合的储蓄类理财产品。
3. 能够基于客户实际需求，推荐适合的信贷类理财产品。
4. 能够读懂银行理财产品条款，具备理解理财产品内涵的能力。
5. 掌握信用卡的使用方法与技巧。
6. 能够为客户进行消费规划。

素养目标

1. 树立正确的消费观，培养理性消费的意识和习惯。
2. 重视储蓄的重要性，养成储蓄的习惯。
3. 懂得理财不能好高骛远，要脚踏实地，从一点一滴做起的道理。

情景引入

许先生是一位私营企业主，企业经营情况不错，每年都能有上百万元的营业收入。许太太在一家知名IT公司上班，已是公司中层领导，收入不菲。虽然两人已有小孩，但孩子还小，开销不大，许先生和妻子的收入足以支撑家庭的各种费用支出，还有不少结余。结婚5年来，两人已经积累了不少家产，有房有车，且还清了所有房贷。2022年年底，两人算了笔账，活期存款已有300余万元。许先生和妻子感觉无债一身轻，非常开心。

前不久，许先生去银行办理企业的业务，无意间和理财经理聊了一下，理财经理发现他的资产“过于安全”，建议其可以拿出部分资金进行投资理财。理财经理向许先生介绍了某种短期理财产品，3个月的期限，收益率在3.9%左右。几个周期下来，许先生觉得收益不错，于是他又将活期存款中的钱投向了定期理财产品、股票、债券、基金和投资型保险，一年来，许先生在投资上收获颇丰。

然而，一个突发事件打乱了许先生的投资计划。许先生的公司由于一笔货款没有及时收回，导致资金链出现了缺口，急需20万元补缺。以往出现类似的情况，许先生都会用自己的活期存款填补缺口。现在，许先生大部分活期存款的钱都已投入定期理财产品中，可是这些产品是不能提前赎回的，他还用一部分活期存款的钱买了股票、基金、债券。公司的资金链缺口急需弥补，许先生不得已亏损12%卖出股票，这令他心疼不已。

经过这个事件，许先生发现不能为了一点稍高的收益而一股脑地将全部活期存款用于投资，必须要储备一部分以备不时之需。

思考：为什么活期存款收益低，但还是要储备一定的量？如果你是理财规划师，你会建议许先生一家保有多少活期存款？除了活期存款，许先生还可以持有其他形式的金融工具吗？

任务3.1 现金规划

任务目标

1. 掌握现金的概念。
2. 掌握现金规划的概念及目的。
3. 掌握现金规划工具的相关特性。
4. 能够熟练地为客户进行现金规划。

任务引入

胡先生，29岁，刚刚结婚，目前在一家大型企业从事营销策划工作，月收入税后约为8 400元，每年年底还可得到公司分红30 000元左右，胡太太月收入约为4 500元，两人的“五险”由单位与个人正常缴纳。每月家庭开支6 000元左右，婚房是胡先生的父母一次性付款购买的，无房贷，目前两人的月收入还算稳定。前段时间，胡先生谈成了一笔大订单，公司奖励了50 000元，对于这50 000元如何投资，胡先生和太太有了分歧。胡先生想购买定期理财产品，赚取可观的收益，而胡太太觉得虽然两人收入稳定，但总要留有一些现金，以备不时之需。你同意胡先生的想法还是胡太太的想法呢？你将如何为胡先生一家做现金规划呢？

任务预备

3.1.1 基本概念

1. 现金和现金等价物

在金融活动中，现金的含义实际上有狭义和广义之分。狭义的现金一般包括持有的现钞以及可以随时用于支付的存款，广义的现金通常包括狭义的现金和现金等价物。

现金等价物通常是指流动性比较强、价值变动风险很小、易于转换成已知金额现金的资产，一般包括活期储蓄、各类银行存款、货币市场基金等金融资产。从本质上看，现金最重要的特征就是流动性强，方便支付，因此只要满足这一本质要求，能无损失或损失很少价值转换为现金的资产，就可以视为现金。

课堂活动之“想一想”

你觉得支付宝余额、微信钱包中的余额是现金吗？定期储蓄存款是现金吗？

2. 现金规划

现金规划是为满足个人或家庭短期需求而进行的管理日常的现金及现金等价物和短期融资的活动。其核心是建立应急基金（紧急储备基金），保障个人和家庭生活质量与状态的持续性、稳定性。

3. 现金规划的目的

课堂活动之“说一说”

请你说一说个人或家庭各个生命周期阶段的理财重点（主要的理财目标内容）。

个人或家庭每个生命周期阶段的规划有不同的侧重点，但现金规划都是不可避免的，可以说现金规划是个人或家庭理财规划中最重要的部分，是个人或家庭每个生命周期阶段理财规划的重要子规划项目。

现金规划是否科学合理将影响其他规划能否实现。因此，做好现金规划是整个理财规划的基础，能否做好现金规划将对理财规划方案的制定产生重要影响。

现金规划的目的具体包括：

(1) 满足日常开支需要（交易动机）。

在生活中，收入和支出在时间上常常无法同步，因此，个人或家庭必须有足够的现金及现金等价物来维持日常的生活开支需要。一般来说，个人或家庭的收入水平越高，交易数量越大，或者收入越不稳定，其为保证日常开支所需的货币量就越大。

(2) 预防突发事件需要（预防动机、谨慎动机）。

个人或家庭在生活中不可避免会发生一些意外事件，如失业、不可预测的费用等。合理的现金规划不仅可以为生活提供一个必要的缓冲，还可以减少为支付意外事件发生的费用而被迫在不好的时机出售正在进行投资的资产的可能性，从而保障个人和家庭生活质量和理财规划的持续稳定。

3.1.2 现金规划的一般工具

既然现金规划如此重要，那么理财规划师为客户所做的现金规划具体可以落实在哪些金融工具上呢？即，客户可以使用哪些金融工具来管理自己的现金呢？

由于在个人或家庭的理财规划中，现金规划首先要使所拥有的资产保持一定的流动性，满足个人或家庭支付计划内的日常生活开销和计划外的支出需要，其次要使流动性较强的资产尽可能地保持一定的收益，因此，理财规划师在考虑现金规划的工具时，应以流动性为主要考查因素，在此基础上再保持一定的收益性。下面所列的现金规划工具就是根据这一原则从各种金融资产中挑选出来的。

微课 14

储蓄的重要性

1. 现金

现金有两个突出的特点：一是现金在所有工具中流动性最强，二是持有现金的收益率低，手头的现金通常以满足日常正常生活开支即可。

在通常情况下，因通货膨胀现象的存在，持有现金不仅没有收益，反而会贬值。即便这样，由于现金的流动性非常强，人们还是会持有一定量的现金。

微课 15

养成良好的储蓄习惯

2. 相关储蓄品种

（1）一般储蓄品种。

目前国内储蓄机构提供的储蓄业务品种通常包括：活期储蓄、定活两便储蓄、整存整取储蓄、零存整取储蓄、整存零取储蓄、存本取息储蓄、个人通知存款等。

拓展阅读

一般储蓄品种介绍

1. 活期储蓄

活期储蓄是指无固定存期、可随时存取、存取金额不限的一种比较灵活的储蓄方式。活期储蓄适用于所有客户，其资金运用灵活性较高，人民币 1 元起存，港币、美元、日元和欧元等起存金额为不低于 1 美元的等值外币。

2. 定活两便储蓄

定活两便储蓄是一般不事先约定存期，一次性存入、一次性支取的储蓄存款。它的起存金额低，人民币 50 元即可起存。既有活期之便，又有定期之利，利息按实际存期长短计算，存期越长则利率越高。这种储蓄存款方式比较适合那些有较大额度结余，但在不久的将来需随时全额支取使用的客户。

3. 整存整取储蓄

整存整取是一种由客户选择存款期限，整笔存入，到期提取本息的定期储蓄。它的起存金额低，多存不限，一般来说，人民币 50 元起存，港币 50 元起存，日元 1 000 元起存，其他币种为原币种 10 元起存。由于整存整取的利率较高，因此具有较高的稳定收入，利率大小与期限长短成正比。

4. 零存整取储蓄

零存整取是一种事先约定金额，逐月按约定金额存入，到期支取本息的定期储蓄。它的适应面较广，手续简便，往往可以积零成整，获得较高收益。零存整取起存金额较低，人民币 5 元即可起存。存期可以选择 1 年、3 年或 5 年。这种储蓄方式比较适合刚参加工作，需逐步积累每月结余的客户。

5. 整存零取储蓄

整存零取是一种事先约定存期，整数金额一次存入，分期平均支取本金，到期支取利息的定期储蓄。这种储蓄方式一次存入本金，人民币 1 000 元即可起存。存期分为 1 年、3 年、5 年，取款间隔可选择 1 个月、3 个月、半年。这种储蓄方式比较适合那些有整笔较大款项收入且需要在一定时期内分期陆续支取使用的客户。

6. 存本取息储蓄

存本取息是一种一次存入本金，分次支取利息，到期支取本金的定期储蓄。它的起存金额较高，一般为人民币 5 000 元，存款余额稳定。存期分为 1 年、3 年、5 年。这种储蓄方式比较适合于有款项在一定时期内不需动用，只需定期支取利息以作生活零用的客户。

7. 个人通知存款

个人通知存款是一种不约定存期，支取时需提前通知银行，约定支取日期和金额方能支取的存款。个人通知存款不论实际存期多长，按存款人提前通知的期限长短分为 1 天通知存款和 7 天通知存款两个品种。个人通知存款利率收益较活期存款高，是大额资金管理的好方式。

（2）特色储蓄品种。

目前国内储蓄机构提供的特色储蓄品种通常包括：定期定额双定存单、定活通、绿色存款、礼仪存单、喜庆存单、四方钱。

拓展阅读

特色储蓄品种介绍

1. 定期定额双定存单

这是部分地区邮政储蓄推出的存款金额固定、存期固定的可以当礼品赠送的存单，它分为新婚致喜、生日快乐、万事如意、茁壮成长四种票面。这种储蓄品种事先在存单上印有存款金额，其面额分为 5 元、100 元、200 元、500 元四种，期限一年，存单上不记名，不预留印鉴，也不受理挂失。该储蓄品种由于事先印好面额，因此存取手续较为简便，有利于提高工作效率，方便储户。

2. 定活通

一些银行（如工商银行、光大银行等）自动每月将储户活期账户的闲置资金转为定期存款，当活期账户因刷卡消费或转账取现资金不足时，定期存款将自动转为活期存款。该项服务为储户省却了经常管理账户的麻烦，而且实现了现金的高效管理，满足了定期存款收益与活期存款便利的双重需要。

3. 绿色存款

中国银行与中华环境保护基金会于2003年11月23日共同启动了"绿色心益通"储蓄捐款活动。由中国银行开办客户委托业务，根据客户的意愿，代客户把现金或储蓄存款利息捐赠给中华环境保护基金会，为众多关心环保、热爱公益事业的各界人士提供了一条表达爱心的捐赠渠道。捐赠款项主要用于资助当地的环境生态建设，资助西部环境生态工程建设，建设城市生态主题公园，发起环境保护宣传教育等方面。

4. 礼仪存单

中国银行、光大银行等银行推出了礼仪存单产品。其特点为票面印制精美，可挂失、提前支取、自动转存、通存通兑等。

5. 喜庆存单

喜庆存单是交通银行专门对原有的定活两便存单进行新的版面设计，采用中国传统的年画图案，突出喜庆祥和氛围的一种定活两便储蓄存款，采用实名制。它的特别之处是可以像活期存款一样随时支取，如果存期超过3个月，储户还可以获得高于活期存款利率的收益，用它送礼还附带利息。

6. 四方钱

四方钱是光大银行为满足客户资金存储需求和存款隐私需求，借助智能卡和网银技术推出的创新性产品。柜面操作严格，要求储户本人凭证件办理，保障客户隐私。同时提供多币种、多储种，满足客户全方位的储蓄需求。定期收益，活期便利。

3. 货币市场基金

货币市场基金是指仅投资于货币市场工具的基金。根据2016年2月1日中国证券监督管理委员会、中国人民银行公布并施行的《货币市场基金监督管理办法》，货币市场基金应当投资于以下金融工具：

（1）现金。

（2）期限在1年以内（含1年）的银行存款、债券回购、中央银行票据、同业存单。

（3）剩余期限在397天以内（含397天）的债券、非金融企业债务融资工具、资产支持证券。

（4）中国证监会、中国人民银行认可的其他具有良好流动性的货币市场工具。

货币市场基金不得投资于以下金融工具：

（1）股票。

（2）可转换债券、可交换债券。

（3）以定期存款利率为基准利率的浮动利率债券（已进入最后一个利率调整期的除外）。

（4）信用等级在 AA+以下的债券与非金融企业债务融资工具。

（5）中国证监会、中国人民银行禁止投资的其他金融工具。

拓展阅读

“宝宝类”理财产品

“宝宝类”理财产品包括余额宝、理财宝、现金宝、收益宝等。“宝宝类”理财产品是目前使用广泛的现金管理工具，也被称为余额理财。它本质上是货币市场基金，相比传统货币市场基金，“宝宝类”理财产品具有更低的投资门槛（最低至 1 分钱）、更强的流动性（即时赎回）、高于同期存款的收益，因此深受投资者青睐。

货币市场基金具有本金安全、资金流动性较强、投资成本低、分红免税等优势，是目前较为理想的现金规划工具。

4. 支付宝、微信余额

随着互联网金融的快速发展，以支付宝为代表的第三方支付手段在人们的支付生活中扮演着越来越重要的角色。支付宝、微信等第三方支付手段具有操作简单、支付便利、适用场景多等特点。由于支付宝、微信余额符合现金的典型特点，因此现阶段将其列入现金范畴。

3.1.3 现金规划融资工具之信用卡

在某些时候，客户会有临时发生的未预料到的支出，而客户的现金及现金等价物的持有额度又不足以应付这些支出，临时变现其他流动性不强的金融资产会损失一定的收益。这时，利用一些短期的融资工具融得一些资金就不失为一个处理突发紧急问题的好方法。

事实上，在个人或家庭的现金规划中，客户往往重视的是已有现金及现金等价物的持有和管理，而忽略了个人融资。随着银行业、保险业的发展以及个人融资需求日益增强，个人融资开始在融资市场上占有一席之地，融资方式也日趋多样。目前，适宜现金规划的融资方式主要包括信用卡融资、银行贷款、保单质押贷款、典当融资等，下面重点介绍信用卡融资。

1. 信用卡的含义

信用卡，又称贷记卡，是指银行发行的，并给予持卡人一定信用额度，持卡人可在该额度内先消费后还款的银行卡。顾名思义，信用卡看似是一张银行卡，但其业务本质为持卡人通过向银行提出申请并递交相关资料，得到了银行授予的一笔消费信用贷款。

2. 信用卡的功能

信用卡的各项用途和功能是由发卡银行根据社会需要和内部经营能力所赋予的。尽管各家发卡行所发行的信用卡的功能不完全一致，但所有信用卡都具有购物消费、转账汇兑、透支取现、分期付款等基本功能。

拓展阅读

信用卡的投资理财功能

1. 免息优惠使用资金

信用卡可以“先消费、后还款”，可以透支一定的消费金额，享受一定的免息还款期。各种信用卡的免息优惠功能如果运用恰当，不失为一种精细化理财手段。各家银行对免息期的规定不尽相同，最长有56天的透支免息期。只要在免息时间内把透支消费的钱全额还上，银行就不会收取其他费用，就相当于免息贷款。持卡人可以在免息期内将原本准备用于这笔消费的钱做一些其他的短线投资。

2. 小额贷款与信用积累

信用卡可以被持卡人用于小额融资，实际上是一种消费信贷。信用卡所提供的循环信贷是发卡机构向持卡人提供的一种小额消费贷款，持卡消费者得到了方便的贷款，从而使得自己的收入和支出同步。如果借款人的账户一直处于循环信贷状态，那么周转中的贷款余额几乎可以看作是无期贷款。

3. 汇兑理财与综合理财

国内银行发行的国际卡在不少国家和地区都可以直接刷卡消费，但持卡人面临着承兑汇兑差额的风险。选择一张适合自己的国际卡，就可以免去不必要的兑换之苦。例如，有子女在国外念书的家庭办理一张国际卡，父母持有主卡，子女持有附卡，主卡在国内存款无须手续费，子女用附卡在国外消费也无须手续费，免除了汇款环节，几年下来可以节省出一笔可观的费用。

3. 信用卡的相关费用

（1）年费。

信用卡年费是指持卡人向发卡银行每年缴纳的一笔费用，本质类似管理费。目前，各家发卡行的年费规则互不相同，即便同一家银行，不同类型、不同级别的信用卡（普卡、金卡、白金卡等）的年费规则也不尽相同。目前，很多银行有免年费规则，如持卡人每年持卡消费满足一定的次数或金额后，当年或次年的年费就可以免交。

（2）取现手续费。

信用卡取现会产生手续费和利息，手续费标准每家银行不一样，大部分是按照交易金额的1%一次性收取。利息的利率，各家银行都是一样的，均为取现金额的5‱（即0.05%），按天收取，从取款之日起，一直计算到还款之日的前一天。

（3）透支消费利息。

到期还款日（最后还款日）前（含最后还款日）没有还清款项的，一律从消费的第二天算起，按日收取0.05%的利息（相当于年息18.25%）。还款额低于最低还款额（消费金额的10%）的，另按最低还款额未还部分的5%加收滞纳金，最低是10元。对于申请的消费临时额度，不享受最低还款额。

透支消费利息，是银行信用卡业务的主要收入。

（4）分期付款手续费。

信用卡分期付款是指持卡人使用信用卡进行大额消费时，由银行向商户一次性支付持卡人所购商品（或服务）的消费资金，然后让持卡人分期向银行还款并支付手续费的过程。银行会根据持卡人申请，将消费资金和手续费分期通过持卡人信用卡账户扣收，持卡人按照每月入账金额进行偿还。

课堂活动之“做一做”

请以小组为单位，组内成员进行分工，查询工行、农行、中行、建行、交行、招商、中信、浦发、兴业、民生、平安、华夏、光大、广发、邮储这15家银行的信用卡分期付款手续费率。

常见的分期期数有3期、6期、9期、12期、18期和24期。目前，各主要商业银行的信用卡分期付款手续费率不尽相同，同一家银行不同的分期期数，费率也不同。

4. 信用卡的免息期

持卡人刷卡消费，当然希望享受到的免息期越长越好，因为只要在免息期内全额还款，就不需要另外偿还利息，只还本金就行，即当初刷多少就还多少。免息期由以下三个因素确定，即刷卡消费日、对账单出单日和最后还款日。其中，对账单出单日和最后还款日是由银行确定的。可见，不同的刷卡日，可以享受到的免息期长短也不一样。

免息期的确定方法：从刷卡消费日起（含），需经历一个对账单出单日，直到距离刚刚经历的账单日最近的最后还款日为止（含）。

由于通常情况下，刷卡日当天的消费记录要到次日才入账（计入对账单），因此如果在账单日当天消费，这笔消费就会记录到下一个月的账单日，则免息期一直到下个月的账单日之后的那个最后还款日为止，这种情况下，免息期最长。

【例3－1】 陈先生的信用卡账单日为每月23日，最后还款日为每月16日。

（1）陈先生在7月23日有一笔刷卡消费，则这笔消费的免息期为多少天？

免息期自7月23日起算（含），先经历8月23日账单日，最后到9月16日为止，共56天。

（2）如果陈先生在7月22日刷卡消费，免息期为多少天？

免息期自7月22日起算（含），先经历7月23日账单日，最后到8月16日为止，共26天。

（3）如果陈先生在7月24日刷卡消费，免息期为多少天？

免息期自7月24日起算（含），先经历8月23日账单日，最后到9月16日为止，共55天。

课堂活动之“想一想”

在哪天消费免息期最长？在哪天消费免息期最短？

5. 信用卡的还款方式

信用卡的还款方式，如表3－1所示。

表 3－1 信用卡的还款方式

还款方式	还款特点	操作提示
柜台还款	只要准确填写信用卡卡号，即可实现还款到账，一般无手续费	银行一般接受他人代还和无卡还款
约定自动还款	到期日，银行会自动在客户指定的借记卡中扣款来偿还信用卡的金额，不必担心由于遗忘而导致的利息支出甚至滞纳金	客户需要留意借记卡中的余额是否充足
网银转账还款	如是跨行还款，一般需要手续费	—
电话银行还款	—	客户需要事先开通电话银行还款功能
ATM 机转账还款	转账划入的款项并非即时到账	建议在最后还款日之前 2～3 天进行还款
手机银行还款	如是跨行还款，一般不需要手续费	—
利用第三方平台（支付宝、微信）还款	方便、快捷	确保支付宝或微信中的余额充足

6. 使用信用卡的注意事项及技巧

微课 16

信用卡使用技巧及注意事项

（1）充分利用免息期。

在账单日或账单日之后的几天消费，这样免息期会比较长，相当于能够最长时间无偿占用银行的资金。

（2）免息还款的必备条件。

注意，不是在最后还款日之前或最后还款日当天还款就可以享受免息还款的待遇。可以免息还款，需要同时满足以下几个条件：全额还款、非取现、最后还款日前（含）还款、在信用卡的额度内刷卡消费。也就是说，如果使用信用卡取现，或是持卡人超过信用额度用卡时，均不享受免息待遇，即从取现或用卡当天起就承担日利率 0.05%的利息。如果是普通的刷卡消费，一定要全额且在最后还款日前还款，才能享受免息的待遇。同时，有些银行对于客户未足额还款的情况，采用的是全额罚息政策，所以为了避免忘记具体的还款金额而受到全额罚息，理财规划师应建议客户使用约定自动还款的方式进行还款。

（3）信用卡存款无利息。

可以向信用卡中存钱，但是存入的资金本质上为“溢缴款”，银行不会计息。

“溢缴款”可以增加信用卡的可用额度，或直接用于消费还款。如果信用卡内有溢缴款，消费时会先扣溢缴款，再扣信用额度；若溢缴款大于消费金额，就不会形成透支；但如果要取出这部分资金，则需要支付一定的手续费。建议信用卡消费者最好避免“溢缴款”，因为按照常理，存在银行卡里的钱可以产生利息，而信用卡（贷记卡）与储蓄卡（借记卡）不同，即使客户的账户内有多余的钱，也不会产生利息。反之，如果想把“溢缴款”从信用卡中取回，就相当于用信用卡取现，不仅取现手续费高，而且取现额度通常仅为信用卡额度的一半，更重要的是，取现当日就承担日利率0.05%的利息，实在是不划算。

课堂活动之“说一说”

信用卡存款无利息，所以我们在存款的时候要辨别清楚哪张是信用卡，哪张是借记卡。

请以小组为单位，观察老师给出的信用卡和借记卡的卡面，说出两种银行卡的卡面信息有何不同？

（4）年费不是年年免。

多数银行为了开发更多的客户，往往通过各种方式来吸引持卡人，免年费就是其中的一种。但持卡人应当注意，有些银行免年费优惠政策，只是免掉最初一两年的年费，以后还是要交的。持卡人如果到期没有缴纳年费，银行就会在卡内自动扣款，甚至当作透支提现，这种情况就要计算利息，而且按复利计算，时间一长，就会莫名其妙地收到透支利息通知书。因此，如果持卡人不经常使用某张信用卡，最好将其注销掉。

（5）关注发卡行公众号或开通短信通知服务。

关注发卡行公众号或开通短信通知服务，可以及时获知还款、转账、刷卡消费等信息。

（6）不要用信用卡违规套现。

信用卡套现是指持卡人不是通过正常合法手续（ATM机或柜台）提取现金，而是通过其他手段（如虚假消费）将卡中信用额度内的资金以现金的方式套取，同时又不支付银行提现费用的行为。

信用卡违规套现极有可能导致个人信息被复制，后期容易信用卡被盗刷。银行在发现持卡人有套现行为时，会对持卡实行降额、封卡处理，甚至影响到个人征信记录。如果存在金额较大的恶意透支行为，将被追究刑事责任，依照刑法以信用卡诈骗罪定罪处罚。

（7）理性消费，拒绝成为“卡奴”。

持卡人要理性看待信用卡额度。信用卡的额度，并不意味着你的实际财富增加了多少，其本质无非是拿明天的钱到今天消费，说到底是要还的。如果消费金额长期远超过自己的收入水平，那么从能全额还款到只能偿还一部分，最后到只能还最低还款额，甚至有客户此时还不“刹车”，试图用新卡还旧卡，日复一日，成为“卡奴”。

信用卡虽然是提前透支未来的收入，但同样需要量“未来的入”为“现在的出”，不论是用信用卡消费还是理财都需要理性对待，养成“量入为出”的消费习惯。信用卡的普及使得人们的生活更为便捷，但这种便捷和高效必须建立在理性消费习惯和“量入为出”的观念之下，这样才能够更好地享受信用卡所带来的金融便利，而不是被信用卡所牵绊。

3.1.4 现金规划方法及程序

现金规划的核心问题是理财规划师需要充分分析客户的现金需求量和现金供给量

（目前持有的现金及现金等价物的量），比较两者，如果现金供给量大于现金需求量，则客户的现金持有规模比较合理；反之，如果现金供给量小于现金需求量，则需要客户增加现金的持有规模。

接下来的问题就是，现金需求量和现金供给量该如何确定？

1. 分析客户的现金需求

现金规划的重要内容就是合理确定现金及现金等价物的需求额度。那么，一个家庭在日常生活中到底应该预留多少现金及现金等价物？这个问题主要取决于以下几方面：

第一，持有现金的成本。现金放在手里，会有利息损失，现金越多，持有成本越高，越在意机会成本的客户，越希望少持有现金。

第二，紧急备用金的必要性。如果客户面临着失业、工作能力丧失、紧急医疗或者意外灾害等各种风险，手边的现金可以帮助自己渡过难关，所以处于这种情况下的客户，需要更多的现金。

第三，风险偏好程度。风险偏好程度高的家庭往往会预留较少的现金。

第四，非现资产的流动性。如果一个家庭除了现金外，大量的资产是房产等流动性差的资产，则需要预留较多现金。

第五，收入来源及稳定性。如果家庭中的在职人员较多，工作稳定性较好，并有除工作收入之外的其他收入来源，如房屋租金收入，则可预留较少现金。

第六，现金支出渠道及稳定性。如果家庭大项支出较少，开支稳定，可预留较少现金。

每个人或者每个家庭的收入来源有很大差异，不同的收入模式应建议不同的现金需求量。

简单地把个人或家庭收入模式分为三种，对应模式下现金的需求量，即理财规划师建议客户应该持有的现金量（现金及现金等价物）如下：

有稳定收入者，建议准备相当于3～6个月开销规模的现金额较为适宜；

收入不稳定者，建议准备相当于6～12个月开销规模的现金额较为适宜；

准备创业者，建议准备相当于12～24个月开销规模的现金额较为适宜。

一般情况下，业界通常建议客户适宜的现金需求量（应持有的现金量）为相当于该客户个人或家庭的3～6个月开销规模的现金量，再根据客户的收入稳定性、风险偏好、开销渠道等因素，在3～6个月开销规模的区间内进行倾向性选择。

具体操作上，理财规划师需要编制客户的现金流量表（收入支出表），如果是年度的现金流量表，理财规划师应将“年总支出”除以12，得到每月的支出水平，在此基础上乘以3和6，就能得到客户的现金需求量的区间额度。

如果再结合之前提到的现金规划的一般工具，制定现金规划时，可在现金、储蓄存款、货币市场基金、信用卡等现金规划工具中，调整配置比例。如保守型客户，可建议“1份现金＋1份活期＋1份货币市场基金”的配置比例；稳健型客户，可建议“1份现金＋2份货币市场基金”的配置比例；激进型客户，可建议“信用卡＋3份货币市场基金（消费支出首选信用卡，钱放入货币市场基金，到期再还信用卡，消费赚钱两不耽搁）”的配置比例。

2. 分析客户的现金供给量

在清楚了客户应该持有的现金规模（现金需求量）后，客户实际持有的现金规模（现金供给量）是否达标，将成为后期制定现金规划的事实依据。在明确现金需求量时，我们使用了收入支出表，那么在看客户实际持有的现金规模时，我们应该使用资产负债表。

课堂活动之“说一说”

请你说出资产负债表的基本结构和常见科目构成。

资产负债表中的流动性资产，即现金及现金等价物。具体操作上，理财规划师只要准确编制了客户的资产负债表，表中的“流动性资产小计”的金额，即为客户的实际持有的现金规模（现金供给量）。

对比两个金额，如果现金需求量大于现金供给量，接下来，理财规划师就要为客户做主要目的为补足现金缺口（两者差额）的现金规划；反之，如果现金需求量小于现金供给量，即客户实际持有的现金比较充裕，那么理财规划师依然可以为客户做现金规划，只不过这类现金规划的主要目的是在建议客户继续保有一定规模的现金之外，可以尝试将一部分现金用于投资，降低现金持有的机会成本。

3. 比较分析现金需求量与现金供给量

分析了客户的现金需求量与现金供给量后，理财规划师接下来的工作就是着手进行现金规划了。在规划的过程中，应首先保证流动性，在这个前提下再考虑一定的收益。

情况一：如果客户的现金供给量（实际持有的现金及现金等价物）介于相当于 3～6 个月开销规模的现金需求量的合理区间内。那么理财规划师只需要将客户的现金及现金等价物在现金规划的一般工具中做配置比例的建议即可。例如，可以将现金及现金等价物额度的 1/3 以现金的形式保存，而另外 2/3 则以活期储蓄或货币市场基金的形式存在。

情况二：如果客户的现金供给量大于相当于 6 个月开销规模的现金需求量。理财规划师应根据客户的投资经验、风险偏好等因素，选择适合的投资工具，将超额现金进行投资，以降低机会成本，提高收益，并使现金供给量回落到合理区间内。

情况三：如果客户的现金供给量小于相当于 3 个月开销规模的现金需求量，即未达到合理区间的底线。理财规划师应建议客户使用现金规划的融资工具（主要为信用卡），来提高现金持有量，但应考虑客户的还款能力并建议客户理性消费。

理财规划师应向客户介绍现金规划的融资方式，解决超额的现金需求。在制定客户现金规划方案的过程中，理财规划师需要熟知现金规划的工具，应及时详尽掌握新的现金规划工具的运用方法及其优缺点。

4. 形成现金规划报告

现金规划的文字内容可从以下几方面组织语言：首先可以向客户介绍一下持有现金的重要性及一般意义上的现金及现金等价物的构成；其次，可以将客户现在持有的现金量和应该持有的现金量，导致现在持有现金量的原因等分别向客户说明；再次，将选择的现金规划一般工具或融资工具及配置的建议比例告知客户；最后，可以向客户展望如果他按照建议操作后，会产生哪些积极的结果。

如果客户仅进行现金专项规划，理财规划师就只需形成现金规划报告并交付客户。如果客户需要综合理财规划服务，则应将现金规划部分作为分项规划之一纳入“综合理财规划建议书”中，待各分项规划全部完成后再交付客户。

任务实施

1. 你同意“任务引入”中胡先生的做法，还是胡太太的做法？为什么？你觉得胡先生一家应持有的现金及现金等价物的合理规模区间是怎样的？

2. 客户资料：宋小姐，28岁，为某知名企业研发部技术人员，未婚，月薪10 000元，年终奖金额为2个月工资，没有其他收入。宋小姐刚买了房子和车子，每月房贷按揭支出为4 000元，养车费用1 000元，日常支出每月3 500元。宋小姐平时喜欢购物与旅游，基本没有现金结余，是典型的城市“月光族”，她考虑申请一张信用卡以备不时之需。

任务要求：

(1) 请你登录中国工商银行、杭州银行、广发银行、中信银行、招商银行等银行官方网站选择有代表性的信用卡，列出信用卡的名称、特色服务、年费收取等情况，然后进行小组讨论，从中为宋小姐选择一张适合她的信用卡，并说明理由。

(2) 宋小姐目前无任何备用金，作为理财规划师，请给出现金规划的建议，包括现金规划金额和建议使用的规划工具，并简要说明原因。

任务 3.2 银行传统理财产品规划

任务目标

1. 掌握商业银行储蓄类产品的分类及特点。
2. 能够根据客户实际情况，制订储蓄规划。

任务引入

尽管证券类理财产品、保险类理财产品以及银行的各种新型理财产品层出不穷，但低风险的储蓄依然是老百姓打理资金的首选渠道。实际上，随着银行储蓄品种和功能的不断开发，人们熟悉的银行储蓄产品也有其理财技巧和卓越的理财功能。

储蓄，可以说是理财的第一步。千万别小瞧储蓄，觉得它不够“炫”，不够高大上，实际上，储蓄是理财长路的起步台阶，只要你耐心经营，储蓄可以为你带来可观的回报。理财的起点是“储蓄”，对于普通人来说，我们首先要有财可理，而储蓄正是为后期的理财储备“子弹”。储蓄可以培养我们良好的理财习惯、对待金钱成熟的思维和端正的财富观，储蓄可以让我们成为适度放弃眼前的享乐而对生活有更长久把握的理性的人。

任务预备

3.2.1 银行储蓄类产品的特点

1. 活期储蓄的特点

(1) 通存通兑。

客户凭银行卡可在全国银行网点和自助设备上存取人民币现金，预留密码的存折可在同城银行网点存取现金。同城可办理无卡（折）的续存业务。

(2) 资金流动性强。

客户可随用随取，资金流动性强，可用于计划内和计划外突发情况的开销。

(3) 缴费方便。

客户可将活期存款账户设置为缴费账户，由银行自动代缴各种日常费用，如水电费。

2. 定期储蓄的特点

(1) 利率较高。

定期存款利率高于活期存款，是一种传统的理财工具，存期越长，利率越高。

(2) 可约定转存。

客户可在存款时约定转存期，定期存款到期后的本金和税后利息将自动按转存期限续存。

(3) 可质押贷款。

因为提前支取定期存款，银行仅按照活期利率计息，所以如果定期存款临近到期，但急需资金，客户可以办理质押贷款，以避免损失利息。

(4) 可提前支取。

如果客户急需资金，可办理提前支取。未到期的定期存款，全部提前支取的，按支取日挂牌公告的活期存款利率计付利息；部分提前支取的，提前支取的部分按支取日挂牌公告的活期存款利率计付利息，剩余部分到期时按开户日挂牌公告的定期储蓄存款利率计付利息。所以说，定期存款的流动性也不是非常低的，一般我们在编制资产负债表时，可以将定期存款计入流动性资产中。

3.2.2 银行储蓄类产品的种类

1. 传统个人储蓄产品的种类

目前银行一般的人民币存款方式有：活期存款、整存整取（不同存期）、零存整取、整存零取、定活两便、个人通知存款、教育储蓄存款等。每种存款方式都有其特点。

个人存款（储蓄存款）产品，如表 3-2 所示。

表 3-2 个人存款（储蓄存款）产品

种类	存取方式	适用对象
活期存款	不限存期，人民币 1 元起存，外币起存金额为不低于人民币 20 元的等值外汇。	需要随时使用的资金，用于日常生活开销，利率最低。

续表

种类	存取方式		适用对象
定期存款	整存整取	存款人存款时约定存期并一次将现金整笔存入，到期后一次支取本金和利息的存款方式。50 元起存，存期有 3 个月、6 个月、1 年、2 年、3 年和 5 年。	适合事先预知长期闲置不用的资金，利率相对其他定期存款方式最高。
	零存整取	分次存入本金，到期一次支取本金和利息。起存金额 5 元，存期有 1 年、3 年和 5 年。利率低于整存整取。	积少成多，适合工薪族或年轻人养成强制储蓄的习惯。
	整存零取	1 000 元起存，存期与零存整取相同，支取期有 1 个月、3 个月或半年 1 次。利息于期满结清时支取。	适合“按计划花钱”的人群，如父母定期给子女生活费。
	存本取息	本金一次存入，分次支取利息，到期支取本金的存款方式。起存金额 5 000 元，存期与零存整取相同，可以 1 个月或几个月取息一次。	起存金额高，分期付息；利率比活期存款高，比整存整取低。
定活两便	50 元起存，开户时储户不约定存期，一次存入本金，随时可以支取。实际存期<3 个月，用活期利率计息；3 个月≤存期<6 个月，用整存整取 3 个月利率的 6 折计息；6 个月≤存期<1 年，用整存整取 6 个月利率的 6 折计息；存期≥1 年，用整存整取 1 年的利率的 6 折计息。		由于存期超过 1 年后，仍按照整存整取 1 年期利率的 6 折计息，所以适合于 1 年内可能会用到的资金。不建议资金在定活两便账户下存期超过 1 年。
个人通知存款	5 万元起存，开户时不约定存期，预先约定品种（1 天或 7 天两个品种），支取时提前 1 天或 7 天通知银行取款日期和金额。		起存金额高，利率高于活期存款。1 天和 7 天通知存款利率（央行基准）分别为 0.8% 和 1.35%。
教育储蓄存款	50 元起存，本金合计最高限额 2 万元，分次存入，到期一次支取本息。针对小学四年级（含）以上学生。		存期灵活，本质上是零存整取，存期分别为 1 年、3 年、6 年；利率分别按整存整取 1 年、3 年、5 年利率计息。

2. 特色储蓄业务

除以上传统的储蓄产品（或业务）外，各家银行还推出了特色储蓄业务。这些特色储蓄业务，在活期和定期的界限上更加模糊，既为客户提供了充分的流动性，又提供了可观的收益。具体可阅读任务 3.1 中的“拓展阅读”。

3.2.3 储蓄类产品理财规划策略

1. 阶梯存储法

如果把钱存成一笔多年期存单，一旦利率上调就会丧失获得高利息的机会；但如果把存单存成一年期，利息又太少。阶梯存储法可以使储蓄到期额保持等量平衡，既能应对利率的调整，又可获取定期存款的较高利息。

以 10 万元为例，可将 4 万元存活期，便于随时支取；另外 6 万元分别存 1 年期、2

年期、3年期定期储蓄各2万元。1年后，将到期的1年期存单2万元再存3年期。再过1年后，将到期的2年期存单2万元再存3年期，依此类推，3年后持有的存单则全部为3年期，只是到期的年限不同，依次相差1年。

2. 存单四分存储法

如果现在有1万元将在1年内有急用，并且每次用钱的具体金额与时间不确定，那么最好选择存单四分存储法，即把存单分为1 000元一张、2 000元一张、3 000元一张、4 000元一张。这样一来假如有1 000元需要周转，只要动用1 000元一张的存单便可以了，避免了因少量急需而动用大额存单的情况，减少了不必要的损失。

3. 交替存储法

如果有5万元，不妨把它分为两份，每份2.5万元，分别按半年期、一年期存入银行。若半年期存单到期，有急用便取出，若不用便按一年期再存入银行，依此类推。每次存单到期后都存为一年期存单，这两张存单的循环时间为半年，若半年后有急用可取出任何一张存单。这种储蓄方法不仅不会影响家庭急用，也会取得比活期储蓄更高的利息。

4. 利滚利存储法

利滚利存储法又称“驴打滚存储法”，即存本取息储蓄和零存整取储蓄有机结合的一种储蓄法。以3万元为例，可以存一张3万元的存本取息储蓄存单，一个月后取出该存单的第一个月利息，再用这一个月利息开设一个零存整取储蓄户，以后每个月把利息取出后存入零存整取储蓄户，这样不仅存本取息能得到利息，而且其利息在零存整取储蓄中又取得利息，也就相当于本金在存本取息里计息，产生的利息在零存整取里计息，相当于完成了一次复利，此种储蓄方法只要长期坚持就会有丰厚回报。

任务实施

1. 请说出传统的定期储蓄存款包含哪四个储种，以及它们之间的区别和各自的适用对象。
2. 为什么说存期超过1年的存款不建议存成“定活两便”。
3. 请查询资料，了解在个人通知存款下，储户在存入金额、是否通知（预约）、取现金额、取现日期等方面需要满足哪些条件，才可以拿到通知存款的利率对应的利息金额。

任务3.3 银行代理理财产品规划

任务目标

1. 掌握银行代理理财产品的分类。
2. 理解银行代理理财产品的特点、属性和风险程度。
3. 了解购买银行代理理财产品的业务流程。

任务引入

有人说，银行是“金融百货公司”，至少现阶段，银行比其他任何金融机构提供了更为广泛的金融服务，满足了个人、企业与政府的信贷、支付与储蓄的需要。同样的，在银行，你可以进行基金、债券、保险、信托、黄金等产品的理财，这是因为银行代理了其他机构的相关业务。那么现阶段，银行代理理财产品主要有哪些？这些产品又具有哪些特点？代理流程是怎样的？相信学习完这一节，你会对银行代理理财产品有基本的认识。

任务预备

银行代理服务类业务是指银行在其渠道代理由其他企业、机构办理的，不构成商业银行表内资产负债业务的，给银行带来非利息收入的业务。银行代理的理财产品主要包括：基金、保险、国债、信托和黄金。

3.3.1 银行代理基金产品

1. 银行代理基金业务范围

基金是通过发行基金份额或收益凭证，将投资分散的资金集中起来，由专业管理人员投资于股票、债券或其他金融资产，并将投资收益按持有者投资份额分配给持有者的一种利益共享、风险共担的金融产品。

银行作为开放式基金销售代理人，代表基金管理人与基金投资者进行基金单位的买卖活动。客户可在大多数的银行柜台或网上银行办理基金开户、认购、申购、赎回、转换、修改分红方式和定额定期（基金定投）业务。接下来重点介绍基金定投业务。

2. 基金定投业务

基金定投业务，即基金定时定额投资业务，是投资者与银行约定，采用委托银行自动扣款的方式，定期投入固定金额购买指定开放式基金的投资方式。

基金定投类似于银行储蓄的零存整取业务，是指由客户提出申请，按照银行和基金管理公司的规定以相同的时间间隔和相同的金额申购某只基金的行为。简单地说，就是“定期定额”购买某只基金。

> 阅读资料
>
> 基金定投的优势及注意事项

3.3.2 银行代理保险产品

1. 银行代理保险的含义

银行代理保险是保险公司和商业银行采用相互协作的战略，充分利用和协同双方的优势资源，通过银行的销售渠道代理销售保险公司的产品，以一体化的经营方式来满足客户多元化金融需求的一种综合化的金融服务。

代销商业保险是商业银行根据《中华人民共和国商业银行法》的规定从事的一项中介业务，它是指银行分支机构在取得《经营保险代理业务许可证（兼业）》并与保险公司签订委托代理协议后，在被代理保险公司授权范围内从事代销保险的相关服务。

银行代理销售的保险合同中涉及的各项保险责任由被代理保险公司承担。代理销售的保险囊括了财产险公司与人寿险公司的大部分产品。

2. 银行代理销售保险产品的渠道

银行通过柜面、电话银行、网上银行、手机银行、信贷等渠道，在授权范围内为国内保险公司代销人身保险产品和财产保险产品，并为公司客户和个人客户提供业务咨询、投保支持服务。同时，保险公司利用银行先进的技术系统，通过网上银行、柜面、手机银行等方式，实现代收保险费、支付保险金、支付退保金及返还保险单红利等代理业务。

3. 银行代理保险产品的范围

银行主要代理的险种包括寿险和财产险。目前占据市场主流的三大险种全部来自寿险，包括分红险、万能险和投连险，这些产品大部分设计比较简单，标准化程度较高，在能提供一定保障的同时兼有储蓄的投资功能。此外，财产险也是目前各家银行大力发展的险种，主要包括房贷保险、企业财产保险、家庭财产保险等。

4. 客户投保的基本步骤

（1）保险产品咨询。

客户向大堂经理或专职保险咨询员咨询保险业务，保险产品代理人员为其讲解银行代理保险产品的有关条款，依据客户需求为其制订保险计划。

（2）填写投保书。

客户在银行保险产品代理人员指导下填写投保书。

（3）缴纳保险费。

保险产品代理人员将客户投保书交柜员或交被代理保险公司核保。保险公司承保后核算保险费，出具正式保险单并向客户收取保险费。对于需要分期缴费的长期寿险，客户需要与银行签订委托扣款协议书，客户缴费后从银行取得保险费收据。

（4）取得保险凭证。

投保书和保险单正本由银行直接转交客户或由保险公司邮寄给客户。

（5）续保。

短期人身保险合同到期后，投保人可将保险单、收费单据、续保申请及有关凭证交代理银行，由银行代为办理续保手续，经保险公司同意续保后通过银行缴纳续期保险费。

（6）退保。

一般指犹豫期退保。投保人可直接向保险公司提出退保申请，也可通过代理银行提出退保申请。客户需将保险单、收费单据、退保申请书及身份证件交代理银行，由银行代为办理退保手续。

3.3.3 银行代理国债产品

目前，银行代理国债的种类有三种：凭证式国债、储蓄国债（电子式）、记账式国债。

1. 凭证式国债

（1）概念。

凭证式国债是指由财政部发行的，有固定面值及票面利率，以纸质收款凭证记录债权债务关系的国债。凭证式国债从投资者购买之日起开始计息，可以记名、可以挂失，但不能上市流通转让。

（2）特点。

凭证式国债以国家信用为担保，安全性好，且具有购买、保管、兑现方便等特点。凭证式国债不可上市流通，可以提前兑付。提前兑付时，持有不足半年不计付利息，超过半年，其利息按实际持有天数及相应的利率档次分档计算。提前兑付须全额兑付，并按规定收取手续费（目前为兑取本金的1‰）。投资者在购买凭证式国债的同时，即获得了一个优良的融资工具，当需要小额贷款时，可用国债收款凭证作为质押物，到原购买银行质押贷款。

（3）办理程序。

1）认购。填写存款凭条，持本人有效身份证件办理认购，代理开户的还应提供代理人有效身份证件。

2）兑付。投资者可凭国债收款凭证和预留密码，在同一省级分行下任一网点办理通兑；如以证件、印鉴作为支付方式的，只能到原开户网点办理。凭证式国债到期后，投资者如逾期兑付，过期部分不计付利息。

2. 储蓄国债（电子式）

（1）概念。

储蓄国债是我国财政部面向境内中国公民储蓄类资金发行的，以电子方式记录债权的一种不可流通人民币债券。储蓄国债为记名国债，采用实名制，仅限境内中国公民购买。投资人购买储蓄国债以100元为起点，并以百元的整数倍办理各项业务。

（2）特点。

由于储蓄国债是财政部代表国家发行的国家公债，是以国家信用为保证的，到期由财政部还本付息，其信用等级最高，这是其他以商业信用为担保的投资工具所无法比拟的。储蓄国债利率固定，利息收入免征个人所得税，发行利率高于相同期限银行储蓄存款税后收益率；在储蓄国债到期前的整个存续期内，面值稳定并随着时间增加而自然获取利息，没有价格涨跌波动风险。在规定时间内，投资者可办理个人国债账户内全部或部分债券的提前兑取，兑取资金可以提取现金。还本付息资金到期自动存入投资者指定的资金账户，无须投资者上门办理。

（3）办理程序。

1）开立个人国债账户。填写“储蓄国债开/销户申请表”，签字接受托管服务章程，同时提供本人有效身份证件和借记卡（或存折）。

2）认购。填写“储蓄国债业务申请表”或口头提出认购申请，同时提供个人国债账户开户所使用的借记卡（或存折）。

3）提前兑取。填写“储蓄国债业务申请表”，同时提供个人国债账户开户所使用的借记卡（或存折）。提前兑取需扣除一部分收益，并按兑取本金的一定比例收取手续费。

4）付息或还本。到期直接支付到投资者资金清算账户（即个人国债账户开户时所使用的借记卡或存折）。

5）账务查询。投资者可通过商业银行代销网点柜台、电话银行或中央国债公司电话语音复核查询系统进行账务查询。

3. 记账式国债

(1) 概念。

柜台记账式国债是经中国人民银行批准在商业银行柜台发行和交易，以记账方式登记债权的国债。银行按照公开报价，通过营业网点与投资人进行债券买卖，并为其办理托管与结算。

(2) 特点。

记账式国债具有债券账户托管、认购、买卖、清算、兑付、付息、冻结解冻、质押解押、转托管、非交易过户、信息发布等功能。客户可通过柜台交易随时变现，如果对市场判断正确，还可能获得双重收益，即利息收入和买卖差价收入，投资者还可将利息收入进行再投资。

(3) 办理程序。

1) 开户。个人投资者开立债券账户，需向银行提供本人有效身份证件及借记卡，并与银行签订《柜台记账式国债交易协议书》。机构投资者开立债券账户，需向银行提供企业法人营业执照原件及复印件、组织机构代码证；事业法人和社团法人需提供民政部门或主管部门颁发的注册登记证书原件及复印件、法人代表和经办人的有效身份证件及复印件、单位借记卡。开户单位为分支机构的，还应提交法人授权开户的书面证明，并与银行签订《柜台记账式国债交易协议书》。

2) 认购。投资人在债券发行期内认购债券，视同买入交易。已认购成交的债券，在发行期内不可卖出。

3) 交易。投资者可以通过银行受理记账式国债交易的营业网点、自助终端、电话银行、网上银行、手机银行买入或卖出国债。通过营业网点柜台办理买入或卖出交易时，须填写国债委托买入或卖出受理凭证，写明要买卖国债的名称、代码、数量，交由银行经办人员办理。通过自助终端、电话银行、网上银行、手机银行办理买卖的，应事先与开户银行签订《自助交易协议》，投资者需按照《自助交易协议》的要求办理买入或卖出交易。

4) 本息兑付。到期日及付息日，银行将投资者的本息自动划入投资者账户内，无须投资者到银行办理。

5) 转托管。转出方与转入方必须是同一投资人，即双方身份识别码必须一致。转托管转出份额必须是可用份额。债券发行期和转托管停办期不受理转托管转出申请。转托管停办期为付息日前 5 个工作日和兑付日前 14 个自然日。

3.3.4 银行代理信托产品

1. 银行代理信托产品的概念

银行代理信托产品是指信托公司委托商业银行代为向合格投资者推介信托计划。信托公司推介信托计划时，可以与商业银行签订信托资金代理收付协议。委托人以现金方式认购信托单位，可由商业银行代理收付。商业银行只承担代理资金收付责任，不承担信托计划的投资风险。

关于信托产品本身的概念、种类、特点等，将会在项目 5 中做详细介绍。

2. 信托产品的风险

（1）投资项目风险。

由于已发行的信托产品多数是依靠项目自身产生的现金流或利润作为还款来源，因此项目自身的风险是信托产品最大的风险。投资项目风险包括项目的市场风险、财务风险、经营管理风险等。

（2）项目主体风险。

项目主体的经营管理水平、财务状况以及还款意愿（即道德风险）将在很大程度上影响信托产品的安全程度。此外，担保公司的信誉度是决定信托产品风险的重要因素，由银行担保的信托产品风险较低。

（3）信托公司风险。

信托公司的风险主要包括项目评估风险和信托产品的设计风险。信托公司通常在对投资项目进行评估之后，对其进行信用加强，降低项目的风险。因此，信托公司项目评估能力的高低和信托产品的设计水平将直接决定信托产品的风险高低。

（4）流动性风险。

信托产品流动性差，缺少转让平台，存在较大的流动性风险。信托公司通常只对信托产品承担有限责任，绝大部分风险由信托业务委托人（投资者）来承担。

3.3.5 银行代理黄金产品

1. 银行代理黄金产品的业务种类

（1）条块现货。

投资黄金条块因规格大小而有不同的门槛。投资黄金条块有保存不便、移动不易、安全性差的缺点，但也有能让投资者具备财富成就感的优点。

（2）金币。

金币有纯金币和纪念金币两种。纯金币可以收藏也可以流通，变现不难，价格也随国际金价波动。纪念金币的价值受主题和发行量的影响较大，因此和鉴赏能力、题材炒作等高度相关，和金价的关联度反而较小。

（3）黄金基金。

黄金基金属于风险较高的投资方式，适合喜欢冒险的积极型投资者。

（4）纸黄金（黄金存折）。

纸黄金让投资者免除了储存实物黄金的风险，也让投资者有随时提取或购买黄金的权利。因为投资者可以按当时的黄金价格将账户里的黄金兑换成现金，所以纸黄金通常也被称为“黄金存折”。

（5）定投黄金。

类似于基金定投，现在绝大多数商业银行开发出定期定额投资黄金的方式，以这种方式买到的黄金称为“定投黄金”。

2. 银行代理黄金产品的业务流程

（1）实物黄金业务流程。

客户选择开办实物黄金业务的网点办理；填写实物黄金购买申请表；将申请表、身份证、现金或储蓄卡（折）提交柜员；收取或代保管黄金产品、成交单及发票。

（2）纸黄金业务流程。

客户只需持现金或在该银行开立的储蓄卡（折）以及身份证等有效证件，即可按银行公布的价格购买纸黄金。

（3）黄金代销。

银行可以与企业签订代销协议，作为代理设立销售柜台，并接纳黄金产品销售或购买申请。银行按照协议向合作方收取代销费用以及黄金加工成本、加工费等协议内的其他服务费用。

任务实施

1. 请选择1～2只用于定投的基金，将基金的基本信息（如净值、走势、持仓情况、排名、基金资产配置比例、基金投资风格等）介绍给同学们，并说明你的选择理由和定投计划。

2. 一般情况下，对于客户来说，银行自营的理财产品风险和银行代理销售的理财产品风险孰高孰低？银行会承担其代理的理财产品的风险责任吗？

3. 很多客户在购买银行代理理财产品的时候并没有阅读产品说明书的习惯。如果你是理财经理，你会建议客户要重点阅读产品说明书中的哪些内容？为什么？

任务 3.4 创新型银行理财产品规划

任务目标

1. 理解创新型银行理财产品的概念及种类。

2. 理解创新型银行理财产品的特点。

3. 具备阅读创新型银行理财产品说明书的能力。

4. 理解《关于规范金融机构资产管理业务的指导意见》和《商业银行理财业务监督管理办法》的市场指导意义。

5. 能够根据客户需求推荐适合的创新型银行理财产品。

任务引入

习近平总书记强调："共同富裕是社会主义的本质要求，是人民群众的共同期盼。我们推动经济社会发展，归根结底是要实现全体人民共同富裕。"党的二十大报告把实现全体人民共同富裕摆在更加重要的位置，将其作为中国式现代化五大特征和本质要求之一。银行业积极进行产品创新，为客户带来更好回报，以助力共同富裕的实现。

交通银行"活期富"是交通银行与交银施罗德基金公司联合推出，专属于手机银行的爆款产品。客户签约“活期富”，开启“自动转入”，活期账户余额自动购买交银活期通货币基金，预期年化收益提升5～6倍，同时无缝对接ATM机提现、POS机刷卡、在线支付、转账、还款等功能，无须多余步骤，使用方便顺畅。

“活期富”既不是传统的银行储蓄存款，又不是银行代理的理财产品，它是一种创新型的理财产品，其本质为创新型货币产品。

什么是创新型银行理财产品？其特点和种类有哪些？相比较传统理财产品，创新型银行理财产品的创新点何在？相信通过这一节的学习，你会有所了解。

任务预备

3.4.1 创新型银行理财产品的概念

创新型银行理财产品是由商业银行自行设计发行，将募集到的人民币或外币资金根据产品合同约定投入相关金融市场及购买相关金融产品，获取投资收益后，根据合同约定分配给投资者的一类理财产品。

阅读资料

创新型银行理财产品设计要素

3.4.2 创新型银行理财产品的特点

1. 收益率多重计算方法

收益率按照计息期长短分为年收益率和累积收益率；按照是否已经纳税分为税前收益率和实际收益率。

课堂活动之“想一想”

浦发银行的“悦盈利专享2126期理财计划”的产品说明书中标明“业绩比较标准收益率4.95%”。请问，什么是业绩比较标准收益率？这个收益率就是这款理财产品的承诺收益率吗？

2. 投资方向广泛

银行理财产品募集到的资金将投放于哪个市场，具体投资于什么金融产品，这些决定了该产品本身风险的大小、收益率是否能够实现。

相比较传统的储蓄存款产品，创新型银行理财产品的资金投向领域更为广泛，不仅如此，有时往往是一款产品同时投向多个领域。如浦发银行的“益鑫利债券增强之1年定开C款”，它的投资方向有：境内固定收益类资产，如存款、存放同业、拆借、回购、国债、央行票据、地方债、中期票据、债券型基金、资产支持票据、中小企业集合票据、应收账款、委托债权、可转债、永续债、股票质押式回购、交易所债权计划，以及主要投资前述资产的信托计划等；境外固定收益类资产；权益类资产，如股票型基金、混合型基金、灵活配置型基金、指数型基金、券商及其资管公司资管计划、基金公司及其资管公司资管计划等；商品及衍生品类资产，如期货、期权、对冲类工具、黄金及其他商品类公募基金，以及主要投资前述资产的信托计划、券商及其资管公司资管计划、基金公司及其资管公司资管计划、保险公司及其资管公司资管计划、期货公司及其资管公司资管计划等。简单地说，该产品的资产配置中固定收益类工具占比≥80%，浮动收益类工具占比≤20%。

3. 挂钩预期

挂钩型理财产品，产品的收益与所挂钩市场或产品的表现密切相关。挂钩方向与区间是否与目前市场预期相符，决定其目标收益率是否能够实现。

4. 投资金额灵活

创新型银行理财产品的购买起点金额有高有低，不封顶，低的有1元起投，高的有100万元起投。灵活的投资金额既为资金实力有限的普通客户提供了良好的投资渠道，又能满足高端客户大规模投资的需求。

5. 选择多

创新型银行理财产品的起投金额、币种、期限、投资方向、预期收益率、赎回规定、产品结构的不同组合，可以满足客户的不同需求。客户也可以选择将资金合理地按比例分配，保持一定流动性，同时让收益最大化。

3.4.3 创新型银行理财产品的种类

按照投资对象不同，现阶段的创新型银行理财产品可分为货币型理财产品、信托型理财产品、挂钩型理财产品及QDII型理财产品。

1. 货币型理财产品

货币型理财产品投资于货币市场中，投资的产品一般为央行票据与企业短期融资券等货币型工具。因为个人无法直接投资央行票据与企业短期融资券，这类人民币理财产品实际上为客户提供了分享货币市场投资收益的机会。如中国工商银行“灵通快线”个人超短期人民币理财产品主要投资于国债、央行票据、金融债券、企业债券，以及优质企业信托融资项目、货币市场基金、银行承兑汇票、本外币货币资金市场等安全性较高的其他投资管理工具。同理，如果投资标的主要为债券，则为债券型理财产品；投资标的主要为权益类工具，则为股权（股票）类理财产品。

2. 信托型理财产品

信托型理财产品通常投资于由商业银行或其他信用等级较高的金融机构担保或回购的信托产品，也有投资于商业银行优良信贷资产受益权信托的产品。如中国工商银行的“稳得利”信托投资型人民币理财产品主要投资于信托融资项目。

3. 挂钩型理财产品

挂钩型理财产品的最终收益率与相关市场或产品的表现挂钩，如与汇率挂钩、与利率挂钩、与国际黄金价格挂钩、与国际原油价格挂钩、与道·琼斯指数挂钩及与港股挂钩等。

课堂活动之“说一说”

交通银行的“周周盈B美元看涨”是一款挂钩型理财产品，该产品说明书中写明的年化收益率为“1.48%或4.52%”，一款理财产品的收益率为何有两个？美元的汇率表现为怎样时，该产品收益率可能为4.52%？反之，美元汇率何种走势表现时，该产品收益率可能只有1.48%？

4. QDII 型理财产品

QDII是“合格境内机构投资者”的英文（Qualified Domestic Institutional Investors）首字母缩写，是指取得代客境外理财业务资格的商业银行。QDII型理财产品本质上是一种外汇理财产品，指客户将手中的人民币资金委托给合格的商业银行，由合格的商业银行将人民币资金兑换成美元，然后在境外投资，到期后将美元收益及本金结汇成人民币后分配给客户的理财产品。如中国工商银行的“珠联币合”理财产品，即是该行推出的境内外市场结合投资型理财产品，客户用人民币购买此类产品即可参与境内外市场投资，获取收益。

除了按照投资对象不同，可以将创新型银行理财产品进行划分之外，还可以根据产品风险等级、币种、投资期限等标准进行划分。

课堂活动之“想一想”

项目1的任务1.4的“拓展阅读”中提到了“资管新规、刚性兑付、净值型理财产品”，请大家查阅资料并思考：现阶段，银行的理财产品是否以保本型理财产品为主？刚性兑付看似有利于投资者，国家监管层面为什么还要打破刚性兑付？此项政策，对于投资者的投资习惯或投资理念带来了怎样的改变或启示？

任务实施

1. 通过多种渠道查阅资料，找出适合你的实际情况（收入支出特点、风险偏好及承受能力等）的一款创新型银行理财产品。将你的选择理由和这款产品的基本情况向大家做介绍。

2. 学生自行成组（每小组一般不超过6人），每组同学从国有五大行（工农中建交）、股份制商业银行、城市商业银行这三大类银行中各选出一家银行，将三家银行的创新型银行理财产品进行多方面的综合比较，形成一份分析报告。

任务3.5
消费规划

任务目标

1. 掌握家庭消费模式和汽车消费信贷基础知识。
2. 了解常见的消费信贷业务种类。
3. 掌握消费信贷规划流程，能够制定合理的消费信贷规划。

任务引入

冯先生刚装修完房子，积蓄已基本用光。恰逢此时，冯先生在上大学的儿子争取到了到国外高校交换学习两年的项目，但此项目需要一笔不少的费用。一方面，冯先生觉得不能耽误孩子的学业；另一方面，刚刚装修好的用于家庭自住的房子说卖就卖不是很实际，况且“远水解不了近渴”。如果你是一位理财规划师，请为冯先生提供一些解决办法。如果你觉得不知从何做起，那么请认真学习本节关于“消费规划”的内容。

任务预备

3.5.1 消费支出规划的概念

消费支出规划主要是基于一定的财务资源，对家庭（或个人）消费水平和消费结构进行规划，以达到适度消费、稳步提高生活质量的目标。其目的是要合理安排消费资金，树立正确的消费观念，节省成本，保持稳健的财务状况。如果消费支出缺乏计划或者消费计划不得当，家庭很可能支付过高的消费成本，严重者甚至会导致家庭出现财务危机。因此，消费支出规划是个人理财不可或缺的内容，主要包括住房消费规划、汽车消费规划、消费信贷规划等内容。住房消费规划将在项目7中进行详细介绍，此节重点介绍消费规划中的汽车消费规划和消费信贷规划内容。

3.5.2 家庭消费模式概述

1. 金融市场与消费支出

假设不存在借贷市场和投资市场，大部分家庭除日常生活消费外，都会保留甚至节衣缩食积攒一部分现金以防不测或应付大宗开支。当普通家庭日常开支以外的消费只能通过这种模式来满足时，人们通常会感到自己的消费自由受到了很大的限制：一是在消费的时间上人们无法有所选择；二是积攒节约的资金不能增值甚至由于通货膨胀等因素使家庭消费能力下降。就像当年流行的一个故事：某位老人攒了一辈子的钱，到了晚年攒够了买房子的钱，才住上了新房；而另一位老人则先贷款，年轻时就住进了新房，到了晚年，贷款也还清了，她在这套房子中享受了一辈子。这个故事的寓意很明显，在同样的环境下，只不过是稍稍改变了消费模式，后者就住了一辈子的新房，而前者却在晚年才圆了自己的住房梦，相对来说，前者的攒钱消费理念显然是比较落后的。

金融市场的存在帮我们解决了这个问题，消费者能够在金融市场上通过资金的借贷对一段时间内的消费模式进行调整，也可以通过各种投资工具获取投资收益，增强可消费的能力。作为理财规划师，应该对金融市场有着深入的了解和敏锐的洞察力，根据客户的具体情况，制定出成功的消费支出规划，帮助客户提高生活质量。

2. 家庭消费模式的种类

在进行消费规划甚至综合的理财规划时，离不开“财务安全”和“财务自由”这两个概念。所谓财务安全，是指个人对自己的财务现状有充分的信心，认为现有的财富足以应对未来的财务支出和其他生活目标的实现，不会出现财务危机。所谓财务自由，是指个人或家庭的收入主要来源于主动投资而不是被动工作。当投资收入可以完全覆盖个人或家庭发生的各项支出时，我们认为就达到了财务自由的层次。作为理财规划师，应该从整体上把握收入、消费支出、借贷和投资的关系，帮助客户树立合理的消费观念，从经济角度协助客户达到他们的生活目标，最终赢得财务自由。

家庭消费模式主要有三种类型：收大于支、收支相抵、支大于收。

（1）收入大于支出模式。

收入大于支出消费模式：收入－消费＝储蓄＞0。

此种消费模式意味着家庭有盈余产生，长期坚持下去，必定会对家庭的资产积累产生积极的促进作用。理财规划师应建议客户理性消费，甚至做到强制储蓄下的盈余资金积累，以备家庭后续的意外支出或财富实现。

（2）收入等于支出模式。

收入等于支出消费模式：收入－消费＝0。

从长期来看，收支大抵相等，这是典型的“月光族”的生活。如果没有家人资助的初始储蓄，这种消费模式不可能实现财务自由，长期下去，财务表现是比较窘迫的。

（3）支出大于收入模式。

支出大于收入消费模式：收入－消费＝储蓄＜0。

现实生活中的过度消费属于此类消费模式，财务明显是不自由的，也就是所谓的“负翁”一族。如果这种状态长期持续下去，家庭必将陷入财务危机。这类客户需要正视自己未来的创富能力，理性消费，否则生活会越发贫困。

通过比较，显然支出大于收入模式是不可取的。

3.5.3 汽车消费规划

1. 汽车消费

无论是对于个人还是家庭，汽车逐渐成为不可或缺的一项消费，拥有汽车，可以大大提高出行便利、缩小生活圈、提高生活质量。相对于房屋，用于代步的汽车较为便宜。即便如此，对于工薪家庭来说，购买汽车仍然是家庭消费项目中的一项较大的开支、一项重要的消费事务，而且购车后每年缴纳和承担的保险、保养、用油等费用也是一笔不小的开销，这就更需要合理规划，否则会给家庭带来不小的负担。

2. 全款买车和贷款买车的决策

一般银行规定，贷款买车人必须购买指定经销商销售的汽车，并提供银行认可的财产抵押、质押或第三方保证，贷款买车要有首付金额、贷款期限短（3～5 年）、手续烦琐、每月需偿还本息高，因此很多人觉得贷款买车心里不踏实。虽然消费者手中有足够的资金全款买车，但能否通过贷款的方式省下资金另作投资而实现增值呢？

例：王先生准备购买一辆价值 20 万元的家用轿车。王先生有能力全款购买，但他又想了解贷款买车的相关信息。理财规划师帮助王先生进行比较后，王先生发现如果贷款买车，首付 4 万元，贷款 16 万元，假设贷款利率为 7.55%，期限 5 年，采用等额本息还款法计算，每月还款 3 209.9 元，总共支付利息为 32 594（3 209.9×60－160 000）元。王先生可以用省下的 16 万元投资某理财产品，年收益率达到 5%，五年获得收益为 40 000（160 000×5%×5）元（假设按单利算），净赚 7 406（40 000－32 594）元，因此采用贷款方式购车更为划算。

可见，权衡贷款利率和投资收益率，有时采用银行贷款的方式购车不但有利于增加现金流动，而且支付的利息比全款购车付出的机会成本更小。

总之，理财规划师需要根据客户的具体情况，帮助其决定是否进行贷款买车。

3. 个人汽车消费贷款基本要素

个人汽车消费贷款是指贷款人向申请购买汽车的借款人发放的人民币担保贷款，包括个人自用车和个人商用车贷款。个人汽车消费贷款实行“部分自筹、有效担保、专款专用、按时偿还”的原则。该贷款只用在与该银行签订了《汽车消费贷款合作协议书》的特约经销商处，贷款人、借款人、汽车经销商、保险人和担保人应在同一个城市，贷款不得异地发放。

（1）贷款对象和条件。

申请贷款的个人必须具有有效身份证明且具有完全民事行为能力；具有正当的职业和稳定合法的收入来源或足够偿还贷款本息的个人合法资产；个人信用良好；在贷款行开立个人账户，能够支付规定的首期付款；能提供贷款行认可的有效担保。

（2）贷款期限、贷款利率和贷款金额。

1）贷款期限。贷款期限一般为 3 年，最长不超过 5 年（含 5 年）。有的银行还规定，二手车贷款的贷款期限不得超过 3 年（含 3 年）。

2）贷款利率。汽车消费贷款利率按照中国人民银行规定的同期贷款利率执行。在贷款期间如遇利率调整，贷款期限在 1 年（含）以下的，按合同利率计算；贷款期限在 1 年以上的，实行分段计算，于下一年年初开始，按相应利率档次执行新的利率。

3）贷款金额。各家银行对贷款金额要求略有差异，但贷款最高额度大多控制在购车款的 60%～80%。

（3）贷款担保。

个人汽车消费贷款可以采用财产抵押、权利质押及第三方保证方式进行，具体视各家银行对不同客户的实际规定。

（4）贷款保险。

各银行规定略有不同，这里以中国银行为例。在办理汽车消费贷款时，中国银行要求客户办理抵押物保险，保险期不得短于借款期限，投保金额不得低于贷款本金利息之和，保险单应注明中国银行为第一受益人，保险单不得有任何有损贷款人（银行）权益的限制条件。在贷款未清偿期间，保险单正本交中国银行执管。以所购车辆作为抵押物的，借款人应按照中国银行的要求投保机动车辆保险、第三者责任险和机动车辆附加盗抢险。

在保险有效期内，客户不应以任何理由中断或撤销保险；如保险中断，中国银行有权代为投保。如发生保险责任范围以外的损毁，客户应及时通知中国银行并落实其他担保。

（5）还款方式。

个人汽车消费贷款的还款方式与个人住房贷款的还款方式大致相同。贷款期限在 1 年以内（含 1 年）的，可采用按月（季）偿还贷款本息或到期一次性偿还贷款本息。贷款期限在 1 年以上的应按月（季）偿还贷款本息，具体方式可采取等额本息还款法（按月）和等额本金还款法（按季）。

（6）汽车贷款渠道。

常用的汽车贷款渠道有银行、汽车金融公司、信用卡分期。虽然这三种渠道都可以满足客户购车贷款的需要，但客户最关心的“车贷”成本和审批速度却有很大的区别。

理财规划师应熟知各渠道的优缺点，给客户推荐适合的贷款渠道。

拓展阅读

中国银行个人汽车消费贷款担保相关规定

中国银行规定，客户申请个人汽车消费贷款，应在签订借款合同之前提供中国银行认可的财产抵押、质押或第三方不可撤销的连带责任保证（担保当事人必须签订书面担保合同）。

（1）如果客户以所购汽车作为抵押物，应以所购车辆的实有价值全额抵押。同时，客户在获得贷款前应按照《中华人民共和国担保法》第41条、第42条、第43条的规定办理抵押物登记。

（2）以质押方式申请贷款的，客户提供的质押物必须符合《中华人民共和国担保法》的规定，并办理有关登记手续。客户应按中国银行要求，将所购车辆发票和车辆保险单原件、营运车辆的营运许可证复印件、出租汽车公司对出租汽车承包经营者个人的营运指标交中国银行执管。中国银行认为需要公证的，客户或质押人还应当办理公证。

用于抵（质）押的财产需要估价，可由中国银行进行评估，中国银行也可委托认可的资产评估机构进行估价。抵（质）押担保期间，抵（质）押人未经中国银行同意，不应转移、变卖或重复抵（质）押已被抵（质）押的财产。对质押的有价证券未经质押权人同意，不得以任何理由挂失。

（3）以第三方保证方式申请贷款的，客户应提供中国银行可接受的第三方保证。

（4）如果客户和保证人的隶属关系、性质、名称、地址发生变更，应提前30天通知中国银行，并与中国银行签订借款合同修正文本和保证合同文本。保证人失去保证能力、保证人破产或保证人分立的，借款人应及时通知中国银行，并重新提供足额担保和签订保证合同。

4. 个人汽车消费规划工作程序

理财规划师在为客户制定汽车消费支出规划时可以遵从以下步骤：

第一步：与客户进行交流，确定客户的购车需求。

第二步：收集客户信息，包括家庭组成、家庭收入、家庭支出以及固有资产等。

第三步：分析客户的信息，对其现状进行分析，列出家庭资产负债表和收入支出表。

由于家庭结构不同，这两个表的结构也会有所不同，理财规划师只需掌握这两个表的关键数据与基本框架即可，不需要过度拘泥于表格形式。理财规划师应根据客户的自身情况，帮助其决定是否进行贷款。

第四步：确定贷款方式、还款方式及还款期限。

汽车消费贷款方式主要有三种选择：银行贷款、汽车金融公司贷款、信用卡分期。理财规划师应充分了解三种方式的优缺点，根据客户实际情况将契合客户的贷款方式分析出来并准确如实地向客户讲解推荐。汽车消费贷款的还款方式与住房贷款非常相似，可参照执行，这里就不再赘述。

第五步：购车计划的实施。其程序包括：申请贷款、资信调查、签约、放款、还款。

第六步：根据客户情况的改变及时调整方案。由于未来家庭情况可能发生变化，如客户的收入支出发生变化等，因此需要理财规划师及时调整贷款方案（如提前还贷或是延期还贷），可以遵照汽车消费贷款规定的相应内容执行。

3.5.4 消费信贷种类

1. 个人综合消费贷款

个人综合消费贷款是银行向借款人发放的用于指定消费用途的人民币贷款，用途主要有购房、购车、住房装修、大额购物、上学进修等消费性个人贷款，具有消费用途广泛、贷款额度较高、贷款期限较长等特点。目前，绝大多数银行都开办了此项贷款业务。

银行根据借款人资信及所提供的担保情况确定具体贷款额度。以个人住房抵押的，贷款金额最高不超过抵押物价值的70%；以个人商用房抵押的，贷款金额最高不超过抵押物价值的60%。

个人综合消费贷款的贷款期限一般不超过5年，个别银行最长可达10年。贷款利率按照中国人民银行规定的同期同档次期限利率执行。贷款期限在1年以内的，可采用按月还息，按月、按季、按半年或一次还本的还款方式；贷款期限超过1年的，采用按月还本付息方式。银行以转账方式向借款人指定个人结算账户发放贷款。其他操作同个人汽车消费贷款。下面以兴业银行开办的综合消费贷款为例进行介绍。

（1）产品特色。

1）一次授信，长期使用：个人综合消费额度授信期限最长可达10年。

2）额度循环，反复使用：在授信期限内，已使用的额度在贷款偿还后即可恢复。

3）担保方式多样：可采用质押、抵押方式。

4）贷款用途多样：可用于出国留学、住房装修、大额耐用消费品消费、个人或家庭其他方面所需消费。

（2）申请条件。

1）年龄在18周岁（含）以上、60周岁（含）以下，在分行管辖地域范围内有固定住所，具有常住户口或有效居住证明，有完全民事行为能力的中国公民（包括港澳台地区的居民）。

2）信用良好，具有按期偿还贷款本息的能力。

3）对采用担保方式的，能提供兴业银行认可的合法、有效的质押、抵押或保证担保。

4）在兴业银行开立个人结算账户，并通过“自然人生理财卡”办理结算业务。

5）兴业银行规定的其他条件。

（3）贷款额度、期限和利率。

1）贷款额度：根据借款人资信情况、贷款用途、提供的担保及贷款支用金额等情况具体确定。

2）贷款期限：根据不同的贷款用途及提供的担保方式确定不同的贷款期限，最长可达10年。

3）贷款利率：在中国人民银行公布的同期同档次基准贷款利率及相应的浮动比例内

执行。

4）贷款方式：可以申请单笔贷款，也可以申请授信额度。

5）原则上采用按月还本付息的还款方式，或其他兴业银行认可的方式。

（4）申办资料。

1）借款人、配偶及保证人（采用第三方自然人保证的）的有效身份证明、户籍证明或居住地址证明、婚姻状况证明。

2）借款人、保证人（采用第三方自然人保证的）的收入证明或个人资信证明材料。

3）贷款用途的相关协议、合同或其他证明文件。

4）担保的相关材料。

5）兴业银行要求提供的其他资料。

2. 个人耐用消费品贷款

个人耐用消费品贷款是银行对个人客户发放的用于购买大件耐用消费品的人民币贷款。耐用消费品指除住房、汽车以外单价一般在2 000元以上、正常使用寿命在两年以上的家庭耐用商品。下面以兴业银行开办的个人耐用消费品贷款业务为例进行介绍。

（1）贷款对象。

贷款对象为年满18周岁至60周岁的具有完全民事行为能力的中国公民。

（2）贷款额度。

贷款起点不低于人民币3 000元（含3 000元），最高贷款额度不超过人民币5万元（含5万元）。采取抵押方式担保的，贷款额度不得超过抵押物评估价值的70%；采取质押方式担保的，贷款额度不得超过质押权利票面价值的90%。

（3）贷款期限。

贷款期限最长可达10年。

（4）贷款利率。

按中国人民银行规定的同期贷款利率执行，并可在中国人民银行规定的范围内上下浮动。

（5）担保方式及要求。

抵押与质押两种。

3.5.5 消费信贷规划流程

第一步：与客户交流，了解初步信息，确定客户是否有消费信贷或者信用卡消费的需求。

第二步：收集客户的信息，包括收入支出、自用资产、家庭组成等财务与非财务信息。

第三步：分析客户信息，分析其现状，列出家庭资产负债表和收入支出表。客户家庭结构不同，这两个表的结构也会有所不同，所以理财规划师只需掌握这两个表的关键数据与基本框架即可，不需要纠结于形式。

第四步：帮助客户进行贷款规划，如选择何种贷款方式、还款方式及还款期限等，并运用相关税收及法律知识，为客户提供必要的建议。

第五步：计划的实施。

第六步：根据客户未来情况的变动，对计划做出及时调整。

任务实施

请以小组或个人为单位，查阅资料，从优点、不足、首付比例、贷款利率、手续费、适合人群、审批时间等角度，分析对比银行贷款、汽车金融公司贷款和信用卡分期这三种贷款渠道，将各渠道的相关内容以表格形式展现。

项目总结与自测

1. 巩固并熟练掌握现金构成、银行理财产品分类及特点、消费信贷种类与特点等知识点，并形成本项目知识体系。

2. 熟练掌握制定现金规划、银行理财产品规划和消费规划的方法。

3. 通过学习本项目，能够正确认识与使用消费信贷，养成储蓄和理性消费的习惯。

项目总结

思维导图：

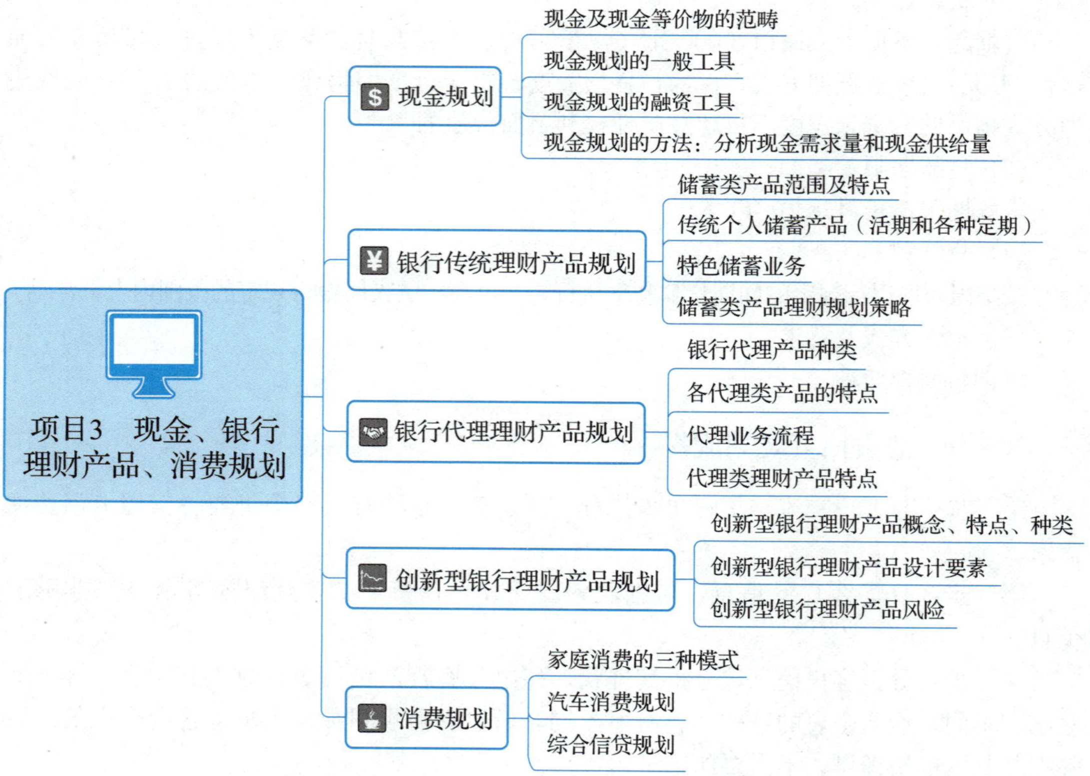

项目综述：本项目分为5个任务：任务3.1介绍了现金及现金等价物的概念、现金的重要性及现金规划的方法。任务3.2介绍了银行传统理财产品（储蓄产品为主）的种类、特点及建议的储蓄方法。任务3.3介绍了银行代理类理财产品的种类、代理流程、产品本质及风险特性。理财规划师在向客户介绍代理类产品时要准确详细介绍。任务3.4介绍了创新型银行理财产品的种类。希望同学们务必具备阅读理财产品说明书的能力。任务3.5介绍了除购房规划（项目7会详细介绍）以外的消费规划。最后以思维导图和自测题目的方式，对整个项目进行总结和归纳。本项目是对基础理财产品或工作的介绍。完成本项目的任务内容后，应具备基础的理财意识和能力，从基础的现金规划和风险较低的银行理财产品开始理财，量入为出，平衡好收入与支出的关系。养成良好的储蓄、消费习惯，这将是漫漫理财路的起点，也是基础。

项目自测

项目知识训练

一、判断题

1. 向信用卡中存钱，可获得活期利息。（　　）
2. 一般情况下，理财规划师可从客户的资产负债表中的金融资产项目下获知该客户目前持有的现金资产规模。（　　）
3. 一般情况下，理财规划师可从客户的收入支出表中的总支出项目上得到客户的平均月支出，在此基础上乘以3或6，便可迅速得到客户应持有的现金规模。（　　）
4. 一般来说，客户应持有的现金及现金等价物的量应相当于3~6个月的开销水平。（　　）
5. 从狭义上来说，信用卡主要是指金融机构或商业银行发行的贷记卡，持卡人在信用额度内可先消费后还款。（　　）
6. 银行代理类产品的收益表现，主要取决于银行的托管水平。（　　）
7. 创新型银行理财产品由于是银行研发的，因此该类型产品风险极低。（　　）
8. “资管新规”下，银行理财产品越来越以保本保收益类产品为主。（　　）
9. 虽然市场上有很多种个人综合消费信贷产品，但客户在使用该类产品时还是应当结合自己的收入能力即还款能力，去选择适合自己的贷款类产品。（　　）
10. 使用信用卡分期付款方式购买车辆，零利率就意味着真的没有任何附加费用。（　　）

二、单选题

1. 下列选项中属于现金等价物的是（　　）。
   A. 股票　B. 债券　C. 货币市场基金　D. 权证
2. 理财规划师建议客户在进行理财规划时，流动性比率应保持在（　　）左右。
   A. 1　B. 2　C. 3　D. 4
3. 关于零存整取，下列说法中错误的是（　　）。
   A. 比较适合刚参加工作，需逐步积累每月结余的客户
   B. 存款金额由储户自定，每月需以固定金额存入
   C. 若储户中途漏存，可在到期支取前补齐
   D. 适用面较广，手续简便
4. （　　）不是定期存款。
   A. 个人通知存款　B. 整存整取　C. 存本取息　D. 零存整取

5. 通常情况下，汽车消费贷款的贷款期限一般不超过（　　）年。

A. 10　　B. 5　　C. 3　　D. 1

6. 现金规划的主要目的是（　　）。

A. 满足日常开销和突发事件需要　　B. 实现资产快速增值

C. 实现资产保值不缩水　　D. 实现财务自由

7. 以下属于创新型银行理财产品的是（　　）。

A. 活期存款　　B. 定期存款

C. 代理基金产品　　D. 挂钩型理财产品

8. 以下不属于银行代理黄金产品的是（　　）。

A. 纸黄金　　B. 纪念金币

C. 金条现货　　D. 黄金首饰

9. 存本取息的起存金额为（　　）人民币。

A. 5 万元　　B. 1 万元　　C. 5 000 元　　D. 1 000 元

10. 影响免息期长短的因素不包括（　　）。

A. 最后还款日　　B. 账单日

C. 刷卡次数与金额　　D. 刷卡日

三、多选题

1. 以下（　　）的起存金额为人民币 50 元。

A. 个人通知存款　　B. 教育储蓄存款

C. 整存整取　　D. 定活两便

2. 银行可以通过（　　）等渠道，在授权范围内为国内保险公司代销人身保险产品和财产保险产品。

A. 柜面　　B. 网上银行

C. 电话银行　　D. 手机银行

3. 家庭消费模式主要有（　　）。

A. 收大于支　　B. 支大于收

C. 收支基本相同　　D. 以上都不对

4. 汽车消费贷款的主要渠道有（　　）。

A. 银行贷款　　B. 汽车金融公司贷款

C. 信用卡分期　　D. 以上都不对

5. 货币市场基金不得投资于（　　）。

A. 股票

B. 可转换债券和可交换债券

C. 中国证监会、中国人民银行认可的其他具有良好流动性的货币市场工具

D. 信用等级在 AA+以下的债券与非金融企业债务融资工具

四、简答题

1. 请你谈一谈现金规划的重要意义。

2. 请你简要说明现金规划的方法。

3. 你觉得“资管新规”会给你的理财生活带来怎样的影响?
4. 如果你是一名理财规划师，想从内容庞杂的“理财产品说明书”中快速了解该产品，你会重点看哪些内容?
5. 请谈谈信用卡的利弊。你将如何理性地使用信用卡?

项目技能训练

实训任务一：制定现金规划

实训目标：巩固制定现金规划的方法和工具。

实训内容：李先生（43 岁）一家的资产负债情况（截至 2022 年年末）如下：现金 8 000 元、活期存款 2 万元、定期存款 2 万元、各种金融资产合计 4.3 万元、自用资产 73 万元；总负债 34.9 万元。

李先生一家 2022 年的收入支出情况如下：总收入为 33.52 万元，总支出为 21.32 万元。

1. 请你判断李先生一家持有的现金及现金等价物的规模是否合理。如不合理，李先生一家应持有的现金及现金等价物的区间应为多少?

2. 如果李先生一家持有的现金及现金等价物不足（或超出）合理区间的下限（或上限)，你将建议他运用何种金融工具或方式补足（或降低)?

实训任务二：计算基金定投的平均投资成本

实训目标：理解基金定投如何摊薄投资成本。

实训内容：吴小姐的基金定投情况见表 3－3，请计算基金的平均市价和吴小姐投资的平均单位成本，并填入表格空白处。

表 3－3 吴小姐基金定投业务

市场类型	多头市场（单位净值上涨时）		空头市场（单位净值下跌时）	
定期投资金额（元）	单位净值（元）	购得单位数	单位净值（元）	购得单位数
1 000	1.00	1 000	1.00	1 000
1 000	1.02	980.39	0.98	1 020.41
1 000	1.05	952.38	0.95	1 052.63
1 000	1.05	952.38	0.95	1 052.63
1 000	1.08	925.93	0.92	1 086.96
合计 5 000 元	合计 4 811.08 单位		合计 5 212.63 单位	
平均单位成本				
平均单位净值（市价）				

实训任务三：银行理财产品市场调查

实训目标：了解当前商业银行提供的各类型理财产品的基本情况，锻炼阅读理财产品说明书的能力。

实训内容：

1. 以小组为单位，选择一家商业银行（银行类型不限），调查并分析总结出这家银行的储蓄类产品、个人信贷类产品、信用卡、代理理财产品（如代理国债、代理保险、代理信托等）和创新型银行理财产品等各产品的整体基本情况和整体特点。（注：整体基本情况，不是每个产品的要素内容展示。）

2. 对这家银行的某类型产品在同类型银行的同类型产品中做产品的 SWOT 分析，并形成 SWOT 分析表。

3. 请在信用卡、个人消费信贷类产品、创新型银行理财产品、代理类理财产品中任选两类，然后将任选的两类产品在大型国有商业银行、全国性股份制商业银行、地方城市商业银行三类主体中做横向调研对比分析，并形成可视化对比分析结果。（注：调研角度自行设定）。

项目延伸

项目延伸

关于“资管新规”的相关介绍

项目4 实现财务自由的利器——证券产品投资规划

知识目标

1. 了解股票、债券、基金和期货等证券理财产品工具。
2. 掌握测量风险和收益的方法。
3. 理解影响股票、债券、基金和期货等证券理财产品价格的因素及影响机理。
4. 掌握股票、债券、基金和期货等证券理财产品的业务流程。

技能目标

1. 能够准确和全面地理解投资活动。
2. 能够从风险和收益双方面对股票、债券、基金和期货等证券理财产品进行评价。
3. 能够指导客户正确进行理财投资和资产配置。

素养目标

1. 正确理解投资规划的意义。
2. 养成证券投资的风险意识，能有效防范投资风险。

情景引入

党的二十大报告将实现全体人民共同富裕作为中国式现代化的重要特征和本质要求。作为未来的理财规划师，我们应深入学习贯彻党的二十大精神，进一步明确和准确把握共同富裕的金融需求，从而助力实现共同富裕。

实现财务自由是大多数人的“人生梦想”。什么是财务自由？简言之就是：被动收入能满足家庭日常生活所需。被动收入即不依赖于自身努力，多由资产带来的外部收入，如租金、利息、退休工资、养老保险收入、分红等。因此，要想实现财务自由必须学习资产有效配置，成功的资产配置能够帮助实现财务自由。

不同的阶段有不同的财富积累方式。司马迁在《史记·货殖列传》中，将财富的创造分成三个阶段：无财作力，少有斗智，既饶争时。译文为：没钱就出力打工，稍有钱财就动脑子赚钱，有钱了要学会把握时机。所以，投资是实现财务自由的必经之路。

思考：你觉得什么是投资？当前金融市场中存在哪些投资理财工具？该如何进行投资？投资需要具备哪些基础知识和技能？

任务 4.1

股票投资

任务目标

1. 掌握股票的定义、股票的分类、股票的价值、股票价格指数、股息的概念。
2. 了解股票投资的风险和收益。
3. 熟悉股票投资的程序、主要分析方法和具体策略。
4. 能对股票投资进行收益与风险的分析。
5. 能熟练计算股票的除息价和除权价。

任务引入

投资理财是人们日常生活中不可或缺的一门学问。投资理财早已成为一个热门和成熟的行业。在一个人一生的收入中，投资理财收入的占比越来越高，个人投资理财势必会成为今后经济和金融界的热门话题。常见的投资与理财工具有股票、债券、基金、银行理财产品等，风险各不相同。收益越高，风险越大，对投资者各项能力要求也越高。正所谓投资有风险，入市须谨慎。如果你想获得较高的收益，而且能够承担较大的风险，那么你不妨学习专业的股票投资知识，然后去尝试这种高风险、高收益的投资品种。

任务预备

阅读资料

认识股票

4.1.1 股票的价值与价格

股票是有价证券的一种主要形式，是股份有限公司在筹集资金时向出资人签发的证明其股东身份并据以取得股息和红利的凭证。作为股份公司资本的构成部分，股票可以转让、买卖或作价抵押，是资本市场的主要长期信用工具。股份有限公司借助发行股票来筹集资金，而投资者通过购买股票获取一定的股息收入。

1. 股票价值

股票价值分为面值、净值、清算价值、市场价值和内在价值五种。

（1）票面价值。

股票的票面价值又称面值，即在股票票面上标明的金额。有的股票有票面金额，称为面值股票；有的股票不标明票面金额，称为份额股票。

（2）股票的净值

股票的净值，又称为账面价值，也称为每股净资产，是每股股票所代表的实际资产的价值。每股账面价值是以股份公司净资产除以发行在外的普通股的股数求得的，它是证券分析家和投资者分析股票投资价值的重要指标。

（3）股票的清算价值。

股票的清算价值，是指股份公司破产或倒闭后进行清算时每股股票所代表的实际价值。股票的清算价值只是在股份公司因破产或其他原因丧失法人资格而进行清算时，才被作为确定股票价格的依据，在股票发行和流通过程中没有什么意义。

（4）股票的市场价值。

股票的市场价值，又称为股票的市值，是指股票在交易过程中由交易双方达成的成交价。在股票市场中，股民是根据股票的市场价值（股票行市）的高低变化来分析判断和确定股票价格的，所以通常所说的股票价格也就是股票的市场价值。

（5）股票的内在价值。

股票的内在价值是在某一时刻股票的真正价值，是股票的投资价值，它是由股息收入和市场收益率决定的。股票的内在价值决定股票的市场价格，但市场价格又不完全等于其内在价值。由供求关系产生并受多种因素影响的市场价格，围绕着股票的内在价值上下波动。

2. 股票价格

股票价格有市场价格和理论价格之分。

（1）股票的市场价格。

股票的市场价格即股票在股票市场上买卖的价格。股票市场可分为发行市场和流通市场，因此股票价格也就有发行价格和流通价格之分。股票的发行价格就是发行公司与证券承销商议定的价格。股票的流通价格是指股票在二级市场上进行交易的价格，是完全意义上的市场价格，一般称为股票市价或者股票行市。股票的市场价格由股票的价值决定，但同时受到许多因素的影响，其中，供求关系是最直接的因素。当供大于求时，股票价格下跌；当供小于求时，股票价格上涨。

（2）股票的理论价格。

从理论上讲，股票价格由价值决定，股票本身并没有价值，股票之所以有价格，是因为股票代表的是持有者的股东权益。这种股东权益的直接经济利益，表现为股息、红利收入。股票的理论价格，就是为获得这种股息、红利收入的请求权而付出的代价，是股息资本化的表现。股息收入与利息收入具有同样的意义。投资者是把资金投资于股票还是存于银行，这首先取决于哪一种投资的收益率高。计算股票的理论价格需要考虑的因素包括：预期股息和必要收益率。

3. 股票价格指数

股票价格指数也叫股票指数，是用来度量股票行情的一种指标，它一般由证券交易所或其他金融服务机构编制。股票指数的编制通常是以某年某月为基础，以这个基期的股票价格作为100，用以后各期的股票价格和基期价格比较，计算出升降的百分比，就是该时期的股票指数。

买卖股票是一种投资活动，它的收益性和风险性并存，股票指数的作用就在于为股民提供一个衡量股市价值变化的参考依据。股票价格指数是衡量股票市场总体价格水平及其变化趋势的尺度，也是反映一个国家或地区社会政治经济发展状况的灵敏信号。我国目前主要的A股价格指数有上证综合指数、深证成分指数和沪深300指数等。

拓展阅读

我国股票的交易规则

1. 交易时间

周一至周五（法定休假日除外）上午9:30—11:30，下午13:00—15:00，采用竞价成交的方式。

2. 竞价原则

价格优先、时间优先。价格较高的买进委托优先于价格较低的买进委托，价格较低的卖出委托优先于价格较高的卖出委托；同价位委托，则按时间顺序优先。

3. 交易单位

股票的交易单位为“股”。100股=1手。委托买入数量必须为100股或其整数倍。

4. 报价单位

股票以“股”为报价单位，交易委托价格最小变动单位：A股为人民币0.01元，深圳B股为0.01港元，上海B股为0.001美元。

5. 涨跌幅限制

在一个交易日内，除首日上市证券外，沪深主板股票的交易价格相对上个交易日收市价的涨跌幅度不得超过10%；标有“ST”和“*ST”的股票涨跌幅度不超过5%；科创板和创业板股票的涨跌幅度不超过20%。超过涨跌限价的委托为无效委托。

6. 委托撤单

在委托未成交之前，投资者可以撤销委托。

7. 交收制度

自1995年1月1日起，为了保证股票市场的稳定，防止过度投机，股市实行“T+1”交收制度，即当日买入的股票，要到下一个交易日才能卖出，同时对资金仍然实行“T+0”，即当日回笼的资金马上可以用于买卖证券，但不能转出证券账户。

4.1.2 股票投资的收益和风险

1. 股票投资的成本

微课17

股票账户中的闲置资金如何获取高收益？

股票投资的成本是由机会成本与直接成本两部分构成的。

（1）机会成本。

当投资者打算进行投资时可能面临着多种选择，如选择股票投资就必然要减少或放弃其他项目的投资，即减少或放弃了从其他投资中获取收益的机会，这种因为选择股票投资而放弃在别的投资中的获利，就是股票投资的机会成本。

（2）直接成本。

直接成本是指股票投资者花费在股票投资方面的资金支出，它由股票价款、交易费用、税金和为进行有效的投资而取得市场信息所花费的开支等构成。

2. 股票投资的收益

股票投资的收益是由收入收益和资本利得两部分构成的。

（1）收入收益。

收入收益是指股票投资者以股东身份按照持股的份额在公司盈利分配中得到的股息和红利的收益。

（2）资本利得。

资本利得是指投资者在股票价格变化中所得到的收益，即将股票低价买进、高价卖出所得的差价收益。

3. 股票投资的风险

股票投资风险的存在是客观的、绝对的，又是主观的、相对的，因为它不可完全避免，但却是可以控制的。

（1）风险控制的基本原则。

1）回避风险原则。

在股票投资中，回避风险的具体做法是放弃对风险较大的股票的投资，转而投资其他金融资产或不动产，或改变直接参与股票投资的做法，通过投资共同基金间接进入市场等。相对来说，回避风险原则是一种比较消极和保守的控制风险的原则。

2）减少风险原则。

在股票投资中，投资者在已经了解到投资风险的前提下，一方面依然寻求股票投资机会，另一方面运用各种技术手段，努力抑制风险发生的可能性，削弱风险带来的消极影响，从而获得较丰厚的风险投资收益。对于大多数投资者来说，这是一种进取的、积极的风险控制原则。

3）留置风险原则。

在股票投资中，投资者在自己力所能及的范围内确定承担风险的程度，在股价下跌或已经亏损的情况下，果断斩仓（止损）后进行自我调整。

4）共担（分散）风险原则。

在股票投资中，投资者会借助于各种形式的投资群体合伙参与股票投资来共同分担投资风险。这是一种比较保守的风险控制原则，它减弱了投资者承受风险的压力，但同时也减少了投资者获得高收益的机会，因此遵循这一原则的投资者获得的收益通常为平均水平。

（2）风险控制的基本措施。

1）正确地认识和评价自己。

投资者要正确地认识和评价自己，关键是要客观分析自己以下几方面的实际情况：一是投资动机；二是资金实力；三是股票投资知识和阅历；四是心理素质。这四个因素综合在一起，决定了投资者是否应该参与股票投资活动以及对投资风险的承受能力。投资者必须按照自己对风险的承受能力来决定自己的投资行为和选择投资项目，避免因亏本对自身形成严重打击。

2）充分及时地掌握各种股票信息。

充分及时地掌握各种股票信息是投资成功的法宝，掌握信息的关键在于获取信息、分析处理信息和利用信息。涉及股市的信息范围很广，包括反映系统性风险的宏观信息（如总体社会政治、经济、金融状况信息等）和反映非系统性风险的微观信息（如上市公司经营状况、股市交易与价格信息、证券管理信息等）。

3）培养市场感觉。

所谓“市场感觉”，是指投资者对股票市场上影响价格和投资收益的不确定因素的敏感程度，以及正确判断这些因素变动方向的“灵感”。要培养良好的市场感觉，必须保持冷静的头脑，逐步积累经验并加以灵活运用，同时要有耐心，经常进行投资模拟试验，相信自己的第一感觉。

（3）风险控制的技巧。

1）技术分析法。

技术分析法是指投资者根据股票的市场价格和交易量变动的趋势，以及两者之间的联系，对市场未来行情做出预测，择机买卖股票以期免受价格下跌造成的损失并谋取投资收益。这种技能主要依据的是统计数据和图表。

技术分析的理论基础是道氏理论，主要工具有价格走势图表、移动平均线、乖离率、相对强弱指标（RSI）、腾落线（ADL）、成交量分析、量价经验法则等。

2）投资组合法。

投资组合法是最能体现分散风险原则的投资技巧。投资组合又称资产组合或资产搭配，是指投资者将资金同时投入收益、风险、期限都不相同的若干种资产上，借助于资产多样化效应分散资产风险，进而减少所承受的投资总风险。

为了使自己的投资组合满足这三个条件，投资者应当做到多元化投资，即股票品种多元化、投资区域多元化和购买时间多元化。

3）期货、期权交易。

股票指数期货交易是一种新的金融交易品种，运用股票指数期货进行保值交易，可以为投资者大大地减少投资风险。

课堂活动之“想一想”

你觉得在股票市场中影响股票价格走势的因素有哪些？

4.1.3 股票投资的程序

股票投资具有高风险、高收益的特点，理性的股票投资过程应该包括确定投资策略、进行投资分析、确立投资组合、评估投资业绩、修正投资策略 5 个步骤。股票投资分析作为其中一环，是成功进行股票投资的重要基础。

1. 确定投资策略

股票投资是一种高风险的投资。人们常说“风险越大，收益越大”，反过来，也就是说投资高收益性的股票，要相应地承担较大的压力。投资者在投资股票时，必须结合个人的实际情况制订出可行的投资策略，实质上就是确定个人资产投资组合的过程。

2. 进行投资分析

受市场供求、政策倾向、利率变动、汇率变动、公司经营状况变动等多种因素影响，股票价格呈现波动性与风险性的特征。何时进入股票市场、购买何种股票对投资者的收益有直接影响，因此股票投资分析是股票投资步骤中非常重要的一个环节。

股票投资分析的目的在于预测价格趋势和价值发现，从而为投资者提供介入时机和选择品种的依据。股票投资分析方法包括基本分析法和技术分析法。

3. 确立投资组合

在进行股票投资时，投资者一方面希望收益最大，另一方面又要求风险最小，两者的平衡点即是在可接受的风险水平之内实现收益最大化的投资方案。

根据个人不同的财务状况和心理承受能力，投资者分为低风险倾向型及高风险倾向型。低风险倾向者多组建稳健型投资组合，投资于常年收益稳定、市盈率较低、派息率较高的股票，如公用事业股；高风险倾向者多组建激进型投资组合，可着眼于上市公司的成长性，选择涉足高科技领域或有资产重组题材的“黑马型”上市公司。

4. 评估投资业绩

定期评估投资业绩、测算投资收益率、检讨决策中的成败得失，在股票投资中有承上启下的作用。

投资收益率又称投资利润率，是指投资收益占投资成本的比率，其计算公式为：

$$投资收益率=投资收益/投资成本\times 100\%$$

或

$$投资收益率=(利润总额+长期负债利息支出)/(长期负债+实收资本金额)\times 100\%$$

投资收益率反映投资的收益能力，当该比率明显低于投资者净资产收益率时，说明其投资是失败的，应着手改善投资品种或投资工具。

投资收益率的优点是计算公式简单，缺点是没有考虑资金时间价值因素，只有投资收益率指标大于或等于无风险投资收益率时，投资项目才具有财务可行性。

5. 修正投资策略

随着时间的推移，市场、政策等各种因素发生变化，投资者对股票的评价及对收益的预期也相应发生变化。在评估前一段业绩的基础上，重新修正投资策略非常有必要。在对投资策略进行修正调整以后，再重复以上步骤，可以帮助投资者实现预期目标。

4.1.4 股票投资分析的主要方法

1. 基本分析法

基本分析法是以传统经济学理论为基础，以企业价值作为主要研究对象，通过对决定股票内在价值和影响股票价格的宏观经济形势、行业发展前景和企业经营状况等进行分析，评估股票的投资价值和安全边际，与当前股票的市场价格进行比较，相应形成买卖的建议。

基本分析包括下面三个方面内容：(1) 宏观经济分析。主要分析经济政策（货币政策、财政政策、产业政策等）、经济指标（国内生产总值、失业率、通货膨胀率、利率、汇率等）对股票市场的影响。(2) 行业分析。主要分析行业发展前景和区域经济发展对行业的影响。(3) 公司分析。主要分析上市公司在行业中的地位、市场前景和财务状况等。

2. 技术分析法

技术分析法是以传统证券学理论为基础，以股票价格作为主要研究对象，以预测股价波动趋势为主要目的，从股价变化的历史图表入手，对股票市场波动规律进行分析的方法。技术分析法认为市场行为包容消化一切，股价波动可以定量分析和预测。技术分析法主要遵循“量、价、时、空”，即从股票的成交量、价格、达到这些价格和成交量所用的时间、价格波动的空间四个方面分析走势并预测未来。目前常用的技术分析法有 K 线理论、形态理论、趋势理论和技术指标理论等。

3. 量化分析法

量化分析法是利用数学和计算机的方法对股票进行分析，找出涨跌的概率，从而进行相应的投资决策。量化分析法主要有趋势判断型量化投资方法和波动率判断型量化投资方法。

4. 演化分析法

演化分析法是以演化证券学理论为基础，将股市波动的生命运动特征作为主要研究对象，对股价波动方向与空间进行动态跟踪研究，为股票交易决策提供机会和风险评估的方法。

演化分析法从股市的代谢性、趋利性、适应性、可塑性、应激性、变异性和周期性等方面入手，归纳总结出股市演化博弈的精髓。演化分析法认为，除非投资者对股市运作逻辑及人性弱点具有天才般的洞察力，并且自身具备完善的心智模式、超凡的心理素质和行为管理能力，再加上不可或缺的运气成分（偶然性因素），否则，任何企图针对市场短期波动轨迹进行定量分析、预测及策略实施的努力，都是徒劳无功的。演化分析法更多聚焦于帮助普通投资者建立一种科学观察和理解股市波动逻辑的全新分析框架，优先专注、准确把握市场演化的中期波动规律及博弈策略，对市场的中期或重大波动行情做出正确判断，以达成持续稳健获利的目标。

4.1.5 股票投资的具体策略

成功的股票投资者在进行股票投资时，一般会结合自身的优势和不足，因时利势，采取不同方法进行投资。下面介绍几种方法，以供参考。

1. 分摊子策略

分摊子策略其实就是投资者不要把全部资金投资于一只股票，而是应该将资金分成几份买不同类型的股票，即使一只股票亏损了也不会对投资者造成太大的损失。分摊子策略可以帮助投资者有效地分担风险。

2. 趋势投资策略

趋势投资指股价波动具有一定的规律性，投资者可以利用这种规律获取利益。道氏理论认为一个趋势有三种组成部分：主要趋势、次要趋势和小趋势，可以把这些比作大海中的潮流、波浪和波纹。主要趋势代表潮流，次要趋势是组成潮流的波浪，而小趋势就像波浪上泛着的波纹。

投资者能够通过注意后续的波浪是否到达海滩上的最高点来确定潮流的走向。如果每一个后续的波浪比前一个波浪向陆地推进得更深，那么潮流正在上涨。如果每一个后续的波浪的最高点不断跌落，那么潮流已经转向，正在退却。不像实际的海潮只持续几个小时，股价波动的主要趋势或长期趋势要持续一年以上，甚至好几年。次要趋势代表主要趋势中的调整，通常持续 3 个星期到 3 个月。这些中级调整通常回撤至前面趋势运动的 1/3～2/3 处，最常见的大约是前面运动的一半或称 50%处。小趋势通常持续不到 3 个星期，这种短期趋势代表了中期趋势中的波动。

一旦股价变动形成一种趋势，便会持续相当长的时间，此时投资者也应该顺应趋势，保持自己的投资仓位直至市场发出趋势转变的信号。

3. 过滤策略

过滤策略的主要做法就是在买入股票时，先预定一个止损点，当股价跌破这个点时，不管股价是否还会上涨，果断卖出。当买入后，价格按照预期开始上升，那就应该持有股票，让利润随着上涨扩大，可以争取更大的利润机会。正如那句名言："截断亏损，让利润奔跑。"

4. 分批买卖策略

分批买卖策略指的是当股价下跌到一定程度后，投资者开始进入股市分批买进；当股价上扬到一定高度后，投资者开始将持有的股票分批卖出。分批买卖策略是克服人性优柔寡断弱点的一种投资方法。股票投资者的良好愿望是能够在最低价买进和最高价售出，但真正能在市场上如愿以偿的投资者却为数不多。通常发生的情形是，在股价下跌到可以入市买进时，许多投资者认为股价会继续下跌，仍持币待购；而待股价强劲反弹上来时，又后悔莫及，坐失入市良机。另外，当股价上涨到应该卖出时，许多投资者认为股价会继续上涨，而待股价下跌时，不仅卖不出好价钱，有时甚至难以脱手。

5. 定期投资策略

定期投资策略是指选定某种具有长期投资价值且价格波动较大的股票，在一定的投资期间内，不论股价上涨还是下跌，都坚持定期以相同的资金购入该种股票。

采用这种策略时应注意两点：一要选择经营稳定、利润稳定上升的公司；二要有一个较长的投资期限，如果期限较短，则效果将不明显。

拓展阅读

价值投资与价格投机

证券分析专家本杰明·格雷厄姆在《证券分析》一书中写道，"投资操作就是基于理性透彻的分析，确保本金的安全并能获得满意的回报，不能满足这个要求的操作就是投机。"巴菲特也有类似的说法，"如果你是投资者，你所关注的就是资产（这里指公司）未来的发展变化；如果你是投机者，你主要预测独立于公司的价格变化。”“投资”与“投机”一字之差，其交易风格迥异。价值投资者主要依据经济政策与经济形势，公司财务报表披露的会计信息以及投资者调研信息，应用投资学原理研判公司价值，当市场价格低于其价值时买入，高于其价值时卖出。价格投机者专注价格波动过程而投资于机，在价格波动低点买入、高点卖出。无论是价值投资或是价格投机，都遵循一个共同的交易原理：低买高卖，面向未来。

任务实施

1. 如何理解股票的价值与价格？影响股票价格的因素主要有哪些？
2. 股票投资的风险无处不在，如果你是投资者，你将如何进行风险控制？
3. 某只股票在股权登记日的收盘价为 16 元，以下是拟定的四种分配方案：

（1）每股派息 0.4 元；

（2）每股送股 0.6 股；

（3）每股送股 0.5 股，派息 0.1 元；

（4）每股送股 0.5 股，派息 0.1 元，配 0.4 股，配股价 5 元。

分别计算不同方案的除息价、除权价和除权除息价。

4. 在证券交易过程中，为了便于计算机识别和交易，每一只上市证券都会拥有一个专有的证券代码。证券简称与证券代码一一对应，如浦发银行代码为 600000。进行信息查询和交易时，只要输入有关的证券代码即可，这为证券交易带来了很大的便捷。请查阅资料，写出沪市 A 股、沪市 B 股、科创板、深市 A 股、深市 B 股、创业板、新股申购的股票打头代码。

任务 4.2 债券投资

任务目标

1. 掌握债券的定义、基本要素、分类等基础知识。
2. 能熟练计算债券的收益。
3. 熟悉债券投资过程中的风险及防范措施。
4. 掌握债券投资的策略。

任务引入

债券看起来很复杂，入门门槛较高，这使得许多投资者不敢轻易下场。但通俗来讲，债券其实就是一张“借条”。债券的发行人向投资者借钱，并且用债券记录下借了多少钱、借多长时间，以及利息是多少。到期后，投资者可以凭着债券，拿回本金和利息。国家向投资者借钱，这种债券就叫作国债；公司向投资者借钱，这种债券就叫作公司债；地方政府向投资者借钱，这种债券就叫作地方债。由于债券属于固定收益类产品，风险低，收益较为稳定，因此是一种较为稳健的投资工具。

任务预备

4.2.1 债券的收益

阅读资料

认识债券

债券投资的收益包含两方面内容：一是债券的年利息收入，这是债券发行时就决定的；二是资本利得，指债券买入价与卖出价或偿还额之间的差额。所以，计算债券的收益率，主要就是计算或预测出以上两方面的收入占投资成本的比例。

1. 持有期收益率

持有期收益率是买入债券后持有一段时间，又在债券到期前将其出售而得到的收益率。

(1) 短期持有情况（持有期≤1 年的情况）。

1) 息票债券。

息票债券，也称分期付息债券或附息债券，是在债券到期以前按约定的日期分次按票面利率支付利息，到期再偿还债券本金。

分次付息一般分为按年付息、按半年付息和按季付息三种方式。息票债券持有期收益率常用的计算公式为：

$$持有期收益率=\frac{债券年利息+债券卖出价-债券买入价}{债券买入价\times持有年限}\times100\%$$

【例 4-1】 甲公司 2022 年 1 月 1 日以 120 元的价格购买了乙公司于 2017 年发行的面值为 100 元、利率为 10%、每年 7 月 1 日支付一次利息的 10 年期公司债券，甲公司持有到 2022 年 10 月 1 日，以 130 元的价格卖出。

$$持有期=9/12=0.75(年)$$

$$持有期收益率=[(100\times10\%+130-120)/(120\times0.75)]\times100\%=22.22\%$$

2) 一次还本付息债券持有期收益率的计算。

我国发行的债券多为到期一次还本付息债券，一般情况下，在中途出售的卖价中包含了持有期的利息收入，所以计算公式为：

$$持有期收益率=\frac{债券卖出价-债券买入价}{债券买入价\times持有年限}\times100\%$$

【例 4-2】 甲公司于 2022 年 1 月 1 日以 1 020 元的价格购买了乙公司于 2020 年发行的面值为 1 000 元、利率为 10%、到期一次还本付息的 5 年期公司债券，持有到 2023 年 1 月 1 日，以 1 060 元的价格卖出，计算持有期收益率。

持有期收益率=[(1 060−1 020)/(1 020×1)]×100%=3.92%

3）贴现债券持有期收益率的计算。

贴现债券又称贴水债券，是指以低于面值发行、发行价与票面金额之差额相当于预先支付的利息、债券到期时按面值偿付的债券。

$$持有期收益率=\frac{债券卖出价-债券买入价}{债券买入价\times持有年限}\times100\%$$

【例 4－3】 甲公司以 600 元的价格购买了乙公司于 2022 年 1 月 1 日发行的面值为 1 000 元的贴现债券，期限 5 年，期内不计利息，到期按面值偿还。若甲公司于 2023 年 1 月 1 日以 700 元卖出债券，计算其收益率。

持有期收益率=[(700−600)/(600×1)]×100%=16.67%

(2) 长期持有情况（持有期>1 年的情况）。

持有期在一年以上的长期持有债券的情况，计算持有期收益率较为复杂，需要考虑资金的时间价值。其计算方法视同项目投资中的内部收益率的计算方法，需要用到“插值法”。

【例 4－4】 甲公司于 2021 年 1 月 1 日以 1 010 元的价格购买了乙公司于 2019 年 1 月 1 日发行的面值为 1 000 元、票面利率为 10%的 5 年期债券。

要求：(1) 如果该债券为一次还本付息，甲公司于 2023 年 1 月 1 日以 1 200 元的价格将该债券卖出，计算其收益率。

(2) 如果该债券为分期付息，每年年末付一次利息，甲公司于 2023 年 1 月 1 日以 1 050 元价格将该债券卖出，计算其收益率。

(1) 一次还本付息：

根据 1 010=1 200×(P/F，i，2)，可得：(P/F，i，2)=1 010/1 200=0.841 7。

反向查复利现值系数表可知：当 i=9%时，(P/F，i，2)=0.841 7。

即求得收益率为 9%。

(2) 分期付息，每年年末付一次利息：

根据 1 010=1 000×10%×(P/A，i，2)+1 050×(P/F，i，2)，

当 i=10%时，NPV=100×(P/A，10%，2)+1 050×(P/F，10%，2)−1 010=31.27（元）。

由于 NPV>0，需进一步提高测试利率。

当 i = 12% 时，NPV = 100 ×（P/A，12%，2）+ 1 050 ×（P/F，12%，2）− 1 010=−3.93（元）。

采用插值法计算求得 i=11.78%，即收益率为 11.78%。

2. 到期收益率

到期收益率又称最终收益率，一般的债券到期都按面值偿还本金。

(1) 短期持有情况（持有期≤1 年的情况）。

对处于最后付息周期的付息债券、贴现债券和剩余流通期限在一年以内（含一年）的到期一次还本付息债券，到期收益率计算公式为：

$$到期收益率=\frac{到期本息和-债券买入价}{债券买入价\times剩余到期年限}\times100\%$$

各种不同的债券的到期收益率的具体计算方法分别列示如下：

1）息票债券到期收益率的计算：

$$到期收益率=\frac{债券年利息+债券面值-债券买入价}{债券买入价\times剩余到期年限}\times100\%$$

【例4-5】 某公司2021年1月1日以102元的价格购买了面值100元、利率10%、每年1月1日支付1次利息的2017年发行的5年期国债，持有到2022年1月1日到期，计算到期收益率。

$$到期收益率=\frac{100\times10\%+100-102}{102\times1}\times100\%=7.84\%$$

2）一次还本付息债券到期收益率的计算：

$$到期收益率=\frac{债券面值\times(1+票面利率\times债券有效年限)-债券买入价}{债券买入价\times剩余到期年限}\times100\%$$

【例4-6】 甲公司于2022年1月1日以1 250元的价格购买了乙公司于2018年1月1日发行的面值为1 000元、票面利率10%、到期一次还本付息的5年期公司债券，持有到2023年1月1日，计算到期收益率。

$$到期收益率=\frac{1\,000\times(1+10\%\times5)-1\,250}{1\,250\times1}\times100\%=20\%$$

3）贴现债券到期收益率的计算：

$$到期收益率=\frac{债券面值-债券买入价}{债券买入价\times剩余到期年限}\times100\%$$

课堂活动之"说一说"

你认为持有期收益率和到期收益率在计算过程中有什么区别？

（2）长期持有情况（持有期>1年的情况）。

长期债券到期收益率采用复利计算方式（相当于求内部收益率）：

$$PV=\frac{I}{(1+Y)^1}+\frac{I}{(1+Y)^2}+\cdots+\frac{I}{(1+Y)^{t-1}}+\frac{I}{(1+Y)^t}+\frac{M}{(1+Y)^t}$$

式中，Y为到期收益率；PV为债券买入价；M为债券面值；t为剩余的付息年数；I为当期债券票面年利息金额。

【例4-7】 H公司于2021年1月1日以1 010元价格购买了TTL公司于2018年1月1日发行的面值为1 000元、票面利率为10%的5年期债券。

要求：（1）如果该债券为一次还本付息，计算其到期收益率。

（2）如果该债券为分期付息，每年年末付一次利息，计算其到期收益率。

(1) 一次还本付息：

根据 $1\,010=1\,000\times(1+5\times10\%)\times(P/F, i, 2)$，可得：$(P/F, i, 2)=1\,010/1\,500=0.673\,3$。

反向查复利现值系数表可知，当 $i=20\%$ 时，$(P/F, i, 2)=0.694\,4$；当 $i=24\%$ 时，$(P/F, i, 2)=0.650\,4$。采用插值法求得 $i=21.92\%$。

(2) 分期付息，每年年末付一次利息：

根据 $1\,010=1\,000\times10\%\times(P/A, i, 2)+1\,000\times(P/F, i, 2)$

$=100\times(P/A, i, 2)+1\,000\times(P/F, i, 2)$，

当 $i=10\%$ 时，$NPV=100\times(P/A, 10\%, 2)+1\,000\times(P/F, 10\%, 2)-1\,010$

$=100\times1.735\,5+1\,000\times0.826\,4-1\,010=-10.05$（元）。

由于 NPV 小于零，需进一步降低测试利率。

当 $i=8\%$ 时，$NPV=100\times(P/A, 8\%, 2)+1\,000\times(P/F, 8\%, 2)-1\,010$

$=100\times1.783\,3+1\,000\times0.857\,3-1\,010=25.63$（元）。

采用插值法求得 $i=9.44\%$。

4.2.2 债券投资的风险及防范对策

一般债券投资主要面临五种风险：利率风险、购买力风险、信用风险、流动性风险和赎回风险。

1. 利率风险

利率风险是债券投资者面临的最主要风险，债券价格波动的主要原因源于利率波动。当市场利率升高时，债券的价格一般要下跌；反之，当市场利率下降时，债券的价格一般要上涨。如 2015 年记账式附息（二十六期）国债，从 2016 年 8 月的 102 元左右一路下跌，到 2018 年 1 月价格已经不足 96 元。

利率风险应采取的防范措施是分散债券的期限，长、短期配合。若利率上升，短期投资可以迅速地找到高投资收益机会；若利率下降，长期债券能保持高收益。

2. 购买力风险

购买力风险是指由于通货膨胀而使货币购买力下降的风险。当通货膨胀率急剧上升时，货币的购买力将急剧下跌。在这个时期，债券的收益率提高速度往往滞后于通货膨胀率，这是因为尽管债券市场收益率随着通货膨胀率攀升，但是一旦投资者购买了债券，那么收益率基本就锁定了，不会再随通货膨胀率上升而上升，除非投资者购买的是通货膨胀保护债券。

对于购买力风险，最好的规避方法就是分散投资，以分散风险，使购买力下降带来的风险能为某些收益较高的投资收益所弥补。通常采用的方法是将一部分资金投资于收益较高的投资方式上，如股票、期货等，但带来的风险也随之增加。

3. 信用风险

信用风险是指当债券发行人无力还本付息时，发行人可能违约的风险。信用风险与发行人的经营风险和财务风险密切相关，是由发行人的财务状况和资信质量决定的。一般地，国债的信用风险最低，其次是政府机构债券、市政债券，最后是公司债券。各类

债券的信用风险程度还可以进一步通过信用评级来反映。

信用风险一般是由于发行债券的公司发债人经营状况不佳或信誉不高而产生的风险。所以，规避违约风险的最直接的办法就是不买质量差的债券。国债的投资风险较低，保守的投资者应尽量选择风险低的国债。

4. 流动性风险

流动性风险是指投资者在短期内很难以一个合理的价格转让或变现债券的风险。如果市场交易量小，交易不便利，在市场上卖出债券时，投资者很难获得一个合理的价格，或者将因为此笔交易而遭受一定的损失，那么就可以说该债券缺乏流动性，存在较高的流动性风险。

针对流动性风险，投资者应尽量选择交易活跃的债券，如国债等，以便于转让时得到足够的认同，冷门债券最好不要购买。

5. 赎回风险

赎回风险是指在债券到期前，发行人提前将债券赎回以降低融资成本，致使投资者可能遭受一定损失的风险。

附有赎回权的债券有三项不利因素：

（1）附有赎回权的债券的未来现金流量不能预知，增加了现金流的不确定性。

（2）因为发行者可能在利率下降时赎回债券，投资者不得不以较低的市场利率进行再投资，由此遭受再投资风险。

（3）由于赎回价格的存在，附有赎回权债券的潜在资本增值有限，同时，赎回债券增加了投资者的交易成本，从而降低了投资收益率。

为此，可赎回债券往往规定有赎回保护期，在保护期内，发行者不得行使赎回权。常见的赎回保护期是发行后的5～10年。

4.2.3 债券投资的策略

债券投资策略可以分为消极型投资策略和积极型投资策略两种，每位投资者可以根据资金的来源和用途选择适合自己的投资策略。

1. 消极型投资策略

消极型投资策略也叫保守型投资策略，是一种不依赖市场变化而保持固定收益的投资方法，其目的在于获得稳定的债券利息收入和到期安全收回本金。

（1）购买持有法。

购买持有法是最简单的债券投资策略，其步骤是在对债券市场上所有的债券进行分析之后，根据自己的爱好和需求，买进能够满足自己要求的债券，并一直持有到到期兑付之日，在持有期间，并不进行任何买卖活动。这种投资策略的优点是收益固定、交易成本低；缺点是容易丧失提高收益率的机会、难以抵御通货膨胀的风险。

（2）梯形投资法。

梯形投资法又称等期投资法，就是每隔一段时间，在国债发行市场认购一批相同期限的债券，每一段时间都如此，接连不断，这样，投资者在以后的每段时间都可以稳定地获得一笔本息收入。梯形投资法的优点在于投资者每年能够获得本金和利息，因而不至于产生很大的流动性问题，不至于急着卖出尚未到期的债券。同时，在市场利率发生变化时，梯形投资法下的投资组合的市场价值不会发生很大的变化，因此投资组合的投资收益率也不会发生很大的变化。

例：李雷在 2019 年 6 月购买了 2019 年发行的 3 年期的债券，在 2020 年 3 月购买了 2020 年发行的 3 年期的债券，在 2021 年 4 月购买 2021 年发行的 3 年期的债券。这样，在 2022 年 7 月，李雷就可以收到 2019 年发行的 3 年期债券的本息和，此时，李雷又可以购买 2022 年发行的 3 年期债券，这样，他所持有的三种债券的到期期限又分别为 1 年、2 年和 3 年。如此滚动下去，李雷就可以每年得到投资本息和，从而既能够进行再投资，又可以满足流动性需要。只要李雷不停地用每年到期的债券的本息和购买新发行的 3 年期债券，则其债券组合的结构就与原来的相一致。

（3）三角投资法。

三角投资法就是利用债券投资期限不同所获本息和也就不同的原理，使得在连续时段内进行的投资具有相同的到期时间，从而保证在到期时收到预定的本息和。这个本息和可能已被投资者计划用于某种特定的消费。

三角投资法和梯形投资法的区别在于，虽然投资者都是在连续时间（年份）内进行投资，但是，这些在不同时期投资的债券的到期期限是相同的，而不是债券的期限相同。这种投资方法的特点是，在不同时期进行的债券投资的期限是递减的，因此被称作三角投资法。它的优点是能够获得较固定的收益，又能保证到期得到预期的资金。

例：李雷决定在 2023 年购买一辆家用轿车，因此他决定投资国债以便能够确保在 2023 年得到购车所需的资金。李雷可以在 2018 年投资 2018 年发行的 5 年期国债，在 2020 年购买 2020 年发行的 3 年期国债，在 2021 年购买 2021 年发行的 2 年期国债。这些国债在到期时都能收到预定的本息和，并且都是在 2023 年到期，从而能保证有足够的资金来实现购车的计划。

2. 积极型投资策略

（1）利率预测法。

利率预测法是指投资者通过主动预测市场利率的变化，采用抛售一种债券并购买另一种债券的方式来获得差价收益的投资方法。这种投资方法着眼于债券市场价格变化所带来的资本损益，其关键在于能够准确预测市场利率的变化方向及幅度，从而能够准确预测出债券价格的变化方向和幅度，并充分利用市场价格变化来取得差价收益。这种方法要求投资者具备丰富的债券投资知识及市场操作经验，并且要支付相对比较多的交易成本。投资者追求高收益率的强烈愿望导致了利率预测法受到众多投资者的欢迎，同时，市场利率的频繁变动也为利率预测法提供了实践机会。

（2）等级投资计划法。

等级投资计划法是投资计划法中最简单的一种，它由股票投资技巧演变得来，方法是投资者事先按照一个固定的计算方法和公式计算出买入和卖出债券的价位，然后根据计算结果进行操作。其操作要领是“低进高出”，即在低价时买进，高价时卖出。只要债券价格处于不断波动中，投资者就必须严格按照事先拟定好的计划进行债券买卖，而是否买卖债券取决于债券市场的价格水平。具体地讲，当投资者选定一种债券作为投资对象后，就要确定债券变动的一定幅度，将其作为等级，这个幅度可以是一个确定的百分比，也可以是一个确定的常数。每当债券价格下降一个等级时，就买入一定数量的债券；每当债券价格上升一个等级时，就卖出一定数量的债券。

（3）逐次等额买进摊平法。

如果投资者对某种债券投资时，该债券价格具有较大的波动性，并且无法准确地预期其波动的各个转折点，投资者可以运用逐次等额买进摊平法。

逐次等额买进摊平法就是在确定投资于某种债券后，选择一个合适的投资时期，在这一段时期中定期定量地购买债券，不论这一时期该债券价格如何波动都持续地进行购买，这样可以使投资者的平均成本处于较低的水平。运用这种操作法，每次投资时，要严格控制所投入资金的数量，保证投资计划逐次等额进行。

例：李雷选择 2022 年 10 年期国债为投资对象，在确定的投资时期中分 5 次购买，每次购买国债 100 张，第 1 次购入时，国债价格为 120 元，李雷购入 100 张；第 2 次购入时，国债价格为 125 元，李雷购入 100 张；第 3 次购入时，国债价格为 122 元，李雷购入 100 张；第 4 次、第 5 次李雷的购入价格分别是 126 元、130 元，每次分别购入 100 张。

到整个投资计划完成时，李雷购买国债的平均成本为 124.6 元，而此时国债价格已涨至 130 元，这时如李雷抛出此批国债，将获得 2 700[（130－124.6）×500] 元的收益。

因为国债具有长期投资价值，所以按照这一方法操作，可以稳妥地获取收益。

（4）金字塔式操作法。

与逐次等额买进摊平法不同，金字塔式操作法实际上是一种倍数买进摊平法。当投资者第 1 次买进债券后，发现价格下跌时可加倍买进，以后在债券价格下跌过程中，每一次购买数量比前一次增加一定比例，这样就成倍地加大了低价购入的债券占购入债券总数的比重，降低了平均总成本。由于这种买入方法呈正三角形趋势，形如金字塔，所以称为金字塔式操作法。

例：李雷最初以每张 120 元的价格买入 2018 年 10 年期国债 100 张，投入资金 12 000 元；当国债价格下降到 118 元时，他购买 200 张，投入资金 23 600 元；当国债价格下降到 115 元时，他购入 300 张，投入资金 34 500 元。他总计投入资金 70 100 元，买入 600 张国债，平均成本每张 116.83 元。如果国债价格上涨，只要超过平均成本价，李雷即可抛出获利。

在债券价格上升时运用金字塔式操作法买进债券，则需要每次逐渐减少买进的数量，以保证最初按较低买入的债券在购入债券总数中占有较大比重。

例：李雷最初以每张 115 元的价格购入国债 300 张，以后在国债价格上升过程中，他按金字塔操作法进行投资。当国债价格上升到每张 118 元时，他购入 200 张；当国债价格上升到每张 120 元时，他购入 100 张。他总计投入资金 70 100 元，购入 600 张国债，平均成本为每张 116.83 元。如果国债价格不低于平均成本价，他就可以获益。

债券的卖出也同样可采用金字塔式操作法，在债券价格上涨后，每次加倍抛出手中的债券，随着债券价格的上升，卖出的债券数额变大，以保证高价卖出的债券在卖出债券总额中占较大比重而获得较大盈利。

运用金字塔式操作法买入债券，必须对资金做好安排，以避免最初投入资金过多，以后的投资无法加倍摊平。

拓展阅读

债券价值的影响因素

债券内部因素对债券价值的影响，如表 4-1 所示。

表 4-1 债券内部因素对债券价值的影响

影响因素	变动方向	对债券价值的影响
票面利率	越高	内在价值越高
期限	越长	内在价值变化的可能性和幅度越大
税收待遇	税收越低	内在价值越大
流动性	越好	内在价值越大
发债主体信用	等级越高	内在价值越大
若可赎回	提前赎回可能性越高	内在价值越小

债券外部因素对债券价值的影响，如表 4-2 所示。

表 4-2 债券外部因素对债券价值的影响

影响因素	变动方向	对债券价值的影响
供求状况	供大于求	整体价值降低
基础利率	提高	整体价值降低
市场利率风险	越大	整体价值越低
通货膨胀水平	越高	整体价值越低

任务实施

1. 甲公司想投资购买债券，其要求的收益率底线为 6%。现有一家公司债券可供选择：债券面值 1 000 元，五年期债券，票面利率 8%，每年付息一次，到期还本，发行价 1 105 元，甲公司以发行价购入此债券。如果甲公司对其投资并持有到债券到期，试通过计算收益率来判断甲公司是否应该投资购买该债券？

2. 王先生于 2022 年 1 月 1 日购买了一张面值 1 000 元、票面利率 10% 的五年期债券。

(1) 假定该债券于每年 6 月 30 日和 12 月 31 日付息，如果该债券以 1 050 元购入，于 2022 年 8 月 1 日以 1 100 元卖出，请计算持有期收益率。

（2）假定王先生以 1 050 元购入，并持有到债券到期，请计算到期收益率。$(P/F, 5\%, 10) = 0.613$，$(P/F, 4\%, 10) = 0.675$。

3. 请使用康奈尔笔记法总结本节内容。

任务 4.3 基金投资

任务目标

1. 掌握基金的概念、特点、类型、发行和交易等知识点。
2. 了解基金的收益和风险。
3. 能够对基金进行风险分析，并能选择适合自己的基金进行投资。

任务引入

张先生今年 28 岁，就职于一家国有企业，税后月薪 8 000 元。妻子是小学数学老师，税后月薪 5 000 元。两人年终奖约合 100 000 元。夫妻二人无外债、无住房，活期存款 25 万元。

2022 年年初，张先生在朋友的推荐下，开始尝试投资基金。他先后购买了 6 000 元华夏行业景气混合，5 000 元工银瑞信中小盘成长，3 000 元广发中证环保产业 ETF，2 000 元中油趋势精选灵活配置，2 000 元易方达国防军工混合。他还开通了基金定投，每月定投 1 000 元的兴全沪深 300 增强。

张先生家庭每月生活杂费支出合计 2 500 元，妻子每月购物支出 1 000 元，每年过节送礼支出 10 000 元左右。双方父母身体健康，均有社保，能自给自足并每年结余 2 万元左右。张先生夫妻计划明年要宝宝，并计划未来两年内购置一套 120 万元左右的房产。

根据张先生的家庭状况，试分析他的基金投资组合是否合理。

基金投资建议：控制投资风险，构建更加合理的基金投资组合。

张先生夫妻俩的年收入超过 25 万元，家庭近 5 年只投资了不到 2 万元的基金。张先生家庭未来负担预计较重，家庭需要追求较高的收入成长率，可以适当增加投资金额，能够让家庭闲置资金更快增值。张先生投资的基金达到 6 只，投资太过分散，且全部是股票型基金，风险太过集中。一般来说，在进行基金投资时，不要一味偏好购买同一类型的基金产品，可以考虑组合持有不同类型的基金产品，以分散风险。同时根据家庭风险承受能力和偏好适当进行调整，制定合理的基金投资组合比例。

阅读资料

认识基金

任务预备

微课 18

什么是 ETF 基金？

4.3.1 基金发行与交易

1. 基金发行与认购

（1）基金发行。

基金发行也称基金募集，是指基金发起人在其设立或扩募基金的申请获得国家主管部门批准之后，向投资者推销基金单位、募集资金的行为。基金的发行方式主要有两种：一是网上发行方式，即将基金通过与证券交易所的交易系统联网的全国各地证券营业部，向广大社会公众发售基金单位的发行方式（封闭式基金主要采用这种发行方式）；二是网下发行方式，即将基金通过银行或证券营业网点向社会公众发售基金单位的发行方式（开放式基金主要采用这种发行方式）。

（2）基金认购。

拓展阅读

广发小盘 LOF 基金认购要素表，如表 4－3 所示。

表 4－3　广发小盘 LOF 基金认购要素表

基金简称	广发小盘成长混合（LOF）A	基金经理	刘格菘
基金全称	广发小盘成长混合型证券投资基金（LOF）A	交易状态	开放其他
基金代码	162703	申购费率	0.00%～1.50%
成立日期	2005－02－02	赎回费率	1.50%
募集份额	11.751 9 亿份	最低申购金额	500 元
单位面值	1.00 元	最低赎回份额	100 份
基金类型	LOF	基金管理人	广发基金管理有限公司
投资类型	混合型	基金托管人	上海浦东发展银行有限公司
投资风格	成长型	管理费率	1.50%
基金规模	141.18 亿元（截至 2021－06－30）	托管费率	0.25%
风险收益特征	本基金为混合型基金，其预期收益和风险高于货币型基金、债券型基金，而低于股票型基金，属于证券投资基金中的较高风险、较高收益品种		

在基金首次募集期购买基金的行为称为认购，在基金成立后购买基金的行为称为申购。一般情况下，认购期购买基金的费率相对来说要比申购期购买基金的费率优惠，认购期一般可按基金面值 1 元钱购买基金，但认购期购买的基金要经过封闭期才能赎回。

2. 基金的交易

（1）开放式基金的交易。

开放式基金通过基金管理公司及其指定的代销网点销售，银行是开放式基金最常用的代理销售渠道，投资者可以到这些网点办理开放式基金的申购和赎回。由于开放式基金的交易价格是以当日的基金净值为准，因此客户在申购时只能填写购买多少金额的基金，等到申购次日早上公布前一天的基金净值后，才会知道实际买到了多少基金份额。而赎回时，投资者只要填写赎回份额就可以了。

（2）封闭式基金的交易。

封闭式基金采取在证交所挂牌上市交易的办法，必须通过证券商在二级市场上进行竞价交易。投资者买卖封闭式基金的交易方式与买卖股票的过程是一样的。

封闭式基金与开放式基金的区别，如表4-4所示。

表4-4 封闭式基金与开放式基金的区别

项目	封闭式基金	开放式基金
交易场所	深、沪证券交易所	基金管理公司或代销机构网点
基金存续期限	有固定期限	没有固定期限
基金规模	固定额度，一般不能再增加发行	有最低的规模限制
赎回限制	在期限内不能直接赎回，可通过上市交易进行变现	可以随时提出赎回或购买申请
交易方式	上市交易	基金管理公司或代销机构网点交易
价格决定因素	主要由市场供求关系决定	价格依据基金的资产净值而定
分红方式	现金分红	现金分红、再投资分红
费用	交易佣金、印花税、过户费、委托费等	申购费、赎回费、管理费、托管费等
投资策略	封闭式基金不可赎回，无须提取准备金，能够充分运用资金进行长期投资，取得长期经营绩效	必须保留一部分现金或流动性强的资产，以便应付投资者随时赎回，进行长期投资会受到一定限制
信息披露	基金净值每周至少公告一次	基金净值每个开放日进行公告

4.3.2 基金的收益和费用

1. 基金的收益

基金的投资收益从不同渠道以不同方式获得，包括利息收入、股利收入和资本利得收入。

（1）利息收入，包括优先股股息、银行存款和基金所投资债券的利息。

（2）股利收入，包括现金股利和股票股利，是指基金通过在一级市场或二级市场购入并持有各公司发行的股票，从公司取得的一种收益。

（3）资本利得收入，是在证券市场买卖证券的价差收入。

2. 基金的费用

封闭式基金费用是指在买卖基金的价格之外支付的一定比例的佣金，与买卖股票一样。开放式基金费用主要包括申购费和赎回费。

（1）申购费。

申购费是指投资者购买基金份额所支付的费用。申购费可在买入基金份额时收取，即前端收费；也可在投资者卖出基金份额时收取，即后端收费。其申购费率一般是按投资者持有期的长短递减收取。其计算公式为：

净申购金额＝申购金额/(1＋申购费率)

申购份额＝净申购金额/申购当日的单位基金净值

申购费用＝申购金额－净申购金额

（2）赎回费。

赎回费是指投资者卖出基金份额时支付的费用。其计算公式为：

赎回费用＝赎回份额×第 T 日的基金单位净值×赎回费率

赎回金额＝赎回份额×第 T 日的基金单位净值－赎回费用

拓展阅读

南方全球精选配置证券投资基金的费用

南方全球精选配置证券投资基金（见表 4－5）是一款 QDII 基金，即投资于海外市场的基金。由于投资于海外市场，因此其管理费用要略高于国内基金，申购费用也要略高于国内同类基金，如申购金额小于 100 万元的申购费率为 1.6%，而国内同类基金的申购费率一般小于 1.5%。

表 4－5　南方全球精选配置证券投资基金

项目	内容	
基金名称	南方全球精选配置证券投资基金	
基金类型	契约型开放式	
基金份额面值	人民币 1.00 元	
基金存续期间	不定期	
认购费率	购买金额（M）/万元	认购费率/%
	$M<100$	1.5
	$100\leqslant M<500$	0.9
	$500\leqslant M<1\,000$	0.3
	$M\geqslant 1\,000$	每笔 1 000 元

续表

项目	内容	
存续期间申购费率	申购金额（M）/万元	申购费率/%
	$M<100$	1.6
	$100\leqslant M<500$	1.0
	$500\leqslant M<1\ 000$	0.5
	$M\geqslant 1\ 000$	每笔 1 000 元
赎回费率	申请份额持有时间（N）/年	赎回费率/%
	$N<1$	0.5
	$1\leqslant N<2$	0.3
	$N\geqslant 2$	0

4.3.3　基金投资策略

1. 基金投资的原则

（1）长期投资。

基金不同于股票，一般情况下不会在短时间内出现基金净值的大幅变化。而且，基金的申购和赎回费用较高，如果盲目做“短线”，会增加操作成本，影响整体收益，所以买基金不可以急功近利，应该有“放长线钓大鱼”的投资心态。

（2）优中选优。

选择时既要看整体基金公司的信誉，也要观察单只基金的净值是否稳定增长，持股结构是否具备上涨潜力，普通投资者还可以参考专业基金评级机构的基金推荐指数。

（3）灵活搭配。

根据自己的投资目标、风险承受能力、资金的流动性要求，做个性化的搭配。

2. 基金选择应考虑的因素

（1）基金公司和基金经理。

1）基金公司的选择。

基金是由基金公司来运作管理的，基金公司本身的基础是否牢固、内部的管理制度是否完善，都足以影响基金的业绩表现，所以投资基金的关键就在于选择稳妥的基金公司。选对了基金公司，投资者的基金就很有可能获得好的收益。

在选择基金公司时，需要重点关注以下几方面：第一，规范的管理和运作是基金公司必须具备的基本要素，是基金资产安全的基本保证；第二，技术面出色而稳定的投研团队是基金公司获得良好投资业绩的保障；第三，基金公司历年的经营业绩；第四，基金公司的信誉和市场形象。

2）基金经理的选择。

投资者购买基金，关注基金经理是非常有必要的。一位好的基金经理，将给基金带来良好的经营业绩，为投资者带来更多的分红回报。首先，优秀的基金经理应该具有扎实的专业学术基础和丰富的金融专业理论与实践知识；其次，基金经理应该具有良好的技术素质，如娴熟的操盘技术、准确的市场研判水平等；再次，基金经理应该具备严格的道德操守。

（2）基金的业绩。

投资基金的最终目的是获取收益，业绩表现当然重要。其主要表现一方面可以通过基金净值增长率指标判断，另一方面还可以通过基金评价体系进行评价或参考专业基金评价机构的评级结果。

（3）个人投资目标。

由于目前的基金产品众多，并非每款基金都适合每位投资者，因此投资者在进行基金产品投资时，做好投资目标的布局是非常重要的。基金的投资目标大致分为三类：第一类是追求长期的资本增值；第二类是追求当期的高收入；第三类是兼顾长期资本增值和当期收入。基金的投资目标应该和投资者自己的目标相一致。

（4）个人风险偏好。

每一款基金产品的投资策略、投资风格、风险收益都有所不同，通常分为三类：第一类是低风险收益类，包括货币基金、债券基金；第二类是中等风险收益类，包括混合型基金、平衡型基金；第三类是高风险收益类，主要是偏股型基金和股票型基金。总之，投资者只有在所持有的基金与自身固有的性格特征相匹配时，才能够以平和的心态长久持有投资品种。

3. 基金投资的方法

（1）批量申购。

批量申购是指投资者可以通过“金字塔式操作法”对某一只基金进行分批、分次申购。低价时买得多，高价时买得少，综合购买成本降低，盈利能力自然也就较强。

（2）定期定额投资。

定期定额投资是指投资者通过基金公司指定的基金销售机构提交申请，约定每月扣款时间和扣款金额，由销售机构于每月约定扣款日，在投资者指定资金账户内自动完成扣款和基金申购申请的一种长期投资方式。这种投资方式类似于银行的零存整取储蓄存款，即在固定的时间，投资固定的金额。因为分批买入，不用考虑具体的时点选择，从而克服了只选择一个时点进行买入或沽出的缺陷，达到了降低风险、均衡成本的目的。当然，定期定额投资也不是完全没有风险的，但它的优势能够在那些波动幅度较大、处于相对低档的市场或是波动幅度大而中长期成长趋势明显的市场中更好地体现出来。

4. 基金组合投资策略

（1）单一基金投资和组合基金投资。

除了选择基金要慎重，并且要选择风险适当的基金外，还有一点非常重要，那就是要分散投资。这里所说的分散投资，用专业术语表达就是使用组合投资。投资者购买基金可以采用“组合投资”策略：对于采取积极投资策略、承受风险能力较强的风险偏好型投资者来说，可将各种类型的基金纳入其投资组合，以分散风险；风险中性的投资者可以“五五”比例持有偏债型基金和偏股型基金；风险规避型投资者则可以“八二”比例持有偏债型基金和偏股型基金。

（2）积极型基金组合和保守型基金组合。

积极型基金组合就是较大比例地投资于预期收益较高的基金和资产，承担的风险相对较大；保守型基金组合就是较大比例地投资于低收益的基金和资产，承担的风险相对较小。

微课 19

基金定投：适合散户的投资方式

任务实施

1. 一位投资者持有5万元来申购某开放式基金，如果申购费率为1.5%，申购当日单位基金净值为1.6元，那么这位投资者能购得多少份该基金？

2. 如果投资者赎回5万份基金份额，赎回费率为0.5%，当日单位基金净值为1.168 8元，该投资者通过赎回基金，最终到手多少钱？

3. 请你选择1～2只基金，将你选择的理由、基金的名称、基金的类型、管理公司、管理团队、持仓情况、净值走势、分红情况、排名情况等方面信息进行整理，并在课上进行交流。

任务4.4 期货投资

任务目标

1. 了解期货投资的基本知识。
2. 熟悉影响期货价格的主要因素。
3. 熟悉期货的理财方法。

任务引入

做过期货交易的人都知道，期货交易看似简单，其实蕴藏着巨大的学问。这个行业很奇怪，进入门槛很低，交易步骤也很简单，开个户，放入资金就可以操作了，但是做过几年期货交易的投资者会深有感触，想在期货上赚钱太难了。有的人十年八年都不得其法，有的人一旦掌握方法，一年就可以赚得盆满钵满。因此对于期货初学者，学习基础知识是非常重要的，就像建高楼大厦先要打好地基，地基打不好，上面建设得再好，也有随时倒塌的危险。

阅读资料

国内期货交易所

阅读资料

认识期货

任务预备

4.4.1 期货的品种

商品期货是期货交易的起源种类，是现代期货市场体系中重要的组成部分。随着期货市场的发展，国际商品期货交易的品种不断变化，交易品种不断增加，从传统的农产品期货，发展到经济作物、畜产品、有色金属和能源等大宗初级产品期货。金融期货品种主要有外汇期货、利率期货、股指期货和股票期货等，已占据了期货市场的主导地位。随着金融市场的不断创新，期货市场上出现了一些与传统商品期货和金融期货有所不同的新期货品种，主要包括保险期货、经济指数期货、信用指数期货、互换期货和天气期货等。

全球主要期货品种及上市交易所，如表 4-6 所示。

表 4-6　全球主要期货品种及上市交易所

类别		品种	主要上市交易所
商品期货	农产品	玉米、大豆、小麦、豆粕、豆油、木材	芝加哥期货交易所、东京谷物交易所、大连商品交易所
		棉花、糖、咖啡、可可	纽约期货交易所
		天然橡胶	东京工业品交易所
		生猪、活牛、嫩鸡	芝加哥商业交易所集团
	有色金属	黄金、白银、钯	纽约商业交易所
		铜、铝、铅、锌、锡、镍	伦敦金属交易所、上海期货交易所
	能源	石油、天然气	纽约商品交易所、伦敦国际石油交易所、多伦多商品交易所、上海国际能源交易中心、阿布扎比商品交易所
金融期货	外汇	英镑/美元、欧元/美元、加拿大元/美元、日元/美元、瑞士法郎/美元等	芝加哥商业交易所集团、纽约商品交易所、伦敦国际金融期货期权交易所
	利率	3 个月期欧洲美元期货、3 个月期欧洲银行间欧元利率期货	芝加哥期货交易所、芝加哥商品交易所、伦敦国际金融期货期权交易所、日本东京金融期货交易所、香港期货交易所
		美国 5 年、10 年、30 年期国库券期货，EURO-SCHATZ、EUEO-BUND 债券期货等	芝加哥商业交易所集团、欧洲期货交易所、新加坡期货交易所
	股票指数	S&P500 指数、道·琼斯指数、德国 DAX 指数、NASDAQ-100 指数、日经 225 指数、英国金融时报指数、法国 CAC-40 指数、韩国 KOSPI200 指数、恒生指数	芝加哥商业交易所集团、欧洲期货交易所、泛欧交易所、香港交易所、韩国证券交易所、大阪证券交易所、新加坡交易所

4.4.2 影响期货价格的主要因素

由于每个期货商品都有各自的具体情况，因而对具体商品而言必须结合具体情况进行分析。下面罗列出来的仅仅是各种不同商品的共同性影响因素。

1. 库存影响

供求关系是影响商品价格的根本原因，而库存是供求关系的重要显性指标。对一些重要商品，无论是国家还是生产、流通、消费企业，都会有一定的库存量。其中，国家库存表现为政府储备，政府储备不会因一般的价格变动而轻易投放市场，只有当市场供给出现严重短缺时，才有可能动用。但动用之后，还会在适当的时候进行回补。

2. 替代品影响

一般而言，替代品与被替代品之间具有竞争关系。如果替代品的供求关系发生重大变化，就会打破被替代品原有的平衡，导致价格出现较大的波动。例如，疯牛病出现后，由于一些国家的政府会出台禁止给牛喂肉骨粉饲料的政策，以至于只要一出现疯牛病报告的新闻，就会导致豆粕、大豆价格出现上涨的反应。

3. 季节性因素影响

有些商品的供应或需求具有季节性特点。例如，农产品的供应都是每年同一时期集中上市，而需求却是分散的；活猪的屠宰、销售以及小猪生产期也有季节性特点；燃油在冬季的需求量明显超过其他季节。供需的季节性特点会引发价格的季节性波动。

4. 自然因素影响

自然因素主要是气候条件、地理变化和自然灾害等。具体来讲，包括地震、洪水、干旱、严寒、虫灾、台风等方面的因素。农产品价格最容易受自然因素的影响。当自然条件不利时，农作物的产量就会受到影响，从而使供给趋紧，刺激期货价格上涨；反之，如气候适宜，会使农作物增产，市场供给增加，促使期货价格下跌。由于各种农产品在播种期、成长期或收割期对气候的要求不一样，因而在这些时期，主产区的气候情况及其变化就会引起交易者的密切关注，一有风吹草动，就会引起价格波动。另外，自然因素的重大变化对工业品和能源化工产品也会产生相当大的影响。例如，当生产、运输和仓储因地震、雨雪等恶劣条件而造成较大损失或阻碍时，期货价格就可能上涨。

5. 宏观经济形势及经济政策影响

宏观经济形势的影响主要体现在经济的周期性方面。政府对整体经济制定的宏观政策具有“反周期性”特点，调控政策的出台会对经济走势产生一定程度的影响，从而影响一些商品原有的供需关系，使价格发生变化。

对具体商品而言，政府制定的特殊政策所带来的影响更为直接。例如，政府对某一品种的税收政策或进出口关税政策进行调整，将直接打破原有的价格平衡。在一些大宗商品上，一些主要生产国和消费国会互相协调行业政策，通过订立贸易协定甚至成立国际性行业组织来维护自身利益。这些组织出台的政策措施，通常也会对期货市场商品价格产生一定的影响。例如，石油输出国组织（OPEC）经常协商各成员国原油最高日产量，以防止因供应量增加而造成油价下跌。

6. 政治因素及突发事件影响

政治因素主要是指国际政治局势、国际性政治事件的爆发或国际关系格局的变化。例如，国际方面的战争、冲突、经济制裁等，都可能导致期货价格的剧烈波动。2001 年 9 月 11 日，美国发生震惊全球的恐怖袭击事件，商品期货价格普遍下跌，能源价格在一个月内下跌幅度高达 40%左右。

7. 投机因素影响

买涨不买跌是人们的一种普遍心理。当市场价格上涨时，赚钱效应会使更多人愿意买进，并且有些人还愿意进行实物投机，即买进货物囤积起来。尽管这些购买者并非货物的真正需求者，但至少暂时加大了需求，加剧了供不应求的局面。当市场价格下跌时，又会发生相反的情况，甚至连实际使用者也会降低储备量，这又加剧了供大于求的局面。

在期货交易中，这一现象不仅存在，有时甚至会表现得更加突出。当市场处于牛市时，人气向好，一些微不足道的利好消息都会刺激投机者的看好心理，引起价格上涨；当市场处于熊市时，人心思“空”，即使有利好消息也会被忽视，而一些微不足道的利空消息则会被放大，以至于价格继续下跌。

4.4.3 期货交易流程

一个完整的期货交易流程应包括开户、下单、竞价、结算和交割五个环节。由于在期货交易的实际操作中，大多数期货交易都是通过对冲平仓的方式了结履约责任，进入交割环节的比重非常小，因此交割环节并不是交易流程中的必经环节。

1. 开户

期货交易所实行会员制管理，能够直接进入期货交易所进行期货交易的只有期货交易所的会员，包括期货公司会员和非期货公司会员。所以，普通投资者在进入期货市场交易之前，应首先选择一个具备合法代理资格、信誉好、资金安全、运作规范且收费比较合理的期货公司会员。

投资者在经过对比、判断，选定期货公司之后，即可向该期货公司提出委托申请，开立账户。开立账户实质上是投资者（委托人）与期货公司（代理人）之间建立的一种法律关系。一般来说，各期货公司会员为客户开设账户的程序基本相同，包括风险揭示、签署合同及缴纳保证金。

2. 下单

客户在按规定足额缴纳客户保证金之后，即可开始交易，进行委托下单。所谓下单，是指客户在每笔交易前向期货公司业务人员下达交易指令，交易指令的内容应包括交易的品种、交易方向、数量、合约月份、价格、日期及时间、期货交易所名称、客户名称、客户编码和账户，以及期货公司盖章和客户签名等。期货交易指令的种类很多，且各类交易指令的作用也不相同。因此，客户应先熟悉和掌握有关的交易指令，然后选择不同的期货合约进行具体交易。

3. 竞价

期货合约价格的形成方式主要有公开喊价和计算机撮合成交两种方式。其中，公开喊价属于传统的竞价方式。21世纪以来，随着信息技术的发展，越来越多的交易所采用计算机撮合成交方式，原来采用公开喊价方式的交易所也逐步引入了电子交易系统。

4. 结算

结算是指根据期货交易所公布的结算价格对交易双方的交易盈亏状况进行的资金清算和划转。《期货交易管理条例》中规定，期货交易所可以实行会员分级结算制度。实行会员分级结算制度的期货交易所会员由结算会员和非结算会员组成。实行会员分级结算制度的期货交易所，应当向结算会员收取结算担保金。期货交易所只对结算会员结算，向结算会员收取和追收保证金，以结算担保金、风险准备金、自有资金代为承担违约责任，以及采取其他措施；对非结算会员的结算、收取和追收保证金、代为承担违约责任，以及采取其他相关措施，由结算会员执行。

5. 交割

在期货交易中，所交易的期货合约是在未来某个远期交割一定数量和质量等级实物商品的标准化合约。对于所有的期货合约交易者来说，只能以两种方式进行平仓。一种是在交割期到来前作相反的交易来履行期货合约的责任，称为“对冲平仓”；另一种是在期货合约到期后进行实物商品的买卖，称为“交割平仓”。如果期货合约到期时，交易者并未通过“对冲”对自己拥有的期货合约进行平仓，就必须做好实物交割的准备。

4.4.4 期货交易的理财方式

1. 套期保值

套期保值就是买入（卖出）与现货市场金额相当但交易方向相反的期货合约，以期在未来某一时间通过卖出（买入）期货合约来补偿现货市场价格变动所带来的实际价格风险。

价格波动的风险最终可分为两种：一种是担心价格上涨；另一种是担心价格下跌。为此，期货的避险功能可分为买入与卖出套期保值两种类型，投资者可以根据自己的投资计划选择其中一种。

卖出套期保值是针对价格看跌的一种保值措施，投资者若要在未来某个时间卖出商品，为避免在实际卖出时价格下跌，先在期货市场上卖出与现货商品价格相当的期货合约，以锁定盈利。买入套期保值是针对价格看涨的一种保值措施，投资者若要在未来某个时间买入商品，为防止价格上涨多支付购买成本，先在期货市场上买入与现货商品价值相当的期货合约，以锁定实际购买成本。

2. 套利

期货套利是指同时买进和卖出两张不同到期日的期货合约。交易者买进自认为“便宜的”合约，同时卖出那些“高价的”合约，从两合约价格间的变动关系中获利。在进行套利时，交易者注意的是合约之间的相互价格关系，而不是绝对价格水平。

期货交易在交割时采用现货交割，这一规定不但具有强制期货最终收敛于现货的作用，而且也会使得正常交易期间，期货与现货维持一定的动态联系。在各种因素影响下，期货起伏不定，经常会与现货产生偏离，当这种偏离超出一定的范围时，就会产生套利机会。交易者可以利用这种套利机会从事套利交易，获取无风险利润。

3. 投机

在期货交易中，纯粹的投机交易是指单边买卖投机，投机者预测后市将涨时买进期货合约，预测后市将跌时卖出期货合约。前者称为多头投机，后者称为空头投机，就是根据期货价格未来走势的判断来决定持有多头或空头仓位，即买进或卖出期货合约。投机的目的是博取上涨或下跌时产生的差价利润。

任务实施

1. 股指期货作为一种理财产品，与股票、债券、基金等证券投资品相比具有哪些优势？
2. 结合当前期货市场形势，分析各因素如何影响股指期货价格。
3. 比较期货理财方式中套期保值、套利与投机之间的差异。

拓展阅读

A公司巨亏之谜

1. 事件背景

A公司成立于1993年5月26日，并于2001年12月6日在新加坡交易所主板成功挂牌上市，成为新加坡交易所当年上市公司中筹资量最大的公司。上市当年，A公司在2001年新加坡新上市公司营业额排名中位居第一。

陈某出生于1961年，毕业于国内某知名大学。1997年，陈某被派接手管理A公司。其后，公司一举扭亏为盈，并在新加坡交易所主板挂牌上市。2003年10月，陈某被《世界经济论坛》评选为“亚洲经济新领袖”。2004年11月30日，A公司董事会发布公告，中止陈某新加坡公司总裁和执行董事的职务。

2. 事件过程

2003年下半年，A公司总裁陈某擅自扩大业务范围，开始进入石油期权交易市场，从事石油期权交易。2003年年底，A公司的仓位是空头200万桶，因为石油价格的短暂下跌，公司有所盈利。

然而，进入2004年之后，石油价格就一路上涨，A公司逐渐由盈利变为亏损。到3月28日，A公司已经出现580万美元账面亏损。为了掩盖账面亏损，陈某决定对合约进行展期，致使交易仓位放大，至6月，公司因期权交易导致的账面亏损已扩大至3 500万美元。

此时，陈某不仅没有止损，反而将期权合约展期至2005年及2006年，并且在新价位继续卖空。至2004年10月，A公司持有的期权卖空合约已达到5 200万桶，超过公司每年实际进口量3倍以上，公司账面亏损已达1.8亿美元，公司现金全部消耗殆尽。

2004年10月10日以后，石油价格不但没有下调，反而继续一路走高，在走投无路的情况下，陈某不得不向母公司写报告求助。在接到A公司的救助请求之后，母公司不仅没有责令A公司迅速斩仓，反而决定对其实施救助。10月20日，母公司以私募方式配售15%股份，将所得的1.08亿美元资金贷款给A公司。2004年10月26日和28日，A公司因无法补加一些合约的保证金而遭强行平仓，从而蒙受1.32亿美元实际亏损。接着，11月8日至25日，A公司的期权合约继续遭逼空，截至11月25日的实际亏损达3.81亿美元。2004年12月1日，在亏损5.5亿美元后，A公司宣布向法庭申请破产保护令。

3. 案例分析

（1）缺乏有效的风险控制是A公司巨亏的根本原因。

期权的卖方在出售期权之后，通常都会为期权空头头寸进行对冲，以避免较大的亏损，而A公司卖出石油看涨期权的目的是赌石油价格下跌，并未采取对冲策略。同时，A公司内部风险控制制度也形同虚设。而母公司对下属子公司监控不力，也是缺乏有效风险控制的一个重要体现。陈某不顾我国政策法规对衍生品投机明确禁止的法令，在期货和期权市场上操作近一年时间，母公司却丝毫没有发觉，这不能不说母公司在对子公司的监管方面出了严重问题。

（2）对油价走势的错误判断是失败的直接原因。

在衍生品交易过程中，如果没有进行相关的风险对冲，衍生品的交易就变成了纯粹的赌方向。由于衍生品具有杠杆效应，一旦看错方向，损失将成倍增加。A公司卖出大量的看涨期权，赌油价下跌，获得期权权利金。然而，事与愿违，油价的飙升使得公司最终无法支付巨额的保证金而被强行平仓，造成巨额损失。

（3）未及时止损是导致最终巨亏的重要原因。

在衍生品交易中，看错方向很正常。由于衍生品具有高杠杆性，因此在衍生品投机中要设定严格的止损措施，把亏损控制在合理的范围内。而A公司在卖出大量的石油看涨期权时，对油价的方向判断是下跌，实际上油价一路飙升，如果初期能及时止损出局，损失将比现在少。然而，A公司没有采取止损策略，反而采取了一种输了加码的赌徒策略，拒不认输，最终导致了巨亏。

任务4.5

证券投资规划

任务目标

1. 了解证券投资规划的基本知识。
2. 熟悉证券投资规划的步骤。
3. 掌握编制证券投资规划的方法。

任务引入

张先生在保险公司从事销售工作，年薪10万元，女朋友在一家公司担任文职，年薪7万元左右。两人月工资10 000元左右，年底会有50 000元左右的奖金。两人目前没有存款或其他投资，只有每个月1 000元的基金定投，已持续6个月。两人单位有交社保和公积金，公积金每月2 200元。目前张先生和女朋友的房租为2 000元/月，平时花费没有节制，到了月底都会比较拮据，存不下什么钱，算是准“月光族”。张先生打算明年结婚，想存一笔钱，暂时不买房，婚后还是租房子住。

根据以上基本情况，你认为张先生及其女友应该如何进行理财？

任务预备

4.5.1 什么是证券投资规划

证券投资规划是在了解和分析投资者财务状况的基础上，根据投资者的理财目标和风险承受能力，制定合理的资产配置方案，通过证券投资组合来实现理财目标的过程。

作为理财规划的一个重要组成部分，证券投资规划是实现投资者理财目标的重要手段。如果没有通过投资实现资产增值，个人可能就没有足够的财务资源来实现购房、养老等生活目标。因此，证券投资规划对于整个理财规划有着重要的基础性作用。

4.5.2 证券投资规划的步骤

1. 认识证券投资风险

证券投资风险是指未来在证券投资收益的不确定性，在投资中可能会遭受收益损失甚至本金损失的风险。在投资时，首先要想到风险，应该合理地管理和规避风险，然后才能获利。

2. 测量投资者风险承受能力

投资者通常要面临投资风险，投资者能承受多大的风险，是投资过程中需要考虑的关键问题。投资者的风险承受能力可以通过量化打分和标准化问卷方式评估。投资者的风险承受能力一般可分为五个类型：（1）保守型：是最低风险等级。该类投资者的特征是缺乏投资经验，任何下跌都不愿意接受，甚至不能承受极小的资产波动，往往只追求固定的收益。（2）谨慎型：该类投资者的特征是经验较少，能够拿出一些资金用于投资，不愿意接受暂时的投资损失，比较关注本金安全。（3）稳健型：该类投资者的特征是有一定经验，愿意承担一定程度的风险，主要强调投资风险和资产增值之间的平衡。（4）积极型：该类投资者的特征是为了获得高回报的投资收益，能够承受投资产品价格显著波动，主要投资目标是实现资产增值。（5）激进型：该类投资者的特征是能够承受投资产品价格的剧烈波动，也可以承担这种波动所带来的结果，投资目标主要是取得超额收益。

3. 评估并选择证券投资工具

证券投资工具主要是用来评估每个证券投资品种收益和风险之间的关系。投资者投资工具的选择上应该与其投资目标一致，并考虑投资收益和风险的平衡。

4. 进行资产配置

依据投资者风险承受能力测量结果，可以判断出投资者类型。投资者可以分为保守型、谨慎型、稳健型、积极型、激进型五种，不同类型投资者适合的资产配置方案不同。通常来讲，保守型投资者可以投资国债等高安全系数的固定收益类品种；谨慎型投资者配置国债的同时，还可以增加企业债、债券型基金等品种；稳健型投资者可以平衡配置债券、股票、基金等品种；积极型与激进型投资者主要配置股票、股票型基金等高风险资产；激进型投资者还可以配置期货类金融衍生品。

5. 编制证券投资规划

证券投资规划的具体方案应包括：确定可以用来投资的资产，建立投资目标，制订投资计划，评估并选择合适的证券投资工具，构建合理的证券投资组合并进行管理。

6. 修正证券投资规划

证券投资规划在运行过程中会受到市场、政策等不确定因素的影响，投资规划中的产品组合的收益风险预期也会发生相应的变化。在投资预期发生变化后，要对证券投资规划进行及时的修正调整，以确保整个投资规划的合理性和有效性。

4.5.3 如何编制证券投资规划

1. 确定可用来投资的资产

将现有资产负债进行清理调整，预留衣食住行、娱乐及医疗等基本生活开支，并通过开源节流增收节支，增加可用于证券投资的资产。

2. 建立投资目标

投资目标要建立在切实可行的基础上，根据不同人生阶段的财务状况、风险承受能力，制定合适的投资目标（可参照表 4-7）。

表 4-7 不同人生阶段的证券投资策略

人生阶段	财务状况	风险承受能力	理财目标	投资建议
单身期	收入相对固定但收入水平较低，支出相对较多	处于人生的起步并上升阶段，不怕失败，风险承受能力强	期望高收益，为今后建立自己的家庭积累财富，并积极创造财富	股票和成长型基金80%；债券、货币市场基金、债券型基金20%
家庭与事业形成期	家庭收入趋于稳定，收入水平增长明显	投资风险承受力较强，期望在获得高收益的同时能够保证部分资金的稳定收益	购置家庭大件物品（如房屋等）、子女教育金	股票和成长型基金60%；债券和债券型基金35%；保障型投资5%
家庭与事业成长期	资产进入高速增长期，但支出也进入高峰期，如子女教育支出、赡养父母支出	能够承受高风险，与此同时，稳定收益的重要性开始显现	保障子女教育支出的大幅增加和父母赡养费用，开始规划自己的养老财富积累	期货和期权等金融衍生品5%；股票和混合型基金45%；债券和债券型基金40%；保障型投资10%

续表

人生阶段	财务状况	风险承受能力	理财目标	投资建议
退休前期	收入进入高峰后出现拐点，但一些相应的支出也慢慢减少（如房贷接近尾声，子女参加工作）	风险承受能力逐渐减弱，稳定的收益和养老问题日益重要	养老金的储备，应对重大疾病、意外等的支出	混合型和红利型基金35%；债券和债券型基金50%；保障型投资15%
退休期	收入趋于下降	具备了很好的个人财务基础，风险承受能力开始急剧减弱	理财收益的稳定性放在首位，更多为以后生活服务	混合型和红利型基金25%；债券和债券型基金55%；保障型投资20%

3. 制订投资计划

在设定具体投资目标的基础上，可以初步拟订投资计划书，内容包括投资目标、目标金额、实现时间等。

4. 选择合适的证券投资工具

要评估每个投资工具的收益和风险之间的关系，选择收集进一步的投资信息，选取与投资目标一致的投资工具。最好的投资工具未必是收益最大的工具，其他的因素如风险和税负的考量可能影响更大。仔细挑选投资工具是投资成功的关键所在。

5. 构建科学的投资组合

通过构建科学的投资组合，有效降低投资的风险，增加投资收益，达到资产保值增值的实际效果。

6. 投资组合的管理

投资组合确立后，应及时跟踪投资组合的收益，不断比较投资目标与实际投资收益的差距，及时做出调整，实现投资目标。

任务实施

1. 请在笔记本上总结在编制证券投资规划时应该注意哪些问题。
2. 测量一下自己的风险承受能力。

项目总结与自测

1. 了解股票、债券、基金、期货等投资工具的风险属性与常见的投资策略。
2. 掌握制定投资规划的方法，能够客观认识证券产品的收益与风险，培养理性投资的意识与能力。

项目总结

思维导图：

- 项目4 证券产品投资规划
  - 股票投资
    - 认识股票
    - 股票投资的收益与风险
    - 股票投资程序
    - 股票投资分析的主要方法
    - 股票投资的具体策略
  - 债券投资
    - 认识债券
    - 债券的收益
      - 持有期收益率的计算
      - 到期收益率的计算
    - 债券投资的风险及防范对策
    - 债券投资的策略
      - 消极型策略
      - 积极型策略
  - 基金投资
    - 认识基金
    - 基金的收益和费用
    - 基金投资策略
      - 基金投资的原则
      - 选择基金应考虑的因素
      - 基金投资的方法
      - 基金组合投资策略
  - 期货投资
    - 认识期货
    - 影响期货价格的主要因素
    - 期货交易流程
    - 期货交易的理财方式
      - 套期保值
      - 套利
      - 投机
  - 证券投资规划
    - 证券投资规划概念
    - 证券投资规划步骤
      - 步骤一：认识证券投资风险
      - 步骤二：测量投资者风险承受能力
      - 步骤三：评估并选择证券投资工具
      - 步骤四：进行资产配置
      - 步骤五：编制证券投资规划
        - 步骤一：确定可用来投资的资产
        - 步骤二：建立投资目标
        - 步骤三：制订投资计划
        - 步骤四：评估并选择合适的投资工具
        - 步骤五：构建合理的投资组合
        - 步骤六：投资组合的管理
      - 步骤六：修正证券投资规划
    - 如何编制证券投资规划
      - 确定可用来投资的资产
      - 建立投资目标
      - 制订投资计划
      - 选择合适的证券投资工具
      - 构建科学的投资组合
      - 投资组合的管理

项目综述：本项目分为5个任务：任务4.1介绍了股票的基础知识，并进一步介绍了股票投资的程序、分析方法和策略。任务4.2介绍了债券的基础知识，并进一步介绍了债券投资的收益、风险和策略。任务4.3介绍了基金的基础知识，并进一步介绍了基金投资的收益、费用和策略。任务4.4介绍了期货的基础知识，并进一步介绍了期货投资的价格影响因素、交易流程和理财方式。任务4.5介绍了证券投资规划的概念，并着重介绍了如何编制一份证券投资规划。最后以思维导图和自测题目的方式，对整个项目进行总结和归纳。本项目要求学习者能够运用各种证券投资产品，为客户制定一份合适的投资规划方案。

项目自测

项目知识训练

一、判断题

1. 股票是代表股份所有权的股权证书，是代表对一定经济分配请求权的资本证券。（　　）
2. 证券自营业务是指证券经营机构为本机构买卖上市证券以及证监会认定的其他证券的行为。（　　）
3. 证券投资基金按法律地位的不同，可分为公司型基金和契约型基金。（　　）
4. 证券投资基金依据收益凭证是否可赎回，可划分为成长型基金、收入型基金和平衡型基金。（　　）
5. 金融衍生工具的可复制性是指只要掌握了衍生工具的定价和复制技术，就可以较随意地分解、组合，根据不同的市场参数设计不同的产品。（　　）
6. 期货交易中缴纳的保证金一般为期货合约价值的5%～10%。（　　）
7. 金融远期合约是为了赚取交易价差而产生的。（　　）
8. 成长型基金的说法强调为投资者带来经常性收益，所以常按时派息给投资者，使投资者有固定的收入来源。（　　）
9. 金融衍生产品的价值一般与基础金融工具的价格紧密相关。（　　）
10. 金融衍生产品的价值依赖于基本标的资产价值。（　　）

二、单选题

1. 港股通交易以港币报价，投资者以（　　）交收。
   A. 港币　B. 美元　C. 欧元　D. 人民币
2. 我国证券交易所的证券交易采取（　　），一般投资者只能委托会员间接进行交易。
   A. 代理制　B. 委托制　C. 代销制　D. 经纪制
3. 下列不属于影响债券利率因素的是（　　）。
   A. 筹资者的资信　B. 债券票面金额
   C. 债券期限长短　D. 借贷资金市场利率水平
4. 中国人民银行指定的银行间债券登记、托管和结算的机构是（　　）。
   A. 中央国债登记结算有限责任公司　B. 中国结算所
   C. 中国金融期货交易所　D. 中央登记所
5. 某股票即时揭示的卖出申报价格和交易数量分别为：15.60元、1 000股，15.50元、

800股，15.35元、100股；即时揭示的买入申报价格和交易数量分别为：15.25元、500股，15.20元、1 000股，15.15元、800股。若此时该股票有一笔买入申报进入交易系统，价格为15.50元、600股，该委托的交易数量情况可能为（　　）。

A. 买入价格为15.35元、成交数量为100股，买入价格为15.50元、成交数量为500股

B. 买入价格为15.35元、成交数量为500股，买入价格为15.50元、成交数量为100股

C. 买入价格为15.35元、成交数量为300股，买入价格为15.50元、成交数量为300股

D. 买入价格为15.35元、成交数量为200股，买入价格为15.50元、成交数量为400股

6. 关于公募基金，下列说法中错误的是（　　）。

A. 运作必须严格遵循相关的法律和法规，并受监管机构的严格监管

B. 最小金额要求较低，且投资者众多

C. 募集的对象通常是不固定的

D. 一般投资于衍生金融工具等高风险产品

7. 若采用固定投资比例策略限制股票资产在40%，起始投资组合中股票为80万元，其余则持有现金。若3个月后股票资产上涨28万元，则此时投资人应采取何种动作？（　　）

A. 卖出价值9.6万元的股票　　B. 卖出价值10.8万元的股票

C. 卖出价值16.8万元的股票　　D. 不买不卖

8. 证券交易所在每个交易日（　　），根据证券公司报送数据，向市场公布最近一个交易日的融资融券交易总量。

A. 16:00前　　B. 收市后　　C. 22:00前　　D. 开市前

9. 目前，我国对投资者（包括个人和企业）买卖基金单位，（　　）印花税。

A. 征收4%　　B. 暂不征收　　C. 征收1%　　D. 征收2%

10. 记名股票的特点不包括（　　）。

A. 股东权利归属记名股东　　B. 可以一次或分次缴纳出资

C. 安全性较差　　D. 转让相对复杂或受限制

11. 证券投资基金的资金主要投向（　　）。

A. 实业　　B. 邮票　　C. 有价证券　　D. 珠宝

12. 下列关于证券投资基金的说法，正确的是（　　）。

A. 投资基金按投资目标不同分为开放式基金和封闭式基金

B. 证券投资基金可以通过有效的资产组合最大限度地降低系统风险

C. 证券投资基金的特点包括专业管理、分散化投资、规模经营等

D. 基金托管人负责管理和运用基金资产

13. 公司型基金的特点不包括（　　）。

A. 依据《公司法》组建，并依据公司章程经营基金资产

B. 具有法人资格

C. 投资者无权对公司的重大经营决策发表自己的意见

D. 在需要扩大规模、增加资产时，可以向银行申请借款

14. 买卖双方在交易所签订的，在将来的某一确定时间，按确定的价格购买或者出售某金融工具的标准化协议是（　　）。
A. 金融期权合约　B. 金融互换合约　C. 金融远期合约　D. 金融期货合约

15. 某客户 2022 年 1 月 1 日投资 1 000 元购入一张面值为 1 000 元、票面利率为 6%、每年付息一次的债券，并于 2023 年 1 月 1 日以 1 100 元的市场价格出售。该债券的持有期收益率为（　　）。
A. 10%　B. 13%　C. 16%　D. 15%

三、多选题

1. 证券的票面要素有（　　）。
A. 标的物　B. 权利　C. 义务　D. 持有人

2. 按股票持有者分类，股票可分为（　　）。
A. 内部职工股　B. 国家股　C. 法人股　D. 个人股

3. 债券型理财产品是以（　　）为主要投资对象的银行理财产品。
A. 国债　B. 金融债　C. 中央银行票据
D. 期权　E. 股票

4. 相对股票投资而言，债券投资的优点有（　　）。
A. 投资收益高　B. 本金安全性高　C. 投资风险小　D. 市场流动性好

5. 下列关于利率/债券挂钩类理财产品的说法正确的是（　　）。
A. 由银行发行　B. 收益高　C. 不稳定
D. 投资期限固定　E. 不得提前支取

6. 利率/债券挂钩类理财产品的挂钩标的包括（　　）。
A. 伦敦银行同业拆放利率　B. 国库券
C. 公司债券　D. 股票篮子　E. 单只股票

7. 证券投资基金按组织形式可分为（　　）。
A. 封闭型投资基金　B. 契约型投资基金
C. 公司型投资基金　D. 开放型投资基金

8. 客户甲于 2022 年 4 月 15 日在中国银行某网点认购了由国泰基金管理有限公司发行的国泰金鹿保本基金，则（　　）。
A. 客户甲是基金持有人　B. 国泰基金管理有限公司是基金管理人
C. 中国银行是基金管理人　D. 中国银行是基金托管人

9. 基金的流动性风险表现在（　　）。
A. 基金组合中股票价格的波动
B. 基金组合中债券价格的波动
C. 开放式基金可能发生巨额赎回导致赎回时间延长
D. 封闭式基金可能会在一定价格下无法及时出售
E. 基金管理人操作失误

10. 基金分红的形式有（　　）。

A. 配送　　B. 现金分红　　C. 转增
D. 红利再投资　　E. 配售

11. 证券投资基金的收益主要有（　　）。
A. 证券买卖差价　　B. 补贴　　C. 红利收入
D. 债券利息　　E. 存款利息收入

四、名词解释

1. 优先股
2. 记账式国债
3. 证券投资基金
4. 期货合约
5. 第三方存管

五、简答题

1. 简述股票的特征。
2. 影响股票价格变动的因素有哪些？
3. 股票投资的风险无处不在，如果你是投资者，你如何进行风险控制？
4. 简述债券的基本要素和特征。
5. 影响债券投资价值的因素有哪些？
6. 比较封闭式基金与开放式基金的区别。
7. 简述期货交易的基本特征。
8. 比较期货交易中套期保值、套利与投机的差异。

项目技能训练

实训任务一：股票投资产品的交易

实训目标：熟悉股票交易软件及行情，掌握股票交易的操作方法。

实训内容：

1. 使用互联网查询和下载网上证券交易软件，熟悉股票、债券、基金、期货、外汇等证券投资产品的报价及相关信息资料。

2. 根据所下载的证券交易软件，举例说明进行大盘分析、股价分析、分类报价、个股分析的方法以及对盘面功能的认识，并将自己的操作过程和分析结论写出来。

（1）大盘分析。

1）有关指数和大盘的认识及分析方法。

2）分时走势图的认识和分析方法。

（2）走势分析。

1）上证综合指数走势。

2）深圳成分指数走势。

3）沪深 300 指数走势。

4）上证 50 指数走势。

5）中证 500 指数走势。

（3）证券行情分类报价的内容。

（4）个股分析。

任选1～3只股票，总结个股分析的内容和方法。

3. 进行股票交易。学生进入模拟股票交易系统进行模拟交易。为取得较为满意的结果，要求对该任务的操作和数据的收集必须持续一段时间（建议不少于1个月），并且要求每个交易日都必须有股票交易记录和交易分析，并以此作为成绩的考核标准。

4. 根据实训操作过程完成实训报告。

实训任务二：股票投资分析

实训目标：熟悉股票投资的基本分析方法，掌握股票交易的技巧。

实训内容：

1. 浏览相关网站，收集我国主要宏观经济指标的数值并填入表4-8。

提示：可以在中国统计信息网进行查询。

表4-8　我国主要宏观经济指标情况

指标类别	具体指标	上一年	前年
国民经济总体指标	国内生产总值		
	失业率		
	通货膨胀率		
	进出口总额		
投资指标	全社会固定资产投资总额		
	实际利用外资总额		
消费指标	社会消费品零售总额		
	城乡居民储蓄存款余额		
金融指标	货币供应量		
	利率		
	汇率		
	外汇储备		
财政指标	财政收入		
	财政支出		
	赤字或结余		

2. 浏览相关网站，快速收集今年我国宏观经济政策的相关信息与数据，并分析和判断宏观经济政策的走势对股票交易市场的影响。

3. 运用所学的基本分析法的理论和方法，结合当前沪深大盘股价走势，分析判断大盘的中长期走势，并和同学讨论作为投资者你会采取怎样的投资策略。

4. 浏览上海证券交易所和深圳证券交易所的网站，查询新能源汽车行业所包含的上市公司，完成表4-9。结合当前我国对新能源汽车行业实施的政策进行分析和评价，分析新能源汽车类上市公司在行业中的竞争地位，提出新能源汽车行业上市公司的中长期投资策略。

表 4-9 新能源汽车行业上市公司一览表

所在交易所	股票代码	股票名称	所属地域	投资亮点

5. 利用所学知识，查询并收集沪深证券市场中的银行类上市公司，对这些公司进行财务比较分析，完成表 4-10 并写出分析结果。

表 4-10 ________年度银行类上市公司主要财务指标一览表

股票简称	流通 A 股（亿股）	总资产（亿元）	主营收入（亿元）	净利润增长率（%）

6. 根据表 4－11 中的价格，精准画出 K 线图，依据单根 K 线或 K 线组合的基本形态判断多空双方的力量对比，并判断其后市走势。

表 4－11　K 线价格

单位：元

交易日期	5 月 8 日	5 月 9 日	5 月 10 日	5 月 11 日
开盘价	10.52	11.82	11.82	12.80
最高价	11.65	12.00	13.00	13.54
最低价	9.8	11.72	11.82	12.45
收盘价	11.23	11.82	13.00	13.54

7. 根据证券交易行情软件，在大盘或个股的 K 线走势图上练习绘制趋势线、轨道线，在图中标出主要趋势、次要趋势、支撑位和压力位，并运用所学的均线理论和方法分析、判断股票买卖时机，并说明理由。

8. 根据实训操作过程完成实训报告。

实训任务三：债券收益率的计算

实训目标：熟悉债券知识，掌握债券收益率的计算方法。

实训内容：一位 50 岁左右的女士走进证券公司营业部，询问有关债券投资收益相关事项。她说："我现有一笔钱，想投资近期发行的债券，想了解一下近期发行债券的有关信息。请问个人可以投资除国债之外的其他债券品种吗？如果最近发行的债券个人投资者可以购买的话，我投资哪个合适呢？"

1. 学生三人一组，一人为客户，其余两人为客户经理。要求客户经理为客户解答上述问题，之后轮流进行模拟。

2. 学生及时查询最新的发债情况，表述时口齿清晰、详尽准确，进行必要的分析计算（将分析计算写出来），为客户提供参考。

3. 教师根据学生回答问题的准确性和完整性进行评价。

实训任务四：证券投资基金分析

实训目标：熟悉基金知识，掌握基金业务的办理流程。

实训内容：一位客户走进证券公司营业部咨询有关投资开放式基金的事宜，提出以下问题：投资开放式基金的获利方式有哪些？每日基金净值表中公布的基金净值与累计净值有什么区别？是按照哪个价格申购的？投资开放式基金需要办理哪些手续？

1. 学生三人一组，一人为客户经理，一人为客户，另一人为评委。要求客户经理当众陈述证券投资基金的种类、特点以及与股票、债券的主要区别，由教师和学生评委根据回答问题的准确性和完整性进行评价。

2. 小组成员轮流模拟客户经理为客户解答以上问题。

项目延伸

项目延伸

国内资产管理业
规模及结构发展

项目5 个人理财新方式——黄金、信托、典当

知识目标

1. 了解黄金的基础知识。
2. 熟悉影响黄金价格的主要因素。
3. 掌握黄金理财的主要产品。
4. 了解信托的界定、业务分类、经营机构等基础知识。
5. 了解典当理财的特点、流程，以及在个人理财中的运用。
6. 熟悉融资租赁和经营性租赁的概念、特点及区别。

技能目标

1. 能够准确和全面地理解黄金的基础知识。
2. 能够解读与黄金有关的市场信息和政策。
3. 能够通过正确地分析，进行理性的黄金投资。
4. 能够有效运用所学的典当、信托等理财技巧。
5. 熟悉集合资金信托的特点，能利用集合资金信托产品进行理财。

素养目标

1. 培养学生形成正确的投资理财观念。
2. 让学生对财富的获取和积累有正确的理解。

情景引入

黄金，化学元素符号为Au，金黄色，硬度2～3，熔点1 064℃，故有“真金不怕火炼”之说。黄金具有极强的延展性、传热性、导电性，光泽耀眼，产量稀少因而极为珍贵。货币、商品及金融属性兼具的特质注定了黄金的不凡，投资者若有储备投资、收藏传世的需求，却又不知该从何入手，那么黄金一定是不错的选择。

古今中外，黄金对人类的政治、经济、文化产生了深远的影响。

古埃及人将黄金比作太阳，视黄金饰品为守护生命的神圣之物；我国古代的诗词歌赋、成语俗话，凡跟黄金相关的大多指代美好珍贵之物。

黄金因其真正价值不受任何人和任何国家的制约，依旧是衡量世界经济前景重要的风向标之一。出于对全球通胀的隐忧，黄金等贵金属的投资价值被不断增强，这些年来，大量资金不断涌入贵金属市场，金价被不断推高，因此，黄金被各国央行普遍看好，并普遍增持。

现在，黄金的收藏投资已走入了千家万户，门槛低且十分便利。市面上常见的黄金投资方式有金条、金币（纯金币/纪念金币）、纸黄金。

思考：黄金投资的优点和品种有哪些？影响黄金价格的因素有哪些？

任务 5.1

黄金理财

任务目标

1. 了解黄金重量的衡量单位与黄金基本的物理特征。
2. 了解黄金投资的优点及影响金价的主要因素。
3. 熟悉黄金投资的常见品种。

任务引入

众所周知，黄金是一种贵金属。黄金为什么价值这么高？“乱世买黄金，盛世买古董”是什么意思？

下面，我们就来了解一下黄金。

任务预备

5.1.1 认识黄金

1. 黄金

黄金（Gold）是化学元素金的单质形式，是一种软的、金黄色的、抗腐蚀的贵金属。金是较稀有、较珍贵和极被人看重的金属之一。国际上一般黄金都是以金盎司（1 金衡盎司等于 31.103 5 克）为重量单位。中国古代以“两”作为黄金单位。黄金不仅是用于储备和投资的特殊通货，而且是首饰业、电子业、现代通信业、航天航空业等行业的重要材料。

微课 20

认识黄金和黄金市场

黄金的化学符号为 Au，金融上的英文代码是 XAU 或者是 GOLD。Au 的名称来自罗马神话中的黎明女神欧若拉（Aurora）的故事，意为闪耀的黎明。

黄金具有良好的物理属性、稳定的化学性质、高度的延展性及数量少等特点，便于长期保存，因而十分珍贵。在 20 世纪 70 年代前，黄金还是世界货币，目前依然在各国的国家储备中占有一席之地，是一种同时具有货币属性、商品属性和金融属性的特殊商品。黄金的用途有：用作国际储备、保值增值的工具、避险需求、用作珠宝装饰、工业与科学技术上的应用、个人资产投资。

阅读资料

世界各大黄金市场介绍

2. 黄金市场

全球的黄金市场主要分布在欧、亚、北美 3 个区域。欧洲以伦敦黄金市场、苏黎世黄金市场为代表；亚洲主要是中国香港黄金市场、东京黄金市场；北美的纽约黄金市场、芝加哥黄金市场和加拿大的温尼伯黄金市场都十分著名。

5.1.2 黄金投资的优点

1. 产权转移便利

在黄金市场开放的国家里，任何人都可以从公开的场合购得黄金，还可以像礼物一样进行自由转让，交易无障碍。

2. 世界上最好的抵押品

黄金是一种国际公认的抵押品，容易进行典当，只需要一份检验纯度的报告，且不乏买家承接。因此，一般的典当行都会给予黄金高达 90%贷款额的短期贷款。而古董、字画等投资品，由于它们的赝品在市场上并不少见，一般典当行不会轻易接受。而不记名股票、珠宝首饰、金表等物品最高的贷款额也不会超过 70%。

3. 黄金能保持久远的价值

商品在时间的摧残下都会出现物理性质不断被破坏和老化的现象，无论是名表还是汽车，除非因某些特殊人物使用过而升值，否则都会有不同程度的贬值。而黄金因其本身的特性，虽然会失去光泽，但是其质地不会发生变化。

4. 黄金市场很难出现庄家

任何地区性股票市场，都有可能被人为操纵，但是黄金市场几乎不会出现这种情况。黄金市场基本上是属于全球性的投资市场，现实中还没有哪一个财团的实力大到可以操纵全球黄金市场。也正是由于黄金市场做市很难，因此为黄金投资者提供了较大的保障。

5. 没有时间限制，可随时交易

黄金交易市场是一个全球性的市场，主要分布在欧洲、北美洲和亚洲三个区域。其中，欧洲以伦敦、苏黎世黄金市场为代表，北美洲以纽约、芝加哥和加拿大的温尼伯黄金市场为代表，亚洲以中国香港黄金市场为代表。伴随着欧洲、北美洲和亚洲市场在黄金交易时间上的互相衔接，形成了 24 小时不间断交易的全球黄金交易市场。全球黄金交易市场一般以伦敦早盘定价揭开序幕，紧接着纽约、芝加哥等先后开市，当伦敦下午收市后，纽约等北美洲市场仍在交易，当北美洲收市后，亚洲市场先后开市。伦敦的尾市价会影响美国的早市价格，美国的尾市价会影响中国香港的开盘价，而中国香港的尾市价和美国的收盘价又会影响伦敦的开市价，如此循环。投资者可以随时获利平仓，还可以在价位合适时随时建仓。黄金的世界性公开市场不设停板和停市，令投资黄金市场更有保障，不用担心在非常时期不能入市平仓止损。

5.1.3 影响黄金价格的因素

微课 21

金价是怎么波动的?

20 世纪 70 年代以前，黄金价格基本由各国政府或者中央银行决定，国际黄金价格较为稳定。70 年代初期，黄金价格不再与美元直接挂钩，黄金价格逐渐市场化，各种因素影响黄金市场供求，进而影响黄金市场价格。

1. 黄金供需关系

当黄金供大于求时，黄金价格下跌；当黄金供小于求时，黄金价格上升。每年秋冬，金价波动加大，上涨概率也变得更大，背后的原因就是“供需关系”。中国、印度等亚洲国家作为黄金消费的大国，在秋冬时节将迎来传统节日和婚嫁季节，会出现大量买入黄金的情况。

黄金的供给分为两部分：还没挖出来的金矿和已经挖出来的黄金。影响第一种供给的因素有金矿因为工人罢工或者电力原因停产，世界某地发现储量万吨的大金矿等。实际上“矿产金”产量的增长速度一直难以提高，存量黄金则实实在在地影响着供需关系。全球现有存量黄金约 17 万吨，其中 9 万吨左右被做成了首饰，3 万吨左右被央行存放在金库，另外 3 万吨是私人持有，工业用金消耗了大约 2 万吨。这里任何一部分向外抛售黄金，提供新“供给”，都会打压金价。

2. 美元走势

美元走强，黄金价格下跌；美元走弱，黄金价格上升。美元是绝大多数大宗商品交易的计价货币，也包括黄金。美元走强，1 美元可以买到的黄金变多，那么黄金价格下跌。反之，美元走弱，1 美元可以买到的黄金变少，黄金价格上涨。举个例子，用人民币买肉，如果央行印钞太多，人民币贬值，在猪肉产量稳定的情况下，你得花更多的钱才能买到 1 斤肉，那么肉价相对上涨，这种关系可以套用在“美元对黄金”“美元对石油”上。美元强弱主要看“美元指数”这个指标。

3. 通胀预期

若人们预期会通货膨胀，就会买入黄金，黄金需求增多，黄金价格上升，反之则下降。因通胀预期引起的金价波动，比较明显的例子发生在日本。2013 年，日本的退休老人纷纷买入黄金，以日元计价的黄金价格也随之上涨。究其原因是日本政府为了刺激经济，实行了激进的“无限宽松”措施。退休老人担心通胀突袭带来货币购买力下降，安享晚年的福利将大幅减少，才竞相购入黄金。

总的来看，西方主要国家的通胀越高，以黄金作保值的需求也就越大，其中，美国的通胀率最容易左右金价。

4. 战乱及政局动荡

“枪炮一响，黄金万两”“乱世买黄金，盛世买古董”。美元、英镑等任何一种主权信用货币，都可能会因为政府违约而大幅贬值甚至变成废纸，但是黄金作为终极财富的象征，跨越时间和国界，全球通兑通用。所以战乱时期，人们会买入黄金避险，从而引起金价上扬。

5. 货币危机

当货币大幅贬值时，政府信用受损，民众抢购黄金保值就会推高黄金价格，反之，黄金价格走低。历史上发行的很多种纸币最终都以崩溃告终。一旦政府失去信用，货币贬值或崩溃，民众就会大量抢购黄金寻求资产保值。2015 年巴西和阿根廷货币贬值，分别贬值 32%和 34%，而其国内黄金价格急剧上涨，分别上涨 33%和 37%，轻松跑赢其他资产。

5.1.4 黄金理财品种

1. 实物金

实物金买卖包括金条、金币和黄金饰品等交易，以持有实物黄金作为投资形式。其投资额较高，而且只有在金价上升时才可以获利。黄金饰品的价格一般在计算黄金重量之后还需加上制造、店租、人工等销货成本，购入价格较高，所以以黄金饰品做投资并不适宜。

金币有两种，即流通性金币和纪念性金币。流通性金币价格基本随国际金价波动，具有美观、可鉴赏、流通变现能力强等优点和保值功能。纪念性金币更具有纪念意义，由于普通投资者较难鉴定其价值，因此对投资者的素质要求较高。纪念金币主要为满足集币爱好者收藏需求，投资增值功能不大。

黄金现货市场上实物黄金的主要形式是金条和金块，也有金币、金质奖章和首饰等。金条有低纯度的沙金和高纯度的条金两种，条金一般重 400 盎司（约合 12.5 千克）。市场参与者主要有黄金生产商、中央银行、投资者和其他需求方。黄金交易商在市场上买卖，经纪人从中搭桥赚佣金和差价，银行为其融资。

由于金条本身并无任何特别昂贵的铸工和设计费用，同等重量下，金条的购入价格较低，所以它是黄金实物投资中最稳健的品种。

2. 纸黄金

纸黄金就是个人记账式黄金，它的报价类似于外汇业务，即随着国际黄金市场的波动情况进行报价，客户可以通过把握市场走势低买高抛，赚取差价。纸黄金又可称为黄金单证，即黄金所有人所持有的只是一张物权凭证而不是实物黄金，黄金所有人凭这张凭证可随时提取或支配实物黄金。能够确定交割日期的是黄金期货合约，随时可以交割的或不确定交割日期的是黄金现货合约，如黄金仓储单等。

纸黄金的类型除了常见的黄金储蓄存单、黄金交收订单、黄金汇票、大面额黄金可转让存单外，还包括黄金债券、黄金账户存折、黄金仓储单、黄金提货单等，黄金现货交易中当天尚未交收的成交单以及国际货币基金组织的特别提款权等，均属纸黄金的范畴。

纸黄金的交易特点如下：在黄金市场上采用纸黄金交易方式，可以节省实物金交易必不可少的保管费、储存费、保险费、鉴定费及运输费等费用的支出，降低黄金价格中的额外费用，提高黄金商品在市场上的竞争力；纸黄金交易可以加快黄金的流通，提高黄金市场交易的速度。

3. 黄金期货

一般而言，黄金期货的购买者、销售者都在合同到期前出售和购回与先前合同相同数量的合约，也就是平仓，无须真正交割实物金。每笔交易所得利润或亏损，等于两笔相反方向合约买卖差额。这种买卖方式，就是人们通常所称的“炒金”。黄金期货合约交易只需交易额10%左右的定金作为投资成本，具有较大的杠杆交易效应，少量资金推动大额交易，所以黄金期货买卖又称“定金交易”。

世界上大部分黄金期货市场交易内容基本相似，主要包括保证金、合同单位、交割月份、最低波动限、期货交割、佣金、日交易量、委托指令等。

4. 黄金期权

期权是买卖双方在未来约定的价位，具有购买一定数量标的的权利而非义务。如果价格走势对期权买卖者有利，投资者会行使其权利而获利。如果价格走势对其不利，则放弃购买的权利，损失当时购买期权的费用。

5. 黄金股票

所谓黄金股票，就是金矿公司向社会公开发行的上市或不上市的股票，所以又可以称为金矿公司股票。买卖黄金股票不仅是投资金矿公司，还是间接投资黄金，因此这种投资行为比单纯的黄金买卖或股票买卖更为复杂，投资者不仅要关注金矿公司的经营状况，还要对黄金市场价格走势进行分析。

拓展阅读

黄金 ETF 基金

黄金 ETF 基金是一种以黄金为基础资产进行投资，紧密跟踪黄金价格，并在证券交易所上市的开放式基金。世界主要金融市场如纽约、伦敦、巴黎、东京、中国香港等，均已推出了黄金 ETF。

通俗来说，以前投资者只能通过金店或黄金交易所来买黄金，国泰、华安黄金 ETF 同时获批发行后，打通了金交所和上交所两个市场，投资人用股票账户也能买黄金。

黄金 ETF 的运行原理为：由大型黄金生产商向基金公司寄售实物黄金，随后由基金公司以此实物黄金为依托，在交易所内公开发行基金份额，销售给各类投资者，商业银行分别担任基金托管行和实物保管行，投资者在基金存续期间内可以自由赎回。

任务实施

1. 请你谈一谈对黄金理财的个人看法。
2. 你觉得买银行代售的金条和买商场珠宝柜台里的金饰是一样的投资吗？

任务 5.2 信托理财

任务目标

1. 理解信托的概念、种类和信托在理财中的优势。
2. 重点掌握集合资金信托的相关细则。

任务引入

G 先生早年留学国外，专攻金融投资理财，回国后凭着自己的专业知识，进行了多种投资，成功赚取了数千万元财产。这些财产虽然是合法所得，但因自己的社会关系比较复杂，G 先生平时行事一向保持低调，担心传出去会引起误解，给自己带来不必要的麻烦。如果 G 先生现在就把这些财产分给子女，他又担心自己的老年生活得不到保障。

解决方案：

(1) 信托财产放在受托人名下，加上家族信托的私密性，达到合法保密财产的目的。

(2) 设立家族信托后，信托财产在法律上不再属于委托人，委托人如果需要对外申报财产，已经设立的他益信托财产无须进行申报，也无须用来清偿之后发生的债务。

(3) 家族信托方案包含严密的制度设计和监管方式，受托人只是名义上持有信托财产，无论是在技术上还是在法律上都不可能擅自处分或侵占受托财产，只能按照信托方案在条件达成时转移给委托人指定的受益人，确保了财产的安全性。家族信托不受委托人去世及其他变故的影响，具有传承功能。

课堂活动之“说一说”

“信托”的“信”指什么？“托”指什么？

任务预备

5.2.1 信托基础知识

1. 信托的界定

《中华人民共和国信托法》第二条明确规定：信托是指委托人基于对受托人的信任，将其财产权委托给受托人，由受托人按委托人的意愿以自己的名义，为受益人的利益或特定目的，进行管理或者处分的行为。

信托（Trust）是一种理财方式，是一种特殊的财产管理制度和法律行为，同时又是一种金融制度。信托与银行、保险、证券一起构成了现代金融体系。信托业务是一种以信用为基础的法律行为，一般涉及三方面当事人，即投入信用的委托人，受信于人的受托人，以及受益于人的受益人。

阅读资料

信托业务的分类、优势与功能

2. 信托的分类与优势

信托可以根据不同的标准分为多种类型，市场上比较常见的分类标准有根据信托财产性质进行划分、根据受益人的不同角度进行划分、根据信托所涉及的地理区域进行划分等分类标准。

信托具有鲜明的风险隔离、财产保全、避税等功能，同时具有投资范围多元化、可个性化设计产品等特点。

课堂活动之“想一想”

你觉得遇到哪些情况时会尝试使用信托理财呢？

5.2.2 集合资金信托

1. 集合资金信托的要求

2009 年 2 月修订的《信托公司集合资金信托计划管理办法》对集合资金信托产品做出了详细的规定。

（1）委托人资格。

委托人必须是合格的投资者，且为唯一受益人。合格投资者是指符合下列条件之一，能够识别、判断和承担信托计划相应风险的人：

1）投资一个信托计划的最低金额不少于 100 万元人民币的自然人、法人或者依法成立的其他组织。

2）个人或家庭金融资产总计在其认购时超过 100 万元人民币，且能提供相关财产证明的自然人。

3）个人收入在最近三年内每年收入超过 20 万元人民币或者夫妻双方合计收入在最近三年内每年收入超过 30 万元人民币，且能提供相关收入证明的自然人。

（2）委托人数量。

在合格投资者的基础上，进一步规定了在单个信托计划中，自然人人数不得超过 50 人，但单笔委托金额在 300 万元以上的自然人投资者和合格的机构投资者数量不受限制，这意味着集合资金信托产品主要是一种面向少数投资者的理财产品。

（3）发行方式。

2018 年 4 月 27 日，《关于规范金融机构资产管理业务的指导意见》（以下简称“资管新规”）正式发布。

在“资管新规”中，关于信托产品发行方式的规定和要求与现行的《信托公司集合资金信托计划管理办法》存在冲突，具体如下：

“资管新规”对信托产品给予了更宽的发行渠道和更灵活的发行方式。《信托公司集合资金信托计划管理办法》第八条第二款规定：信托公司推介信托计划时，不得进行公开营销宣传。也就是说，“资管新规”以前，信托计划只能以私募方式发行。而

“资管新规”第四条规定：资产管理产品按照募集方式的不同，分为公募产品和私募产品。根据“资管新规”第四条及第十条的规定，只要资金投向符合公募产品的要求，则集合资金信托产品可以以公募方式发行。此前，银行、券商能以公募和私募两种方式发行他们的资管产品，但信托产品只能以私募方式发行；在大资管行业统一监管的原则下，信托产品也应能以公募方式发行，才能体现公平性，使不同的金融机构在同一条件下竞争。

（4）资金投向及期限。

要求信托资金有明确的投资方向和投资策略，符合国家产业政策及其他有关规定，且信托期限不少于一年。信托公司运用信托资金进行证券投资，应当采用资产组合的方式，事先制定投资比例和投资策略，采取有效措施防范风险。

（5）资金保管人。

信托计划存续期间，信托公司应当选择经营稳健的商业银行担任保管人。信托财产的保管账户和信托财产专户应当为同一账户。

2. 集合资金信托产品

根据资金运用方式的不同，集合资金信托产品主要包括贷款集合资金信托产品、证券投资集合资金信托产品、股权投资集合资金信托产品、房地产投资集合资金信托产品等。

（1）贷款集合资金信托产品。

贷款集合资金信托产品是指在信托合同条款的基础上，根据由受托者与多个委托人之间订立的信托合同，将接受的信托资金主要以贷款或票据贴现的方法统筹运用，以实际获利、分红为原则，不允许受托人承诺保证信托资金的本金和最低收益的信托产品。《信托公司集合资金信托计划管理办法》规定，信托公司向他人提供贷款不得超过其管理的所有信托计划实收余额的30%。

（2）证券投资集合资金信托产品。

证券投资集合资金信托产品是受委托人的委托，将信托资金按照双方的约定，投资于证券市场上市公司股票的信托品种，是目前我国最主要的信托产品。目前我国的证券投资集合资金信托主要采用“信托公司＋保管银行＋私募公司”的模式运作，因此又被称为“阳光私募基金”。

2004年2月深国投推出了名为“赤子之心”的证券投资集合资金信托计划，2007年后此类集合资金信托产品大量面世，创造了优异的成绩。2013年，尽管证券市场的形势严峻，但是业界排名第一的“阳光私募基金”——创势翔1号收益达到125.55%。

（3）股权投资集合资金信托产品。

股权投资集合资金信托产品专指通过私募形式以新设、增资、收购等方式投资于非上市公司的信托产品。它是私募股权投资基金的主要形式，通常可以分为三种类型：风险投资型，通常指以高科技、互联网等为代表的高风险企业作为投资对象的信托；成长型，专门投资于成长阶段未上市企业的股权；收购型，专门投资于成熟企业的非上市和拟上市股权。

（4）房地产投资集合资金信托产品。

房地产投资集合资金信托产品是指通过制订信托投资计划，与委托人签订信托投资合同，以发行信托受益凭证等方式受托投资者资金进行房地产领域投资，并委托专业机构和人员实施具体的经营管理的一种集合资金信托产品。

目前我国许多信托公司发行的房地产投资集合资金信托产品是“准”房地产投资集合资金信托产品。之所以要加“准”字，是因为虽然当前的信托计划是先集合资金再进行房地产领域的投资，但是发行的并不是标准化的受益凭证，无法上市交易，由于该信托产品主要投资于房地产领域，与股票、债券等其他金融资产的相关性低，因此将其列入理财组合可以有效地分散风险。

房地产投资集合资金信托产品可以分为权益型、抵押权型和混合型三类。

权益型房地产投资集合资金信托直接投资于房地产领域，通常主要持有购物中心、公寓、办公楼、仓库等收益型房地产，其投资标的物的所有权属于整个信托基金，主要收入来源于出租房地产的租金收益及出售的资本利得。

抵押权型房地产投资集合资金信托的资产组合中，主要是对房地产开发公司的贷款和房地产贷款的抵押债权，由于是间接参与房地产经营而不是直接投资于房地产领域，因此收入来源为贷款利息。

混合型房地产投资集合资金信托的投资标的物兼有权益型和抵押型的特征，是上述两种类型的混合。

3. 集合资金信托产品的风险及风险规避

（1）集合资金信托产品的风险。

集合资金信托产品风险的产生来源于信息的不对称性和不确定性。

1）投资项目风险。

集合资金信托产品多数是依靠项目本身产生的现金流或利润作为还款来源，因此项目自身的风险是集合资金信托产品的最大风险之一，包括项目的市场风险、财务风险、经营管理风险等。

2）项目主体风险。

多数项目是由某一特定的、持续经营的主体发起的。由于该主体负责项目的实际操作和管理，因此该主体的经营管理能力、财务状况及还款意愿（即道德风险）将在很大程度上影响集合资金信托产品的安全程度。

3）信托公司风险。

信托公司风险主要包括项目评估风险和集合资金信托产品设计风险两方面。

信托公司对投资项目评估之后，根据特定项目的自身特点进行信用加强，使之成为风险较小的投资品种。信托公司的价值也就是通过这一环节体现出来的。

信托公司对投资项目的评估和信用增强措施是投资者进行集合资金信托产品风险评估的主要依据。因此，集合资金信托产品项目评估能力的高低和集合资金信托产品的设计水平将直接决定集合资金信托产品的风险大小。更重要的是，信托公司的产品设计能力将直接影响整个行业的风险水平。

4）流动性风险。

集合资金信托产品的流动性差、缺少转让平台，就会存在较大的流动性风险。

（2）集合资金信托产品的风险规避。

虽然集合资金信托产品存在着以上难以避免的风险，但是做好以下几点，还是可以尽量减少损失的。

首先，要选择信誉好的信托公司。这几年，我国有关监管部门对信托业进行了多次整顿，信托市场已经较为规范，但也可能存在缺乏良好职业道德的公司。所以投资者在考虑某信托产品是否值得投资时，很重要的一点就是要看它是哪家公司推出的。要选择资金实力强、诚信度高、资产状况良好、人员素质高和历史业绩好的信托公司进行委托。

其次，关注信托产品本身的盈利前景。目前市场上推出的信托产品大多为集合资金信托计划，即事前确定信托资金的具体投向。选择信托时要看投资项目的好坏，如项目所处的行业是否向好、项目运作过程中现金流是否稳定可靠、项目投产后是否有广阔的市场前景和销路，这些都隐含着项目的成功率，关系着投资的本金及收益是否能够到期按时偿还。

再次，关注信托项目的担保公司。即如果信托项目出现到期兑付困难，原先预设的担保措施能否及时有效地补偿本息。假如该项目是具备银行担保或银行承诺后续贷款的项目，其安全系数往往会高于一般信托计划，当然，收益会低一些。

最后，选择适合自己的信托产品。从投向上来讲，如房地产、股票市场投向的信托产品，风险略高，收益也相对高一些；而能源、电力等投向的信托产品比较稳定，现金流量明确，安全性好但收益相对低一些。不同的投资者应该购买符合自己风险特征的信托产品。对于养老基金或是为今后子女教育筹备的长期资金等，建议投资者购买低风险、适中收益的信托产品，如城市基础建设信托等；对于愿意承担风险的投资者而言，建议关注房地产、证券市场投向的信托产品，一般会有较高的回报。

任务实施

1. 个人信托业务的特点有哪些？
2. 查找资料，了解执行遗嘱信托的程序。

任务 5.3 典当

任务目标

1. 掌握典当的基础知识。
2. 理解典当的本质和特点。
3. 熟悉典当业务的基本流程。

任务引入

在我国，典当业有着悠久的历史。我国封建社会最早把“典”当作“质”。“质”的行为起源甚古，最早可追溯到周朝。据《北京典当业之概况》一书考证：“周礼地官质人，掌稽市之书契，大市以质，小市以剂。”春秋战国时两国相交，为信守承诺，只有以人为质，如《左传》中，鲁哀公八年，鲁国以吴国王子为人质，“吴人许之，以王子姑曹当之而后止”，其中的“当”即抵押之意。到了汉代，充当社会商品生产和交换的一般等价物——货币，已经有了长足的发展，同时生产力水平有了提高，这些都为典当业的崛起提供了有利的条件。典当业也从最初的“以人为质”发展到后来也是一直沿用至今的“以物为质”。可以说，典当业在我国是萌芽于东西两汉，兴起于南北两朝，成熟于大唐五代，立行于北金南宋，鼎盛于明清两季，衰落于清末民初，消亡于新中国成立初期，复兴于改革当代。

那么，什么是典当？典当有哪些功能和特点？典当的流程是怎样的？接下来让我们走进“典当”。

任务预备

5.3.1 典当基础知识

1. 典当与典当行

2005年4月1日起施行的《典当管理办法》规定，所谓典当，是指当户将其动产、财产权利作为当物质押或者将其房地产作为当物抵押给典当行，交付一定比例费用，取得当金，并在约定期限内支付当金利息、偿还当金、赎回当物的行为。通俗地说，典当就是要以财物作质押，有偿有期借贷融资的一种方式。这是一种以物换钱的融资方式，只要顾客在约定时间内还本并支付一定的综合服务费（包括当物的保管费、保险费、利息等），就可赎回当物。

典当行又称当铺、承典人、承当人，是专门发放抵押或质押贷款的非银行金融机构。典当行放贷的主要依据不是客户的信用，而是当物的价值，即“以物定贷，认物不认人”。当户与典当行之间是抵押或质押贷款关系。

2. 典当的特点

典当作为一种特殊的短期融资方式，具有以下特点：

（1）融资性。

融资性是典当首要的特点，即典当的功能性特点。它表现为典当是一种融资手段。当户可以采用典当方式，以借贷为基础，以质押为条件，将当物移转典当机构占有，从而换取当金，达到融通资金的目的。

（2）单一性。

单一性是典当最重要的特点，即典当的专有性或排他性特点。它表现为典当作为一种特殊质押，在实践中只担保货币之债，不担保实物之债。典当机构与当户之间形成典当这种特殊的质押担保关系，目的在于制约典当双方之间以金钱为标的的债权债务关系，而不是其他。

（3）商业性。

商业性是典当十分显著的特点，即典当的经营性特点。它表现为典当的经营主体，即典当机构，作为反复运用典当方式的独立的企业，营利必然且应当成为它所追求的目标。与此同时，典当过程中典当机构在对收当物鉴定、评估、作价、保管、保险和对死当物变价、处分等诸多环节上，也包含着明显的商业内容。

（4）小额性。

小额性是典当区别于其他金融借贷行为的特点，即典当放款方面的业务性特点。它表现为典当机构向当户发放当金的数额往往较小，通常小于银行等金融机构的贷款数额。

（5）短期性。

短期性是典当区别于其他金融借贷行为的特点，即典当时间方面的业务性特点。它表现为典当机构向当户发放当金的期限往往较短，通常大大短于银行等金融机构的贷款期限。

（6）高利性。

高利性表现为典当机构向当户发放当金的费率往往较高，通常大大高于银行等金融机构的贷款利率。典当机构收费包括综合费用和贷款利息两部分，以普通民用品（不含房产）为例，当期 1 个月的综合费率高达 45‰，贷款利率高达 5‰，即当期 1 个月的总费率为 50‰，相当于年利率 60%。

（7）便捷性。

相比较银行融资渠道，典当融资方便、快捷，为急需资金者提供了一个快速解决资金困难的途径。

（8）不等价性。

不等价性是典当最具争议的特点。它表现为典当机构在向当户发放当金时，通常都要按照一定的折价比率确定当价，即使当金的实际数额低于当物的实际价值。

3. 典当的功能

（1）资金融通功能。

在典当实践中，当户可以借助典当融资。无论当户是否回赎当物，典当的资金融通功能都是显而易见的。典当的资金融通功能既可以独立发挥作用，也可以与典当的其他功能一起发挥作用。钱物互换的法律本性决定了资金融通功能是典当首要的社会功能。

（2）当物保管功能。

在质押当中，当物（动产、权利凭证或证书）的保管功能，一方面来自赎当时典当双方当事人维护自身权利以及履行自身义务的需要，另一方面来自绝当时典当经营机构弥补自身损失或变现盈利的需要。当然，在抵押当中，当物的保管功能并未体现出来。典当的当物保管功能，要么与典当的其他功能同时发挥，要么先于典当的其他功能而发挥。

（3）当物销售功能。

当户借助典当融资，在不能回赎或不愿回赎当物而出现死当时，典当经营机构就可以通过变卖、拍卖、折价或直接归自己所有等法律许可的方式处理当物，这其中就涉及对当物的销售。典当的当物销售功能是最后发挥作用的，即其必须晚于典当的其他功能而发挥作用。

（4）其他功能。

典当除了具有上述三大社会功能外，还有其他诸如对当物的鉴定、评估、作价等服务功能。需说明的是，对于一次具体的典当交易来说，典当的上述三大社会功能是不会同时发挥作用的，其只能是有先后次序地相继发挥作用。

5.3.2 典当的流程

典当的流程主要包括收当、存当、赎当、续当或绝当几个环节。

1. 收当

收当是典当的初始环节。并非任何物品均可典当，必须是典当行有权处置、保存并可以转让的生产生活资料。一般个人典当主要为房产、证券、车辆、贵金属首饰、珠宝、钻石和名表等价值高、变现能力强的物品。

收当环节最重要的是对当物进行价格评估并确定当金数额和当期。我国商务部颁发的《典当管理办法》第36条明确规定：当物的估价金额及当金数额应当由双方协商确定。房地产的当金数额经协商不能达成一致的，双方可以委托有资质的房地产价格评估机构进行评估，估价金额可以作为确定当金数额的参考。典当期限由双方约定，最长不得超过6个月。

典当时，当户所承担的费用主要包括当金利息和典当综合费用。这两项费用主要根据当金和当期进行计算。《典当管理办法》第37条和第38条规定：典当当金利率按中国人民银行公布的银行机构6个月期法定贷款利率及典当期限折算后执行。典当当金利息不得预扣，即典当行支付当金时不得预先扣除利息。典当综合费用包括各种服务及管理费用，动产质押典当的月综合费率不得超过当金的42‰，房地产抵押典当的月综合费率不得超过当金的27‰，财产权利质押典当的月综合费率不得超过当金的24‰。当期不足5日的，按5日收取有关费用。

当金并非越高越好。当金越高即融通的资金量越大，根据《典当管理办法》中关于典当当金利率和综合费率的规定，所交纳的费用也就越高。对于借贷者尤其是高额借贷者来说，这也是一笔不小的费用支出。所以千万不要把“当东西”与“卖东西”两个概念混淆，例如只需1 000元，即便押给当铺的物品价值3 000元，也不必非借3 000元不可，否则要多承担费用。这是因为在同等费率下，当户在当金3 000元下所承担的利息和综合费用高于当金为1 000元下所承担的利息和综合费用。

当期不宜过长，赎当要及时。诚然，当期长时，当户获得典当行货币使用权的时间充裕，但是典当主要是以短期融资为目的，典当时间越长，支付的当金利率和综合手续费也就越多，因此需根据资金融通的需要合理确定典当期限。目前全国典当行大都以月为单位，最短为 5 天，最长为 6 个月，典当期满后可以续当。

一旦当金和当期确定，典当行和当户需要签订典当合同，并由典当行发放当金，这是收当的最后一项内容。

2. 存当

存当即当物保管。典当行从事动产和财产权利质押，必须对各类当物包括各类权利证书进行短期妥善保管，其仓储能力如仓储设施、仓储技术和安全系数的状况，直接关系到典当双方当事人权利义务的正常履行，这是任何一家典当行都应当具备的、必要的经营基础和基本业务素质。

3. 赎当、续当或绝当

（1）赎当。

赎当又称回赎，指当户在典当期限届满时偿还当金本息及相应费用，从典当行换回原当物的行为。赎当标志着典当双方权利义务关系的解除。赎当有提前赎当、按期赎当和逾期赎当三种情况。

（2）续当。

续当又称展期，指当户在典当期限届满时不赎当，而以原当物在同一典当行继续进行典当的行为。续当标志着典当双方权利义务关系的延续。《典当行管理办法》第 39 条规定：典当期内或典当期限届满后 5 日内，经双方同意可以续当，续当一次的期限最长为 6 个月。续当期自典当期限或前一次续当期限届满日计算。续当时，当户应当结清前期利息和当期费用。

续当的步骤一般为：账户持当票及有效证件来典当行；重估当物价值；结清前当期利息并交本期综合费用；在续当当票上签章。

（3）绝当。

绝当又称死当，指当户既不赎当也不续当的行为。《典当行管理办法》第 40 条规定：典当期限或者续当期限届满后，当户应当在 5 日内赎当或者续当。逾期不赎当也不续当的，为绝当。典当行有权对绝当物进行处置。

任务实施

1. 典当期满后可能发生哪几种情况？
2. 当东西与卖东西有何区别？

项目总结与自测

1. 掌握黄金投资的特点、渠道，以及影响黄金价格的因素。
2. 掌握信托的概念、种类、功能与特点；典当的功能、业务流程、费用标准。

项目总结

思维导图：

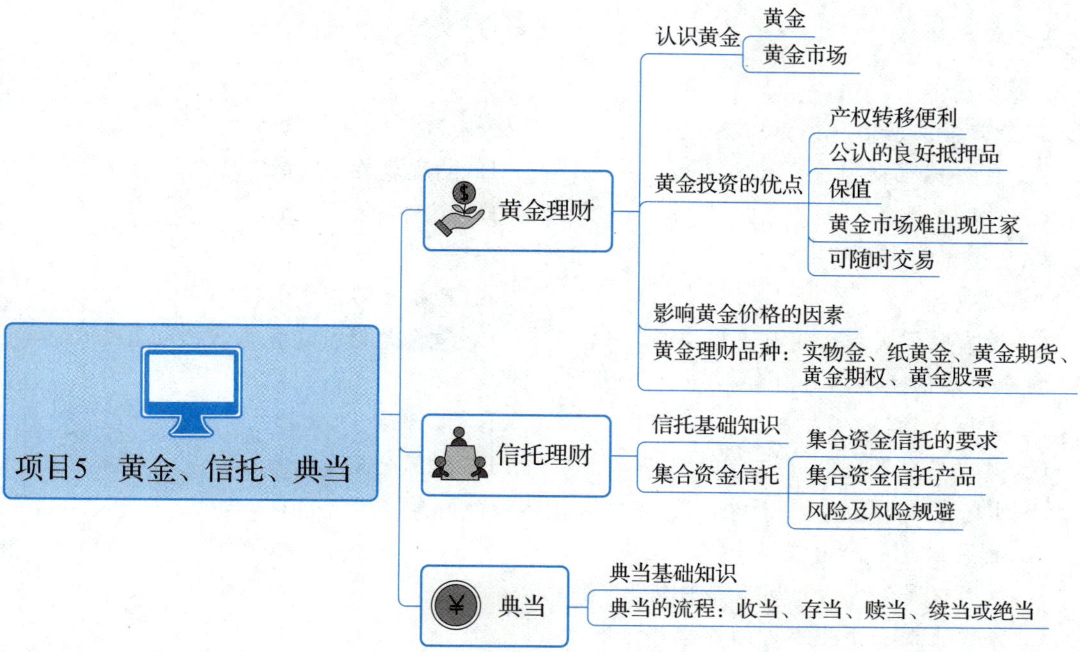

项目综述：本项目介绍了黄金理财、信托理财和典当。任务5.1介绍了黄金的基本概念、黄金投资的优点，影响黄金价格的因素和常见的黄金理财品种。任务5.2介绍了信托的基础知识和集合资金信托。任务5.3介绍了典当基础知识和典当的流程。

项目自测

项目知识训练

一、判断题

1. 我国的黄金计量单位是盎司。（　　）
2. 目前世界上最大的黄金市场是伦敦黄金市场。（　　）
3. 黄金期货是一种个人凭证式黄金，通常是按照银行报价在银行账面上买卖的黄金。（　　）
4. 各个国家的证券公司是世界上最大的黄金持有者。（　　）
5. 黄金价格和原油价格一般不存在关系。（　　）

二、单选题

1. 黄金的需求包括（　　）。

A. 黄金首饰需求　　B. 农业需求

C. 央行储备　　D. 投资需求

2. 信托行为设立的基础是（　　）。

A. 委托　　B. 金钱　　C. 股权　　D. 信任

3. 在信托期间，信托财产法律上的所有人是（　　）。

A. 委托人　　B. 受托人

C. 受益人　　D. 受托人和受益人

三、多选题

1. 黄金的属性包括（　　）。

A. 自然属性　　B. 物理属性

C. 货币属性　　D. 金融属性

2. 黄金投资的优点有（　　）。

A. 税收优势　　B. 产权转移便利

C. 没有时间限制，随时可以交易　　D. 黄金是对抗通货膨胀的利器

3. 黄金市场的主要参与者包括（　　）。

A. 国际金商　　B. 银行

C. 对冲基金等金融机构　　D. 经纪公司

4. 下列关于信托委托人、受托人、受益人描述正确的是（　　）。

A. 都可以是一个人或多个人

B. 既可以是法人，也可以是自然人

C. 法律上对三个当事人的资格都无限制

D. 受托人不能充当委托人和受益人

5. 从委托人的角度不同，信托可以分为（　　）。

A. 个人信托　　B. 身后信托

C. 法人信托　　D. 个人法人通用信托

6. 信托的职能包括（　　）。

A. 财产事务管理职能　　B. 融通资金职能

C. 社会投资职能　　D. 社会福利职能

7. 以下能充当信托财产的是（　　）。

A. 房屋　　B. 土地　　C. 商标权

D. 金钱　　E. 专利权

四、简答题

1. 简述投资信托的含义与作用。

2. 简述公益信托的意义。

项目技能训练

实训任务：典当买房

实训目标：了解典当的操作，掌握购房新方式。

实训内容：帮B先生运用典当方式购置房产。

B先生看中了一套三室两厅两卫的房子，按照现在开发商给出的优惠政策，总价可

以优惠到250多万元。但因为优惠期较短，B先生来不及卖掉自己的第一套房子来凑齐购房款。B先生在朋友的指点下得知可以通过典当方式获得款项。

请按照现行典当法的规定帮B先生计算评估运用典当方式购房是否合适。如果合适，请说说如何操作才能凑齐购房款。

项目延伸

项目延伸

关于对信托业务的进一步规范

项目 6 宁可千日不用，不可一日不备——保险规划

知识目标

1. 了解社会保险的概念、特征、功能及保障内容。
2. 了解保险的概念、分类和职能，掌握保险的基本原则。
3. 了解商业保险理财规划产品，熟悉其保险责任范围及保险利益。
4. 掌握保险理财规划的定义及步骤。

技能目标

1. 能进行家庭风险分析。
2. 掌握家庭风险管理方法。
3. 掌握制定个人家庭风险管理的程序。
4. 熟练开展保险规划的制定。

素养目标

1. 具备良好的风险管理意识。
2. 具备保险实际业务操作中人际沟通、策划、市场拓展所需的情商、美商等素养。
3. 具备良好的抗压能力。

情景引入

张先生是某单位的职员，在一次外出中他不幸遇到事故造成骨折，由于单位已经为张先生投保了一年期综合意外保险，发生事故时正好在保险期内，因此张先生在意外遭受伤害事故后需门诊或住院治疗时发生的医疗费用均在保险范围之内。

因为单位在投保的时候选择了住院误工津贴和住院护理津贴，所以张先生可以安心地在医院养伤而不必担心医疗费用和因误工而遭受的经济损失了。

思考：除了“情景引入”中的综合意外保险，你还知道哪些商业保险险种？如何制定合理并有效的保险规划？

任务 6.1

认识社会保险

任务目标

1. 理解社会保险的概念。
2. 理解社会保险的特征和功能。
3. 掌握社会保险的保障内容。

任务引入

北京市B区A钢具公司职工邓某下班后，与同厂两名女职工一同骑自行车回家，至曹章路口与同伴分手。邓某行至房郑路“八一”桥南约200米的地方时，被一辆汽车撞倒，造成邓某盆骨、左侧腓骨、拇指骨折，多处软组织损伤。出事后肇事司机逃逸，邓某被过往行人送往医院治疗。后北京市B区交通大队C支队对事故进行鉴定，认定邓某在此次交通事故中无责任。邓某向B区人力资源和社会保障局提请职工工伤认定。B区人力资源和社会保障局作出“邓某因工负伤”的认定结论。A钢具公司对行政认定结果不服，向北京市人力资源和社会保障局申请复议。

你觉得复议的结果会如何?

任务预备

6.1.1 社会保险的概念

社会保险（social insurance）是指为丧失劳动能力、暂时失去劳动岗位或因健康原因造成损失的人口提供收入或补偿的一种社会和经济制度。社会保险的主要项目和保障内容包括养老保险、医疗保险、失业保险、工伤保险、生育保险。

阅读资料

社会保险的主要内容

养老保险全称社会基本养老保险，是国家和社会根据一定的法律和法规，为劳动者在达到国家规定的解除劳动义务的劳动年龄界限，或因年老丧失劳动能力退出劳动岗位后的基本生活而建立的一种社会保险制度。

医疗保险亦称“疾病社会保险”或“健康社会保险”，是被保险人因疾病、负伤、残废等造成收入中断及医疗费用的损失，由保险组织提供物质帮助的一种社会保险制度。包括疾病补助金和健康照顾，即对医疗、特别医疗、门诊、住院疗养、家庭护理服务和药品供应等的费用给付。

失业保险是指国家建立失业保险基金，对因失业而暂时中断生活来源的劳动者提供物质帮助以保障其基本生活，并通过专业训练、职业介绍等手段为其再就业创造条件的制度。

工伤保险是指劳动者在工作中或在规定的特殊情况下，遭受意外伤害或患职业病，导致暂时或永久丧失劳动能力，以及死亡时，劳动者获得帮助的一种社会保险制度。

生育保险是国家通过立法，在怀孕和分娩的妇女劳动者暂时中断劳动时，由国家和社会提供医疗服务、生育津贴和产假的一种社会保险制度。它是国家或社会对生育的职工给予必要的经济补偿和医疗保健的社会保险制度。

社会保险主要是通过筹集社会保险基金，并在一定范围内对社会保险基金实行统筹调剂至劳动者遭遇劳动风险时给予必要的帮助。社会保险对劳动者提供的是基本生活保障，只要劳动者符合享受社会保险的条件，即或者与用人单位建立了劳动关系，或者已按规定缴纳了各项社会保险费，就可以享受社会保险待遇。社会保险是社会保障制度中的核心内容。

6.1.2 社会保险的特征和功能

社会保险具有诸多特征：社会保险的客观基础，是劳动领域中存在的风险，保险的标的是劳动者的人身；社会保险的主体是特定的，包括劳动者（含其亲属）与用人单位；社会保险属于强制性保险；社会保险的目的是维持劳动力的再生产。

社会保险的保险基金来源于用人单位和劳动者的缴费及财政的支持。保险对象范围限于职工，不包括其他社会成员。社会保险内容范围限于劳动风险中的各种风险，不包括此外的财产、经济等风险。

拓展阅读

社会保险的法律依据

《中华人民共和国社会保险法》第一条：为了规范社会保险关系，维护公民参加社会保险和享受社会保险待遇的合法权益，使公民共享发展成果，促进社会和谐稳定，根据宪法，制定本法。

第二条：国家建立基本养老保险、基本医疗保险、工伤保险、失业保险、生育保险等社会保险制度，保障公民在年老、疾病、工伤、失业、生育等情况下依法从国家和社会获得物质帮助的权利。

社会保险的功能主要有三个方面：一是稳定社会生活的功能；二是社会再分配的功能；三是促进社会经济发展的功能。

课堂活动之“说一说”

员工下班路上遭遇车祸，企业需要赔付吗？

任务实施

1. 请谈一谈你对社会保险的看法。
2. 请你简单说一说社会保险的保障内容。

任务 6.2

商业保险主要险种

任务目标

1. 理解保险的概念、保险产品的分类和职能，掌握保险的原则。

2. 了解市场上常见的保险产品，熟悉其保险责任范围及保险利益等。

阅读资料

认知风险

任务引入

赵先生认为购买保险兆头不好，从不买保险。赵先生的同事某日意外摔伤，医疗费用由保险公司埋单。赵先生认为，此君有此一劫，都怪之前买了保险，惹了祸。两个月后，赵先生在爬山时不小心摔断了腿，因为没有购买保险，赵先生的医疗费用只能自掏腰包。

你是如何看待商业保险的？

任务预备

6.2.1 认识保险

微课 22

风险是个啥？

1. 保险的概念

保险是指投保人根据合同约定，向保险人支付保险费，保险人对于合同约定的可能发生的事故因其发生所造成的财产损失承担赔偿保险金责任，或者被保险人死亡、伤残、疾病，或者达到合同约定的年龄、期限等条件时承担给付保险金责任的商业保险行为。

保险因其与生俱来的损失补偿与风险管理功能，一直是人类社会发展和社会保障的安全卫士。党的二十大报告指出，“我们深入贯彻以人民为中心的发展思想，在幼有所育、学有所教、劳有所得、病有所医、老有所养、住有所居、弱有所扶上持续用力，人民生活全方位改善”；“建成世界上规模最大的教育体系、社会保障体系、医疗卫生体系，教育普及水平实现历史性跨越，基本养老保险覆盖十亿四千万人，基本医疗保险参保率稳定在百分之九十五”。

2. 保险产品的分类

保险产品的分类标准及具体产品如表 6－1 所示。

表 6－1 保险产品的分类标准及具体产品

分类标准	类别	具体产品
经营政策	社会保险	医疗保险、养老保险、生育保险、失业保险、工伤保险
	商业保险	健康保险、人寿保险和财产保险

续表

分类标准	类别	具体产品
保险标的	人身保险	人寿保险、人身意外伤害保险、健康保险、分红险
	财产保险	财产损失保险、责任保险、信用保险、保证保险
投保意愿	自愿投保	寿险、万能险、投连险、家庭财产险
	强制保险	交强险

3. 保险职能

保险主要有“分散风险”的职能，可以把少数人的风险损失分散到多数未发生风险损失的投保人身上。保险还具有损失补偿和经济给付的职能，保险人承保业务后如果发生承保范围内的损失，将根据合同规定支付保险金，使被保险人的损失在实际损失额度内得到补偿。

4. 保险原则

（1）保险利益原则。保险利益是指被保险人或投保人对保险标的具有的法律上承认的利益。财产保险的被保险人在保险事故发生时对保险标的应当有保险利益。保险利益有四个成立条件：合法的利益、经济有价的利益、确定的利益、有利害关系的利益。

（2）近因原则。近因是指风险和损失之间，导致损失的最直接、最有效、起决定作用的原因，用以确定保险赔偿责任。

（3）损失补偿原则。保险事故发生后，被保险人从保险人处得到的赔偿正好填补被保险人因保险事故造成的保额范围内的损失。实际运用过程中，应当以实际损失为限，以保额为限，以保险利益为限。

（4）损失补偿原则。损失补偿原则有三个派生原则，即重复保险分摊原则、代位求偿原则、委付原则。在重复保险的条件下，为了避免被保险人因保险事故获得超额赔偿，因此采用顺序、限责和分摊等原则。代位求偿是指因第三者对保险标的的损害造成保险事故时，保险人向被保险人赔偿保险金以后，在赔偿金额范围内取代被保险人的地位行使对第三者请求赔偿的权利。保险委付，是指被保险人将保险标的物的一切权利转移给保险人，由此请求其支付全部保险金额的一种行为。委付通常使用于海险，大多数财产保险禁用。

（5）最大诚信原则。诚信是指诚实、守信。保险合同就是建立在诚实信用基础上的一种射幸合同。保险合同当事人行使权利、履行义务应当遵循诚实信用原则。最大诚信原则主要通过保险合同双方的诚信义务来体现，具体包括投保人或被保险人如实告知的义务及保证义务，保险人的说明义务及弃权和禁止反言义务。

6.2.2 商业保险理财规划产品

1. 人身保险

人身保险是以人的生命或身体为保险标的，在被保险人的生命或身体发生保险事故或保险期满时，依照保险合同的规定，由保险人向被保险人或受益人给付保险金的保险形式。人身保险包括人寿保险、健康保险、人身意外伤害保险等。在财产保险中，保险人承担的是保险标的损失的赔偿责任，而在人身保险中，保险人承担的是给付责任，不问损失与否与多少。为此，人身保险通常为定额保险。

人寿保险：简称寿险，是一种以人的生死为保险对象的保险，是被保险人在保险责任期内生存或死亡，由保险人根据契约规定给付保险金的一种保险。

健康保险：以人的身体为保险标的，以被保险人因疾病或意外伤害而导致的伤、病风险为保险责任，使被保险人因伤、病发生的费用或损失得到补偿的保险。

人身意外伤害保险：以人的身体为保险标的，以被保险人遭受意外伤害导致的残疾（或死亡）为给付条件的保险。

其中人寿保险的业务范围包括生存保险、死亡保险、两全保险。

生存保险：以约定的保险期限满时被保险人仍然生存为保险条件，由保险人给付保险金的保险，如养老年金保险。

死亡保险：以保险期限内被保险人死亡为保险条件，由保险人给付保险金的保险。

两全保险：以保险期限内被保险人死亡和被保险人仍然生存为共同保险条件，由保险人给付保险金的保险，如简易人身险。

2. 财产保险

财产保险是指以各种物质财产及有关利益为保险标的，以补偿投保人或被保险人经济损失为基本目的的一种经济补偿制度。广义上来讲，它包括物质财产保险、责任保险、信用保险、保证保险、农业保险等业务在内的一切非人身保险业务，如机动车保险、企业财产保险、家庭财产保险、船舶保险、货物运输保险、意外伤害保险等。狭义的财产保险仅指各种财产损失保险，它强调保险标的是各种具体的财产物资。

3. 投资型寿险

投资型寿险主要包括分红保险、投资连结保险和万能保险。投资型寿险具有保障与投资的双重功能。

阅读资料

投资型寿险介绍

任务实施

1. 有了社会保险，还需要购买商业保险吗？为什么？
2. 学以致用：请对你的家庭成员个人的人身风险和家庭财产风险进行分析，并试着找到比较合适的规避风险的方法。
3. 请使用康奈尔笔记法总结本节内容。

任务6.3 保险理财规划

任务目标

1. 理解保险理财规划的定义，了解制定保险理财规划的原则与步骤。
2. 掌握个人（家庭）保险需求分析方法。
3. 能够根据客户情况进行保险需求的测算和分析。

任务引入

张某夫妇均为 38 岁，无父母需要赡养，有两个子女，长子 8 岁，幼女 3 岁，税后年收入 40 万元（张某 24 万元，妻子 16 万元）。家庭主要资产及负债：房屋 300 万元，房贷余额 80 万元；汽车、其他资产合计 30 万元，车贷余额 4 万元；储蓄存款 80 万元；年家庭生活费用 15 万元。张某喜欢户外运动，每周都要爬山或者徒步。妻子喜欢旅游，每年会一个人与朋友一起外出旅游两次。假设可实现的税后投资收益（贴现）率为 7%，通胀率为 4%，工资按每年 5%的速度增长。试为张某夫妇进行保险理财规划。

任务预备

6.3.1 保险理财规划的定义、制定原则

1. 保险理财规划的定义

保险理财规划是指为了规避、管理个人面临的人身风险、财产风险和责任风险所需要制定的规划。人们通过办理和购买不同品种、金额、期限的保险来实现对风险的规避和管理。保险理财规划具有风险转移和合理避税的功能。

在个人或家庭的生命周期的不同阶段，都有着不同的生活重心和财务目标，无论哪个生命周期阶段，个人或家庭财务问题始终围绕着消费、保障和投资三大方面。在保险、股票、房地产、债券等众多理财工具中，只有保险是可以同时适用于消费理财、保障理财和投资理财的工具，保险理财规划也就成为实现个人或家庭财务安全最科学有效的方式。通常，保险理财规划涉及家庭保障计划、教育基金计划、退休金计划、应急现金计划和储蓄计划几个方面。保险理财规划涉及死亡风险、残疾风险、医疗风险、养老风险和财产风险等风险的防范，它是理财规划中非常重要的一个内容。

微课 23

保险这么讲原则？

2. 制定保险理财规划的原则

（1）风险转移原则。

投保的主要目的是转移风险，在发生保险事故时可以获得约定的经济补偿。因此，在投保之前就要全面分析自身或家庭面临的风险状况，对风险进行规避、预防或者抑制，规划组合，合理地将尽可能多的风险转嫁给保险公司。

（2）量力而行原则。

保险是一种经济行为，投保人需要付出一定的经济代价即保险费，才能获得相应的保险保障。在不同的情况下，投保人支付的保险费是不同的。投保险种越多，保险金额越高，保险期限越长，保费也就越高。因此，投保人在投保时必须充分考虑自身经济承受能力，根据自身的年龄、职业和收入等实际情况，力所能及地适当购买保险产品，争取在支付一定保费的同时，获得最大的保险保障。保险费缴纳一般遵循“十一法则”，即每年所缴纳的保费以个人或家庭年可支配所得（扣除各项税费后的余额）的 10%为宜。寿险的保额确定为一个人年收入的 3 倍左右，人身意外伤害保险的保额一般确定为一个

人年收入的10倍左右。

(3) 组合保障原则。

组合保障原则，就是将含有寿险、人身意外伤害保险、健康保险、车险、家庭财产险等保障利益的多个保险险种以一个保险计划的形式出现。综合投保可避免各个单独保单间可能出现的重复，从而节省保险费，得到较大的费率优惠。

(4) 生命周期原则。

人生不同生命周期，保险需求必然不同。在进行理财规划时，需要充分考虑不同生命周期的保险需求。单身期主要考虑疾病保险和意外保险；家庭形成期需要侧重考虑疾病保险、意外保险以及养老保险；家庭成长期需主要考虑疾病保险、意外保险、养老保险和投资型保险；家庭衰老期则出于身体状况和遗产分配的需求，需重点考虑疾病保险和寿险。

(5) 商业保险与社会保险相结合原则。

社会保险、商业保险和企业年金形成个人保障体系的“三足”，相互支持、相互补充。在我国，企业年金才刚刚起步，没有普及，受益者较少，且需要企业支撑，所以商业保险的运用仍然占据很重要的位置。

6.3.2 保险理财规划的步骤

1. 确定保险标的

投保人可以以本人、与本人有亲密关系的人及其所拥有的财产，以及他们可能依法承担的民事责任作为保险标的。

财产保险的可保利益比较容易确定，财产所有人、经营管理人、抵押权人、承担经济责任的保管人都具有可保利益。因为人的生命和健康的价值很难用经济手段加以衡量，所以人寿保险可保利益的确定要复杂一些。衡量投保人对被保险人是否具有可保利益，就要看投保人与被保险人之间是否存在合法的经济利益关系，比如投保人是否会因为被保险人的人身风险而遭受损失。通常情况下，投保人对自己以及与自己具有血缘关系的家人或亲人，或具有其他密切关系的人都具有可保利益。在保险规划中，保险标的需要结合个人或家庭的需求来确定，即根据个人或家庭需求情况来确定保险标的的主次、组合等。

2. 选定保险产品

同一保险标的会面临多种风险，因此，在确定保险需求和保险标的之后，就应该选择准备投保的具体险种。

比如，人身保险的被保险人既面临意外伤害风险，又面临疾病风险、死亡风险等。所以，投保人可以相应地选择意外伤害险、健康保险和人寿保险等。

在选择保险产品时，投保人需注意：

(1) 受专业知识的局限，投保人最好取得专业人员的帮助。

在专业人员的帮助下，才能准确判断自己准备投保的保险标的的具体情况（比如，保险标的所面临的风险的种类，各类风险发生的概率，风险发生后可能造成损失的大小，以及自身的经济承受能力），然后才能进行综合判断与分析，选择合适的保险产品，较好地回避各种风险。

（2）合理搭配险种。

在确定购买保险产品时，还应该注意合理搭配险种，按照组合保障的原则，做好产品的综合安排，避免重复投保，以得到较大的费率优惠，以最小的成本获取最大的保障。例如，购买1～2个主险，附加人身意外伤害保险、重大疾病保险，使保障更全面。

（3）在保险产品组合中进行优先顺序选择。

不同的家庭或个人，其需求的保险品种是不同的，而且在资金条件有限、风险偏好不同的条件下，购买的保险品种也要进行优先顺序的排列。影响优先顺序的因素主要包括收入水平、生命周期、教育水平等。

麦肯锡咨询公司以生命周期、收入、教育程度三个要素为依据，制定了家庭人身保险需求组合的内部优先顺序（见表6-2）。

表6-2　家庭人身保险需求组合的内部优先顺序

收入、教育程度	生命周期				
	单身期	二人世界	三口之家	成熟家庭	退休生活
高收入、高教育程度	意外保险、健康保险、重大疾病保险、父母医疗保险、养老保险	健康保险、重大疾病保险、意外保险、投资/储蓄保险、父母养老保险	自身保障保险、子女保险、健康保险、意外保险、教育资金保险、投资/储蓄保险、养老保险	健康保险、一般疾病保险、重大疾病保险、住院医疗费保险、意外保险、养老保险	健康保险、保本储蓄保险、孙辈教育保险、意外保险
高收入、普通教育程度	意外保险、投资/储蓄保险、健康保险、重大疾病保险	投资/储蓄保险、健康保险、重大疾病保险、意外保险	子女保险、教育资金保险、健康保险、意外保险、投资/储蓄保险、自身保障保险、养老保险	稳健型投资保险、健康保险、一般疾病保险、重大疾病保险、住院医疗费保险、意外保险	保本储蓄保险、孙辈教育保险、健康保险
平均收入、高教育程度	意外保险、健康保险、重大疾病保险、父母医疗保险	意外保险、健康保险、重大疾病保险、储蓄保险	自身保障保险、子女保险、健康保险、意外保险、教育资金保险	健康保险、一般疾病保险、重大疾病保险、住院医疗费保险、意外保险、储蓄保险	保本储蓄保险、孙辈教育保险、健康保险、意外保险
平均收入、普通教育程度	意外保险、健康保险、重大疾病保险	意外保险、健康保险、重大疾病保险、储蓄保险	子女保险、教育资金保险、健康保险、意外保险、自身保障保险	储蓄保险、健康保险、一般疾病保险、重大疾病保险、住院医疗费保险	保本储蓄保险

也可根据生命周期的不同阶段的收支特点和各阶段的典型理财目标来确定保险需求，

进而选择相应险种的产品（见表6-3）。

表6-3 人生不同生命周期阶段的保险需求

生命周期阶段	收支特点	理财目标	保险需求
单身期	经济收入低，没有资产或资产较少	增加学习机会，加强职业技能培训，提高收入水平	意外保险、医疗保险
家庭形成期（结婚至孩子出生）	置业、生育、家庭消费高，收入不多，财务负担重	偿还房贷、增加储蓄、增加定期存款、基金等方面的投资	意外保险、医疗保险、人寿保险、财产保险
家庭成长期（孩子出生至上大学）	收入稳步增加，子女教育费用开销增大，医疗费用增加，财务负担较重	偿还房贷，建立子女教育金，建立多元化的投资组合，初步建立退休计划	意外保险、医疗保险、人寿保险、教育保险、财产保险
家庭成熟期Ⅰ（孩子接受高等教育阶段，大学或大学至研究生毕业）	收入稳步增加，子女教育费用开销增大，医疗费用增加，财务负担较重	准备退休金，进行多元化投资活动，个别家庭会有换房计划	意外保险、医疗保险、人寿保险、教育保险、养老保险、财产保险
家庭成熟期Ⅱ（孩子参加工作至自己退休）	经济状况稳定，债务减少	重点准备退休金，降低投资组合风险	意外保险、医疗保险、人寿保险、养老保险、财产保险
家庭衰老期（退休后）	收入减少，医疗费用增加	资产的保值，以固定收益投资为主	医疗保险、养老保险

3. 确定保险金额

保险金额是当保险标的的保险事故发生时，保险公司所赔付的最高金额。

在确定保险产品的种类之后，就需要确定保险金额。一般来说，保险金额的确定应该以财产的实际价值和人身的评估价值为依据。

购买财产保险时可以选择足额投保，也可以选择不足额投保。因为保险公司是按实际损失程度进行赔偿的，所以一般不应超额投保或重复投保。通常为获得足额赔偿，投保人会选择足额投保；若是不足额投保，则保险公司将会按照比例赔偿损失；若是超额投保，保险公司也只会按实际损失进行赔偿，同时投保人还将损失超额部分的保险费。

【例6-1】 王某拥有一辆价值20万元的汽车，12月1日因他人原因王某在高速路上出了车祸，车辆受损。请问，在下列不同情况下，保险公司该赔偿多少？

（1）王某在甲公司购买了一份 20 万元保额的保险。事故中车辆全损。

（2）王某在乙公司购买了一份 10 万元保额的保险。事故中车辆损失金额为 8 万元。

（3）王某在甲公司购买了一份 12 万元保额的保险，在乙公司购买了一份 8 万元保额的保险。事故中车辆损失金额为 10 万元。

（1）甲公司支付足额赔偿，支付王某 20 万元。

（2）乙公司按比例支付赔偿，赔偿金额为 4(10/20×8）万元。

（3）根据重复保险分摊原则：

甲公司应赔偿金额为 6(12/20×10）万元；

乙公司应赔偿金额为 4(8/20×10）万元。

4. 确定保险期限

由于保险期限涉及投保人预期缴纳保险费的多少与频率，与个人未来的收入水平密切相关，因此必须对保险期限予以确定。

财产保险、人身意外伤害保险、健康保险等保险产品，一般多为中短期保险合同，如半年、一年，在保险期满后可续保或停保。

拓展阅读

神奇的 4321 理财法则

4321 理财法则，即在资产配置方面，40%投资财富、30%用于衣食住行、20%储蓄备用、10%投资保险，并且采取恒定混合型策略，即某种资产价格上涨后，减少这类资产总额，将其平均分配在余下的资产中，使之恒定保持一个 4321 的比例。这是一种科学支配家庭月收入的投资理财方法，具体分配方法为：

40%投资财富：比如投资股票、外汇、基金等有较高收益的资产，也可以选择开放式基金定期定额投资，每个月通过自动扣款投资省时省力，达到强迫储蓄的效果。

30%用于衣食住行：用于每月基本不可缺少的生活费用，主要包括吃饭穿衣的支出、房租、手机费等。

20%储蓄备用：通常为活期存款。每月定时存款，在需要的时候提取，以备不时之需。

10%投资保险：投保是一种长远的安排，是对日后生活的保障。保额可以根据个人来定。

人寿保险的保险期限一般比较长，比如 15 年甚至到被保险人死亡为止。在为个人制订保险计划时，应该将长短期险种结合起来综合考虑。

任务实施

1. 列举你所知道的风险，如果你也有可能遇到这些风险，你将如何管理这些风险？

2. 王某因患高血压在家休息，2020 年 8 月她投保了保险金额为 20 万元、期限为 20 年的人寿保险。王某在投保时隐瞒了病情。2021 年 2 月王某因高血压病情发作不幸去世，王某的丈夫要求保险公司给付保险金。试问保险公司是否应履行给付保险金的责任？为什么？

3. 主要的投资型寿险品种有哪些？各有什么特点？

4. 学以致用：学习保险理财规划，对你带来了怎样的启发？

项目总结与自测

1. 了解社会保险与商业保险的联系与区别。
2. 了解商业保险的主要险种分类及功能，掌握制定保险规划的方法。
3. 通过学习本项目，在系统掌握知识与技能点的同时，培养与提高保险意识。

项目总结

思维导图：

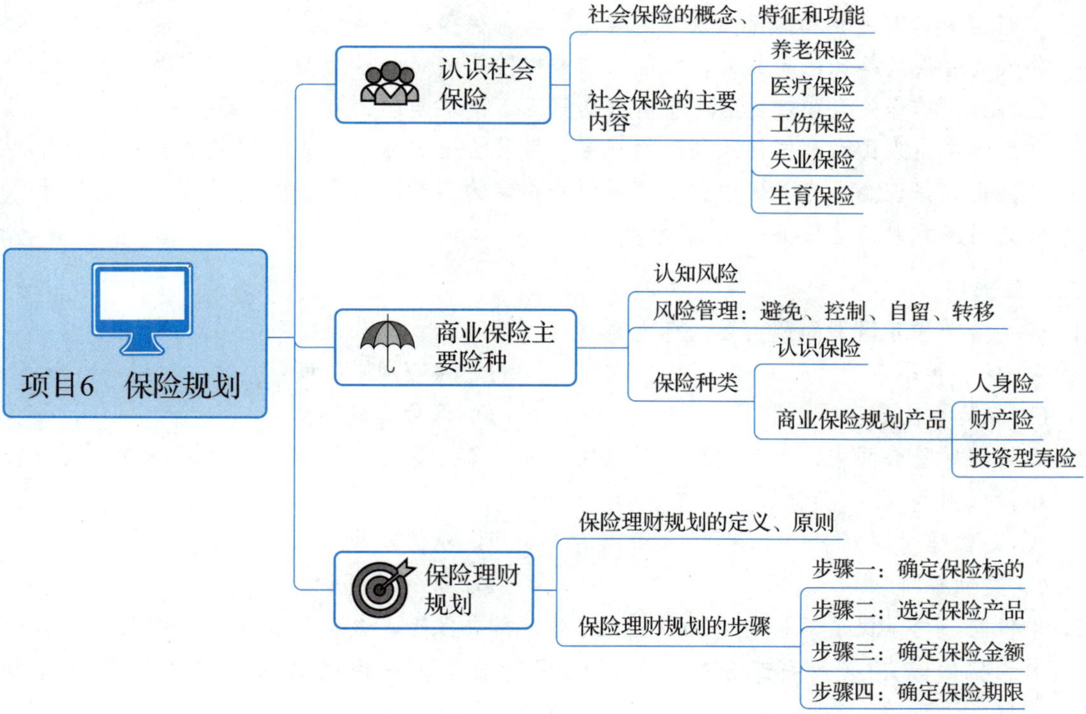

项目综述：本项目分为3个任务：任务6.1认识社会保险，介绍了社会保险的基本概念、特征和功能，以及社会保险的主要内容。任务6.2介绍了风险的定义和特征以及规避风险的方式，在此基础上介绍了商业保险的定义、种类和各商业保险的特征，同学们只有掌握了保险的基础和基本原则，才能做好保险理财规划。任务6.3在前期了解了商业保险险种的基础上，学习分析个人的风险，掌握制定个人风险管理的程序，确定保险标的、选定保险产品、确定保险金额。最后以思维导图和自测题目的方式，对整个项目进行了总结和归纳。

项目自测

项目知识训练

一、判断题

1. 按照《中华人民共和国保险法》的规定，投保人申报的被保险人年龄不真实，致使投保人实付保险费多于应付保险费的，保险人应当将多收的保险费退还投保人，或者在给付保险金时按照实付保险费与应付保险费的比例支付。（　）
2. 按照《中华人民共和国保险法》的规定，投保人不得为无民事行为能力人投保以死亡为给付保险金条件的人身保险，保险人也不得承保。父母为其未成年子女投保的人身保险，不受此规定限制，但是死亡给付保险金额总和不得超过保险监督管理机构规定的限额。（　）
3. 按照《中华人民共和国保险法》的规定，保险人对人身保险的保险费，不得用诉讼方式要求投保人支付。（　）
4. 按照《中华人民共和国保险法》的规定，人身保险的被保险人因第三者的行为而发生伤残或者疾病等保险事故的，保险人向被保险人给付保险金后，享有向第三者追偿的权利，且被保险人或者受益人也有权向第三者请求赔偿。（　）
5. 按照《中华人民共和国保险法》的规定，保险公司成立后应当按照其注册资本总额的20%提取保证金，存入保险监督管理机构指定的银行。该保证金的专门用途是用于保险公司清算时清偿债务。（　）

二、单选题

1. 各个险种相互区别的最主要的标志是（　）。

   A. 保险费率不同　　B. 保险期限不同

   C. 保险责任不同　　D. 保险金额不同
2. 在财产保险合同中，可能出现不足额保险的现象。保险公司对于不足额保险应遵循的赔偿原则是（　）。

   A. 足额赔付原则　　B. 比例赔偿原则

   C. 给付原则　　D. 第一损失原则
3. 甲保险公司承保了某企业2 000万元的财产损失保险，该合同成立后，甲保险公司将其承担的该笔业务一部分转移给了乙保险公司，甲保险公司的这种保险方式属于（　）。

   A. 再保险　　B. 原保险

   C. 共同保险　　D. 重复保险
4. 按照合同承担风险责任的方式分类，保险合同的种类分为（　）。

   A. 足额保险合同、不足额保险合同与超额保险合同

   B. 定值保险合同、定量保险合同与不定值保险合同

   C. 单一风险合同、综合风险合同与一切险合同

D. 个别保险合同、单一风险合同与集体保险合同

5. 保险凭证的法律效力与保险单的法律效力相比较，两者的关系是（　　）。

A. 保险凭证的法律效力小于保险单的法律效力

B. 保险凭证的法律效力小于等于保险单的法律效力

C. 保险凭证的法律效力大于等于保险单的法律效力

D. 保险凭证的法律效力等于保险单的法律效力

6. 保险事故发生后，投保人、被保险人或受益人向保险人提出索赔时，应及时出具保险单、批单、检验报告、损失证明材料等，投保人履行的该义务是（　　）。

A. 如实告知义务　　B. 提供单证义务

C. 协助追偿义务　　D. 及时通知义务

7. 在保险实务中，投保人询问回答告知的具体形式是（　　）。

A. 如实口头说明　　B. 投保人签章

C. 主动或被动说明　　D. 在投保单上如实填写

8. 按照《中华人民共和国保险法》的规定，投保人履行如实告知义务的原则是（　　）。

A. 无限告知原则　　B. 部分告知原则

C. 全部告知原则　　D. 询问告知原则

9. 在保险活动中，以保险产品为载体，以消费者为导向，以满足消费者的需要为中心，运用整体手段，将保险产品转移给消费者，以实现保险公司长远经营目标的一系列活动，被称为（　　）。

A. 保险推销　　B. 保险营销　　C. 保险代理　　D. 保险展业

10. 保险营销活动包括（　　）等。

A. 保险分销渠道的选择　　B. 保险资金运用

C. 保险核保　　D. 保险理赔

三、多选题

1. 残疾收入补偿保险中所指的“残疾”的类型包括（　　）。

A. 严重残疾　　B. 完全残疾　　C. 轻微残疾　　D. 部分残疾

2. 人身意外伤害保险的派生责任包括（　　）等。

A. 医疗费用给付　　B. 丧葬费给付　　C. 误工给付　　D. 残废给付

3. 下列人寿保险业务中，不适用不可抗辩条款的包括（　　）。

A. 定期死亡保险　　B. 生死两全保险

C. 永久完全残废给付　　D. 意外伤害加倍给付

4. 与财产保险相比，人身保险的特点包括（　　）。

A. 保险标的的不可估价性　　B. 保险金额的定额性

C. 保险利益的特殊性　　D. 保险期限的长期性

5. 关于残废收入补偿保险给付的一般规定包括（　　）。

A. 给付频率（按周或按月给付）　　B. 给付期限

C. 推迟期　　D. 给付限额

6. 人身意外伤害保险的主要保障项目包括（　　）。

A. 死亡给付　　B. 疾病给付　　C. 误工补偿　　D. 残废给付

7. 根据保险人的委托，向保险人收取手续费，并在保险人授权的范围内代为办理保险业务的单位和个人不包括（　　）。

A. 保险公估人　　B. 保险经纪人　　C. 保险代理人　　D. 保险理算人

8. 按照投保方式分类，人身保险的种类包括（　　）。

A. 人寿保险　　B. 个人保险　　C. 健康保险　　D. 团体保险

9. 保险人在通融赔付中应掌握的要求有（　　）。

A. 有利于社会的安定团结　　B. 有利于坚持保险利益原则

C. 有利于维护保险企业的信誉　　D. 有利于保险事业的稳定与发展

E. 有利于维护保险企业在市场竞争中的地位

10. 在财产保险的查验中，查验投保财产的主要风险隐患和重要防护部位及防护措施的具体内容是指（　　）。

A. 投保财产可能发生损失的风险因素　　B. 投保财产的风险防范情况

C. 投保财产的关键部位　　D. 投保财产所处的环境

四、案例分析题

1. 2020 年 3 月，某福利院院长李某在保险代理人王某的多次劝说下，为福利院的 14 名弃婴分别与保险公司签订了人身意外伤害保险合同。其中孙某的保单中载明：福利院李某为投保人，被保险人为孙某，受益人为某福利院。保险期限为 2020 年 3 月 7 日零时起至 2021 年 3 月 6 日 24 时止。保险金额为意外伤害身故 60 000 元，并约定：被保险人在保险期间因意外伤害身故或全残，保险人给付意外伤害保险金额与受益人，本合同终止。在合同备注中写有“意外伤害身故是指由于意外伤害事故导致被保险人或投保人在意外事故发生 180 天内身故。”2020 年 10 月 4 日，孙某发高烧，福利院工作人员以为孙某感冒，就给孙某连服了 3 天的感冒药，但孙某没有退烧。第四天孙某突然出现全身抽搐、说胡话症状，工作人员赶紧把孙某送往县人民医院。县人民医院诊断为“病变性脑膜炎”，已错过最佳治疗时机。虽经医院奋力抢救，但孙某没有脱离危险。10 月 8 日县人民医院向福利院出具了孙某死亡证明书。福利院院长李某持该死亡证明书向保险公司索赔，但保险公司经调查后发现，李某并非孙某的亲生父母，没有资格为孙某投保人身意外伤害保险，而且在孙某患病之际，福利院未能积极履行治疗义务，对孙某的死亡有重大过失，因此保险公司拒绝理赔。双方为此发生纠纷。福利院李某遂起诉至法院，请求保险公司按照双方签订的人身保险合同承担保险责任。请你对本案进行分析。

2. 李先生 6 月投保了家庭财产保险，他只选择了投保冰箱和电视，保额为 3 000 元。9 月，李先生家不慎发生火灾，情急之下，他只抢搬出电视、冰箱和少许财物，因来不及搬出其他物品，结果导致损失 4 500 元。李先生向保险公司提出索赔。保险公司是否需要理赔？

项目技能训练

实训任务：制定保险规划

实训目标：能够准确分析客户的保险需求并制定保险规划。

实训内容：

1. 请至少选择两家不同的保险公司，对它们的人身险、分红保险、投资连接保险、万能保险这 4 个保险品种的产品进行对比分析。建议从保障范围、产品特点、费用水平等方面进行对比分析。

2. 25 岁的李某喜欢旅游，她参加工作刚满 3 年，年收入 5 万元～7 万元，单位为她缴纳了“五险一金”。李某的消费习惯不是很好，是个不折不扣的“月光族”。请你为李某制定一份适合她的保险理财规划。

3. 王某，35 岁，已婚，年收入为 50 万元，他有一个 6 岁的男孩，妻子为全职太太，家庭年支出大概为 25 万元。王某现在从事个体生意，经常需要在国内各个大中城市间奔波往来。王某除了基本的社会保险以外没有其他保障，所以他对重大疾病保险、意外保险、住院补偿医疗保险、孩子的教育金保险、投资型保险产品等都非常感兴趣。王某意识到自己是家庭的经济支柱，自己若发生意外，不仅会影响每年的收入，还会影响到家人的生活。请你为王某一家设计一份合理的保险理财规划方案。

项目延伸

项目延伸

标准普尔家庭资产象限图

项目 7 安居乐业——房地产理财规划

知识目标

1. 了解生命周期不同阶段的住房需求。
2. 了解住房的特性和种类。
3. 掌握房地产价格的构成、影响因素及估价方法。
4. 掌握房地产投资的风险、投资方式、投资步骤及价值评估。

技能目标

1. 能够对房地产进行投资估算。
2. 能够利用相关方法进行购房与租房决策。
3. 能够利用相关方法进行购房与换房规划。
4. 能够运用所学知识熟练地为客户制定住房规划。

素养目标

1. 塑造精确计算、认真细致的品质。
2. 培养投资的风险意识。

情景引入

2020 年 12 月，中央经济工作会议强调要“解决好大城市住房突出问题”，提出包括“高度重视保障性租赁住房建设，加快完善长租房政策，逐步使租购住房在享受公共服务上具有同等权利，规范发展长租房市场”等政策建议。党的二十大报告提出，“加快建立多主体供给、多渠道保障、租购并举的住房制度。”随着“租购并举”制度的推进，我国保障性租赁住房建设现已硕果累累。

杭州的王先生今年 27 岁，正准备和交往 5 年的女朋友结婚。通过双方父母资助，加上两人的积蓄，王先生手头有 60 万元现金可以用于购房。现在王先生在购房上遇到了许多需要决策的事情。

思考： 王先生应购买多大面积、多少价位的房子？购房贷款使用公积金贷款还是商业贷款？还款期限设为多长？还款方式选择等额本金还是等额本息？

任务 7.1

判断房地产投资的优缺点

任务目标

1. 掌握房地产价格的构成、影响因素及估价方法。
2. 掌握房地产投资的风险、投资方式、投资步骤及价值评估方法。
3. 能够进行房地产投资的估算。

任务引入

阅读资料

房地产的定义、分类和特性

古今中外，房屋是一个人或一个家庭保证基本生活的基础，房地产投资一直是投资的热点。人们会出于哪些原因投资房地产呢？

“为了结婚，我买婚房”；

“为了孩子的未来，我给孩子换学区房”；

“为了资金能保值增值，我买房作为投资”。

……

不管是购买婚房、学区房，还是投资房，买房都是一件大事。投资者在进行房地产投资前一定要掌握影响房地产市场的因素，了解房地产投资的优缺点。

课堂活动之“说一说”

请你说说房地产作为投资产品，与一般金融投资产品相比有哪些特点。

7.1.1 影响房地产市场的因素

1. 政治因素

政治因素主要是指影响房地产价格的法律制度、法规、政府政策等方面的因素，包括土地制度、住房制度、城市规划、税收政策与市政管理等方面。

2. 社会因素

(1) 社会稳定状况。

社会稳定，人们乐于生产投资、购田置业，经济发展会带动房地产价格上涨；反之，房地产价格会下跌。

(2) 人口状况。

人口密度较大的国家和地区，房地产价格一般比较高。人口增长则土地的需求量必然增加，土地价格随之上涨。人口素质的提高对社会稳定、经济发展等都具有良好的促进作用，也会带动房地产价格上涨。

(3) 城市化水平。

随着城市化水平的提高，人口及各种经济活动向城市聚集，城市土地的需求量增加，房地产价格会提高。若城市过于扩张或城市衰落，则会导致房地产价格的下降。

3. 经济因素

（1）国民经济水平和发展趋势。

经济水平较高的国家和地区，其房地产价格较高；经济发展趋向于繁荣的国家和地区，其房地产价格也会随之上涨。

（2）金融环境。

在金融环境良好、利率较低、贷款容易获得的地区和时期，土地价格较高；在金融环境出现危机、利率较高、贷款困难的地区和时期，土地价格相对较低。由于利率水平是资金使用成本的反映，利率上升不仅导致房地产开发成本的提高，也将提高房地产投资者的机会成本，因此会降低房地产的社会需求，导致房地产价格下降。但是，房地产价格受多种因素的影响，在市场投机状况严重或利率水平过低的情况下，利率的上升并不必然引起房地产价格的下跌。

（3）税负。

在税负较重的地区，人们不愿意投资，房地产价格将下降。

此外，当房地产市场供大于求时，价格下降；供小于求时，价格上升。当人们有通货膨胀预期时，保值性需求会使投资房地产的需求量增加，房地产价格随之上升。

4. 自然因素

自然因素主要是指房地产所在地段、自然风景、气候条件和环境质量等因素。

房地产中所指的地段并不是一个简单的空间位置概念，它不仅是指房地产的自然地理位置，更多的是指房地产的经济地理位置、环境地理位置和文化地理位置，或是这些因素的综合。

5. 其他因素

除上述因素外，房地产价格还受到区域因素及个别因素（比如住房质量、房型设计、开发商实力、物业管理状况、建筑物用途、物价水平等）的影响。

微课 24

房地产投资的优缺点

阅读资料

房地产投资的优缺点

7.1.2 房地产投资的优缺点

详见微课 24“房地产投资的优缺点”和阅读资料“房地产投资的优缺点”。

任务实施

1. 阅读以下材料，分析房地产投资的优点和缺点。

2022 年年初，某学区房单价为 11 万元～12 万元/平方米，60 平方米两居室总价在 700 万元左右。而到 2023 年年初，同一户型房源成交价攀升至 14 万元/平方米，总价约 840 万元，平均涨幅约 20%。但对有需求的家长而言，房源数量比房价更重要。在该学区，家长看房意向高涨，房源已是“僧多粥少”。

2. 根据以下数据进行计算：

王某购得一处房产，价值为 200 万元，年租金收益率 10%，房屋年折旧率为 2%。

（1）假设其购房资金完全从银行贷款获得，且贷款利息只有

6%，则王某在不付出任何资金的情况下每年可净赚多少？

（2）若王某只能从银行得到70%的贷款，那么投资自有资金60万元的年收益为多少？

（3）若王某全部用自有资金投资，则年收益为多少？

通过以上计算分析房地产投资的优点。

任务 7.2 做出生命周期不同阶段的住房决策

任务目标

1. 了解生命周期不同阶段的住房需求。
2. 掌握购房和租房决策的方法。
3. 利用相关方法能够完成购房和租房决策。

任务引入

对于许多家庭，特别是新组建的年轻家庭，单靠工资是很难买房的。比如在一线城市工作的白领，假设月薪是2万元，扣除五险一金后，到手约为1.5万元，再加上年终双薪，每年净收入大概为20万元。而在扣除每年的花销之后，能存下的钱大概在10万元。以某一线城市为例，2022年的房地产均价为6万元/平方米。也就是说，一个有着不错工作的白领，一年存下的钱连2平方米也买不到。

租房也有很多缺点，比如没有归属感、房东提前收房、因各种原因可能频繁搬家，而且租房的费用是纯粹的支出。

大部分人都可以根据自己的经济情况和对于房产的需求情况来选择是买房还是租房。有人觉得暂时租房能够缓解经济压力，不喜欢的话还可以再换。有人觉得买房住起来才够安心，有归属感。

到底是租房好还是买房好呢？每个家庭要根据实际情况，综合考虑各种因素后再做决定。

任务预备

7.2.1 生命周期不同阶段的住房需求

详见微课25“不同人生阶段的住房需求”。

微课 25

不同人生阶段的住房需求

7.2.2 购房和租房的比较

1. 购房和租房的决策方法

购房与租房各有优缺点，到底是购房还是租房，可以用年成本法和净现值法来判断。

（1）年成本法。

年成本法就是先分别计算租房与购房的年成本，然后进行比较，选择年成本较低者。

购房年成本＝首付款×存款利率＋贷款余额×贷款利率＋年维修费及税费

租房年成本＝年租金＋房屋押金×存款利率

阅读资料

不同人生阶段的住房需求

微课 26

租房与购房的比较

阅读资料

购房与租房的优缺点

（2）净现值法。

净现值法是指考虑在一个固定的居住期间内，将租房及购房的现金流量还原为现值，然后比较两者现值的方法。支付的净现金流越小越好。

2. 影响购房和租房决策的其他因素

除了从数据上进行比较，有时候购房和租房决策还受到其他因素的影响。

第一，房租是否会每年调整。购房后成本固定，但房租则是可能调整的。

第二，房价升值潜力。若房价未来看涨，那么即使目前算起来购房的年居住成本稍高，未来出售房屋的资本利得也足以弥补居住期间的成本差异。如果房价不断探底，人们都预期房价会进一步下跌而宁可租房不愿购房，则租房居住成本高于购房成本的情况也有可能发生。因此，租房与购房究竟哪种划算，当事人对未来房价涨跌的主观判断仍是决定因素。

第三，利率的高低。利率越低，购房的年成本越低，购房就会越划算。若利率进一步降低，而房租保持不变，则租房与购房居住成本的差异会逐渐降低。

第四，个人所得税专项附加扣除项中关于房屋贷款与房租的扣除标准。具体而言，住房贷款利息扣除金额为 1 000 元/月，扣除期限最长不超过 240 个月；房租的专项附加扣除标准视城市规模为 800～1 500 元/月。

在进行购房与租房的决策时，可以参考图 7－1。

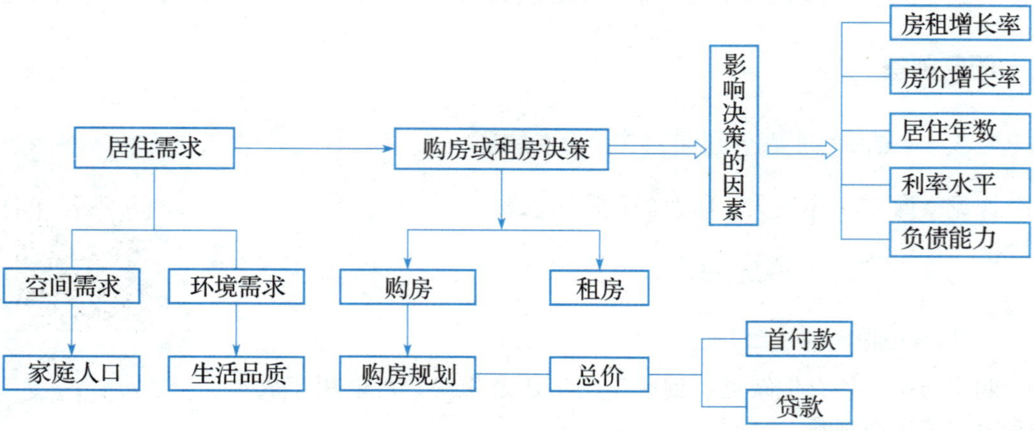

图 7－1　住房决策图

任务实施

1. 小董看上了某小区房产，房屋面积125平方米，可租可买。若租，房租每月8 000元，押金为3个月房租。若购，总价250万元，首付款75万元，房屋抵押贷款利率6%。假设押金与首付款的机会成本为3%，请问小董应该租房还是购房？

2. 小汪最近看上了一套120平方米的住房，该住房可租可买。若租，房租每月6 000元，以1个月房租作为押金。若购，总价120万元，小汪可以支付60万元的首付款，另外60万元拟采用6%的商业贷款利率向某银行贷款。假设房屋的维修成本为5 000元/年，年折旧率为2%，押金和首付款机会成本均为3%。请问小汪应该租房还是买房？

3. 高先生的小孩今年出生，急需住房。他看上了一套80平方米的房产，总价80万元，首付款30万元，贷款50万元，贷款利率4.9%。高先生还可以租房，房租每月3 000元，另外要交3个月的押金。假设投资报酬率为6%，请问高先生应该买房还是租房？

任务7.3 做出购房规划

任务目标

1. 能够借助数据资料判断房地产的价值。
2. 熟悉不同类型的住房贷款方法。
3. 能够分析不同住房贷款还款方式的区别。
4. 能够做出换房决策分析。

任务引入

买房不容易，申请贷款也不简单。在购房的过程中，购房者首先要考虑的问题是购买什么价位的房产。这取决于家庭的资产水平。而在确定整体价位之后，第二个问题就是要不要贷款。现在的买房大军中，大部分人会选择贷款购房而不会全款购房。第三个问题是贷款金额的多少。是除规定的首付之外全部贷款，还是尽全力付款之后再贷款？接下来的问题还有：选择哪种方式贷款？如何还款最为划算？

7.3.1 购房能力测算

1. 现在购房

现在购房规划最根本的工作是计算客户的购房能力究竟有多大，也就是计算客户所能负担得起的房屋总价。那么，客户所能负担得起的房屋的总价怎么计算？按照目前通

阅读资料

房地产估价方法

行的做法，把购房总价分解为两个部分，即购房首付款和购房贷款。也就是说，客户如果购房，那么，现在有多少钱拿出来付首付，根据目前和今后的收入水平每年或每月可以从收入中拿出多少钱偿还贷款。这一点，直接决定了客户可以贷多少款来购房或者说客户的贷款能力。在所能够负担得起的房屋总价计算出来后，进行区位和单价的选择。区位越好，单价越高，所能购买的房屋面积越小；区位越差，单价越低，所能购买的房屋面积越大。因而，应在区位、单价和面积三者之间进行综合分析，在三者之间取得最佳平衡的前提下，根据目前最迫切的需要进行决策。

可购买房屋总价＝可用于购房的资产总额＋可负担的购房贷款总额

其中可负担的购房贷款总额在贷款利率一定的情况下，取决于客户以后每年或每月可用于偿还贷款的储蓄额的多少和贷款期限的长短。贷款期限越长，贷款总额就越大；反之，贷款总额就越小。贷款期限最长为 30 年。

可负担的购房贷款总额就是期末年金现值，其计算公式就是已知期末年金求现值的公式，即

$$P=A\,\frac{(1+i)^n-1}{i(1+i)^n}$$

式中，P 为可负担的购房贷款总额；A 为每年或每月可用于偿还贷款的储蓄额；n 为贷款年限，i 为房贷利率。

在计算好可负担房屋总价后，可以根据家庭人口数和家庭成员对居住空间的要求决定购房面积大小，从而确定可负担房屋单价。

可负担房屋单价＝可负担房屋总价÷房屋需求面积

2. 将来购房

有些客户现在买不起房或者现在不想买房，而是打算几年后买房。在这种情况下，理财规划师就要帮助客户做几年后购房的规划。几年后购房的规划与现在购房的规划大同小异，也是计算客户可购买房屋总价，可购买房屋总价仍然是由可负担的购房首付款加可负担的购房贷款总额构成。只是可负担的购房首付款与可负担的购房贷款总额有些细小的差别。几年后购房，现在所拥有的资产从现在起用于投资，在购房前取出来的本利和（即复利终值）都可以用作首付款，而且，从现在起到购房的几年时间里，每年可用于购房的结余收入也可用于投资，在购房前取出来的本利和（即年金终值）也可以用作购房首付款。这样一来，可用于购房首付款的就有两部分资金：一部分是可用于购房的资产总额的复利终值；另一部分是今后几年每年可用于购房首付款的收入结余的年金终值。可负担的购房贷款总额如果不考虑客户收入增长的因素，则与现在购房的情况相同。如果要考虑客户收入增长的情况，则应先计算客户到购房前收入的复利终值，然后计算购房后客户每年可用于偿还贷款的金额，在此基础上计算其年金现值，也就是可负担的购房贷款总额。

用公式表示为：

$$可负担的购房首付款=P(1+i)^n+A\frac{(1+i)^n-1}{i}$$

式中，P 为现资产；A 为目前年收入中用于购房的部分；n 为距离购房的年数；i 为投资报酬率。

可负担的购房贷款总额，即期末年金现值：

$$可负担的购房贷款总额=A(1+i_1)^{n_1}\frac{(1+i_2)^{n_2}-1}{i_2(1+i_2)^{n_2}}$$

式中，n_1 为距离购房的年数；i_1 为收入增长率；n_2 为贷款年数；i_2 为房贷利率。

可购买房屋总价＝可负担的购房首付款＋可负担的购房贷款总额

3. 换房规划

人们对住房的需求会随着人生阶段的改变而逐渐升级换代。一般来说，单身或新婚夫妇因家庭人口少，有一个小户型的住房就够了。而对于有了小孩的家庭来说，由于要请保姆或老人照看小孩，原来小户型的住房就明显显得拥挤，因此有必要换一个空间面积更大的大户型住房。几年后，因为孩子上学，家庭需要换一个附近教育条件和周边环境更好的住房。人到中年，随着职位的升迁、收入的增长，财富有了一定积累，也想住得更宽敞舒适一些，对居住环境、休闲娱乐设施有更高的要求，因而，也想换一个大户型、小区及周边环境更好的住房。对退休后的老年人来说，由于孩子早已自立，家庭同住人口减少，不再需要大面积的户型，更青睐小区及周边医疗保健机构方便齐全、居住环境较好的、易于打理的小户型住房。

换房需要考虑的因素主要是客户有无能力支付换房必须支付的首付款。

换房需要支付的首付款＝新房净值－旧房净值
＝(新房总价－新房贷款)－(旧房总价－旧房贷款)

计算换房时未偿还的贷款就是求期末年金现值，期末年金是每年的还款额。换房时旧房未偿还的贷款余额为：

$$P=A\frac{(1+i)^n-1}{i(1+i)^n}$$

式中，n 为房屋贷款剩余年数或期数，i 为房屋贷款利率；A 为每年的还款额。

7.3.2 贷款方法

个人住房抵押贷款一般分为商业性个人住房贷款、住房公积金贷款和个人住房组合贷款三种。

1. 商业性个人住房贷款

商业性个人住房贷款又称“按揭”，是银行用其信贷资金向购房借款人所发放的自营性贷款。具体指具有完全民事行为能力的自然人购买本市城镇自住住房时，以其购买的产权住房（或银行认可的其他担保方式）为抵押物，作为偿还贷款的保证而向银行申请的商业性住房贷款。

（1）商业性个人住房贷款可选择的贷款担保方式。

目前，商业性个人住房担保贷款有四种贷款担保方式，分别为抵押贷款担保、质押贷款担保、保证贷款担保以及保证加抵押贷款担保，借款人可以根据自身情况选择其中一种。

1）抵押贷款担保：指的是贷款银行以借款人或者第三人提供的符合规定条件的房地产作为抵押物，从而向借款人发放贷款的方式。贷款银行可接受的抵押物包括所购买的住房、自己已经拥有产权的住房。如果借款人以所购住房作抵押，按贷款银行的规定，则不需要对抵押物进行评估；如果以自己已经拥有产权的住房作抵押，该抵押物则需要经过银行指定的评估机构进行评估，抵押人需要支付一笔评估费用。以住房作贷款担保，借贷双方要按有关法律规定到房地产管理机关办理抵押物登记手续，抵押登记费用由借款人承担。如果借款人经济条件较为富足，这种方式是较为理想的选择，也是银行最愿意接受的贷款担保方式。

2）质押贷款担保：指的是借款人或第三人将国库债券、国家重点建设债券、金融债券、AAA 级企业债券、银行存单等有价证券交由贷款银行占有，贷款银行以上述凭证作为贷款的担保而向借款人发放贷款的方式。借款人申请质押担保贷款，质押权利凭证所载金额必须超过贷款额度，即质押权利凭证所载金额至少要大于贷款额度的 10%。各种债券要经过银行鉴定，证明真实有效，方可用于质押。人民币定期储蓄存单要有开户银行的鉴定证明及免挂失证明。选择质押贷款担保方式，要求居民家庭有足额的金融资产，依靠这些金融资产完全可以满足购房消费的需要，只是购房时难以变现或因变现会带来一定损失而不想变现。一般只有少数人才能采用质押贷款担保方式。

3）保证贷款担保：指的是贷款银行以借款人提供的具有代为清偿能力的企业法人单位或第三方自然人作为保证人而向其发放贷款的方式，包括售房单位保证贷款方式、房地产开发商全额全程连带责任保证贷款方式、企业法人全额全程连带责任保证贷款方式和个人全额全程保证贷款方式。虽然资信好的非公益事业单位法人按规定也可以为本单位职工提供贷款担保，但需要贷款银行认可才可以。选择保证贷款担保有一定难度，首先，第三方法人是否愿意做这种承担连带责任的保证人。其次，第三方法人做承担连带责任的保证人的资格是否会被银行认可。因此，对大多数购房借款人来说，这种方式不易成功。

4）保证加抵押贷款担保：指的是贷款银行以借款人尚未办理抵押登记的房地产作为个人住房贷款抵押物的同时，要求借款人提供符合规定的保证人作为贷款的担保人，包括房地产开发公司的阶段性连带责任保证贷款方式、保险公司的全额全程连带责任保证贷款方式、担保公司的全额全程连带责任保证贷款方式。

（2）贷款期限。

贷款期限一般为 5～30 年，各家银行的规定有所不同。

（3）可选择的还款方式。

借款人在获得住房贷款后，须定期向银行归还本息。贷款期限在 1 年之内（含 1 年）

的，还款方式采取一次性还本付息，即一次还清期初的贷款本金加上整个贷款期内的利息的总额。贷款期限在1年以上的，可采用等额本息还款法、等额递增还款法、等额递减还款法和等额本金还款法。

在理财规划中，为最大限度地优化还款方式，降低贷款利息，灵活地根据未来收支情况制订还款计划，可以考虑将整个贷款本金按比例分成若干偿还阶段，并确定每个阶段的还款年限，在每个阶段里又按等额本息还款方法来归还贷款。这种方法叫组合还款法，它主要包括三种类型：一是在整个贷款期限内贷款的归还呈渐增的递增型；二是在整个贷款期限内贷款的归还呈渐少的递减型；三是在贷款期内的各个阶段，还款本金和还款年限各不相同，还款呈不规则变化的任意型。

2. 住房公积金贷款

住房公积金制度是为解决职工家庭住房问题的一种政策性融资渠道。住房公积金是由国家机关、国有企业、城镇集体企业、外商投资企业、城镇私营企业及其他城镇企业、事业单位、民办非企业单位、社会团体及其在职职工缴存的长期住房储金。住房公积金归职工个人所有。住房公积金专户存储，专项用于职工购买、建造、大修自住住房，并可以向职工个人发放住房贷款，具有义务性、互助性和保障性特点。

住房公积金贷款为政策性住房公积金发放的委托贷款，指缴存住房公积金的本市职工，在本市城镇购买、建造、翻建、大修自住住房时以其所拥有的产权住房为抵押物，作为偿还贷款的保证而向银行申请的贷款。

与商业性个人住房贷款相比，住房公积金贷款有以下几个显著的特点：

（1）住房公积金贷款利率比商业银行住房贷款利率低。

住房公积金贷款利率显著低于商业性个人住房贷款利率，购房者在申请住房贷款时应尽可能充分使用住房公积金贷款。

（2）对贷款对象有特殊要求。

住房公积金贷款的贷款对象是缴存住房公积金的在职职工和在职期间缴存住房公积金的离退休职工。同时，住房公积金贷款对贷款人年龄的限制不如商业银行个人住房贷款严格，没有年龄上限的限制。

（3）对单笔贷款最高额度规定有所不同。

一般来说，商业银行住房贷款对单笔贷款最高额度没有规定，各省对住房公积金申请贷款最高额度政策各有不同。

（4）贷款的担保方式不同。

商业性个人住房贷款一般是在房产证抵押登记前采用开发商阶段性连带责任保证担保方式，在抵押登记后采用抵押担保方式。住房公积金贷款担保方式主要是当地住房贷款担保中心所提供的连带责任担保。

（5）贷款期限。

住房公积金的贷款期限为1～30年。贷款人需要注意以下几点：原则上不超过借款申请人退休年龄，根据实际情况可适当延长，最长不超过5年；购买新建商品住房的贷款期限最长为30年；购买二手房的贷款期限最长为30年；建造住房的贷款期限最长为30年，且不超过该住房土地使用年限。住房公积金贷款的还款方式与商业性个人住房贷款类似，以一次性还本付息、等额本金还款法和等额本息还款法为主。在使用住房公积金贷款的时候，要根据还贷能力、房价总数、住房公积金账户余额和贷款最高限额四个条件来确定贷款额度，根据这四个条件算出的最小值就是借款人最高可贷数额。

3. 个人住房组合贷款

个人住房组合贷款是指向缴存公积金的购房借款人同时发放个人住房公积金贷款和商业性个人住房贷款的一种方式。其贷款对象与住房公积金贷款的对象相同，还款方式与商业性个人住房贷款类似。

7.3.3 还款方法

微课 27

房贷还款方式

住房贷款的还款方式有多种，包括一次性还本付息、等额本金还款、等额本息还款、等额递增还款、等额递减还款、等比递增还款、等比递减还款、先息后本还款、随借随还等。

目前，无论是商业性个人住房贷款还是住房公积金贷款，我国通用的是等额本金还款和等额本息还款两种方式。

1. 一次性还本付息

一次性还本付息的计算公式为：

到期一次还本付息额(贷款期为 1 年)＝贷款本金×(1＋年利率)

到期一次还本付息额(贷款期不到 1 年)＝贷款本金×[1＋月利率×贷款期(月)]

月利率＝年(名义)利率÷12

2. 等额本金还款法

等额本金还款法是一种计算非常简便、实用性很强的还款方式。基本算法原理是，在还款期内按期等额归还贷款本金，同时还清当期未归还的本金所产生的利息，方式可以是按月还款和按季还款，目前以按月还款为主。其特点是每期摊还的本金固定，但总额随房屋贷款余额减少，利息也随着递减。等额本金还款法的计算公式为：

每季还款额＝贷款本金/贷款期季数＋(本金－已归还本金累计额)×季利率

每月还款额＝贷款本金/贷款期月数＋(本金－已归还本金累计额)×月利率

随着本金的不断归还，后期未归还的本金的利息也就越来越少，每期的还款额也就逐渐减少。

等额本金还款法虽然初期的还款负担较重，但其所负担的全部利息较低，这种方式较适合于已经有一定的积蓄（因为一开始还款额度较高），但预期收入可能逐渐减少的借款人，如中老年职工家庭已有一定的积蓄，但今后随着退休临近收入将递减。

3. 等额本息还款法

等额本息还款法即从使用贷款的第二个月起，每月以相等的额度平均摊还贷款的本金和利息，这种方法的特点是每月偿还总额不变，但越往后期本金偿还的部分越多，利息偿还的部分越少。由于本息平均摊还的数额固定，比较容易规划，大部分借款人都选择等额本息还款法。其计算公式为：

$$每月还款额=[贷款本金\times月利率\times(1+月利率)^{贷款月数}]/[(1+月利率)^{贷款月数}-1]$$

$$贷款月数=贷款年限\times12$$

等额本息还款法虽然初期归还本金较少，但所缴利息总额比等额本金还款法高，利息负担较重。

等额本金还款法就是每月还款本金保持不变，利息逐步递减，因为总欠款每月在减少，所以利息每个月递减，本息合计逐月递减；等额本息还款法就是每月偿还的金额相等，在偿还初期利息支出最大、本金最少，以后则支付利息逐步减少、本金逐步增加，如果提前还款，利息负担相应就减小，但也要看是用何种还款方式。由于提前还贷时已支付的利息是不退还的，因此，在同样贷了一段时间后，等额本息还款法所要支付的利息将高于等额本金还款法支付的利息。

任务实施

1. 祝先生目前年收入为 20 万元，他打算以年收入的 50%负担每年的住房贷款。目前祝先生拥有的净资产为 75 万元，他打算以净资产的 80%负担购房首付款。祝先生现在想买房，如果他选择 20 年贷款期限，贷款利率为 4.9%，试计算祝先生可以买得起的房屋总价。

2. 张先生目前年收入为 10 万元，估计收入年增长率为 3%。张先生打算以年收入的 40%负担每年的住房贷款。目前张先生拥有的净资产为 25 万元，他打算以净资产的 80%负担购房首付款，假设净资产以每年 10%的速度递增。张先生计划在 5 年后购房，如果他选择 20 年贷款期限，贷款利率为 4.9%，试计算张先生 5 年后可以买得起的房屋总价。

3. 王先生年收入为 10 万元，预计收入每年增加 3%，每年的储蓄比率为 40%，目前存款为 5 万元。王先生打算 5 年后买房，假设他的投资报酬率为 5%。如果王先生买房时准备贷款 20 年，房贷利率为 6%，试计算他可负担多少首付款，可负担多少房贷，可负担的房屋总价是多少。(当时政策规定房贷首付至少 3 成)

4. 刘先生申请住房贷款 24 万元，年贷款利率为 8%，贷款期限 20 年。分别计算刘先生在等额本金还款法和等额本息还款法下每月的还款额，并计算等额本金还款法和等额本息还款法的全部还款额。

项目总结与自测

1. 梳理本项目知识结构，形成本项目的知识体系，提高知识点掌握效果。
2. 查漏补缺，巩固理论知识点和技能点的掌握情况。

项目总结

思维导图：

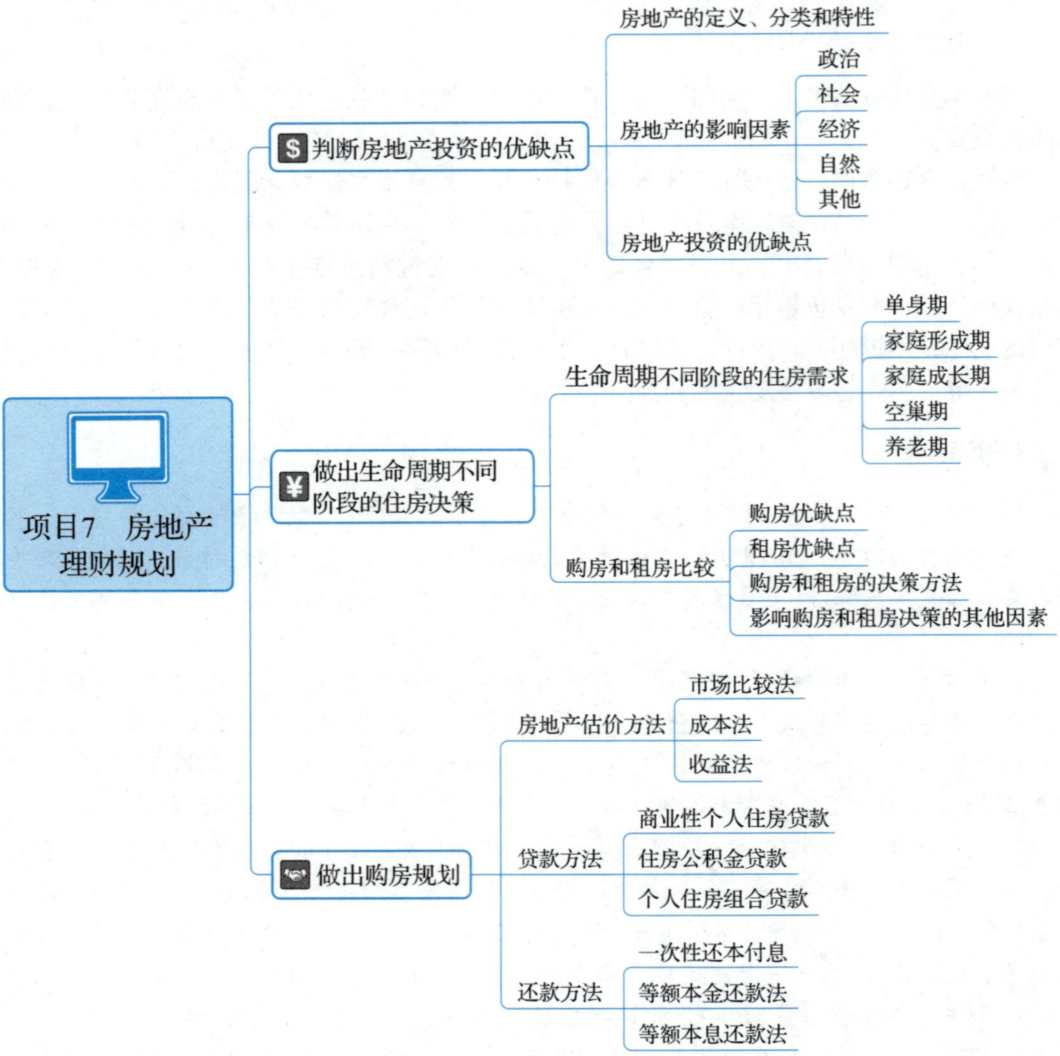

项目综述：本项目分为 3 个任务：任务 7.1 分析了房地产投资的优缺点，目的是让购房者能够根据实际情况做出判断。任务 7.2 分析了生命周期不同阶段的住房需求，目的是让购房者能够在不同阶段做出判断，到底是选择购房还是租房。任务 7.3 介绍了购房规划要点，目的是让购房者在决定购房之后，继续做好购房资金的规划，通过何种方式贷款，之后又该如何还款。最后以思维导图和自测题目的形式，对整个项目进行总结和归纳。房地产在我国有两次快速发展的时期，房产是一个家庭中重要的资产构成部分，因此不论是自住购房还是投资购房，都要根据实际情况进行规划。

项目自测

项目知识训练

一、判断题

1. 当人们有通货膨胀预期时，保值性需求使投资房地产的需求量增加，则房地产价格下降。 ( )
2. 住房抵押贷款的偿还方式一般有满期偿还、分期偿还和偿债基金三种，在我国最常见的是分期偿还方式。 ( )
3. 个人住房抵押贷款一般分为商业性个人住房贷款、住房公积金贷款和个人住房组合贷款三种。 ( )
4. 商业性个人住房担保贷款以第三方保证作贷款担保的，保证人既可以是企业法人也可以是自然人。 ( )
5. 在住房贷款的还款方式中，等额本息还款法与等额递增还款法全期所付利息总额较少，等额本金还款法与等额递减还款法全期所付利息总额较多。 ( )
6. 在固定利率贷款的房地产投资中，通货膨胀在房地产价格和租金上升时会使投资者债务负担和付息压力增加，个人净资产也相应增加。 ( )
7. 只有土地与建筑物在空间上成为统一体时才是房地产，单纯的土地或单纯的建筑物不属于房地产。 ( )
8. 根据中国人民银行的规定，贷款期间如遇国家调整利率，贷款期限在1年以内（含1年）的，实行合同利率，不分段计息；对于1年期以上的贷款，于利率调整公告执行之日起，按相应期限档次利率进行调整。 ( )
9. 住房公积金贷款的担保方式主要是由当地住房贷款担保中心提供连带责任担保。 ( )
10. 等额本息还款法的计算公式是，每月还款额=（本金−已归还本金累计额）×月利率+贷款本金/贷款期月数。 ( )

二、单选题

1. 胡先生申请了住房按揭贷款120万元，他估计近几年手头会比较紧。根据以上情况你认为胡先生应选择（ ）。
   A. 到期一次还本付息还款法　　B. 等额本金还款法
   C. 组合还款法　　D. 等额本息还款法
2. 以下不属于目前我国商业银行开办的个人住房消费信贷形式的是（ ）。
   A. 国家贷款　　B. 组合贷款　　C. 商业贷款　　D. 公积金贷款
3. 马先生欲购买100万元的房子，假设7成按揭，贷款期限25年，则马先生需要支付的首期款和贷款分别为（ ）。
   A. 20万元和80万元　　B. 40万元和60万元
   C. 30万元和70万元　　D. 50万元和50万元
4. 收入较高，还款初期希望归还较大款项来减少利息支出的借款人应采用（ ）。

A. 等额本金还款法　B. 等额本息还款法
C. 等比递增还款法　D. 等比递减还款法

5. 以下关于还款方式的优缺点，说法正确的是（　　）。
A. 等额本金还款法，每月还款金额不同，不便做规划，前期负担重，但越还越轻松，所付利息较少
B. 等额递增还款法，初期负担轻，后期负担重，全期所付利息较少
C. 等额递减还款法，初期负担重，后期负担轻，全期所付利息较多
D. 等额本息还款法，每月还款金额相同，便于做资金规划且全期所付利息较少

6. 李先生在银行办理了100万元的住房抵押贷款，期限10年，固定利率贷款，贷款年利率为7%，偿还方式为按月均付，则每月偿还的本息和为（　　）万元。
A. 1.089　B. 1　C. 1.161　D. 1.639

7. 理财规划师通常会建议客户尽可能采用住房公积金贷款买房以降低购房成本，个人住房公积金贷款是指银行根据公积金管理部门的委托，以（　　）为资金来源，按规定要求向购买普通住房的个人发放的贷款。
A. 储蓄存款　B. 央行存款　C. 公积金存款　D. 派生存款

8. 经验数据显示，贷款购房价最好控制在年收入的（　　）倍以下。
A. 5　B. 6　C. 10　D. 15

9. 以下关于住房公积金贷款的说法错误的是（　　）。
A. 各地公积金管理中心制定的贷款期限不同，一般最长不超过30年
B. 公积金贷款对贷款人年龄的限制不如商业银行个人住房贷款那么严格
C. 公积金贷款还款灵活度相对较低
D. 公积金贷款对贷款对象有特殊要求

10. 小李参加工作不久，目前只有约15万元的存款做购房首付款，所以他选择购买价值约10万元的小户型房产，这体现了购房规划中的（　　）。
A. 不必盲目求大　B. 无须一次到位　C. 量力而行　D. 综合考虑

11. 理财规划师会使用一些支付比例指标来估算最佳的住房贷款额度，一般来说，所有贷款月供款与税前月总收入的比率应控制在（　　）。
A. 25%～30%　B. 30%～33%　C. 33%～38%　D. 38%～40%

12. 提前还款时，选择（　　）还款方式利息节省最少。
A. 全部提前还款
B. 部分提前还款，剩余的贷款保持每月还款额不变，将还款期限缩短
C. 部分提前还款，剩余的贷款将每月还款额减少，保持还款期限不变
D. 部分提前还款，剩余的贷款将每月还款额减少，同时将还款期限缩短

13. 张女士购买了160平方米的小高层，价值200万元。张女士需要缴纳的契税为（　　）万元。
A. 1　B. 2　C. 3　D. 6

14. 王女士办理小额住房贷款20万元，期限5年，按月等额本息还款，贷款固定利率为8%。试计算在第30期所偿还的贷款金额中，王女士应还款的本金金额为（　　）元，缴款后尚余的本金余额为（　　）元。

A. 3 300；90 066　　B. 4 055；90 066
C. 4 055；109 934　　D. 3 300；109 934

15. 小峰有房贷 60 万元，贷款利率为 5%。假设选择等额本金还款法每期所还的本金与选择 20 年期等额本息还款法的每期还款额相同，则小峰的房贷可提前（　　）年还清。
A. 6.4　　B. 6.8　　C. 7.2　　D. 7.5

16. 李女士向银行办理房贷 40 万元，贷款利率为 6%，贷款期限 20 年，按月平均摊还本利，则她第一个月应摊还的本金为（　　）元。
A. 764　　B. 866　　C. 2 000　　D. 2 315

17. 小杨打算两年后买房，预计购买房屋价格为 100 万元，房价年成长率为 5%，首付三成。小杨现准备一次性拿出 28 万元进行投资以积累首付，按年复利，则年平均报酬率必须达到（　　）才能实现他的购房目标。
A. 7.355 4%　　B. 7.864 5%　　C. 8.685 3%　　D. 9.354 2%

18. 林女士打算买一套小户型房屋进行投资，房屋价格为 30 万元，首付三成，贷款期限 20 年，贷款利率为 7%，等额本息还款，月还款额约为 2 360 元。房屋为现房，购后即可出租，每月租金为 3 000 元。假设租金、贷款利率不变，则投资回收期为（　　）年。
A. 11.72　　B. 12.65　　C. 13.12　　D. 13.21

19. 符女士现有旧房一套，价值 60 万元，贷款余额为 20 万元，剩余还款期限 6 年，贷款利率为 4%。现符女士打算换新房，新房需要 100 万元，出售旧房后购买新房的不足部分由贷款解决。假设利率不变，每年还款额也不变，新房的贷款需要（　　）年才能还清。
A. 20　　B. 22　　C. 26　　D. 30

20. 李女士向银行办理住房按揭贷款 40 万元，贷款利率为 7%，贷款期限 20 年，等额本息还款（按年还款），则李女士第一年应偿还的本金（取近似值）为（　　）元。
A. 9 760　　B. 9 790　　C. 9 820　　D. 10 060

三、多选题

1. 在购房与租房决策中，常用的决策方法有（　　）。
A. 回归分析法　　B. 年成本法　　C. 净现值法　　D. 边际成本法

2. 目前，我国个人住房贷款主要有（　　）。
A. 国家贷款　　B. 组合贷款　　C. 商业贷款　　D. 公积金贷款

3. 目前，在我国个人住房贷款的还款方式主要有（　　）。
A. 等额本金还款法　　B. 组合还款法
C. 等额本息还款法　　D. 到期一次还本付息法

4. 在个人住房规划中，客户可购买的房屋总价由（　　）构成。
A. 可负担的购房首期款　　B. 客户净资产总额
C. 可负担的购房贷款总额　　D. 客户年收入总额

5. 以下属于房地产投资风险的是（　　）。
A. 流动性风险　　B. 利率风险

C. 经济周期波动风险　　D. 社会风险

6. 个人应综合考虑（　　）来决定目前的消费和储蓄。

A. 即期收入　　B. 未来收入　　C. 工作时间

D. 退休时间　　E. 可预期的开支

7. 国内外消费者购买住宅的原因包括（　　）。

A. 自住　　B. 合理避税

C. 对外出租获取租金　　D. 投机获取资本利得

8. 目前我国各商业银行开办的个人住房消费信贷主要包括（　　）。

A. 公积金贷款　　B. 商业贷款　　C. 国家贷款

D. 组合贷款　　E. 交叉贷款

9. 下列属于适宜租房的人群有（　　）。

A. 工作地点与生活范围固定者　　B. 刚刚踏入社会的年轻人

C. 不急需买房且辨不清房价走势者　　D. 储蓄不多的家庭

10. 提前还款的前提是（　　）。

A. 违约金已还清　　B. 借款人以前还款不拖欠

C. 以前欠息已还清　　D. 当前利息已还清

11. 在购房贷款中，如果借款人出现财务紧张或由于其他原因不能按时如数偿还贷款，可以向银行提出延长贷款申请。理财规划师在帮助客户申请延长贷款时应注意（　　）。

A. 借款人应提前 30 个工作日向贷款行提交个人住房借款延长期限申请书

B. 延长贷款必须在原贷款没有到期时进行申请

C. 延长期限前借款人必须先清偿其应付的贷款利息、本金及违约金

D. 借款人可在规定期限内无限次申请延长贷款

E. 原借款期限与延长期限之和最长不超过 30 年

12. 理财规划师帮助客户在购房和租房之间做出正确的选择时，采用的计算方法有（　　）。

A. 获利指数法　　B. 年成本法　　C. 综合计算法　　D. 净现值法

13. 下列关于租房的优点，说法正确的是（　　）。

A. 房子有增值潜力

B. 可满足心理层面归属感、安全感的需求

C. 负担较轻，同样的付出能拥有较佳的居住质量

D. 灵活方便，自由性强，可有效节省交通费用

四、简答题

1. 简要列举房地产价格构成的基本要素。
2. 简述房地产投资的优缺点。
3. 简述住房规划的流程。
4. 试述住房公积金贷款与商业性个人住房贷款的区别。
5. 简述个人住房按揭贷款中，各种还款方式的优缺点以及适用的客户类型。

五、计算题

1. 王先生看上了一套85平方米的住房，但不知是买好还是租好。如果租房，房租每月3 500元，另交3个月的押金；如果买房，总价90万元，首付27万元，其余可申请15年期贷款，贷款利率为4.9%。假设王先生的投资报酬率为7%，请问王先生应该买房还是租房？
2. 刘先生通过银行按揭贷款买了一套新房，价值90万元，首付30%。银行提供两种还款方式供刘先生选择，一种是等额本金还款法，另一种是等额本息还款法。银行利率为5.58%，贷款期限20年。计算两种方法的还款额。刘先生工作多年，家庭条件较好，有一些积蓄。刘先生应采用哪种还款方式？
3. 小张目前年收入为15万元，有银行存款25万元。小张想现在买房，他打算将银行存款25万元全部用作购房首付款，将今后每年收入的40%用来偿还贷款。如果小张选择20年贷款期限，贷款利率4.9%，试计算他能买得起的房屋总价。
4. 方先生目前年收入为22万元，在年收入中打算以50%负担每年还款额；目前净资产为45万元，在净资产中打算以80%用于购房首付款。方先生想3年后买房，选择20年贷款期限，贷款利率为4.9%。假设方先生的投资报酬率为8%，试计算他能买得起的房屋总价。
5. 孙先生打算5年后购买目标总价140万元的商品房，首付款3成，贷款20年，贷款利率为4.9%。假设孙先生的投资报酬率为8%，试计算他在购房前后每年应有的最低储蓄额是多少。
6. 马先生从中国银行申请个人住房贷款150万元，期限20年，贷款利率为4.9%。假设马先生选择每月等额本金还款法，试计算他在第18个月和在第198个月的还款额分别是多少。
7. 小陈通过银行按揭贷款买了一套新房，价值90万元，首付30%，银行提供等额本金还款法和等额本息还款法两种还款方式供小陈选择，贷款利率为4.9%。小陈目前年收入10万元，但最近手头比较紧，预计以后会逐步改善，试分析小陈采用哪种还款方式比较合适。

项目技能训练

实训任务一：了解房地产投资

实训目标：掌握房地产规划的相关知识与技能。

实训内容：

1. 根据所收集的资料，列举5～8条2013年以来我国发布的房地产市场政策，分析这些政策对我国房地产市场的影响，并分析未来几年房地产市场的形势。

2. 根据所收集的资料，结合你家乡当地的房地产价格走势，谈谈以后你在房地产市场投资的设想。

3. 将在当地房地产市场收集的不同楼盘的资料用图表进行比较分析（最少3个不同开发商开发的楼盘）。

4. 根据以上所完成的工作任务完成实训报告。

小组成员（标明组长）   运作方式（市场问卷、调研、模拟操作、小组讨论等）   实训目标   实训任务   实训内容   任务完成过程   成果检验（PPT 演示或文档资料）   体会和总结   成绩考核表

实训任务二：房地产投资操作

实训目标：掌握房地产投资操作实务。

实训内容：30 岁的陈先生在一家国企工作，月收入 5 000 元，未婚妻偶尔做一些零散工作，月收入 1 000 元，目前两人存款共 20 万元。陈先生决定今年购房结婚。请根据以上资料完成下面的内容：

1. 如果陈先生购买的是一手房，请将陈先生购房的交易流程图绘制出来。
2. 如果陈先生购买的是二手房，请将陈先生购房的交易流程图绘制出来。
3. 如果陈先生想采用公积金贷款方式购房，请你绘制出住房公积金贷款的流程图。
4. 如果陈先生在你的家乡置业，你会建议陈先生买多大面积的房子？总价是多少？还款期限应为多久？
5. 目前最常见的房贷还款方式是等额本息还款方式和等额本金还款方式，这两种方式各有什么特点？你会建议陈先生采用哪种方式？

6. 如果陈先生购买的是一手房，请计算陈先生所需承担的房地产交易税费。

7. 如果陈先生购买的是二手房，请计算陈先生所需承担的房地产交易税费。

8. 你会建议陈先生在整个购房过程中注意哪些购房问题？

实训任务三：购房筹资

实训目标：确定购房目标后的筹资计划。

实训内容：

1. 小刘现年 25 岁，在律师事务所工作，工作比较稳定。目前小刘的年税后收入是 10 万元，没有任何积蓄，事务所员工的收入年平均增长率为 5%。小刘拟在 5 年后实现自有住房的梦想。经过各方面的综合考虑，小刘希望未来能在单位附近购房，目前该区的房价大约是 0.8 万元/平方米，预计未来房价仍有 5%的年增长率。小刘的理想居住面积是三室两厅，约 100 平方米。银行的最高贷款额度是房价总额的八成，未来贷款利率约为 6%。小刘打算 50 岁之前偿清贷款。小刘属于稳健型的投资者，年平均投资报酬率为 4%。请问：小刘从现在开始应如何储蓄才能实现他的购房梦想？

2. 小李现年 24 岁，公务员，未婚，每月收入 5 200 元左右，加上其他的奖励等收入，年收入约 8 万元。目前，小李日常开销 2 500 元/月，其他开支 500 元/月，现存款 15 万元。小李在投资方面属中庸偏激型，他希望到 5 年后拥有一套两室一厅 100 平方米的住房。小李所在城市的平均房价是 1 万元/平方米，银行按揭的首付是三成。请问：小李怎么做才能完成他的购房计划？

项目延伸

项目延伸

相关房地产政策

项目 8 父母对子女的“无声告白”——教育规划

知识目标

1. 了解教育投资理财的特点。
2. 掌握教育资金的主要来源。
3. 掌握各类教育规划的工具及其优缺点。
4. 掌握教育规划的流程。

技能目标

1. 能准确计算教育金需求额。
2. 能应用各类规划工具进行教育规划方案的设计。

素养目标

1. 培养仔细计算的能力。
2. 树立正确的消费观、学习观。

情景引入

孙先生，38 岁，家住安徽省合肥市，目前在一家大型电子公司当技术员，月薪 7 000 元，年终奖金 30 000 元。妻子张女士，今年 35 岁，合肥市某小学英语教师，月薪 6 500 元，年终奖金 20 000 元。儿子 9 岁，上小学三年级，女儿 7 岁，上小学一年级。

孙先生 5 年前买了一套小三居的住房，住房问题得到了解决。夫妻俩都有医疗保险和养老保险。孙先生和妻子极其重视子女的教育，除了工作以外将精力都放在子女的教育上。具体来说，孙先生夫妻俩希望两个孩子将来都能上重点大学，大学毕业后继续深造读研究生。

思考：你该如何为孙先生一家进行教育规划？

任务 8.1

分析子女教育需求

任务目标

1. 能够根据客户信息确定客户家庭的子女教育需求。
2. 能够根据客户信息计算客户家庭的子女教育需求费用。

任务引入

王可乐五年级了，她的妈妈说：“学校的教育费用不高，一年的学费约 1 000 元。但她平时还要上语文、小提琴、舞蹈、主持人、英语这些课程。小提琴课和英语课比较贵，小提琴课 1 年学费是 1.5 万元，英语课 1 年学费是 1.33 万元，舞蹈课 1 年学费约 5 000 元，语文大班 1 年学费约 4 000 元。主持人课是下半年报的，大约 9 000 元，寒假报名的提高班一周 998 元。线上的外教课为 3 000 元，暑假的时候也报了提高班，大约 2 000 元。总体下来，一年在课外教育上的花费要 5 万元以上。”

张先生的孩子上初三，学习成绩不错，高中想考市重点。张先生给孩子报了各种补习班，他说：“英语报了外教课，一个学期 5 000 元，加上假期的集中补习，一年要 17 000 元左右。他理科很好，只在寒假报了一个物理的提高班和一个数学的提高班，小班授课各自 5 000 元。孩子的语文成绩不稳定，所以平时就在补课，假期也报了提高班，都算下来约 7 000 元。上个假期孩子还参加了一次学校组织的游学，费用约 2 000 元。”

家庭开支中，孩子的教育支出占比较大。从长远考虑，做好孩子的教育规划、进行理性的教育投资非常有必要。

任务预备

8.1.1 什么是教育规划

1. 教育规划的概念

教育规划也称教育投资规划，是指为实现预期教育目标所需要的费用，并因此而进行的一系列资金管理活动。教育规划可从三个方面进行理解。

（1）教育支出是一项长期的投资。

在孩子成长的每一个阶段，都需要支付一定的费用，以保证孩子能接受最好的教育，这种付出不像购买物质产品只需一次性付出就可以，而是需要源源不断地支出，且必须要有保证。

（2）教育规划在孩子的每一个成长阶段都必不可少。

教育费用在孩子的每一个成长阶段都必须支出，这就使子女的教育必须提前规划。父母应为子女准备充足的教育资金，以此来应对孩子不同时期教育类型的需要，就算子女将来用不到，也可以转变为自己的养老资金，减少子女的负担。

(3) 教育规划的核心内容是如何制定子女教育经费的筹集与实施方案。

目前，许多家庭对子女教育规划尚不够重视，对规划投资的理财产品也不够了解，规划手段往往较为单一，收益不高。因此，有必要听取理财规划师的建议，通过合理的财务计划，确保将来有能力支付孩子的教育费用，实现个人或家庭的教育期望。

2. 教育规划的特点

与其他理财规划相比，教育金是最没有时间弹性和费用弹性的理财目标，因此应预先规划，才可能避免由于家庭财力不足致使孩子丧失良好的教育机会。

(1) 时间无弹性。

一般子女到了 18 岁就要步入大学，届时父母就应该已经准备好了至少一年的高等教育金。除去子女幼儿阶段的开销以外，能准备教育金的时间大致为小学到中学（约 12 年）。时间无弹性的特点使教育规划明显不同于房产规划或养老规划，如果财务状况不允许，房产规划或养老规划可以采用推迟购房时间或推迟退休等方式推迟目标的实现时间，而教育规划则明显无法推迟。

(2) 费用无弹性。

高等教育费用相对固定，不像其他资产或退休规划有时间与费用的弹性，这些费用对每位学生基本相同，不会因为家庭富有与否而有差异。

(3) 子女的资质无法事先预测。

当孩子出生时，家长很难预知孩子在独立生活前需要支出多少资金，也无法预知孩子最终受教育的情况，这些都与子女的资质、注意力、学习习惯和能力有关。

(4) 易受通货膨胀的影响。

教育资金支出的持续时间较长，一般孩子从小学到大学毕业需要 15～16 年。面对教育支出逐年上涨的事实，教育规划资产必须能应对费用逐年增长的现状，同时还要能抵御通货膨胀带来的风险，所以，教育规划必须具备较好的增值速度。

3. 教育规划的原则

(1) 提前规划。

提前规划是教育金筹备过程中的首要原则。由于教育金在时间上没有弹性，属于必须支出的费用，因此在进行教育投资时，应充分认识到教育规划的重要性，尽早筹备和规划教育金。因为孩子受教育程度、学校性质等因素会对教育金的多少产生较大影响，所以，要求投资者应具备长期规划的意识，确定好目标，未雨绸缪。为了防止超出计划的需要，制定的教育金规模要相对宽松。总之，要在保证家庭日常开支的前提下尽早规划，并积累足够的教育金。

(2) 目标合理。

在对子女设定最终教育目标时，父母应充分考虑子女的自身特点、兴趣能力等，并结合家庭的实际经济情况、风险承受能力设定理财目标。由于父母的期望与子女的兴趣能力可能会有差距，而且在不同的人生阶段，孩子的爱好兴趣可能发生变化，因此自进行教育规划方案设计时，就要采用相对灵活的教育金积累方式，以适应子女在未来的不同选择。

（3）定期定额。

一般情况下，人们不易坚持按月存款，因而利用定期定额计划，用实际数字来量化理财目标，对定期储蓄自制力差的人采取强制储蓄措施，通常可以奏效。每月定时存一部分，虽然当前储蓄额不多，但是应坚持习惯性的储蓄计划，才能为教育金打下坚实基础。目前有很多投资工具可以帮助人们强制储蓄，比如教育储蓄、教育保险等。

（4）专款专用。

教育金的储备贯穿孩子的整个教育阶段，周期较长。正因为如此，很多人容易在中途就将教育金挪作他用，等孩子进入大学或需要继续深造的时候，才发现资金不足。专款专用是教育金储备过程中应严格遵循的一个重要原则，只有执行专款专用原则，才能使孩子的教育得到保障。

（5）保值增值。

根据收益与风险相匹配的原则，要获得高收益的投资都将承担较高风险。由于教育金的规划既要考虑安全性，又要考虑一定的增值性，因此应以低风险、稳健增长为宜，可见教育金并非越多越好。规划时不可因筹资的压力而选择高风险投资工具，因为一旦本金遭受损失，对整体教育规划将带来影响，这点对于那些距子女读大学时间较近的客户来讲，尤为重要。

除了保值的原则以外，还要注意教育金的增值特点。由于教育金易受通货膨胀影响而出现贬值，在筹备教育金时应进行详细的分析，做好多种理财方式的搭配，如利用银行储蓄、教育保险及其他教育理财产品等，尽可能做到保值增值。多种理财方式相结合，可以分散风险，达到长期投入、稳健投资的目的。

8.1.2　教育阶段及费用估算

1. 教育阶段

《中华人民共和国教育法》第十七条规定，国家实行学前教育、初等教育、中等教育、高等教育的学校教育制度。我国已经形成了多种层次、多种形式、学科门类齐全的教育体系。当前教育阶段划分为学前教育、初等教育、中等教育、高等教育四个阶段。

微课 28

教育阶段及费用估算

2. 教育阶段费用说明

子女教育所需费用包括子女未能自立前所接受教育的学费和生活费的总和。在我国，子女教育支出已成为家庭经济支出的重要组成部分，支出比例较大。调查显示，城市家庭平均每年在子女教育方面的支出占家庭子女总支出的 76.1%，占家庭总支出的 35.1%，占家庭总收入的 30.1%。这些数据在城市间存在较大差异，且存在一定群体差异。根据浙江省杭州市 2020 年的数据，各阶段子女教育费用（含学费、生活费、辅导费等）估算如表 8－1 所示。

阅读资料

教育阶段年限

表 8-1　各阶段子女教育费用估算表　　单位：元/年

学习阶段	公办学校	民办学校	到欧美留学
幼儿园	15 000～30 000	36 000～60 000	—
小学	12 000～60 000	30 000～120 000	—
初中	15 000～30 000	24 000～60 000	—
高中	20 000～50 000	36 000～90 000	—
中专	20 000～50 000	30 000～60 000	—
大学	48 000～80 000	60 000～500 000	500 000～1 500 000
研究生	30 000～60 000	50 000～100 000	200 000～300 000

子女教育开销的差异性相当大，因此必须针对个人所在地区的实际状况、父母对子女的期望以及家庭本身的负担能力，选择是否借读、择校，是否上辅导班、请家教，甚至是否有能力上民办大学或出国留学，以制定详尽的教育规划。

3. 教育阶段费用估算

通常我们用“教育负担比”来衡量教育开支对家庭生活的影响，即

教育负担比＝届时子女教育金费用/届时家庭税后收入

一般来讲，如果预计教育负担比高于 30%，就应尽早准备教育金。另外，由于教育费用增长率可能会高于收入成长率，因此用现在的水准估计负担比可能会偏低。

理财规划师可以结合客户的实际情况，预测教育费用的增长率，计算未来所需费用，并计算一次性投资和分期投资所需的资金。具体可遵循以下步骤：第一步，设定一个通货膨胀率；第二步，按预计通货膨胀率计算所需的最终费用；第三步，分别计算采用一次性投资计划所需的金额现值和采用分期投资计划每月所需支付的年金额。

通过以上步骤明确了客户子女的教育目标、实现该目标目前所需要的费用，以及从现在起到客户子女上大学的时间内学费和生活费用的增长率，接下来的工作就是计算这些学费和生活费至客户子女上大学时的终值，以及客户一次性投入和分期分批投入所需要的资金。用已知现值求终值的公式进行计算，计算公式为：

$$F=P\times(1+i)^n$$

式中，F 为客户子女上大学时的学费或生活费；P 为目前的大学学费或生活费；i 为学费或生活费的增长率；n 为客户子女距离上大学的年数。

计算客户现在一次性投入和分期分批投入所需要的资金，就是运用客户的投资报酬率将以上计算得到的大学学费和生活费进行折现和求终值年金。这里的前提是要合理地设定客户的投资报酬率。客户投资报酬率确定后，就可以运用已知终值求现值和年金的公式，计算客户一次性投入和分期投入所需资金。一次性投入所需资金的计算公式为：

$$P=\frac{F}{(1+i)^n}$$

式中，P 为客户现在一次性投入所需资金；F 为客户子女上大学时的学费或生活费；i 为客户的投资报酬率；n 为客户子女距离上大学的年数。

客户从现在起分期投入所需资金的计算公式为：

$$A=\frac{Fi}{(1+i)^n-1}$$

式中，A 为每期末分期投入所需资金。如果是每期初分期投入，则计算公式为：

$$A=\frac{Fi}{(1+i)[(1+i)^n-1]}$$

式中，A 为每期初分期投入所需资金。

也可以直接用子女教育金模拟试算表进行教育金规划，如表 8－2 所示。

表 8－2　子女教育金模拟试算表

项目	代号	备注
子女年龄	A	
距离上大学年数	B	＝18 岁－A
距离继续深造年数	C	＝22 岁－A
目前大学费用总计	D	4 年，学费和生活费总计
目前深造费用总计	E	3 年，学费和生活费总计
生活费与学费年增长率	F	
届时大学费用	G	＝D×复利终值系数（n＝B，r＝F）
届时继续深造费用	H	＝E×复利终值系数（n＝C，r＝F）
客户的投资回报率	I	
目前的教育准备金	J	可供子女未来教育使用的资金
至上大学时累积额	K	＝J×复利终值系数（n＝B，r＝I）
尚需准备的大学费用	L	＝G－K
准备大学费用的月投资额	M	＝L/年金终值系数（n＝B，r＝I）/12
准备深造费用的月投资额	N	＝H/年金终值系数（n＝C，r＝I）/12
当前每月定期定额投资额	O	＝M＋N

任务实施

1. 赵先生的女儿 12 岁，他希望孩子将来在国内某重点大学读研究生。赵先生查资料得知，该重点大学近年本科的学费为 8 000 元/年，研究生 3 年学费共 40 000 元，最近 3 年学费年递增 2%。在当地读大学和研究生的学生，每月中等开销为 1 200 元，假定生活费用年均增长率为 4%。赵先生现在已经为女儿准备了 100 000 元的教育储备金，已知年收益率为 2.2%，计算他需准备的教育金金额，并将表 8－3 填写完整。

表 8-3　教育金试算表

项目	代号	数值	备注
子女年龄	A		
距离上大学年数	B		=18 岁−A
距离继续深造年数	C		=22 岁−A
目前大学学费	D		4 年
目前大学生活费	E		4 年
目前研究生学费	F		3 年
目前研究生生活费	G		3 年
生活费与学费年增长率	H		
届时大学学费	I		=D×复利终值系数（n=B，r=H）
届时大学生活费	J		=E×复利终值系数（n=B，r=H）
届时研究生学费	K		=F×复利终值系数（n=C，r=H）
届时研究生生活费	L		=G×复利终值系数（n=C，r=H）
客户的投资回报率	M		
目前的教育准备金	N		可供子女未来教育使用的资金
至上大学时累积额	O		=N×复利终值系数（n=B，r=M）
尚需准备的大学费用	P		=I+J−O
准备大学费用的年投资额	Q		=P/年金终值系数（n=B，r=M）
准备研究生费用的年投资额	R		=（K+L）/年金终值系数（n=C，r=M）
当前每年定期定额投资额	S		=Q+R

2. 王先生儿子今年 6 岁，他希望到儿子 18 岁上大学时能为孩子积累足够的本科学费，并希望孩子有能力继续深造。王先生目前拥有 30 000 元教育准备金，不足部分打算用定期定额投资基金的方式来解决。王先生投资的平均回报率为 5%。请将表 8-4 填写完整。

表 8-4　王先生家庭教育金试算表

项目	数值	备注
子女年龄	6	
距离上大学年数		18 岁上大学
距离继续深造年数		22 岁继续深造
目前大学费用总计	75 000	4 年全部费用
目前深造费用总计	40 000	3 年全部费用
学费年增长率	4%	以 4%年增长率假设
届时大学学费		
届时研究生费用		
教育资金投资回报率	5%	以 5%年化收益率假设

续表

项目	数值	备注
目前的教育准备金	30 000	可供子女未来教育使用的资金
至上大学时累积额		
尚需准备的大学费用		
准备大学费用的月投资额		采用每月定投方式获得
准备深造费用的月投资额		采用每月定投方式获得
当前每月定投资金额		

任务 8.2

制定家庭教育规划

任务目标

1. 根据客户需求确定适合的家庭教育投资工具。
2. 根据客户需求计算不同家庭教育投资效果。
3. 根据客户需求完成家庭教育规划。

任务引入

程先生的孩子今年 11 岁，上小学六年级。程先生希望孩子上大学，大学毕业后继续上研究生。目前，大学本科 4 年，每年学费 8 000 元，每月生活费 1 300 元；研究生 3 年，每年学费 15 000 元，每月生活费 1 500 元。现在程先生要考虑以下几个问题：未来孩子的学费和生活费大概是按什么速度进行增长？现在能够准备的教育金有多少？每年能够拿出的用于教育金计划的资金有多少？采用什么方式来准备不同阶段的教育金？

任务预备

8.2.1　教育规划步骤

1. 了解家庭成员结构与财务状况

在教育规划中，首先要对家庭的成员结构与收支水平进行全面了解，通过数据的收集，编制客户家庭财务报表，将家庭信息整理归类到资产负债表、现金流量表中，并通过对两张表进行数据分析，了解家庭对待风险的态度及风险承受能力。该步骤也是理财规划师帮助不同客户制定理财规划方案的基础工作。

2. 明确子女的教育目标

家庭需要明确希望子女未来接受的教育目标，并了解实现该目标当前所需费用。理财规划师一般可以通过以下问题来帮助客户明确目标：您的子女目前多少岁？您希望子女在何地完成该项教育？您希望子女在何种类型的学校完成该项教育？子女入学年龄是教育费用筹集的重要变量，如果目前子女年龄尚小，进行教育投资规划的时间就较长；反之，规划时间短。对于这两类客户而言，资金安排方式是截然不同的。同时，由于不同类型的大学收费不同，不同国家大学的费用也有巨大差异，就读专业的不同也会影响学费的多少，因此在进行教育规划时，应尽可能明确未来的教育需求，进而明确实现该目标所需要的费用。

3. 估算教育费用

理财规划师应在充分调研现阶段教育费用水平的基础上，合理假设通货膨胀率，根据距离实现教育目标的年限，估算实现教育目标所需的最终费用，并能根据此费用和客户的投资收益率计算在一次性投资计划下的投资金额或分期等额投资计划下，每年或每月所需投资的年金额。

4. 选择合适的投资工具进行投资

教育规划的特性在一定程度上决定了教育金投资工具的选择。教育金投资的成功与否是关系到子女教育的大事。如果投资失败不仅会导致教育金血本无归，更严重的会影响子女教育目标的实现，给家庭带来严重困扰。因而，教育金投资应慎之又慎，确保保值和增值，应绝对避免投资高风险的投资品种。基金、债券和风险相对较小的绩优股，特别是指数型基金都是比较好的投资选择。

8.2.2 教育规划工具

微课 29

教育规划工具

子女从出生到接受高等教育，教育消费时间跨度长，涉及数额大，这就为教育规划留下很大空间。在对教育需求进行分析以后，应该对教育规划的主要投资工具有所了解和掌握，合理选择教育规划工具成为教育规划的一项重要内容。根据教育资金筹集的时间长短，教育投资工具可分为短期教育规划工具和长期教育规划工具。

8.2.3 制定教育规划方案

阅读资料

教育规划工具

对子女教育金的资产和负债进行测算后，如果出现资金缺口，客户将不能实现教育目标。理财规划师应对客户原有的计划进行调整，在充分掌握教育储蓄、证券投资、贷款、教育信托、教育保险等产品的风险、收益和范围的基础上，从客户家庭的实际情况出发，进行资金缺口管理，重新进行投资组合，实现客户教育规划的目标。

1. 增加教育金投入额

针对子女教育金的缺口，可增加对教育金的初始投入额和将来的投入额。特别是并不富裕的家庭，每月应利用部分资金进行定期定额投资。如果离教育目标的时间较长，建议客户对优质的股票基金进行定投，分享我国资本市场成长的平均收益，通过较长时间的累积，客户的教育金会积少成多。

2. 调整教育金投资结构

子女教育金的投资应遵从谨慎稳重的原则，对于准备时间较长的部分教育金可采取较为积极的投资策略，提高投资收益率。例如，用于10年后子女上大学的10万元定期存款，可以适当投资于人民币结构性存款、基金等理财产品，承担部分风险，提高投资收益，用于填补资金缺口，但一般不建议直接投资于股票。

3. 监测和管理教育规划方案

随着子女的成长，离目标教育期限的临近，应调整投资组合，逐步减少教育金的投资风险，将风险较高的投资转向教育储蓄、债券、基金等低风险产品。总之，对于制定的方案，要定期和不定期地进行测算评估；对于已经或预计改变的情况，要不断地对方案进行调整，最终实现教育金资金储备。子女教育规划流程图如图8-1所示。

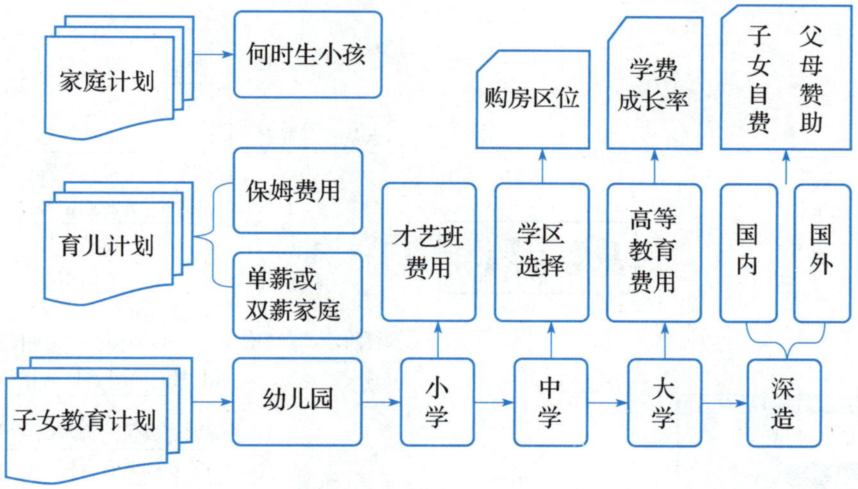

图8-1 子女教育规划流程图

任务实施

1. 王女士一家家庭年收入在25万元左右，小孩8岁，上小学二年级。王女士家庭开销一般，一年约有15万元结余。夫妻俩都有养老保险和小额医疗保险。王女士准备明年买房，同时想采用基金定投的方式积累小孩的教育金。目前王女士有资金100万元，请问她应每月为孩子教育资金定投多少钱，才不会影响家庭的正常生活及明年的买房计划？

2. 李先生的孩子14岁，计划两年后去加拿大留学读高中直到硕士毕业。李先生经济实力较强，已为其子准备了50万元留学费用。李先生全家都有较充足的保险保障。经过留学咨询机构估算，李先生的孩子赴加拿大读书的费用预计为：高中3年，每年约12万元；本科4年，每年约12万元；硕士2年，每年约15万元，但由于费用将会增长，因此按年均3%的增长率计划将来的教育费用（假定不考虑通货膨胀）。试计算李先生的教育金缺口。

3. 张先生和张太太有一个10岁的孩子，预计17岁上大学，21岁到澳大利亚留学两年。目前去澳大利亚留学两年的费用为6万澳元，预计学费每年上涨5%。张先生家庭作为中等收入家庭，孩子上大学的费用肯定没有问题，但是，对于出国留学的高额开支，在张先生夫妇看来并不是件很容易的事情，需提前规划。请为张先生夫妇设计一个子女教育规划方案。

项目总结与自测

1. 了解影响教育金的因素，复习并熟练掌握教育金的计算方法。
2. 掌握制定教育规划的方法，能够根据客户实际情况制定合理有效的教育规划方案。

项目总结

思维导图：

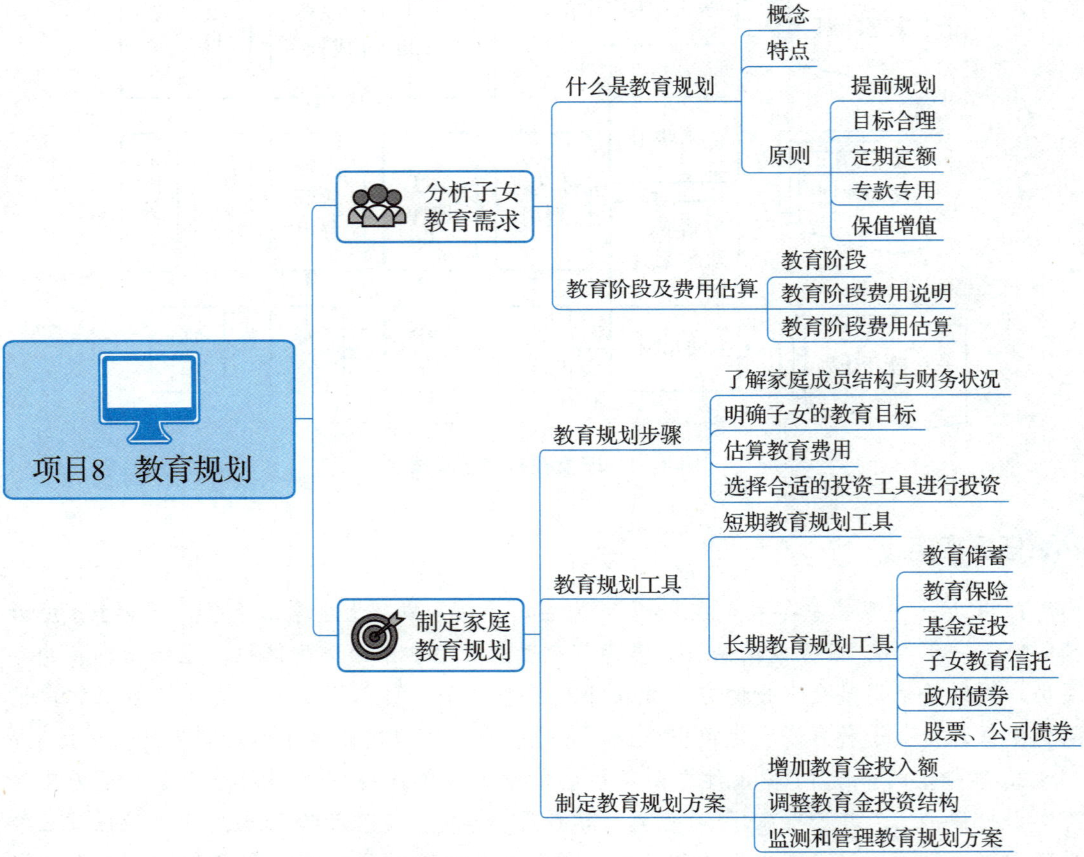

项目综述： 本项目分为2个任务：任务8.1分析了子女教育的需求，介绍了教育规划的概念、特点和原则，通过教育金试算表了解到不同阶段子女教育费用的需求情况。任务8.2介绍了制定家庭教育规划的步骤、工具和完成规划方案的要求。两个任务有明确的先后顺序，在分析了子女的教育费用需求之后，再选择不同的投资工具，来实现不同目标情况下的教育金准备，从而完成整体的教育规划方案。最后以思维导图和自测题目的形式，对整个项目进行总结和归纳。本项目是实现家庭理财规划的重要环节，子女的教育问题有多重要，子女教育金的规划就有多重要。

项目自测

项目知识训练

一、判断题

1. 子女教育保险最大的优点是，如果父母发生意外，以后要缴的保费可以豁免，但子女不能领到与正常缴费同样的保险金。（ ）
2. 教育金规划是家庭理财规划中最主要的长期目标。（ ）
3. 送小孩上大学是教育投资，因而，教育费用的支出要进行资本化。（ ）
4. 子女教育保险重在保障功能，且投资收益率比较低。因而，可以作为教育金投资唯一的选择。（ ）
5. 客户教育准备金准备得越多越好。（ ）
6. 教育金是最没有时间弹性与费用弹性的理财目标。（ ）
7. 教育贷款是教育支出最主要的资金来源。（ ）
8. 学生贷款的贷款对象一般是年满 18 周岁，具有完全民事行为能力的在校大学生、研究生。（ ）
9. 学生贷款按银行同期贷款利率减半计息。（ ）
10. 理财规划师在为客户进行教育规划时应将客户子女工读收入计算在内。（ ）

二、单选题

1. 按照我国现行的教育制度，规定入学年龄为（ ）岁。
   A. 5　B. 3　C. 6　D. 7
2. 按照我国现行的教育制度，上大学的年龄为（ ）岁。
   A. 18　B. 17　C. 16　D. 20
3. 一般情况下，教育金规划是为客户小孩上（ ）筹集教育费用进行规划。
   A. 大学　B. 初中　C. 高中　D. 重点学校
4. 以下需要做教育规划的是（ ）。
   A. 研究生毕业，刚参加工作　B. 孩子大学毕业，已参加工作
   C. 结婚 5 年，没有小孩　D. 孩子 12 岁，上初一
5. 教育规划的第一步是（ ）。
   A. 确定客户的教育目标　B. 计算未来的教育费用
   C. 设定一个费用增长率　D. 选择合适的投资工具进行投资
6. 下列关于子女教育金规划的说法，错误的是（ ）。
   A. 若父母发生保险事故，子女教育金的来源可能中断，所以子女教育金规划最好能结合保险规划

B. 学费增长率一般高于通货膨胀率，所以子女教育金的投资报酬率不能太过保守，应至少高于学费增长率

C. 子女教育金规划与退休规划时间高度重叠，应准备好子女教育金之后再考虑进行退休规划

D. 子女教育金没有金额弹性和时间弹性，需要预先规划

7. 下列四项中不属于政府教育资助项目的有（　　）。

A. 特殊困难补助　　B. 减免学费政策

C. 奖学金　　D. “绿色通道”政策

8. 在上大学时如果资金周转存在困难，学生可以采用教育贷款，下列四项中不属于教育贷款项目的是（　　）。

A. 商业性银行贷款　　B. 财政贴息的国家助学贷款

C. 学生贷款　　D. 特殊困难贷款

9. 下列不属于教育资金主要来源的是（　　）。

A. 政府教育资助　　B. 客户自身的收入和资产

C. 奖学金　　D. 向亲戚借贷

10. 在为客户进行子女教育规划时，理财规划师要根据（　　）来评估未来教育费用，并决定客户每月必须投资的金额。

A. 子女目前的教育情况和学习能力　　B. 目前大学收费信息和未来通胀趋势

C. 家庭目前收入情况和未来支出预算　　D. 子女届时打工收入和子女学习意愿

11. 下列适合用来筹集子女教育金的投资工具是（　　）。

A. 权证　　B. 教育储蓄和教育保险

C. 期货　　D. 外汇

12. 教育储蓄是国家特设的储蓄项目，它免征利息税，以零存整取方式存储，并以（　　）方式计息。

A. 零存整取　　B. 存本取息

C. 整存零取　　D. 整存整取

13. 根据我国现行的奖学金制度，目前国家设立的奖学金中级别最高的是（　　）。

A. 优秀学生奖学金　　B. 博士科研奖学金

C. 留学奖学金　　D. 国家奖学金

14. 下列关于教育保险的说法，错误的是（　　）。

A. 教育保险客户范围广泛　　B. 有些教育保险可以分红

C. 具有强制储蓄功能　　D. 计息比较灵活

15. 李先生家庭全年税后收入 7 万元，女儿今年刚考入大学，预计大学一年的学费 7 000 元，住宿费 800 元，生活费每年 18 000 元。李先生家庭的教育负担比为（　　）。

A. 7%　　B. 10%　　C. 11%　　D. 37%

16. 在预估完子女届时上大学的总费用后，如想继续计算为筹集此费用的定投金额，一般情况下可视届时总费用与定投金额之间为（　　）关系并进行计算。

A. 期初年金　　B. 递延年金

C. 永续年金　　D. 普通年金

17. 国家助学贷款的贷款额度一般为（　　）。
A. 基本学习、生活费用　B. 基本学习、生活费用减去奖学金
C. 每人每学年不超过6 000元　D. 2 000元～20 000元

18. 在子女的教育规划中，最重要的内容应该是子女（　　）费用的安排。
A. 学前教育　B. 基础教育
C. 高等教育　D. 大学后教育

19. 下列选项中属于教育的间接成本的是（　　）。
A. 学费　B. 书籍费
C. 额外的吃、穿、住等费用
D. 因放弃目前工作继续学习而损失的工资收入

20. 客户进行教育规划，选择规划工具时，首先应考虑的是（　　）。
A. 投资的收益性　B. 利率变动的风险
C. 投资的安全性　D. 汇率变动的风险

三、多选题

1. 以下属于教育规划的必要性的有（　　）。
A. 教育费用开支缺乏时间弹性　B. 教育费用开支缺乏费用弹性
C. 教育费用的不确定性　D. 小孩成绩好，喜欢上学

2. 以下属于教育规划步骤的有（　　）。
A. 设定客户的投资报酬率　B. 设定一个教育费用增长率
C. 确定客户教育目标　D. 选择合适的投资工具

3. 以下不属于教育支出最主要的资金来源的是（　　）。
A. 教育贷款　B. 政府教育资助
C. 奖学金　D. 客户收入和资产

4. 以下适于作为教育规划工具的有（　　）。
A. 证券投资基金　B. 教育保险　C. 定期储蓄存款　D. 股指期货

5. 以下影响教育金规划的因素有（　　）。
A. 客户的投资报酬率　B. 大学教育费用增长率
C. 商业银行贷款利率　D. 目前的大学教育费用

6. 许先生准备10年后筹足15.2万元的子女教育金，在投资报酬率5%时，下列组合可以实现其子女教育金目标的有（　　）。(答案取近似数值)
A. 整笔投资5万元，定期定额每年6 000元
B. 整笔投资2万元，定期定额每年1万元
C. 整笔投资4万元，定期定额每年7 000元
D. 整笔投资1万元，定期定额每年1.2万元
E. 整笔投资3万元，定期定额每年8 000元

7. 为解决经济困难大学生接受高等教育问题，高校采取的方式有（　　）。
A. 奖学金　B. 国家助学贷款　C. 困难补助
D. 勤工助学　E. 减免学费

8. 除客户自身收入和资产外，教育金的主要来源有（　　）。
A. 亲友借贷　B. 教育贷款　C. 工读收入
D. 奖学金　E. 政府教育资助

9. 设立子女教育信托的积极意义是（　　）。
A. 可以使信托财产得到最好的规划和配置
B. 可以给子女一定的激励，鼓励子女努力奋斗
C. 可以从小培养孩子节俭、合理规划的理财意识
D. 可以避免因家庭财产危机给孩子的学习生活带来不良影响
E. 可以防止受益人对资金的滥用

10. 理财规划师在利用教育储蓄为客户积累教育金时应该注意（　　）。
A. 教育储蓄50元起存，每户本金最高限额为2万元
B. 教育储蓄在存期内遇利率调整，仍按开户日利率计息
C. 只有小学三年级以上的学生才可以办理教育储蓄
D. 教育储蓄相当于采取零存整取的方式获得整存整取的利率
E. 教育储蓄不得部分提前支取

11. 教育贷款主要包括（　　）。
A. 高校为无力支付学费的学生提供的学生贷款
B. 商业银行的贷款
C. 国家教育助学贷款
D. 财政贴息的国家助学贷款

12. 子女教育规划的原则有（　　）。
A. 提前规划　B. 稳健投资
C. 目标合理　D. 定期定额

13. 属于短期教育规划工具的有（　　）。
A. 银行贷款　B. 教育储蓄
C. 政府债券　D. 学校贷款

14. 属于长期教育规划工具的有（　　）。
A. 教育保险　B. 政府债券
C. 教育储蓄　D. 股票与公司债券

15. 与教育储蓄相比，教育保险的优点有（　　）。
A. 强制储蓄　B. 特定情况下保费可豁免
C. 范围广　D. 可分红

16. 教育保险具有（　　）等多项功能。
A. 保障　B. 分红
C. 投资　D. 储蓄

17. 教育储蓄的优点主要有（　　）。
A. 可分红　B. 无风险
C. 回报较高　D. 收益稳定

18. 关于教育保险，下列说法正确的是（　　）。

A. 越早投保，家庭的缴费压力越小，领取的教育金越多
B. 购买越晚，由于投资年限短，保费就越高
C. 越晚投保，家庭的缴费压力越小，领取的教育金越多
D. 购买越早，由于投资年限长，保费就越高

19. 下列选项中，（　　）不属于可供子女教育规划选择的投资工具。
A. 政府债券　　B. 股票
C. 公司债券　　D. 大额存单

20. 关于教育储蓄，下列说法正确的是（　　）。
A. 规模非常大
B. 规模非常小
C. 能办理教育储蓄的投资者范围比较大
D. 只有小学四年级以上的学生才能办理教育储蓄

四、简答题

1. 简述教育金规划的必要性。
2. 简述教育金规划的具体步骤。
3. 简述适合作为教育金规划的投资工具。

五、计算题

1. 钱先生计划5年后送儿子出国留学，目前留学的费用需要100万元，费用年增长率为3%。如果钱先生的年投资报酬率为9%，今后每年初投资16万元，5年后能否筹足其儿子出国留学的费用？
2. 预计小刘5年后上大学，目前大学费用12万元，假设学费年增长率为2%。小刘的父亲每年年末投资2万元于投资年报酬率为6%的证券投资基金，则他5年后能否筹足小刘上大学的费用？

项目技能训练

实训任务一：编制客户教育金模拟试算表

实训目标：能够根据数据进行教育金模拟试算。

实训内容：目前专业型大学4年的所有费用为7万元，综合型大学4年的所有费用为8万元。每年大学费用上涨率为3%（通胀率与学费上涨率均为3%）。客户艾先生的女儿今年13岁，他打算让女儿上综合型大学。现在艾先生已经为女儿准备了5万元的教育准备金。艾先生的投资报酬率为6%，试计算艾先生每年年末还应投入多少钱才能筹足女儿上大学的费用。

实训任务二：计算假设投资回报率情况下的投资组合

实训目标：能够根据数据计算投资组合。

实训内容：赵先生的小孩今年12岁，上初中一年级，赵先生希望小孩上大学，大学毕业后继续读研究生。目前，大学本科4年，每年学费1.1万元，大学生每月生活开支1 400元；研究生3年，每年学费1.4万元，每月生活开支1 500元，假设学费年增长率均为2%，年通货膨胀率为3%。若赵先生平均每年的投资报酬率为8%，如果赵先生想一

次性提取足够资金进行准备，现在应投入多少资金？若想采取定期定额投入的方法，他今后每年年末应投入多少资金？

项目延伸

项目延伸

关于助学贷款

项目9 你有一个红包待领取——个税规划

知识目标

1. 掌握个人所得税的相关知识。
2. 掌握个人所得税中各种税收的计算方法。
3. 了解个税规划的原则。
4. 掌握个税规划的含义及特征。

技能目标

1. 能够根据实际收入计算应纳个人所得税额。
2. 能够准确和全面地理解个税规划。
3. 能够熟练地运用不同税种的税收规划方法。
4. 能够根据家庭的财务状况，制定合适的个税规划方案。

素养目标

1. 激发对个人所得税的学习兴趣。
2. 树立正确的纳税观，做到不偷税、不漏税、不逃税、不避税。

情景引入

2018年8月31日，第十三届全国人大常委会第五次会议通过了《关于修改中华人民共和国个人所得税法的决定》，这是我国个人所得税法自1980年出台以来第七次大修，自2019年1月1日起施行。

本杰明·富兰克林曾经说过，“人有两件事情是无法避免的，一个是死亡，另一个就是纳税。”俗语也说，“愚蠢的人去偷税；聪明的人去避税；智慧的人去节税。”虽然纳税是每个公民的法定义务，但纳税人总是希望尽可能地减少税负支出。在研究对“财”怎么理的同时，不可回避一个“税”字，如何运用税收筹划技巧，在最低税负的条件下取得收入，是每一个理财主体都非常关注的问题。税收筹划贯穿于整个理财规划之中。

思考：个人涉税事项有哪些？我们应该如何合理合法地节税呢？

任务 9.1

了解个人所得税

任务目标

1. 熟悉我国个人所得税制度。
2. 掌握个税规划的主要内容。
3. 掌握个税中各种税收的计算方法。

任务引入

随着经济全球化和我国对外开放程度的不断提升，进入我国境内任职和从事经营活动的外籍人员不断增加。外籍人员流动性较大，涉及的个人所得税政策较为复杂，这为外籍人员正确判断自己的纳税义务和税务机关进行税源监控带来一定难度。

作为理财规划师的你，是否理解个税的含义？怎么认定个税纳税义务人？该如何征税？个税下的七大专项附加扣除具体包括哪些内容？

希望学完本任务，你可以帮助在华工作的外籍人员和对个人税收迷糊的“客户”答疑解惑。

任务预备

9.1.1 个人税收的基础

个人所得税（personal income tax）是调整征税机关与自然人（居民、非居民）之间在个人所得税的征纳与管理过程中所发生的社会关系的法律规范的总称。

1. 个人所得税纳税义务人

为了有效地行使税收管辖权，根据国际惯例，新的个人所得税法根据住所标准和居住时间标准，将个人所得税的纳税义务人分为居民个人和非居民个人，分别承担不同的纳税义务。

根据《中华人民共和国个人所得税法》（以下简称《个人所得税法》）的规定，在中国境内有住所，或者无住所而一个纳税年度内在中国境内居住累计满 183 天的个人，为居民个人。居民个人从中国境内和境外取得的所得，依照《个人所得税法》规定缴纳个人所得税。

在中国境内无住所又不居住，或者无住所而一个纳税年度内在中国境内居住累计不满 183 天的个人，为非居民个人。非居民个人从中国境内取得的所得，依照《个人所得税法》规定缴纳个人所得税。

纳税年度，自公历 1 月 1 日起至 12 月 31 日止。

2. 个人所得税应税项目

根据《个人所得税法》第二条第一款，下列各项个人所得应当缴纳个人所得税：

（1）工资、薪金所得。

个人因任职或者受雇而取得的工资、薪金、奖金、年终加薪、劳动分红、津贴、补贴以及与任职或者受雇有关的其他所得。

（2）劳务报酬所得。

个人从事劳务取得的所得，包括从事设计、装潢、安装、制图、化验、测试、医疗、法律、会计、咨询、讲学、翻译、审稿、书画、雕刻、影视、录音、录像、演出、表演、广告、展览、技术服务、介绍服务、经纪服务、代办服务以及其他劳务取得的所得。

课堂活动之“判一判”

A艺术团的魔术师吴某应他人邀请，到外地进行商演。根据演出合同，吴某每演出一场将得到报酬2万元，此次舞台表演共三场，共获得收入6万元。请问，该笔收入所得属于哪种应税项目？

（3）稿酬所得。

个人因其作品以图书、报刊等形式出版、发表而取得的所得。

（4）特许权使用费所得。

个人提供专利权、商标权、著作权、非专利技术以及其他特许权的使用权取得的所得；提供著作权的使用权取得的所得，不包括稿酬所得。

（5）经营所得。

1）个体工商户从事生产、经营活动取得的所得。

2）个人独资企业投资人、合伙企业的个人合伙人来源于境内注册的个人独资企业、合伙企业生产、经营的所得。

3）个人依法从事办学、医疗、咨询以及其他有偿服务活动取得的所得。

4）个人对企业、事业单位承包经营、承租经营以及转包、转租取得的所得。

5）个人从事其他生产、经营活动取得的所得。

（6）利息、股息、红利所得。

个人拥有债权、股权等而取得的利息、股息、红利所得。

（7）财产租赁所得。

个人出租不动产、机器设备、车船以及其他财产取得的所得。

（8）财产转让所得。

个人转让有价证券、股权、合伙企业中的财产份额、不动产、机器设备、车船以及其他财产取得的所得。

课堂活动之“想一想”

王某经营一家服装厂，他将一套闲置不用的自住房出租，每月获得房租4 000元。请问，该租金是否与服装厂的营业收入一起纳税？

(9) 偶然所得。

个人得奖、中奖、中彩以及其他偶然性质的所得。

个人取得的所得，难以界定应纳税所得项目的，由国务院税务主管部门确定。

居民个人取得第一项至第四项所得统称综合所得，按纳税年度合并计算个人所得税；非居民个人取得第一项至第四项所得，按月或者按次分项计算个人所得税。纳税人取得第五项至第九项所得，依照规定分别计算个人所得税。

3. 个人所得税免税项目

根据《中华人民共和国个人所得税法》《中华人民共和国个人所得税法实施条例》和相关的文件法规的规定，个人所得税的减免税政策主要有：

(1) 省级人民政府、国务院部委和中国人民解放军军以上单位，以及外国组织、国际组织颁发的科学、教育、技术、文化、卫生、体育、环境保护等方面的奖金。

(2) 国债和国家发行的金融债券利息。

(3) 按照国家统一规定发给的补贴、津贴。

(4) 福利费、抚恤金、救济金。

(5) 保险赔款。

(6) 军人的转业费、复员费、退役金。

(7) 按照国家统一规定发给干部、职工的安家费、退职费、基本养老金或者退休费、离休费、离休生活补助费。

(8) 依照有关法律规定应予免税的各国驻华使馆、领事馆的外交代表、领事官员和其他人员的所得。

(9) 中国政府参加的国际公约、签订的协议中规定免税的所得。

(10) 乡、镇以上（含乡、镇）人民政府或经县以上（含县）人民政府主管部门批准成立的有机构、有章程的见义勇为基金会或类似组织，奖励见义勇为者的奖金或者奖品，经主管税务机关批准，免征个人所得税。

(11) 有下列情形之一的，可以减征个人所得税，具体幅度和期限，由省、自治区、直辖市人民政府规定，并报同级人民代表大会常务委员会备案：

1) 残疾、孤老人员和烈属的所得。

2) 因自然灾害遭受重大损失的。

(12) 国务院规定的其他免税所得。

课堂活动之“判一判”

李先生在某省某经济管理部门工作，2022 年因工作努力、表现优秀，被部门机关评为先进工作者，获得奖金 1 万元。请问，李先生的这笔奖金是否要交税？

9.1.2 个人税收的计算

1. 应纳个人所得税税额的计算

(1) 居民个人的综合所得。

具体以每一纳税年度的收入额减除费用 6 万元以及专项扣除、专项附加扣除和依法确定的其他扣除后的余额，为居民个人的应纳税所得额。

可以按适用的不同级数的税率累加计算（见表 9－1），也可以用如下公式计算：

应纳个人所得税税额＝应纳税所得额×适用税率－速算扣除数

表 9－1　居民个人所得税税率表（综合所得适用）

级数	全年应纳税所得额	税率（%）	速算扣除数
1	不超过 36 000 元的	3	0
2	超过 36 000 元至 144 000 元的部分	10	2 520
3	超过 144 000 元至 300 000 元的部分	20	16 920
4	超过 300 000 元至 420 000 元的部分	25	31 920
5	超过 420 000 元至 660 000 元的部分	30	52 920
6	超过 660 000 元至 960 000 元的部分	35	85 920
7	超过 960 000 元的部分	45	181 920

【例 9－1】　某公司员工小张月薪 20 000 元，五险一金 4 000 元，此外每年还有劳务报酬 20 000 元，请问，小张应缴纳多少个人所得税？

应纳税所得额＝（20 000－4 000）×12＋20 000－60 000＝152 000（元）。

方法 1：应纳税额＝36 000×3%＋108 000×10%＋8 000×20%＝13 480（元）。

方法 2：应纳税额＝152 000×20%－16 920＝13 480（元）。

（2）非居民个人的工资、薪金所得。

具体以每月收入额减除费用 5 000 元后的余额为应纳税所得额；劳务报酬所得、稿酬所得、特许权使用费所得，以每次收入额为应纳税所得额。

可以按适用的不同级数的税率累加计算（见表 9－2），也可以用如下公式计算：

应纳个人所得税税额＝应纳税所得额×适用税率－速算扣除数

表 9－2　非居民个人所得税税率表（综合所得适用）

级数	月应纳税所得额	税率（%）	速算扣除数
1	不超过 3 000 元的	3	0
2	超过 3 000 元至 12 000 元的部分	10	210
3	超过 12 000 元至 25 000 元的部分	20	1 410
4	超过 25 000 元至 35 000 元的部分	25	2 660
5	超过 35 000 元至 55 000 元的部分	30	4 410
6	超过 55 000 元至 80 000 元的部分	35	7 160
7	超过 80 000 元的部分	45	15 160

【例 9－2】　新加坡公民徐先生外派到我国境内合资公司担任技术指导人员，在我国

境内停留了 3 个月，2023 年 5 月的月薪为 20 000 元，请问，徐先生应缴纳多少个人所得税税额？

应纳税所得额＝（20 000－5 000）＝15 000（元）。

方法 1：应纳税额＝3 000×3%＋9 000×10%＋3 000×20%＝1 590（元）。

方法 2：应纳税额＝15 000×20%－1 410＝1 590（元）。

（3）劳务报酬、稿酬、特许权使用费所得。

预扣预缴时，劳务报酬、稿酬、特许权使用费所得收入额为每次收入减除费用后的余额，其中每次收入不超过 4 000 元的，减除费用按 800 元计算；每次收入 4 000 元以上的，减除费用按收入的 20%计算。稿酬所得的收入额减按 70%计算。劳务报酬、稿酬、特许权使用费的预扣预缴税额处理表，如表 9－3 所示。

表 9－3　劳务报酬、稿酬、特许权使用费的预扣预缴税额处理表

所得项目	预扣预缴税额处理
劳务报酬所得	(1) 每次收入不超过 4 000 元，预扣预缴税额＝(收入－800)×预扣率； (2) 每次收入超过 4 000 元，预扣预缴税额＝收入×(1－20%)×预扣率－速算扣除数
稿酬所得	(1) 每次收入不超过 4 000 元，预扣预缴税额＝(收入－800)×70%×20%； (2) 每次收入超过 4 000 元，预扣预缴税额＝收入×(1－20%)×70%×20%
特许权使用费所得	(1) 每次收入不超过 4 000 元，预扣预缴税额＝(收入－800)×20%； (2) 每次收入超过 4 000 元，预扣预缴税额＝收入×(1－20%)×20%

年度汇算清缴时，劳务报酬、稿酬、特许权使用费收入额为收入减除 20%的费用后的余额，稿酬所得的收入额减按 70%计算。

预扣预缴时，稿酬所得、特许权使用费所得适用 20%的比例预扣率。劳务报酬所得适用 20%～40%三级超额累进税率。

表 9－4　劳务报酬所得税税率表

级数	全年应纳税所得额	税率（%）	速算扣除数
1	不超过 20 000 元的	20	0
2	超过 20 000 元至 50 000 元的部分	30	2 000
3	超过 50 000 元的部分	40	7 000

年度汇算清缴时，劳务报酬、稿酬、特许权使用费所得并入综合所得适用 3%～45%的超额累进税率（依据表 9－1 计算）。

【例 9－3】 2022 年 3 月，小周一次性取得劳务报酬 2 000 元。

应预扣预缴个人所得税额＝（2 000－800）×20%＝240（元）。

如果小周一次性取得劳务报酬 50 000 元。

应预扣预缴个人所得税额＝50 000×（1－20%）×30%－2 000＝10 000（元）。

（4）经营所得。

具体以每一纳税年度的收入总额减除成本、费用以及损失后的余额，为应纳税所得额。可以按适用的不同级数的税率累加计算（见表 9-5），也可以用如下公式计算：

应纳税所得额＝收入总额－成本、费用及损失

应纳个人所得税额＝应纳税所得额×适用税率－速算扣除数

表 9-5　个人所得税税率（经营所得适用）

级数	全年应纳税所得额	税率（%）	速算扣除数
1	不超过 30 000 元的	5	0
2	超过 30 000 元至 90 000 元的部分	10	1 500
3	超过 90 000 元至 300 000 元的部分	20	10 500
4	超过 300 000 元至 500 000 元的部分	30	40 500
5	超过 500 000 元的部分	35	65 500

【例 9-4】 个体户李四 2022 年度的收入总额减除成本、费用以及损失后的余额为 10 万元。请问，李四应缴纳多少个人所得税税额？

纳税所得额＝100 000（元）。

方法 1：应纳税额＝30 000×5%＋60 000×10%＋10 000×20%＝9 500（元）。

方法 2：应纳税额＝100 000×20%－10 500＝9 500（元）。

（5）财产租赁所得。

按照税法规定，个人财产租赁所得适用 20%的比例税率。每次收入不超过 4 000 元的，减除费用 800 元，其余额为应纳税所得额，公式如下：

财产租赁所得应纳税额＝(应纳税所得额－800)×适用税率

超过 4 000 元的，减除 20%的费用，其余额为应纳税所得额，公式如下：

财产租赁所得应纳税额＝应纳税所得额×(1－20%)×适用税率

阅读资料

大学生创业有哪些税收优惠政策

注：每次个人财产租赁所得是指扣除有关税金、教育费附加和修缮费用后的所得。其中，允许扣除的修缮费用，以每次 800 元为限，一次扣除不完的，准予在下一次继续扣除，直至扣完为止。

【例 9-5】 2023 年 4 月，周某的房屋出租获得租金 3 000 元。请问，周某应缴纳多少个人所得税？

应纳税额＝（3 000－800）×20%＝440（元）。

（6）财产转让所得。

具体以转让财产的收入额减除财产原值和合理费用后的余额，为应纳税所得额。财产转让所得适用 20%的比例税率。公式如下：

财产转让所得应纳税额=(每次收入额-财产原值-合理费用)×适用税率

【例 9-6】 孙某建造了一栋楼，总花费 400 000 元，支付其他费用 50 000 元。建成后出售 800 000 元，在交易过程中按照规定支付交易费等相关税费 40 000 元。请问，孙某房屋出售后应缴纳多少个人所得税税额？

应缴纳所得额=800 000-(400 000+50 000)-40 000=310 000（元）。

应纳税额=310 000×20%=62 000（元）。

（7）利息、股息、红利所得。

具体以每次收入额为应纳税所得额。利息、股息、红利所得适用 20%的比例税率，其应纳税费的计算公式为：

应纳税额=应纳税所得额×适用税率

（8）偶然所得。

个人取得的所得是非经常性的，属于各种机遇性所得，包括得奖、中奖、中彩以及其他偶然性质的所得（含奖金、实物和有价证券）。

个人购买社会福利有奖募捐奖券、中国体育彩票，一次中奖收入不超过 10 000 元的，免征个人所得税，超过 10 000 元的应以全额按偶然所得项目计税，并按照 20%的税率计算应纳税额。

单张有奖发票奖金所得不超过 800 元（含 800 元）的，暂免征收个人所得税，个人取得单张有奖发票奖金所得超过 800 元的，应全额按照个人所得税法规定的“偶然所得”征收个人所得税。

【例 9-7】 刘某参加商场有奖竞猜活动，获得 10 000 元奖金。请问，刘某实际可得多少奖金？

应纳税额=10 000×20%=2 000（元）。

实际可得金额=10 000-2 000=8 000（元）。

2. 专项附加扣除

在 2018 年个人所得税改革中，在扣除基本减除费用标准和“三险一金”等专项扣除外，还增加了专项附加扣除项目。

以许先生家为例，许先生为独生子，已婚，家有 1 个上小学的孩子，父母均已满 60 岁，工作在北京，目前在读博士月工资为 10 000 元，社保公积金扣除 2 220 元，住房租金每月 4 000 元。

（1）2018 年 9 月 30 日前，个税改革前减除费用是 3 500 元时：

每月应缴纳个人所得税=（10 000-2 220-3 500）×10%-105=323（元）。

（2）2018 年 10 月 1 日后取得工资，按每月 5 000 元基本减除费用标准和调整后的税率表计算：

每月应缴纳个人所得税=（10 000-2 220-5 000）×3%=83.4（元）。

但在 2019 年 1 月 1 日施行新个税后，许先生在不考虑到他爱人享受专项扣除的情况下，每月将无须缴纳个税。

子女教育、继续教育、大病医疗、住房贷款利息、住房租金、赡养老人和 3 岁以下婴幼儿照护这七项专项附加扣除均集中在最基本的民生领域，几乎覆盖各个家庭，但每个家庭实际情况各不相同，纳税人应该对报送的专项附加扣除信息的真实性、准确性和完整性负责。

注意，个税附加专项扣除一个纳税年度扣除不完的，不能结转下一年度继续扣除。

（1）子女教育。

子女教育专项附加扣除是指纳税人的子女接受全日制学历教育的相关支出。

学历教育包括义务教育（小学、初中教育）、高中阶段教育（普通高中、中等职业、技工教育）、高等教育（大学专科、大学本科、硕士研究生、博士研究生教育）。此外，还包括年满3岁至小学入学前处于学前教育阶段的子女。

按照每个子女每月2 000元的标准定额扣除。父母可以选择由其中一方按扣除标准的100%扣除，也可以选择由双方分别按扣除标准的50%扣除，具体扣除方式在一个纳税年度内不能变更。

子女因病或者其他非主观原因休学但学籍继续保留的期间，以及施教机构按规定组织实施的寒暑假等假期，不影响子女教育专项附加扣除。

课堂活动之“说一说”

小陈夫妇有两个小孩，一个在读幼儿园，一个在读初中，请问小陈夫妇的子女教育专项附加扣除有几种扣除方式？

要注意，纳税人子女在中国境外接受教育的，纳税人应当留存境外学校录取通知书、留学签证等相关教育的证明资料备查。

（2）继续教育。

继续教育专项附加扣除是指纳税人在中国境内接受学历（学位）继续教育、技能人员职业资格继续教育、专业技术人员职业资格继续教育的支出（技能人员和专业技术人员职业资格证书的具体范围，以人力资源和社会保障部公布的国家职业资格目录为准）。

在学历（学位）教育期间，按照每月400元定额扣除。同一学历（学位）继续教育的扣除期限不能超过48个月。技能人员和专业技术人员在取得相关证书的当年，按照3 600元定额扣除。

若纳税人在接受继续教育的同时取得技能人员职业资格证书或者专业技术人员职业资格证书的，该年度可以叠加享受两类扣除。

个人接受本科及以下学历（学位）继续教育，符合规定扣除条件的，可以选择由其父母扣除，也可以选择由本人扣除。

要注意，纳税人接受技能人员职业资格继续教育、专业技术人员职业资格继续教育的，应当留存相关证书等资料备查。专项扣除政策从2019年1月1日起开始实施，所以证书应当为2019年1月1日后取得的。

课堂活动之“想一想”

钱先生的女儿在读研究生，而他本人也在接受研究生的继续教育，那么钱先生既可以扣除子女的教育专项附加，又可以扣除继续教育专项附加。如果钱先生的女儿是在就业后参加的硕士研究生继续教育，该怎么扣除？

(3) 大病医疗。

在一个纳税年度内，纳税人发生的与基本医保相关的医药费用支出，扣除医保报销后个人负担（指医保目录范围内的自付部分）累计超过 15 000 元的部分，由纳税人在办理年度汇算清缴时，在 80 000 元限额内据实扣除。

具体扣除时，纳税人或者配偶发生的医药费用支出可以选择由本人或者其配偶扣除；未成年子女发生的医药费用支出可以选择由其父母一方扣除。

课堂活动之“写一写”

老赵的妻儿都得了重病，分别支出大病医疗费用 12 万元和 3 万元（为医保目录范围内自付部分），在各自减除 1.5 万元后，按照每年最高 8 万元作为个人所得税专项附加扣除大病医疗支出。请问，老赵一家可以采取哪几种扣除方式？

要注意，纳税人应当留存医药服务收费及医保报销相关票据原件（或者复印件）等资料备查。医疗保障部门应当向患者提供在医疗保障信息系统中记录的本人年度医药费用信息查询服务。

(4) 住房贷款利息。

住房贷款利息专项附加扣除是指纳税人本人或者配偶单独或者共同使用商业银行或者住房公积金个人住房贷款为本人或者其配偶购买中国境内住房发生的首套住房贷款利息支出，在实际发生贷款利息的年度，按照每月 1 000 元的标准定额扣除，扣除期限最长不超过 240 个月。

纳税人只能享受一次首套住房贷款的利息扣除。首套住房贷款是指购买住房享受首套住房贷款利率的住房贷款。

经夫妻双方约定，可以选择由其中一方扣除，具体扣除方式在一个纳税年度内不能变更。夫妻双方婚前分别购买住房发生的首套住房贷款，其贷款利息支出，婚后可以选择其中一套购买的住房，由购买方按扣除标准的 100%扣除，也可以由夫妻双方对各自购买的住房分别按扣除标准的 50%扣除，具体扣除方式在一个纳税年度内不能变更。

要注意，纳税人及其配偶在一个纳税年度内不能同时分别享受住房贷款利息和住房租金专项附加扣除。纳税人应当留存住房贷款合同、贷款还款支出凭证备查。

课堂活动之“想一想”

小胡夫妇婚后用公积金买了一套普通住房，贷款 25 年，每月还款 2 000 元。请问，他们的住房贷款利息专项附加扣除可以怎么选择？如果婚前小胡夫妇通过贷款，各自买了首套住房，现仍在贷款期限内，请问这时可以怎么扣除？

(5) 住房租金。

住房租金专项附加扣除是指纳税人在主要工作城市没有自有住房而发生的住房租金支出，可以按照以下标准定额扣除：

1) 直辖市、省会（首府）城市、计划单列市以及国务院确定的其他城市，扣除标准为每月 1 500 元。

2）除第一项所列城市以外，市辖区户籍人口超过100万的城市，扣除标准为每月1 100元；市辖区户籍人口不超过100万的城市，扣除标准为每月800元。

纳税人的配偶在纳税人的主要工作城市有自有住房的，视同纳税人在主要工作城市有自有住房。

市辖区户籍人口，以国家统计局公布的数据为准。

主要工作城市是指纳税人任职受雇的直辖市、计划单列市、副省级城市、地级市（地区、州、盟）全部行政区域范围；纳税人无任职受雇单位的，为受理其综合所得汇算清缴的税务机关所在城市。

此外，夫妻双方主要工作城市相同的，只能由一方扣除住房租金支出。住房租金支出由签订租赁住房合同的承租人扣除。

要注意，纳税人及其配偶在一个纳税年度内不能同时分别享受住房贷款利息和住房租金专项附加扣除。纳税人应当留存住房租赁合同、协议等有关资料备查。

课堂活动之“判一判”

小吴夫妇毕业后定居在上海生活工作，两人是老乡，在老家有一套住房。两人在工作单位附近租房，请判断以下几种情况是否能够享受住房租金专项附加扣除：

（1）承租人是吴先生；（2）承租人是吴太太；（3）承租人是小吴夫妇；（4）夫妻两人中一位已在上海买房。

（6）赡养老人。

纳税人赡养一位及以上被赡养人（被赡养人是指年满60岁的父母，以及子女均已去世的年满60岁的祖父母、外祖父母）的赡养支出，统一按照以下标准定额扣除：

1）纳税人为独生子女的，按照每月2 000元的标准定额扣除。

课堂活动之“说一说”

小宋为独生子，父母离异。如今父母均已年满60周岁，母亲再婚并另育有一子，父亲并未再婚。请问，小宋是否能够享受赡养老人专项附加扣除？

2）纳税人为非独生子女的，由其与兄弟姐妹分摊每月2 000元的扣除额度，每人分摊的额度不能超过每月1 000元。可以由赡养人均摊或者约定分摊，也可以由被赡养人指定分摊。约定或者指定分摊的须签订书面分摊协议，指定分摊优先于约定分摊。具体分摊方式和额度在一个纳税年度内不能变更。

（7）3岁以下婴幼儿照护。

2022年3月，为贯彻落实《中共中央　国务院关于优化生育政策促进人口长期均衡发展的决定》，依据《中华人民共和国个人所得税法》有关规定，国务院决定，设立3岁以下婴幼儿照护个人所得税专项附加扣除。

纳税人照护3岁以下婴幼儿子女的相关支出，按照每个婴幼儿每月1 000元的标准定额扣除。父母可以选择由其中一方按扣除标准的100%扣除，也可以选择由双方分别按扣除标准的50%扣除，具体扣除方式在一个纳税年度内不能变更。

任务实施

1. 大学期间，小明写了一本书，取得稿酬所得 40 000 元，同寝室小王将自己的一项发明专利让与他人使用，收到了使用费 3 500 元。请计算他们应缴纳的个税金额。

2. 唐先生在 2022 年每月应发工资均为 10 000 元，每月减除费用 5 000 元，“三险一金”等专项扣除为 1 500 元，从 1 月起享受子女教育附加扣除 1 000 元，假设没有其他减免收入及减免税额等情况，请你帮唐先生计算 2022 年应纳个人所得税税额。

3. 王女士本月月薪 12 000 元，“三险一金”等专项扣除为 2 000 元。王女士目前无子女，所居住房屋为全款购买，她目前正利用业务时间进行学历学位的继续教育，相关费用 500 元/月。同时，作为家里的独生女，她与父母同住，即需要赡养父母。请你帮王女士计算本月应缴纳个人所得税税额。

4. 小李在北京上班，月收入 16 000 元，“五险一金”专项扣除为 2 000 元，每月租金 4 000 元，家有一个上小学的孩子，同时父母均已年满 60 周岁。请你帮小李计算本月应缴纳个人所得税税额。

任务 9.2

个税规划

任务目标

1. 理解个人税收规划的基本含义。
2. 能够依据客户信息计算客户个人税收，并初步掌握客户的财务状况。
3. 能够合理安排客户的经营、投资、理财等活动，筹划个税，获取节税收益。

任务引入

案例一：某高校教师业余在一家企业兼职做项目，项目完成后一次性取得劳务报酬 30 000 元。

他如果一次性申报纳税，则：

$$应纳税额=30\,000\times(1-20\%)\times30\%-2\,000=5\,200(元)$$

而如果与企业协商，分两个月支付两次，则：

$$每次应纳税额=15\,000\times(1-20\%)\times20\%=2\,400(元)$$

总计纳税额为 4 800 元。

两者相比，少缴 400 元。

案例二：西安一私企老板雇别人经营自己的私企，自己又在另一家公司工作，每月工资约为 4 000 元。他一开始没有与这家公司签任何合同，则 4 000 元作为劳务报酬所得，应纳税额＝（4 000－800）×20％＝640（元）。

后来经过咨询，假如他与该公司建立雇佣关系，则4 000元作为工资薪金收入应纳税额为0元，与之前相比每月节税640元。

这是什么“神奇的魔法”，竟然还可以合理少交税？学完本节内容后，你也可以像他们一样，减少自身税收负担，获取节税收益。

任务预备

9.2.1 税收筹划概述

1. 税收筹划的概念

“税收筹划”又称“合理避税”。它来源于1935年英国的“税务局长诉温斯特大公案”。当时参与此案的英国上议院议员汤姆林爵士对税收筹划作了这样的表述，“任何一个人都有权安排自己的事业。如果依据法律所做的某些安排可以少缴税，那就不能强迫他多缴税收。”这一观点得到了法律界的认同。经过半个多世纪的发展，税收筹划的规范化定义得以逐步形成，即在法律规定许可的范围内，通过对经营、投资、理财活动的事先筹划和安排，尽可能取得节税（Tax Savings）的经济利益。

微课 30

个税规划中的节税是什么？

这个概念说明了税收筹划的前提条件是必须符合国家法律及税收法规；税收筹划的方向应当符合税收政策法规的导向；税收筹划的发生必须是在生产经营和投资理财活动之前；税收筹划的目标是使纳税人的税收利益最大化。所谓“税收利益最大化”，包括税负最轻、税后利润最大化、企业价值最大化等内涵，而不仅仅是指税负最轻。

2. 税收筹划的特点

（1）合理性。

合理性是指税收筹划只能在法律许可的范围内进行，违反法律规定，逃避税收负担，应承担相应的法律责任。征纳关系是税收的基本关系，税法是规范征纳关系的基本准则。纳税人具有依法纳税的责任和义务，税务机关的征税行为也必须遵守税法规范。纳税人发生纳税义务后，应按照税法的规定及时、足额缴纳税款，任何不纳、少纳或推迟缴纳税款的行为都是违法的，税务机关应根据税法的有关规定予以处罚。纳税人为规避和减轻税负而置法律于不顾的偷逃税行为显然应受到法律制裁，这是无可非议的。但当纳税人进行经营或投资活动，面临两个或两个以上的纳税方案时，纳税人可以为实现最小合理纳税而进行设计和筹划，选择低税负方案。这也正是税收政策引导经济，调节纳税人经营行为的重要作用之一。

（2）超前性。

超前性表示事先规划、设计、安排的意思。纳税行为相对于经济行为而言，具有滞后性的特点。企业交易行为发生之后，才有缴纳增值税的义务；收益实现或分配之后，才计缴所得税；财产取得之后，才缴纳财产税。这在客观上为纳税人提供了纳税前作出事先筹划或安排的机会。另外，纳税人和征税对象的性质不同，税收待遇也往往不同。这样纳税人可以针对税法及税收制度的有关具体规定，结合自身的实际情况以作出投资、经营和财务决策。如果经营活动已经发生，应纳税收已经确定而再去谋求少纳或不纳税款则不能认为是税收筹划。

（3）目的性。

目的性是指纳税人进行税收筹划的目的在于减少纳税，谋求最大的税收利益。谋求税收利益有两层含义：一是选择低税负，低税负意味着低的税收成本，低的税收成本意味着高的资本回收率；二是滞延纳税时间（非拖欠税款行为），纳税期的滞延，相当于企业在滞延期内得到一笔与滞延税款相等的政府无息贷款。另外，在通货膨胀环境中，纳税时间的推后，还可以减少企业的实际纳税支出。

（4）综合性。

综合性是指税收筹划应着眼于纳税人资本总收益的长期稳定的增长，而不是着眼于个别税种税负的高低或纳税人整体税负的轻重。这是因为，一种税少缴纳了，另一种税有可能要多缴纳，整体税负不一定减轻。另外，纳税支出最小化的方案不一定等于资本收益最大化方案。进行投资、经营决策时，除了考虑税收因素外，还必须考虑其他多种因素，综合决策，以达到总体收益最大化的目的。

（5）风险性。

风险性是税收筹划活动因各种原因失败而付出的代价。税收筹划过程中的操作风险是客观存在的。这主要包括：一是日常的纳税核算从表面或局部的角度看是按税法规定操作的，但由于对有关税收政策的精神把握不准，造成事实上的偷税，由于未依法纳税而面临税务处罚的风险；二是对有关税收优惠政策的运用和执行不到位，面临税务处罚的风险；三是在系统性税收筹划过程中对税收政策的整体性把握不够形成的风险；四是对企业的情况没有全面比较和分析，导致筹划成本大于筹划成果，或者筹划方向与企业的总体目标不一致，表面上看有成果，而实际上企业并未从中得到实惠。

9.2.2 个税规划的基本方法

1. 避免应税收入的实现

根据我国现行税法规定，几乎各税种中都存在此类规划的空间。例如，财产增值部分，只要不变现，一般就不对其征收所得税，这也是各国所得税法的一个普遍规定。另外，税法中还有一些免税收入的规定，纳税人即使取得了这些收入，也不用缴纳个人所得税。

2. 利用税收优惠政策

阅读资料

投资避税

（1）最大化税收减免。

税收减免是对某些纳税人或课税对象的鼓励或照顾。减税是从应征税款中减征部分税款，免税是免征全部税款。我国的税收中有着诸多减免税。关于减免税的具体规定，有些是在税法中规定的；有些是在税收条例或实施细则中规定的；有些则是后来所做的补充规定。税收规划中应充分利用税收减免政策，使客户的财务利益最大化。

（2）选择合适的扣除时机。

在累进税率及减免税优惠期，通过选择合适的费用扣除时机可以实现降低税率及减免税最大化的税收利益。

在正常纳税年度，通过提前确认扣除项目，使前期所得减少，减少应纳税款，用货币的时间价值实现递延纳税。

在纳税人享受减免税期间，应尽量把费用安排在正常纳税年度进行扣除，这样正常纳税年度的应税所得就会减少，起到少纳税的效果。

3. 扩大税前可扣除范围

在税前扣除项目中，分清全额扣除、按标准扣除以及不能扣除的项目界限，对有标准、有限额的扣除项目，应尽量控制在限额以内，尽量把有标准、有限额的扣除项目或不能扣除的项目，转换为无扣除标准以及扣除限额的项目，通过直接缩小应税所得来减少应纳税额。

9.2.3　个税规划的合理实施

阅读资料

公益性捐赠行为

个税规划是对那些收入达到一定水平、收入来源多样化的人群而言的。对于单纯靠劳动力谋生的人来说，工薪是他们收入的唯一来源，其收入的来源比较单一，故他们的税收筹划通常不是自己个人能够实现的。个人收入构成成为纳税筹划中重要的一部分。

1. 工资薪金所得的个税规划

工资薪金所得是和大部分人关系最紧密的收入形式，是大部分人收入的主要来源，通过对工资薪金所得实施合理合法的个人所得税筹划，能够切实降低人们个人所得税的纳税负担，提高人们的收益水平。

（1）以家庭为单位对个人所得税专项附加扣除实施合理规划。

在子女教育、住房贷款利息等专项附加扣除上，可以选择由父母或夫妻一方扣除，或者双方按照规定标准分别扣除，而且具体扣除方式在一个纳税年度内不能变更。双方在决定扣除方式时，应当估算当年度各自的收入水平，根据自己的实际情况安排筹划个人专项附加扣除。一般情况下，对于夫妻双方可约定一方扣除的个人所得税专项附加扣除项目，如子女教育、住房贷款利息、大病医疗等，由年应纳税所得边际税率高的一方扣除，可使家庭净收入最大化。所以，夫妻双方在年初决定个人所得税专项附加扣除方式时，需估算各自年收入水平。

（2）薪酬福利化的纳税筹划。

由于目前我国对个人工资薪金所得征税时，按照固定的费用扣除标准做相应扣除，不考虑个人的实际支出水平，这就使利用非货币支付办法达到节税的目的成为可能。企业在既定工薪总额的前提下，向员工支付一些服务的费用，并把支付的这部分费用从应付给员工的货币工资中扣除，减少员工的货币工资。企业可以把这些作为福利费、教育经费、工会经费支出，而这些支出在计算企业所得税的时候都是可以分别按照计税工资总额的相应比例在税前扣除的（具体比例参考各地税收政策）。这样既减少了企业所得税应纳税所得额负担，又为员工提高了实际可支配的收入，可谓一举多得。

【例 9-8】 某公司员工小明 2022 年月薪 10 000 元，每月房租 1 800 元，上班交通费用 400 元，工作午餐费用 400 元。

小王每月应纳个人所得税所得额为 5 000（10 000－5 000）元，每年应纳个人所得税所得额为 60 000 元，每年应纳个人所得税为 3 480 元。

若公司为其提供集体宿舍，安排从集体宿舍至上班地点的班车并解决工作午餐，工资调整为 7 400（10 000－1 800－400－400）元，则小王每月应纳个人所得税所得额为 2 400（7 400－5 000）元，每年应纳个人所得税所得额为 28 800 元，每年应纳个人所得税为 864 元。

两者相比，全年节税 2 616 元。这样既减少了企业所得税应纳税所得额负担，又为员工提高了实际可支配的收入，可谓一举多得。

2. 年终奖金、年薪、绩效工资等的个税规划

通常企业会调整年终奖发放时间来避税。有的企业采取年薪制给部分员工发放年终奖，员工每月发放的工资加月度奖金金额较低，年底发放的一次性奖金金额较大，可能会造成员工平时不需要缴纳个人所得税，但是年底需要一次性缴纳较多的个人所得税。如果把员工年终一次性奖金并入当年综合所得之后，扣除基本减除费用、专项扣除、专项附加扣除等后，可能根本不需缴税或者缴纳很少税款。

3. 劳务报酬所得的个税规划

对劳务报酬所得的税收筹划主要表现在以下几个方面：

第一，采用分项计算筹划法。劳务报酬所得以每次收入额减去一定的费用后的余额作为应纳税所得额。个人兼有不同劳务报酬所得，应当分别减去费用，计算缴纳个人所得税。

第二，采用支付次数法。虽然我国税法规定，对于同一项目取得连续性收入，以每月的收入为一次，但是在现实生活中，由于种种原因，某些行业收入的取得具有一定的阶段性，即在某个时期收入较多，而在另一个时期收入较少，这样就造成了在收入较多时适用较高税率，而在收入较少时适用较低税率。这时，纳税人只要进行一些很简单的筹划活动，就有可能会获得较高的税后收益。比如，打算 3 个月支付的劳务报酬费在 1 年内支付，收入较少时适用较低的税率，甚至可能免征。

第三，采用费用转移筹划法。为他人提供劳务以取得报酬的个人，可以考虑由对方提供一定的福利，将本应由自己承担的费用改为由对方提供，以达到规避个税的目的。具体方式有：由对方提供餐饮服务、报销交通费、提供住宿、提供办公用具、安排实验设备等。

4. 稿酬所得的个税规划

目前我国对稿酬所得按照 20%的税率计算个人所得税后，再按照应纳税额减征 30%，体现了对稿酬这种知识性所得的特殊政策。稿酬所得的税收筹划主要表现在以下几个方面：

第一，采用系列丛书筹划法。我国税法规定，个人以图书、报刊方式出版、发表同一作品，不论出版单位是预付还是分笔支付稿酬，或者加印该作品支付的稿酬，均应合

并稿酬所得，但是对于不同作品却是分开计税的，比如以系列丛书的形式出现，则该作品将被认定为几个单独的作品，单独计算纳税，这在有些情况下可以节省纳税人不少税款。

第二，采用著作组筹划法。如果一项稿酬所得的预计数额较大，还可以考虑使用著作组筹划法，即改一本书由一个人编写为多人合作创作。

第三，采用费用转移法。根据税法规定，个人取得的稿酬所得只能在一定限额内扣除费用。一般的做法是与出版社商量，让其提供尽可能多的服务，这样就将费用转移给出版社，自己基本上不负担费用，使得自己的稿酬所得相当于享受到两次费用抵扣，从而减少应纳税额。让出版社负担的费用主要有以下几种：资料费、稿纸费、绘画费、作图工具费、书写费、交通费、住宿费、实验费、用餐费等。

5. 经营所得的个税规划

个体工商户的生产、经营所得适用五级超额累进税率。个体工商户生产、经营所得的税收筹划主要表现在以下几个方面：

第一，采用合法增加费用支出的筹划法。个体户和合伙企业以及个人独资企业，其个人缴纳的所得额为收入减去发生的成本费用，因此，合理合法地扩大成本费用开支，降低应纳税所得额是个体工商户进行税务筹划的主要方法。

第二，采用分散、推后收益实现的筹划法。个体工商户的生产经营所得，一是合理使用原材料核算的计价方法，以便原材料的成本尽可能往前计算，使纳税人的年度收入总额减去成本费用以及损失后的余额作为应纳税额。一般纳税人可以做如下考虑：利润推迟实现。二是在可以预见的若干年内合理地安排有关费用，使费用尽可能在前面摊销。三是在必要的时候采取捐赠手段，从而在降低税负的同时，扩大了纳税人的社会影响力。

任务实施

1. 某公司 2022 年实行年薪制，小李为部门经理，核定年收入为 12 万元。请你为小李筹划，如何发放年薪更加节税。

2. 某网络作家准备出版一本小说，出版合同规定由出版社承担相关费用，稿酬所得 15 000 元。请你为该网络作家筹划，如何发放稿酬更加节税。

3. 小林利用空闲时间为某企业提供劳务，双方约定该企业支付 24 000 元作为小林的劳务报酬，但还没有约定劳务报酬给付的次数。请你为小林筹划，如何发放劳务报酬更加节税。

项目总结与自测

1. 熟悉个人所得税专项附加扣除项内容及扣除标准。
2. 复习并巩固个人所得税税额的计算方法。
3. 树立依法纳税、诚信纳税的意识。

项目总结

思维导图：

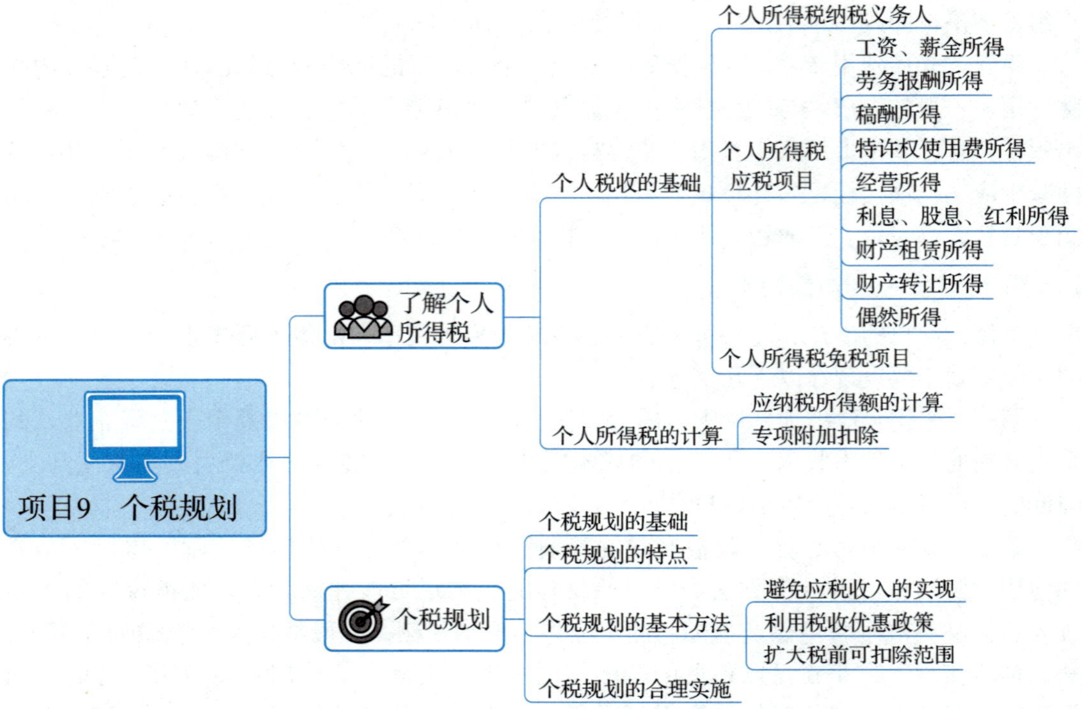

项目综述：本项目分为2个任务，任务9.1主要介绍个人所得税中的具体税项和新税法中规定的专项附加扣除规定，结合实例介绍新个人所得税法下具体的计税方法。任务9.2主要介绍税收筹划的含义和特点，并针对个人所得税大类中的各税项介绍不同的税收筹划方法。税收筹划对于理财规划师而言，是一项重要的专业技术。最后以思维导图和自测题目的方式，对整个项目进行总结和归纳。本项目的核心是在对我国个人所得税中各具体税项熟练掌握的基础上，在法律允许的范围内运用税收筹划方法为客户制定适当的税收筹划方案。

项目自测

项目知识训练

一、判断题

1. 避税是收到税单后不去交税。（　　）
2. 个人税收筹划是个人理财规划中的一项重要内容，它是在纳税义务发生之前在法律允许的范围之内，对纳税负担的低位选择。（　　）
3. 对我国境内居民在境外取得的所得，我国不征收个人所得税。（　　）
4. 合法性是税收筹划区别于偷税、逃税、抗税、骗税行为的重要特征。（　　）

5. 偶然所得，每次收入不超过 4 000 元的，减除费用 800 元；4 000 元以上的，减除 20% 的费用，其余额为应纳税所得额。（ ）
6. 个人理财税收筹划既可在纳税事项成为既定事实之前进行，也可在涉税事项已成既定事实之后进行。（ ）
7. 国债和国家发行的金融债券利息属于个人所得税方面的免税项目。（ ）
8. 在把一次性年终奖单独计税时，小李在年终分得 36 000 元的年终奖，小王分得 36 800 元的年终奖，可扣除税收后，小李实际拿到的税后收入更多。（ ）
9. 由于把全年一次性奖金单独计税时，要以奖金全额除以 12 个月的数额，按照综合所得月度税率表计算。因此把一次性年终奖单独计税肯定比将全年一次性奖金并入当年综合所得计税更划算。（ ）
10. 推迟纳税义务发生时间也是个人理财税收筹划的一种手段。（ ）

二、单选题

1. 我国《个人所得税法》规定，工资、薪金所得以每月收入额减除费用（ ）元后的余额，为应纳税所得额。
   A. 800　B. 2 000　C. 3 500　D. 5 000
2. 我国《个人所得税法》规定，财产租赁和财产转让所得，适用（ ）比例税率。
   A. 20%　B. 30%　C. 40%　D. 45%
3. 我国个人所得税中工资、薪金所得适用的税率范围是（ ）。
   A. 5%～50%　B. 5%～45%　C. 5%～40%　D. 3%～45%
4. 某客户中得彩票大奖 500 万元，其适用的个人所得税税率为（ ）。
   A. 14%　B. 20%　C. 30%　D. 45%
5. 下列项目中，属于劳务报酬所得的是（ ）。
   A. 发表论文取得的报酬　B. 提供著作的版权取得的报酬
   C. 将国外的作品翻译出版取得的报酬　D. 受出版社委托进行审稿取得的报酬
6. 根据个人所得税法的规定，工资、薪金所得预扣预缴采用的税率形式是（ ）。
   A. 超额累进税率　B. 全额累进税率　C. 超率累进税率　D. 超倍累进税率
7. 根据个人所得税法，股息所得缴纳个人所得税的应纳税所得额为（ ）。
   A. 每次收入额　B. 每次收入额减去 800 元的费用
   C. 每次收入额减去 20%的费用　D. 每次收入额减去 5 000 元的费用
8. 对（ ）征收个人所得税时，应以全额所得为应纳税所得额。
   A. 偶然所得　B. 经营所得　C. 综合所得　D. 财产转让所得
9. 税收筹划的内容不包括（ ）。
   A. 避税　B. 节税　C. 税负转嫁　D. 逃税
10. （ ）又称节税，是纳税人在法律允许的范围内，通过对经营、投资、理财等经济活动的事先筹划和安排，充分利用税法提供的优惠和差别待遇，以减轻税负，达到整体税后收益最大化。
    A. 税收筹划　B. 税收安排　C. 税收负担　D. 税收管理
11. 下列哪项个人所得税不适用比例税率？（ ）

A. 利息所得　B. 偶然所得　C. 工资、薪金所得　D. 财产转让所得

12. 个人兼职取得的收入，应按（　　）项目缴纳个人所得税。

A. 劳务报酬所得　B. 偶然所得　C. 工资、薪金所得　D. 财产转让所得

13. 下列哪项所得不用缴纳个人所得税？（　　）

A. 劳务报酬所得　B. 偶然所得　C. 个人救济金所得　D. 财产转让所得

14. 下列所得应缴纳个人所得税的是（　　）。

A. 干部离休费　B. 偶然所得　C. 保险赔款　D. 国债利息

15. 叶某参加电视台举办的有奖竞猜活动中奖，获得一台价值 8 000 元的电脑，他应缴纳的个人所得税为（　　）元。

A. 800　B. 1 280　C. 1 600　D. 4 800

三、多选题

1. 下列所得属于个人所得税的征税范围的是（　　）。

A. 工资、薪金所得　B. 偶然所得　C. 财产租赁所得
D. 稿酬所得　E. 劳务报酬所得

2. 我国个人所得税采用的税率形式有（　　）。

A. 比例税率　B. 全额累进税率　C. 超率累进税率
D. 超额累进税率　E. 定额税率

3. 新个人所得税法中，征税范围属于综合所得的有（　　）。

A. 工资、薪金所得　B. 偶然所得　C. 经营所得
D. 稿酬所得　E. 劳务报酬所得

4. 下列关于税收筹划的说法正确的是（　　）。

A. 少纳税和递延纳税是税收筹划的目标所在
B. 税收筹划等同于偷税漏税
C. 税收筹划是在法律允许的范围内
D. 税收筹划没有任何风险
E. 税收筹划是事先规划、设计和安排的

5. 税收筹划的基本方法包括（　　）。

A. 避免应税所得（收入）的实现　B. 避免适用较高税率
C. 充分利用税前扣除　D. 推迟纳税义务发生时间
E. 利用税收优惠

6. 以下属于个人所得税专项附加扣除的是（　　）。

A. 子女教育　B. 继续教育　C. 一般医疗
D. 购房支出　E. 赡养老人

7. 下列关于个人所得税专项附加扣除的规定正确的是（　　）。

A. 居民纳税人在子女教育专项附加扣除方面，若符合条件，可按照每个子女每月 1 000 元的标准定额扣除
B. 居民纳税人一定要接受学历继续教育才能享受继续教育专项附加扣除，其他继续教育支出均不在扣除范围内

C. 居民纳税人只要有住房贷款支出，并在偿还贷款期间，即可享受住房贷款利息专项附加扣除，扣除标准为每月 1 000 元

D. 住房租金专项附加扣除指纳税人在主要工作城市没有自有住房而租赁住房的支出方面的扣除

E. 个人所得税专项扣除额一个纳税年度扣除不完的，可以结转以后年度扣除

8. 下列收入中，应按“特许权使用费所得”项目征收个人所得税的有（　　）。

A. 编剧从电视剧的制作单位取得的剧本使用费

B. 作者将自己的文字作品手稿原件公开拍卖的所得

C. 提供著作权的使用权取得的所得

D. 某杂志的编辑在该杂志上发表文章取得的收入

E. 作者在专业核心刊物上发表论文取得的收入

9. 税收筹划的特点包括（　　）。

A. 合法性　　B. 目的性　　C. 规划性

D. 专业性　　E. 综合性

10. 在个人所得税法相关规定中，以下说法正确的是（　　）。

A. 一对夫妇若有两个孩子，则其子女教育经费专项附加扣除项目可由其中一人全部享受，也可以夫妻分摊

B. 若夫妻俩都是独生子女，每人可以享受每月 2 000 元的赡养费用专项附加扣除，可由其中一人全部享受，也可以由夫妻协商分摊

C. 若纳税人在机关事业单位工作，个人没有必要了解个人所得税法的基本规定

D. 对纳税人 2021 年 12 月 31 日期间取得的全年一次性奖金，可以并入当年综合所得，也可以采取单独计算纳税

E. 住房公积金属于居民综合所得中的专项附加扣除项目

四、计算题

王教授是一所重点高校的教授，2022 年王教授为某科技公司提供技术咨询服务，一年 5 次。该公司在年底一次性付给王教授全年的报酬 50 000 元。根据题意，王教授就其劳动报酬需要缴纳多少个人所得税？

如果王教授听从了理财规划师的建议，把此项劳动报酬的一次性支付改成每次支付，则从全年来看，王教授因此少缴纳个人所得税多少元？

五、简答题

1. 简述居民个人与非居民个人的纳税义务不同点。
2. 简述个人所得税法中的经营所得如何定义和计税。
3. 简述个税年度汇算中需要办理年度汇算的人群。
4. 简述个税年度汇算的办理渠道。
5. 简述专项附加扣除项目的具体内容。

项目技能训练

实训任务一：纳税计算

实训目标：掌握不同征税范围的计算方式。

实训内容：居民张三35岁，夫妻俩均为独生子女，都在国企上班，大儿子上小学一年级，小女儿正在读幼儿园。张三个人在2022年度取得以下收入：

(1) 工资、薪金收入120 000元（不考虑专项扣除）；

(2) 一次性稿酬收入5 000元；

(3) 一次性讲学收入4 000元；

(4) 国债利息收入1 000元；

(5) 一次性年终奖100 000元。

1. 依据题意，下列不计入张三的综合所得进行计税的是（　　）。

A. 工资、薪金收入　　B. 国债利息收入

C. 稿酬收入　　D. 讲学收入

2. 张三的稿酬收入应纳入综合所得的收入额为（　　）元。

A. 2 000　　B. 2 800　　C. 4 000　　D. 50 000

3. 张三的劳务报酬收入应纳入综合所得的收入额为（　　）元。

A. 500　　B. 1 000　　C. 3 200　　D. 4 000

4. 假设子女教育专项附加扣除由夫妻俩平摊，则2022年度张三的综合所得可扣除的专项附加费用为（　　）元。

A. 12 000　　B. 24 000　　C. 36 000　　D. 48 000

5. 张三取得的国债利息收入应缴纳的个人所得税税额为（　　）元。

A. 0　　B. 150　　C. 200　　D. 400

6. 根据题意，2022年度张三的综合所得应纳税所得额为（　　）元。

A. 30 000　　B. 130 000　　C. 142 000　　D. 150 000

7. 根据题意，2022年度张三的综合所得适用（　　）的税率。

A. 3%　　B. 10%　　C. 20%　　D. 25%

8. 根据题意，2022年度张三的综合所得应纳税额为（　　）元。

A. 3 900　　B. 10 480　　C. 11 680　　D. 12 480

9. 对纳税人2021年12月31日之前取得的全年一次性奖金，可以不并入当年综合所得，采取单独计算纳税。若张三对其全年一次性奖金单独计税，则张三的年终奖在2022年度总共需缴纳个人所得税（　　）元。

A. 3 000　　B. 7 480　　C. 9 790　　D. 10 000

10. 张三若把年终奖金单独计算纳税，张三全年纳税总计（　　）元。

A. 3 900　　B. 8 380　　C. 10 690　　D. 10 900

实训任务二：专项附加扣除

实训目标：个人所得税专项附加扣除的方式计算。

实训内容：小杨夫妇在上海工作，他们当年度扣除“三险一金”后的年收入分别为50万元和25万元。他们关于个人所得税专项附加扣除满足的基本情况如下：

(1) 两人名下都没有住房，两人每月发生固定租金支出（夫妻两人都是承租人）。

(2) 他们共同育有一儿一女，且两个孩子均在接受九年义务教育阶段。

(3) 两人都是独生子女，而且两个人的父母都已年满60周岁。

（4）小杨和女儿在当年度由于身体欠佳，分别支出大病医疗费用（医保目录范围内自付部分）8.5 万元和 4.5 万元。

请你为小杨夫妇筹划个人所得税专项附加扣除方式，并计算整个家庭的应纳个人所得税税额。

项目延伸

项目延伸

《中华人民共和国个人所得税法实施条例》

项目 10 最美不过夕阳红——退休养老规划

知识目标

1. 掌握退休养老规划的概念、影响因素及原则。
2. 掌握基本养老保险和企业年金的联系与区别。
3. 掌握基本养老保险金、客户养老资金缺口的计算方法。
4. 熟悉养老规划工具，掌握制定养老规划的流程。

技能目标

1. 能够认识到养老规划的重要性。
2. 能够较全面地认识我国养老保险体系的构成。
3. 能够测算客户的养老金缺口。
4. 能够为客户制定合理有效的退休养老规划。

素养目标

1. 树立养老规划意识。
2. 树立孝敬老人、关爱老人的良好道德品质。

情景引入

资料一：

2013年11月12日，中国共产党第十八届中央委员会第三次全体会议通过的《中共中央关于全面深化改革若干重大问题的决定》指出：研究制定渐进式延迟退休年龄政策。该决定明确了顶层设计中，延迟退休政策渐行渐近。

实施“延迟退休年龄”的政策，是十八届三中、五中全会提出的重要任务。如今，人均预期寿命已超过73岁，养老保险的赡养比也下降到了3∶1。“延迟退休”，是应对养老金收不抵支风险、维持政策代际公平的有效选择。

2021年3月12日公布的《中华人民共和国国民经济和社会发展第十四个五年规划和2035年远景目标纲要》明确提出，按照“小步调整、弹性实施、分类推进、统筹兼顾”等原则，逐步延迟法定退休年龄。

资料二：

2021年5月11日，国家统计局发布了第七次全国人口普查主要数据公报。我国60岁及以上人口的比重达到18.70%，其中65岁及以上人口比重达到13.50%，趋近深度老龄化社会的占比标准（14%）。国际上的通常看法是，当一个国家或地区60岁以上老年人口占人口总数的10%，或65岁以上老年人口占人口总数的7%，即意味着这个国家或地区的人口处于老龄化社会。我们已经全面进入老龄化社会，并且即将进入超老龄化社会，养老不仅是家庭问题，更是一系列的社会问题。

思考："延迟退休"的政策将会给你的生活带来怎样的影响？老龄化社会下，养老规划显得尤为必要和重要，那么，养老规划有哪些常用的工具？如何进行养老规划？

任务10.1

退休养老规划基础知识

任务目标

1. 准确掌握退休养老规划的概念。
2. 了解退休养老规划的影响因素与原则。
3. 掌握退休养老规划的意义，能够向客户传递养老规划的思想。

任务引入

2021年，第七次全国人口普查数据显示，我国已处于老龄化社会，同时，我国出现了越来越多的"4+2+1"家庭，即4位父母、2位夫妇、1位孙辈。处于中间代的夫妇要赡养4位老人，压力可想而知，传统养老方式亟待改革。同时，随着社会进步，老年人对生活品质的要求不断提高，因此，未雨绸缪，提前进行合理有效的养老规划，将为拥有美好的晚年生活提供有力保障。

在本任务中，你将了解到养老规划的概念、影响因素及原则等内容。

任务预备

10.1.1 退休及退休养老规划的概念

退休是指员工在到达一定年龄或为企业服务一定年限的基础上，按照国家的有关法规和员工与企业的劳动合同而离开企业的行为。退休就是离开工作场所，长期休息之意。广义地说，退休就是不再从事一项全职有薪的工作，而接受过去工作的退休金的状态。

退休养老规划是为了保证客户在将来拥有一个自立、有尊严、高品质的退休生活，而从现在开始实施积极的理财方案，它是一个人一生中非常重要的财务目标，是整个理财规划中不可缺少的一部分。

所谓“兵马未动，粮草先行”，一个科学合理的退休养老规划的制定和执行，会为人们幸福的晚年生活保驾护航。

阅读资料

为什么要进行退休养老规划

10.1.2 退休养老规划的影响因素

要进行退休养老规划，首先要搞清楚退休养老规划的影响因素究竟有哪些。综合起来看，退休养老规划的影响因素主要有以下几个方面。

1. 预期寿命

拓展阅读

我国居民人均预期寿命

2022 年 7 月，国家卫生健康委发布的《2021 年我国卫生健康事业发展统计公报》显示，我国居民人均预期寿命由 2020 年的 77.93 岁提高到 2021 年的 78.2 岁，孕产妇死亡率从 16.9/10 万下降到 16.1/10 万，婴儿死亡率从 5.4‰下降到 5.0‰。

预期寿命的多少意味着个人退休后要生活的时间。总的来说，越长的预期寿命将会花费越多的养老费用，这会直接影响到退休规划的目标与策略。

2. 退休年龄

退休年龄对退休养老规划会产生两方面的影响，一方面会影响个人工作赚取收入的时间（财富积累时间）长短，另一方面会影响个人退休后生活的时间（财富开销时间）长短。

一小部分人会因为种种原因而提前退休，如工作太过劳累、对工作热情不足、健康状况不佳、家庭问题或为了提前享受退休生活等，甚至某些情况下（如经济大环境不景气），雇主可能出于降低成本考虑而推出提前退休计划，鼓励员工提前退休。

大部分人会在法定退休年龄退休。我国目前使用的是 1978 年 6 月国务院颁发的《关于工人退休、退职的暂行办法》和《关于安置老弱病残干部的暂行办法》（国发〔1978〕104 号）的规定。规定中，我国职工现行退休年龄是，男性 60 周岁，女干部 55 周岁，女工人 50 周岁。从事井下、高空、高温、繁重体力劳动和其他有害健康工种的职工，男年满 55 周岁，女年满 45 周岁，连续的工龄或工作年限满 10 年。当然，延迟退休已经被写入“十四五”规划和 2035 年远景目标纲要中。我国将按照“小步调整、弹性实施、分类推进、统筹兼顾”等原则，逐步延迟法定退休年龄。

3. 退休前的资产积累

客户退休前的资产积累额越多，退休规划的压力就越小，反之退休规划的压力也就越大。

4. 退休后的生活费用

退休后的生活费用主要受日常生活的品质追求、消费习惯、居住地消费水平、健康状况、家庭负担与责任等诸多因素的影响。总之，退休后的生活费用越高，所需要的退休金就越多；反之，所需要的退休金就越少。理财规划师应该对于客户的生活费用做到尽可能全方面地考虑。

5. 通货膨胀

通货膨胀是影响退休生活费用开支的主要因素之一。通货膨胀率越高，退休后的费用开支就越多，为了满足退休生活的基本需要，就需要更多的退休金，退休规划的压力就越大；反之，退休后的生活费用开支较少一些，退休规划的压力也会轻一些。理财规划师在为客户做退休养老规划时，特别是距离客户退休的时间较长的情况下，就非常有必要将通货膨胀率考虑在内，这样计算出的资金额才会更加合理，方案会更加有效。

6. 是否需要为子女留可观规模的遗产

如果客户的子女由于工作薪金、家庭负担、身体情况等导致经济条件不是很好，那么作为父母就会尽自己所能，考虑为子女尽量多地留下遗产。如果客户的实际情况是属于此类，那么理财规划师在为客户制定养老规划的时候就要有所侧重和考虑，这种情况下，客户的养老规划压力会比较大。

7. 其他因素

经济运行周期、市场利率波动、个人和家庭成员的健康状况、医疗保险制度的变化、家庭突发事件等，都会影响退休养老规划的策略倾向和实质内容。

10.1.3 退休养老规划的原则

1. 尽早规划

由于复利因素的作用，退休养老基金的准备越早开始就越轻松。这就相当于在计算式中，N 比较大（尽早准备意味着可准备的时间就比较长），所以计算出的年金额 A 或是一次性投资额 P 就比较小，直观表现就是客户的财务压力较小；或者在不减少投资额的情况下，可实现的养老基金终值的规模就比较大。

2. 谨慎但不过于保守

由于老人的身体情况等原因，发生意外的风险较高，因此在制定退休养老规划的过程中，应当本着谨慎性原则，多估计支出，少估计收入，至少应该保障退休后相当一段时间内的基本生活支出。

3. 弹性化原则

退休养老规划应当视个人的具体情况制定可行的策略与目标。如果发现拟定的目标难以执行，可以进行适当的调整。同时要考虑到，由于在规划未来退休生涯的目标时，遇到一些不确定因素的可能性比较大，因此退休养老规划应当具有弹性或缓冲性。

10.1.4 退休养老规划的常见误区

1. 退休养老规划开始得太迟

很多二三十岁的年轻人会觉得退休养老规划对于他们来说是个遥远的话题。再加上他们处于事业的起步期，收入较低，但需要花钱的地方可不少，结婚、买房买车、生育子女等都需要大笔资金。所以，很多年轻人一是觉得没必要太早开始准备养老资金，二是觉得现阶段负担不起。这样做的后果就是推迟了开始制定退休养老规划的时间，比如推迟到45岁才开始考虑养老问题。可是，这样的推迟直接为退休养老目标的实现带来了巨大的挑战，甚至不得已降低退休养老的目标水准或不得不推迟自己的退休计划。

应尽早开始养老金的准备，同时可以采取定期定额投资的方式，这就相当于将养老目标拆分成为压力很轻的日常工作，日积月累，水到渠成地实现了退休养老目标。

课堂活动之“说一说”

你觉得哪些常见的理财产品可以采取定期定额的投资方式？

2. 对未来收入和支出过于乐观

总有一些人对自己退休后的经济状况过于乐观，他们往往高估了退休之后的收入，或者低估了退休之后的开支，在退休计划上过于吝啬，不愿意动用一定量的现有财务资源。导致乐观估计的原因有很多，例如认为退休之后的社会保障养老金计划或者投资足以保障自己的退休生活，认为在退休之后，生活开支方面会有显著下降，认为自己的身体将会一直硬朗。在这样的思想主导下制定出的退休养老规划，往往并不可行。理财规划师在为客户制定养老规划时，为了保证方案的有效性和合理性，应预留出“富裕空间”，不要过于乐观估计客户未来的收入，不要过于低估客户未来的支出。

3. 投资过于保守

部分客户将自己的养老计划定投资金投放到储蓄账户中，虽然风险极低，但是如果考虑到通货膨胀，这部分资金不但无助于养老目标的实现，甚至在逐渐贬值。虽然我们一直强调养老计划的安全性，但并不意味着完全排斥风险。在某些情况下，如果投资可以获得合理的回报而又不必承担过大的风险，那么这样的投资在养老计划中是可以考虑的。比如我们可以建议客户在充分了解投资市场的基础上，适当投资一些国债、基金、保险等。当然，这并不意味着冒险地将资金投在高风险的资产上。

任务实施

你觉得理财规划师在为客户制定退休养老规划方案之前需要收集哪些信息？如何说服客户尽早制定退休养老规划？

任务 10.2 退休养老规划工具

任务目标

1. 了解我国的养老保险制度体系。

2. 了解我国社保体系中的养老保险的构成。

3. 理解企业年金的概念和功能。

任务引入

富足怡然的退休生活不仅需要尽早规划，还需要选择适合自己的养老工具。随着投资理财方式越来越多元化，可供养老的工具也日益增多。总体上来看，可用来养老的工具大致可分为以下几类：基本养老保险、企业年金、个人储蓄性养老保险、商业养老保险、金融投资、以房养老等。每一种养老工具都有其鲜明的特色，同时也不可避免地存在着缺陷，每个人需要根据自己的实际情况选择一种或几种适合自己的养老工具。相信通过本任务的学习，你将对这几类养老规划工具有更加深入和准确的了解，能够为自己或他人推荐适合的养老规划工具。

任务预备

10.2.1　我国的养老保险制度体系

党的二十大报告明确指出，“完善基本养老保险全国统筹制度，发展多层次、多支柱养老保险体系。”我国的养老保险制度是一个由基本养老保险、企业年金（企业补充养老保险）和个人储蓄型养老保险三大支柱构成的养老保险体系。其中，基本养老保险又分为城镇职工养老保险和城乡居民养老保险。城镇职工养老保险，又由企业养老保险和机关事业单位退休制度构成。

10.2.2　基本养老保险

1. 定义

基本养老保险，是国家根据法律、法规的规定，强制建立和实施的一种社会保险制度。在这一制度下，用人单位和劳动者必须依法缴纳养老保险费，在劳动者达到国家规定的退休年龄或因其他原因而退出劳动岗位后，社会保险经办机构依法向其支付养老金等待遇，从而保障其基本生活。基本养老保险与失业保险、基本医疗保险、工伤保险、生育保险等共同构成现代社会保险制度，它是社会保险制度中最重要的险种之一。

2. 种类构成及缴费方式

（1）城镇职工养老保险。

城镇职工养老保险主要面向城镇各类企业及其职工，企业化管理的事业单位及其职工，城镇个体工商户和灵活就业人员。

城镇职工养老保险的保费由企业和职工共同缴费，按月缴纳。企业缴费的比例一般为缴费工资总和的20%，计入基本养老保险统筹基金账户。个人缴费的比例为个人月缴费工资总额的8%，计入养老保险个人账户。个人账户中的养老基金只能用于职工养老，不得提前支取，职工或退休人员死亡，其个人账户中的资金可以由他人继承。

拓展阅读

什么是月缴费工资

月缴费工资又称为基数工资，是指可以纳入缴纳社会保险费范围的工资性收入。按照现行政策规定，缴费工资是按国家统计部门规定列入工资总额统计范围内发放的工资，它根据职工上年度月平均工资收入确定，同时介于当地平均工资的60%～300%。

（2）城乡居民养老保险。

城乡居民养老保险面向年满16周岁（不含在校学生），非国家机关和事业单位工作人员及不属于城镇职工基本养老保险制度覆盖范围的城乡居民，可以在户籍地参加城乡居民养老保险。

城乡居民养老保险基金由个人缴费、集体补助、政府补贴构成。

个人缴费形式：参加城乡居民养老保险的人员应当按规定缴纳养老保险费。缴费标准目前设为每年100元、200元、300元、400元、500元、600元、700元、800元、900元、1 000元、1 500元、2 000元12个档次，省（区、市）人民政府可以根据实际情况增设缴费档次，最高缴费档次标准原则上不超过当地灵活就业人员参加职工基本养老保险的年缴费额，并报人力资源和社会保障部备案。参保人自主选择档次缴费，多缴多得。

集体补助形式：有条件的村集体经济组织应当对参保人缴费给予补助，补助标准由村民委员会召开村民会议民主确定，鼓励有条件的社区将集体补助纳入社区公益事业资金筹集范围。鼓励其他社会经济组织、公益慈善组织、个人为参保人缴费提供资助。补助、资助金额不超过当地设定的最高缴费档次标准。

政府补贴形式：政府对符合领取城乡居民养老保险待遇条件的参保人全额支付基础养老金，其中，中央财政对中西部地区按中央确定的基础养老金标准给予全额补助，对东部地区给予50%的补助。地方人民政府应当对参保人缴费给予补贴，对选择最低档次标准缴费的，补贴标准不低于每人每年30元；对选择较高档次标准缴费的，适当增加补贴金额；对选择500元及以上档次标准缴费的，补贴标准不低于每人每年60元，具体标准和办法由省（区、市）人民政府确定。对重度残疾人等缴费困难群体，地方人民政府为其代缴部分或全部最低标准的养老保险费。

3. 基本养老金计发方法

（1）城镇职工基本养老保险。

城镇职工基本养老金由基础养老金和个人账户养老金组成。基础养老金月标准以当地上年度在岗职工月平均工资和本人指数化月平均缴费工资的平均数为基数，缴费每满一年发放1%。基础养老金由社会统筹基金账户支付。个人账户养老金月标准为个人账户储存额除以计发月数，计发月数根据职工退休时城镇人口平均预期寿命、本人退休年龄、利息因素确定。目前，70岁、60岁、55岁和50岁计发月数分别为56、139、170和195个月。

基本养老金＝基础养老金＋个人账户养老金

$$基础养老金=\left(\begin{matrix}全省上年度在岗\\职工月平均工资\end{matrix}+\begin{matrix}本人指数化\\月平均缴费工资\end{matrix}\right)\div 2\times 缴费年限\times 1\%$$

$$=\begin{matrix}全省上年度在岗\\职工月平均工资\end{matrix}\times(1+本人平均缴费指数)\div 2\times 缴费年限\times 1\%$$

式中，“本人平均缴费指数”就是自己实际的缴费基数工资与当地社会平均工资比值的历年平均值，底限为0.6，上限为3。

个人账户养老金＝个人账户储存额(储蓄额)÷计发月数

【例10-1】 假设张先生养老保险缴费年限为30年，其个人账户养老金累积额为28万元。张先生60岁退休，退休时当地上年度在岗职工月平均工资为9 000元，张先生自己的月平均缴费工资为1.4万元。试计算张先生每月能领到多少养老金。

基础养老金＝(9 000＋14 000)÷2×30%＝3 450(元)

个人账户养老金＝280 000÷139＝2 014.39(元)

基本养老金＝3 450＋2 014.39＝5 464.39(元)

(2) 城乡居民养老保险。

城乡居民养老保险待遇也由基础养老金和个人账户养老金构成，支付终身。但与城镇职工养老金的计算方式不同。

由中央确定基础养老金的最低标准，地方人民政府可以根据实际情况适当提高基础养老金标准。提高和加发部分的资金由地方人民政府支出，并报人力资源和社会保障部备案。

根据人力资源和社会保障部、财政部《关于建立城乡居民基本养老保险待遇确定和基础养老金正常调整机制的指导意见》（人社部发〔2018〕21号）文件精神，决定自2018年1月1日起，全国城乡居民养老保险基础养老金最低标准提高至每人每月88元，即在原每人每月70元的基础上增加18元。提高标准所需资金，中央财政对中西部地区给予全额补助，对东部地区给予50%的补助。

个人账户养老金的月计发标准，目前为个人账户全部储存额除以139的计发月数。参保人死亡的，个人账户资金余额可以依法由他人继承。

4. 领取基本养老金的条件

(1) 城镇职工养老保险。

城镇职工养老保险领取条件：本人达到法定退休年龄并办理了退休手续；所在单位和个人依法参加基本养老保险并履行缴费义务；个人累计缴费时间满15年（注：养老保险若出现缴费中断现象，可延续缴费或者一次性缴费至15年，均可享受养老保险的相关待遇）。

同时，退休职工除享受按月领取基本养老金、养老金正常调整、对退休人员实行社会化管理服务等待遇外，当事人死亡后还享受丧葬和抚恤待遇，其中，丧葬费标准为按上年度全省社会平均工资的3个月计发（此为退休人员，离休人员为5 000元）；一次性抚恤费标准为按上年度全省社会平均工资的10个月计发（此为退休人员，离休人员为本人工资的 20 个月)。死亡待遇各省规定各不相同，详细待遇情况以当地社保局为准。

(2) 城乡居民养老保险。

参加城乡居民养老保险的个人，年满 60 周岁，累计缴费满 15 年，且未领取国家规定的基本养老保障待遇的，可以按月领取城乡居民养老保险待遇。

10.2.3 企业年金

1. 概念与功能

企业年金，即企业补充养老保险，是指企业及其职工在依法参加基本养老保险的基础上，依据本企业的经济状况建立的，旨在提高雇员退休后的生活水平，对国家基本养老保险进行重要补充的一种养老保险形式。

企业年金是我国正在完善的城镇职工养老保险体系（由基本养老保险、企业年金和个人储蓄型养老保险三个部分组成）的“第二支柱”。在实行现代社会保险制度的国家中，企业年金已经成为一种较为普遍实行的企业补充养老金计划，又称为“企业退休金计划”或“职业养老金计划”，并且成为所在国养老保险制度的重要组成部分。

企业年金不仅是劳动者退休生活保障的重要补充形式，也是企业调动职工积极性，吸引高素质人才，稳定职工队伍，增强企业竞争力和凝聚力的重要手段。它的主要作用和功能至少可以概括为三个方面：

(1) 分配功能。

企业年金既具有国民收入初次分配性质，也具有国民收入再分配性质。因此，企业年金形式的补充养老金计划又被视为对职工的一种延迟支付的工资收入分配。

(2) 激励功能。

企业年金计划根据企业的盈利和职工的绩效为职工年金个人账户供款，对于企业吸引高素质人才，稳定职工队伍，保障职工利益，最大限度地调动职工的劳动积极性和创造力，提高职工为企业服务的自豪感和责任感，从而增强企业的凝聚力和市场竞争力，获取最大经济效益，是一种积极而有效的手段。

(3) 保障功能。

建立企业年金可以在相当程度上提高职工退休后的养老金待遇水平，解决由于基本养老金替代率逐年下降而造成的职工退休前后的较大收入差距，弥补基本养老金保障水平的不足，满足退休人员享受较高生活质量的客观需求，发挥其补充和保障的作用。

2. 资金来源

企业年金所需费用由企业和职工个人共同缴纳。企业缴费每年不超过本企业职工工资总额的 8%，企业和职工个人缴费合计不超过本企业职工工资总额的 12%。具体所需费用，由企业和职工双方协商确定。职工个人缴费由企业从职工个人工资中代扣代缴。

3. 年金缴款的投资范围

企业年金实行的是完全的市场化运营，为了维护企业年金基金的安全性，国家对基金的投资范围做了严格的限制。

新修订的《企业年金基金管理办法》规定，企业年金基金财产限于境内投资，投资范围包括银行存款、国债、中央银行票据、债券回购、万能保险产品、投资连结保险产品、证券投资基金、股票，以及信用等级在投资级以上的金融债、企业（公司）债、可转换债（含分离交易可转换债）、短期融资券和中期票据等金融产品。企业年金不得用于信用交易，不得用于向他人贷款，但可以进行短期债券回购。

企业年金基金投资银行活期存款、中央银行票据、债券回购等流动性产品以及货币市场基金的比例，不得低于投资组合企业年金基金财产净值的 5%，清算备付金、证券清算款以及一级市场证券申购资金视为流动性资产；投资债券正回购的比例不得高于投资组合企业年金基金财产净值的 40%。

投资银行定期存款、协议存款、国债、金融债、企业（公司）债、短期融资券、中期票据、万能保险产品等固定收益类产品以及可转换债（含分离交易可转换债）、债券基金、投资连结保险产品（股票投资比例不高于 30%）的比例，不得高于投资组合企业年金基金财产净值的 95%。

投资股票等权益类产品以及股票基金、混合基金、投资连结保险产品（股票投资比例高于或者等于 30%）的比例，不得高于投资组合企业年金基金财产净值的 30%。其中，企业年金基金不得直接投资于权证，但因投资股票、分离交易可转换债等投资品种而衍生获得的权证，应当在权证上市交易之日起 10 个交易日内卖出，国资委将直接持有上市央企股权。

4. 职工领取条件及方式

2017 年，由人力资源和社会保障部与财政部联合印发的《企业年金办法》中规定，职工在达到国家规定的退休年龄、完全丧失劳动能力、出国（境）定居时，可以领取企业年金；职工或者退休人员死亡后，其企业年金个人账户余额可以继承。其中，职工完全丧失劳动能力时可以领取企业年金是新增内容，这有利于进一步体现企业年金的保障作用，适当改善完全丧失劳动能力职工的生活。

在领取方式上，一是倡导按月领取，有利于发挥企业年金长期养老保险的作用。二是允许分次领取，有利于退休人员根据本人企业年金个人账户资金额，结合企业年金个人所得税政策和自己的需要，选择合适的领取次数。三是保留了一次性领取方式，更加人性化，给予退休人员更多选择。四是可以购买商业养老保险产品，进一步丰富补充养老保险方式。

10.2.4 个人储蓄型养老保险

个人储蓄型养老保险是我国多层次养老保险体系的一个组成部分，是由职工自愿参加、自愿选择经办机构的一种补充保险形式。由社会保险机构经办的个人储蓄型养老保险，由社会保险主管部门制定具体办法，职工个人根据自己的工资收入情况，按规定缴纳个人储蓄型养老保险的保费，计入当地社会保险机构在有关银行开设的养老保险个人账户，应按不低于或高于同期城乡居民储蓄存款利率计息，以提倡和鼓励职工个人参加储蓄型养老保险。所得利息计入个人账户，本息一并归职工个人所有。

10.2.5 以房养老

“以房养老”流行于欧美，操作趋向成熟的是美国。2007 年下半年，我国几大城市以不同的方式进行了试点：北京成立“养老房屋银行”，上海实施“以房自助养老”，南京实行“以租换养”，但终因各种问题宣告夭折。2011 年北京市民政局公布了《北京市

"十二五"时期老龄事业发展规划》，明确提出北京市鼓励商业保险企业、商业银行或住房公积金管理部门，建立公益性中介机构以开展"以房养老"试点业务。中信银行也推出了一张针对中老年人的专属借记卡"信福年华"，宣布在国内试点"以房养老"业务。

"以房养老"即住房反向抵押贷款，又叫"倒按揭"。住房反向抵押贷款是指已经拥有房屋产权的老年人将房屋产权抵押给银行、保险公司等金融机构，相应的金融机构在对借款人的年龄、预计寿命、房屋的现值、未来的增值折损情况及借款人去世时房产的价值进行综合评估后，按其房屋的评估价值减去预期折损和预支利息，并按人的平均寿命计算，将其房屋的价值化整为零，分摊到预期寿命年限中去，按月或按年支付现金给借款人，一直延续到借款人去世。它使得投保人终身可以提前支用该房屋的销售款。借款人在获得现金的同时，将继续获得房屋的居住权并负责维护。当借款人去世后，相应的金融机构获得房屋的产权，进行销售、出租或者拍卖，所得用来偿还贷款本息，金融机构同时享有房产的升值部分。

任务实施

1. 请查阅资料，对比城镇职工养老保险与城乡居民养老保险的区别。

2. 假定赵先生 60 岁时退休，退休时养老保险个人账户中余额预计有 29 万元，届时该省在岗职工平均工资为 9 053 元/月。赵先生自己的月缴费基数工资为省平均工资水平的 1.1 倍。赵先生自 25 岁参加工作以来从未间断过养老保险的缴费。试计算赵先生退休时的月工资水平。

任务 10.3 养老规划流程

任务目标

1. 了解养老规划的基本流程。
2. 掌握养老金缺口的计算方法。
3. 能够撰写一份合理有效的退休养老规划书。

任务引入

张先生和张太太今年都是 40 岁，他们希望在 60 岁时退休，预计生活至 85 岁。目前两人年收入合计约为 30 万元，家庭目前拥有净资产约为 90 万元，张先生打算为已经上初一的孩子预留一笔教育资金。同时，张先生与张太太考虑到退休后的收入恐将大幅下降，如还想维持目前的生活水准，需要尽早做养老规划，于是张先生与张太太寻求理财规划师的帮助，希望能够得到在养老问题上的专业建议。

一份完整的退休养老规划报告，你看到的是纸面上的文字，但在这背后，理财规划师却做了很多准备工作。如何制定养老规划、有哪些准备工作要做、有哪些信息要获取、选择养老规划投资工具时需要注意些什么，对于以上这些问题，你将会在接下来的学习中一一知晓。

任务预备

10.3.1　养老规划的流程

养老规划设计流程图，如图 10－1 所示。

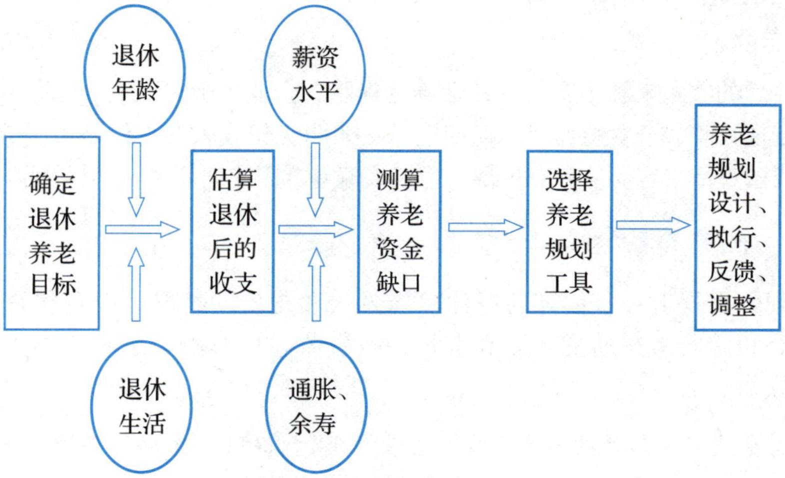

图 10－1　养老规划设计流程图

10.3.2　确定退休养老目标

1. 退休年龄的确定

退休年龄的确定是制定养老规划的关键之一。退休年龄越推后，客户所能积累的养老金就越多，退休后所需要的养老金就越少。随着经济结构的转变和人均寿命的延长，普遍存在推迟退休年龄的社会趋势。在确定退休年龄时，需要考虑到客户的工种、性别、身体情况、职称、工作省份等因素。

2. 退休生活设计

正所谓“由奢入俭难”，人们一般都希望退休后继续保持当前的生活水平，且还要综合考虑是否要通过参加老年大学、定期旅游、发展业余爱好、增加医疗护理等方式确保退休养老的生活质量，因此养老规划是在退休生活设计的基础上进行的。再通俗点说，所谓退休生活设计，就是预想一下退休后的生活蓝图。

10.3.3　估算退休后的收支

1. 退休后的支出估算

退休后的支出可以分为经常性开支和非经常性开支两大类。经常性开支包括基本生活服务费开支、医疗费用开支等；非经常性开支包括子女婚娶、旅游支出等。不同的个体，退休支出项目会有较大的差异，需要根据设计的退休生活情况来具体确定。

在具体估算退休养老支出时可以在维持当前生活水平所需支出的基础上进行定量计算：

退休支出＝维持当前生活水平所需支出＋老年阶段增加的开销（由退休生活设计确定）－老年阶段减少的开销（如子女教育费用、房屋按揭费用、保险支出、交通费等）

也可以用维持当前生活水平所需支出的某一比例进行简化估算，如将维持当前生活水平所需支出的60%～70%作为退休后的支出规模。

2. 退休后的收入估算

个人退休后的收入来源主要包括社会养老保险、企业年金、商业养老保险、资产投资收益、资产变现收益、子女赡养费、遗产继承、兼职工作收入等，但是由于养老规划周期很长，悲观或乐观情绪容易使养老规划产生较大偏差，因此估算时可以尽量保守一些。

10.3.4 测算养老金缺口

理财规划师根据上一步估算的退休养老收入和支出的情况，以及客户已经准备的养老储备金，再综合考虑通货膨胀和客户的投资收益的影响，进一步测算客户需要补充的养老金缺口。

养老金缺口＝预计的养老金支出在退休时的价值（退休后每年的支出折现到刚刚退休时，期初年金求现值）－预计的养老金收入在退休时的价值（退休后每年的收入折现到刚刚退休时，期初年金求现值）－现有的养老准备金在退休时的价值

也可以用这个方法：

养老金缺口＝将退休后余寿年限的总支出折现到目前时点的现值－退休后的总收入折现到目前时点的现值－现有养老准备金

说明：如题目中暂不考虑退休后的收入，实际计算时可暂时忽略。如提到收入，则将考虑了增长率后的收入折现到统一的时点即可。

【例10-2】 假设孙先生今年50岁，计划60岁退休，预期寿命80岁，当前年支出12万元。若当前孙先生可用于投资的资产为80万元，则养老金缺口是多少？假定通货膨胀率为3%，孙先生的投资收益率为8%。

首先，需要算出在考虑了通货膨胀后的实际投资回报率［(1＋投资收益率)/(1＋通货膨胀率)－1］，孙先生的实际投资回报率为4.85%［(1＋8%)/(1＋3%)－1］。

60岁时，孙先生的年生活支出 $F=P\times(F/P，3\%，10)=16.13$（万元）。

其次，将退休后20年的总支出折现到60岁时（提示：视作期初年金，60岁时的年支出相当于年金额 A），$P=16.13\times[(P/A，4.85\%，20-1)+1]=213.47$（万元）。

再次，将退休后的总支出再折现到现在（客户50岁时），$P=F\times(P/F，4.85\%，10)=213.47\times(P/F，4.85\%，10)=98.88$（万元）。

最后，在暂不考虑退休后的收入的情况下，孙先生的养老金缺口为18.88(98.88−80)万元。

课堂活动之“写一写”

请你根据例题，整理计算养老金缺口的计算步骤及注意事项。

10.3.5 选择养老规划工具

常用的养老规划工具有：社会养老保险、企业年金、商业养老保险，以及包括储蓄、债券、银行理财产品、基金、股票、黄金等在内的各种投资理财产品。此外，也可以通过降低退休后开支、延长工作年限、以房养老等方式弥补养老金缺口。

选择养老规划工具时，应注重产品的安全性、收益性、多样性和流动性，可以按照“用社会养老保险和商业养老保险满足退休后的基本支出；以报酬率较高的证券投资满足退休后的生活品质支出”的原则进行。

10.3.6 养老规划的设计、执行、反馈、调整

1. 养老规划的设计

养老规划设计的核心是，选择恰当的养老规划工具，弥补养老金的缺口。将退休后的余寿进行阶段细分（见表10-1），分析每个阶段的支出。

表10-1 退休后余寿阶段细分

退休后阶段	年龄	建议
余寿前期	65～70岁	如有工作能力，可选择兼职工作
余寿中期	71～80岁	基本具备生活自理能力和一定的行动能力，有旅游、购物等开销
余寿后期	81岁以后	以居家为主，医疗护理支出明显增加

2. 养老规划的执行

在制定好养老规划，选择好养老投资工具后，就进入了规划执行阶段。养老规划周期较长，理财规划师应建议客户严格执行养老规划，养成储蓄和理性消费的习惯。

3. 养老规划的反馈与调整

如果市场环境、客户养老目标等没有发生重大变化，理财规划师只需要定期检查客户养老规划的执行情况即可。如果市场环境、客户的养老目标、客户的收支情况等发生了比较重大的变化，那么理财规划师应该及时调整规划内容并反馈给客户。

任务实施

张先生现年35岁，预计60岁退休，退休后再生活20年。假设张先生的投资回报率为10%，在退休时年支出16.4万元。

1. 试计算在暂不考虑通货膨胀和假定通货膨胀率为5%时，张先生退休时分别需要储备多少养老金才能满足养老需要。

2. 假设张先生目前有15万元的养老储备金，请计算在通货膨胀率为5%的情况下，(1) 张先生现在（35岁时）的养老资金缺口规模；(2) 假如张先生从现在开始一直到退休，这些年间采用定投方式弥补此缺口资金，年定投额是多少？

项目总结与自测

1. 理解制定养老规划的必要性，掌握制定退休养老规划的方法。
2. 复习巩固计算养老金缺口的方法，并能基于客户情况推荐适合的养老规划工具。
3. 系统掌握本项目知识点，归纳形成知识体系，提高知识点掌握效果。

项目总结

思维导图：

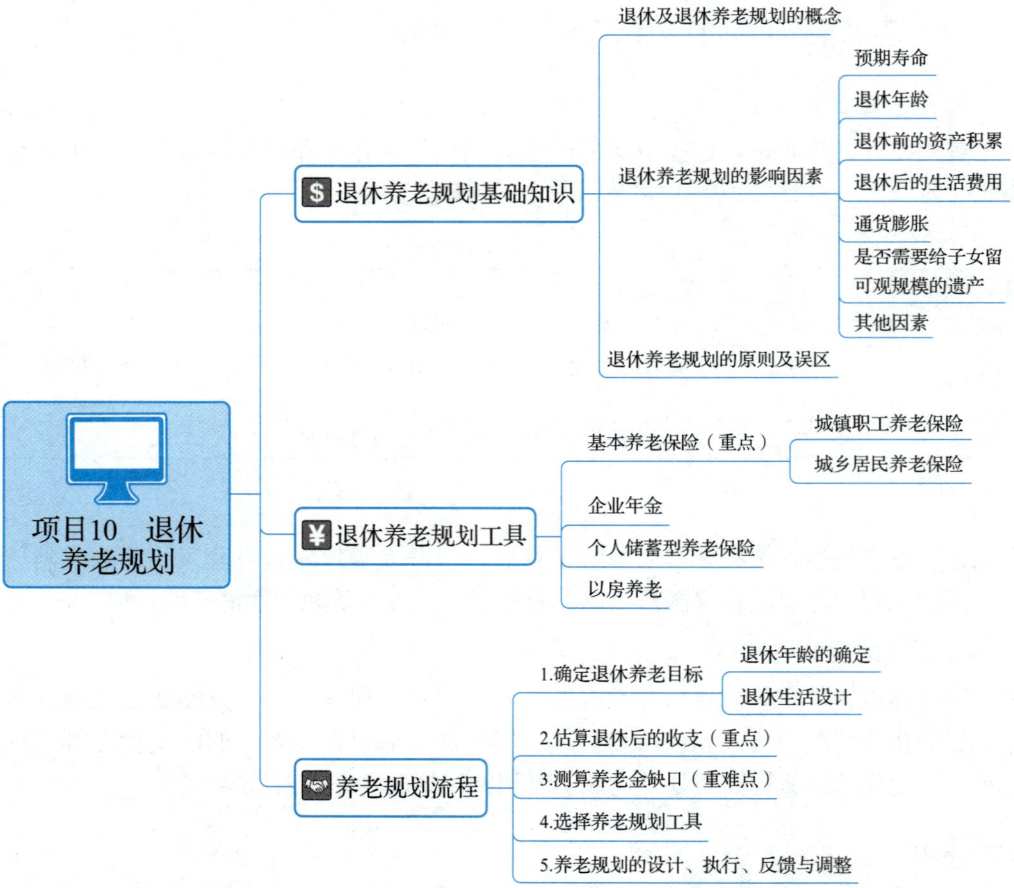

项目综述： 本项目分为3个任务：任务10.1介绍了退休养老规划的概念、原则及影响因素。任务10.2介绍了退休养老规划的工具，尤其是以城镇职工养老保险和城乡居民养老保险为代表的养老保险体系。任务10.3介绍了养老规划的流程，重点为养老资金缺口的计算，以及根据缺口金额确定的弥补方式及使用工具。最后以思维导图和自测题目的方式，对整个项目进行总结和归纳。

项目自测

项目知识训练

一、判断题

1. 有了基本养老保险，就不需要任何其他的补充性养老保险。（　　）
2. 我国的所有企业都已经建立了企业年金。（　　）
3. 寿命长短是影响退休规划的重要因素。在实际制定退休规划时，必须考虑到单个退休者寿命可能比统计上的预期寿命长很多，从而做出谨慎预计。（　　）
4. 城镇职工养老保险金有统筹账户和个人账户之分，其中个人账户中的资金可以继承。（　　）
5. 工伤保险和生育保险的保费由单位与个人共同承担。（　　）

二、单选题

1. 齐先生 2022 年 7 月工资为 10 000 元。假设齐先生的单位所在地区 2021 年月平均工资为 5 800 元。那么齐先生在 2022 年 7 月个人缴纳部分的养老保险保费上限为（　　）元。

   A. 1 392　　B. 800　　C. 464　　D. 1 264
2. 下列选项中，不属于退休养老规划内容的是（　　）。

   A. 退休后的生活设计　　B. 退休后的支出测算

   C. 退休后的收入估计　　D. 遗产规划
3. 基本养老金包括统筹养老金和个人账户养老金，达到法定退休年龄且累计缴费满（　　）年，按月领取。

   A. 12　　B. 15　　C. 20　　D. 25
4. 关于退休养老规划，下列表述不恰当的是（　　）。

   A. 养老规划内容包括：个人退休后生活设计、退休养老成本计算和退休后的收入来源估计等

   B. 制定退休养老规划的目的是保证客户在将来拥有一个自立、有尊严、高品质的退休生活

   C. 退休养老收入的主要来源有：社会养老保险、子女赡养费用和财产赠与

   D. 理财规划师应建议客户尽早进行养老规划，以投资、商业养老保险以及其他理财方式来补充退休收入的不足
5. （　　）是个人自愿地为实现老年收入保障而提前进行的养老基金积累行为。

   A. 个人财产保险　　B. 个人养老保险　　C. 个人医疗保险　　D. 个人人寿保险
6. 我国目前的城镇职工养老保险制度中规定，企业缴费的比例一般为企业工资总额的（　　）。

   A. 5%　　B. 8%　　C. 12%　　D. 16%
7. 我国目前的城镇职工养老保险制度中规定，个人缴费的比例一般为（　　）。

A. 5%　　B. 8%　　C. 12%　　D. 16%

8. 很多职工退休后最重要的收入来源是（　　）。

A. 基本养老保险　　B. 个人储蓄型养老保险

C. 子女赡养费　　D. 国家补助

9. 企业年金是在（　　）的基础上建立起的补充养老保险。

A. 自愿　　B. 强制　　C. 协商　　D. 公平

10. 关于退休养老规划，下列说法不正确的是（　　）。

A. 退休养老规划就是为了保证客户在将来拥有自立的、有尊严的、高品质的退休生活

B. 退休后能享受自立的、有尊严的、高品质的生活是一个人一生中重要的财务目标之一

C. 退休养老规划是个人财务规划中不可缺少的部分

D. 退休养老规划投资主要考虑的是收益性

三、多选题

1. 我国养老保险体系由三个支柱构成，分别是（　　）。

A. 基本养老保险　　B. 企业年金

C. 个人储蓄型养老保险　　D. 家庭养老

2. 一般情况下，（　　）不建议作为养老规划工具。

A. 基金　　B. 股票　　C. 期货　　D. 债券

3. 目前，世界范围内养老保险制度的类型有（　　）。

A. 强制储蓄型养老保险　　B. 家庭养老

C. 投保资助型养老保险　　D. 国家统筹型养老保险

4. 下列属于企业年金特点的是（　　）。

A. 由企业发起设立　　B. 经办方式多样化

C. 国家鼓励并会给予一定的税收优惠　　D. 企业年金基金实行市场化投资运营

5. 与基础养老保险相比，商业养老保险的不同在于（　　）。

A. 具有强制性　　B. 保障水平层次多　　C. 市场化风险管理　　D. 自愿性

四、简答题

1. 简述退休养老规划的流程。

2. 简述退休养老规划的工具种类范围及特点。

3. 简述企业年金与基本养老保险的联系和区别。

项目技能训练

实训任务：养老资金测算

实训目标：掌握测算养老金缺口及定投金额的计算方法。

实训内容：何先生今年 30 岁，每月税后收入 1.8 万元，平均月支出 1 万元。何先生希望自己在 60 岁时退休，并享受 20 年的退休生活。何先生希望退休后的生活品质保持原来开销水平的 70%，并另外增加每年 1 000 元的旅游费和 4 000 的医疗保健费。何先生

目前拥有150 000元的养老金准备金。此外，他的养老保险个人账户余额预计退休时会有780 000元。退休时何先生的月缴费基数工资预计增长到36 000元/月，预计何先生退休时当地平均工资增长到19 400元/月。通货膨胀率假定为4%，何先生的投资回报率在考虑了通货膨胀率之后为5%。暂不考虑退休工资的增长情况。请帮助何先生计算退休金的缺口及采用定投方式弥补缺口资金的年定投额。

项目延伸

项目延伸

关于养老金
替代率的介绍

项目 11 富可过三代——财产分配与财产传承规划

知识目标

1. 熟悉财产分配的工具属性。
2. 了解影响财产分配的客户状况因素。
3. 了解遗产的定义、范围、法律特征、分割原则。
4. 掌握财产传承规划工具的特性。

技能目标

1. 能够为客户制定财产分配规划。
2. 能够为客户制定财产传承规划。

素养目标

1. 树立友善诚信、和谐平等的价值观。
2. 营造互相忠诚、互相尊重、互相帮助、互相关爱的家庭氛围。

情景引入

资料一：

《中华人民共和国继承法》自 1985 年 10 月 1 日起施行。根据《中华人民共和国宪法》规定，为保护公民的私有财产的继承权，制定本法。继承从被继承人死亡时开始。

2020 年 5 月 28 日，十三届全国人大三次会议表决通过了《中华人民共和国民法典》（以下简称《民法典》），自 2021 年 1 月 1 日起施行。《中华人民共和国继承法》同时废止。

在《民法典》中，第六编为“继承”，包括：第一章“一般规定”、第二章“法定继承”、第三章“遗嘱继承和遗赠”、第四章“遗产的处理”共 45 条法条。

资料二：

赵先生和苏女士结婚后，用夫妻共同收入购买了一套房子，房产证上写了两人的名字。购房时，赵先生出资房款的 60%，苏女士出资 40%。五年后，他们因为性格不合决定离婚，两人的孩子由苏女士抚养，同时赵先生要求按照出资比例分配房产变现的金额。苏女士不同意，认为房子是夫妻共同财产，应当平分。

思考：你对于《民法典》中关于继承的部分了解多少？第一继承人和第二继承人都有谁？遗嘱有哪些形式？立遗嘱时需要注意哪些问题？对于资料二中的赵先生和苏女士，你该如何为他们制定一份合理合规的财产分配方案，以使当事人均比较满意？通过本项目的学习，相信你会对财产分配和传承有更加专业的了解。

任务11.1 财产分配

任务目标

1. 掌握财产分配、抚养、赡养、夫妻债务等概念。
2. 了解财产分配的原则。
3. 掌握财产分配的常用工具。
4. 熟悉财产分配的工作流程。

任务引入

党的二十大报告在完善收入分配制度方面，提出了“规范财富积累机制”。这一新名词的出现，强调了调整收入分配和财富积累机制，对完善收入分配制度，促进共同富裕目标的实现具有重要作用。“规范财富积累机制”的关注重点在于财富的保护和传承，即财富的积累、保护和传承应当合法、合规、合理。

美国传媒大亨默多克在与第二任妻子安娜·托芙离婚时支付了17亿美元，损失惨重。在与第三任妻子邓文迪结婚前，默多克把名下的主要资产放进了家族信托进行隔离保护，后期两人如果离婚也不会改变默多克家族信托基金的继承规则。以至于邓文迪在离婚时仅获得了两套房产和让两个女儿成为870万美金基金的受益人。

什么是财产分配？理财规划师在为客户制定财产分配方案时需要考虑哪些因素？财产分配的原则和工具有哪些？为什么说信托是家庭或个人财产的保护伞？以上这些问题，相信通过本任务的学习，你会有所了解和认识。

任务预备

11.1.1 财产分配规划概念

财产分配规划是指为了家庭财产在家庭成员之间进行合理分配而制定的财务规划。财产分配与传承规划是个人理财规划中不可或缺的部分。

通常意义上的财产分配规划是针对夫妻财产而言的，是对婚姻关系存续期间夫妻双方的财产关系进行的调整，因此，财产分配规划也称为夫妻财产分配规划。

11.1.2 分析客户状况

客户的财产属性及共有状况、婚姻、债务、抚养、赡养等信息将直接影响财产分配的结果。所以，理财规划师为客户做财产分配规划时，务必要对客户在以上方面的信息状况进行分析了解。

1. 财产属性状况

（1）财产所有权的界定。

财产所有权是指财产所有人按照法律对其财产享有占有、使用、收益和处分的权利。只有客户拥有财产所有权的财产，才属于理财规划的范畴。基于财产所有权的权利包括：占有权、使用权、收益权、处分权。

（2）财产所有权的取得和消灭。

合法取得财产所有权有两种方式：原始取得和继受取得。原始取得是指最初取得财产的所有权或不依赖原所有人意思而取得财产的所有权。继受取得是指通过某种法律行为从原所有人那里取得某项财产的所有权。所有权的丧失是指因为一定的法律事实的出现而丧失所有权。

2. 财产共有状况

财产共有是指各共有人按照确定的份额，对共有财产分享权利和分担义务的共有。

（1）按份共有。

按份共有包含两个关系：内部关系和外部关系。

1）按份共有的内部关系。按份共有人按照其份额均可以对共有财产进行占有、使用、收益及处分。按份共有可以将其份额分出或者转让。转让是指所有人将自己的份额转让给他人，以共有人对其份额的转让不必征得其他共有人的同意，但法律对此有特别规定的或共有人之间在订立合同时，对共有份额的分出和转让进行了限制的除外。在共有人转让他的份额时，其他共有人有优先于非共有人购买的权利。除了共有人的特殊约定外，对共有物的管理，应由全体共有人共同进行。共有物的管理费用，应当由全体共有人按其份额比例分担。

2）按份共有的外部关系。按份共有人的份额虽然是所有权总量的部分，但其权利是基于共有物的全部而非局部。因此，各共有人对于所遭受的外部侵害，可以为共有人全体的利益而向共有关系以外的侵害人主张权利。按份共有人对其应有份额享有相当于分别所有的权利。在法律或共有协议没有限制的情况下，按份共有人可以要求分出或者转让其份额。按份共有人死亡，其继承人有权继承。

（2）共同共有。

共同共有是指两个或两个以上的人基于共同关系，共同享有某物的所有权。共同共有根据共同关系而产生，必须以共同关系的存在为前提。共同共有没有共同份额，共同共有是不确定份额的共有。共同共有人的权利基于共有物的全部。共同共有的类型有：夫妻共有、家庭共有、遗产分割前的共有。

1）夫妻共有。夫妻婚前财产，是夫妻各自所有的财产，不属于夫妻共有财产。但婚前财产在婚后经过长期共同使用、财产的质和量都已经发生很大变化，就应当根据具体情况，将财产的全部或部分视为夫妻共有财产。对于婚前财产，在婚后如对共有财产进行重新修缮，通过修缮新增加的价值部分，应认定为夫妻共有财产。夫妻对共有财产的处分，应当经过协商，取得一致意见后进行。夫妻一方在处分共有财产时，另一方明知其行为而不做否认表示的，视为默认同意，事后不能以自己未亲自参加处分为由而否认另一方处分共有财产后产生的法律后果。男女双方协议离婚后一年内对财产分割问题反悔，请求变更或者撤销财产分割协议的，人民法院应当受理。

赠与：赠与是财产所有权变动的一种方式，即财产所有权从赠与人转移到受赠人。涉及赠与的财产是夫妻共有还是一方单独所有，具有重大现实意义，必须澄清。当事人结婚前，父母双方购置房屋出资的，该出资应当认为对自己子女个人的赠与，但父母明确表示赠与双方的除外。

课堂活动之“想一想”

“赠与”与“赠予”的意思一样吗？如不一样，有何区别？

2）家庭共有。家庭共有财产不包括家庭成员各自所有的财产。家庭成员分配家产时，只能对家庭共有财产而不能对个人财产进行分割。家庭共有财产的某一共有人死亡，财产继承开始时，把被继承人在家庭共有财产中的应有部分分出，作为遗产继承，而不能把家庭所有财产都作为遗产继承。家庭因为生产经营发生负债时，个人经营的，以个人财产承担清偿债务的责任；家庭经营的，以家庭共有财产承担清偿债务的责任。

拆迁所得款：一般被拆除房屋价值是属于被拆除房屋的所有人的，即使共同生活，但是如果房屋不是家庭成员当初一起出资购置的，不符合家庭共有财产的形成条件，则不是家庭共有财产。但如果一家是住房困难户，此时拆迁补偿款应被认为家庭共有财产。对于老幼病残者应给予适当照顾，家庭共有财产一般选择采用实物分割、变价分割。

3）遗产分割前的共有。继承从被继承人死亡时开始，这说明公民一旦死亡，其财产无论在谁的占有之下，在法律上皆作为遗产，并为继承人所有。但当死者有数个继承人时，任何继承人都不能单独取得遗产所有权，遗产为全体继承人共有。在遗产分割前，全体继承人对遗产共同共有。

（3）共有财产的分割原则和方法。

分割原则有遵守法律原则、遵守约定原则和平等协商、和睦团结的原则。遵守法律原则是指分割财产时需特别注意遵守其他法律的相关规定。遵守约定原则是指共有人对相互间的共有关系有约定的，分割共有财产时应遵守其约定。平等协商、和睦团结的原则是指无法达成协议的，在分割按份共有财产时，可按占半数以上份额共有人的意见。在共同共有财产分割份额比例等问题上达成协议的，按有关规定根据等分原则处理，并考虑共有人对共有财产的贡献大小，适当照顾共有人生产、生活的实际需要。

分割办法有实物分割、变价分割和作价补偿。

1）实物分割：共有财产分割后无损于它的用途和价值，如布匹、粮食等，可在各共有人之间进行实物分割，使各共有人取得应得的份额。实物分割是分割共有财产的基本方法。

2）变价分割：将共有财产出卖换成货币，由共有人分割货币。如果共有财产是一个不可分物，又没有共有人愿意取得，就只能采取此办法进行分割。另外，如果共有财产是一套从事某种生产经营活动的集合财产（如合资兴办的一间工厂），要将共有财产整体拍卖后再分割资金。

3）作价补偿：作价是指估定物的价格。当共有财产是不可分割的物时，如果共有人之一希望取得该物，就可以作价给他，由他将超过其应得份额的价值补偿给其他共有人。

拓展阅读

《民法典》关于夫妻共同财产和归一方财产的详细规定

在无约定或约定无效、约定不明确的情况下，根据《民法典》第1062条的规定，夫妻在婚姻关系存续期间所得的下列财产，为夫妻的共同财产，归夫妻共同所有：（1）工资、奖金、劳务报酬；（2）生产、经营投资的收益；（3）知识产权的收益；（4）继承或者受赠的财产，但遗嘱或赠与合同中确定只归一方的财产除外；（5）其他应当归共同所有的财产。

有下列情形之一的，为夫妻一方的财产：（1）一方的婚前财产；（2）一方因受到人身损害获得的赔偿或补偿；（3）遗嘱或赠与合同中确定只归一方的财产；（4）一方专用的生活用品；（5）其他应当归一方的财产。

3. 婚姻状况

（1）婚姻成立的法律条件。

结婚是婚姻成立的形式要件，登记结婚是婚姻成立的法定程序、是婚姻取得法律认可和保护的方式，同时也是夫妻之间权利义务关系成立的必要条件。结婚必须达到的三个必要条件是：一是男女双方完全自愿，禁止一方对另一方的强迫或第三人干预；二是必须达到法定年龄，即男满22周岁，女满20周岁；三是必须符合一夫一妻制。结婚的禁止条件：一是禁止直系血亲和三代以内旁系血亲结婚；二是禁止患有医学上认为不应当结婚的疾病的人结婚。

（2）可撤销婚姻。

可撤销婚姻是指违法结婚的某些法定条件，其婚姻可以在法定期间内予以撤销。如缺乏结婚的真实意思，或受胁迫或被非法限制人身自由。这种婚姻通过有撤销权的当事人行使撤销权，使已经发生法律效力的婚姻关系失去法律效力。受胁迫一方撤销婚姻的请求，应在自结婚登记日起至1年内提出；被非法限制人身自由的当事人撤销婚姻的请求，应当自恢复人身自由之日起1年内提出，超过时间限制，没有提出撤销请求，即视为有效婚姻。

（3）无效婚姻。

无效婚姻是指男女两性虽经登记结婚，但由于违反结婚的法定条件，而不发生婚姻效力。无效婚姻包括四种具体原因：重婚的；有禁止结婚的亲属关系的；婚前患有医学上认为不应当结婚的疾病，婚后尚未治愈的；未达法定婚龄的。

针对这种无效婚姻期间的财产处理有一定的规定。如同居期间所得的财产，推定为共同财产，如主张归个人所有，应承担举证责任；在子女抚养问题上，则适用婚姻法有关父母子女关系的规定。

可撤销婚姻与无效婚姻的相似之处：一是都履行了结婚登记手续，具有登记婚姻的形式；二是欠缺婚姻法规定的法定结婚条件，属于违法婚姻；三是法律后果相同，均为自始无效，从婚姻成立之日起即不产生婚姻的法律效力。

二者区别：一是形成的原因不同；二是请求权人不同；三是请求权的存续期间不同。

4. 债务状况

夫妻对外的债务是影响夫妻财产分配规划的一个因素，它直接影响到夫妻实际待分配财产的总额。夫妻债务主要包括夫妻个人债务和夫妻共同债务。不同的债务性质使家庭财产面临的风险是不同的。夫妻共同债务会减少整个家庭的财产总额，进而影响整个家庭的生活水平；而夫妻个人债务仅对夫妻一方产生影响，通常不会影响家庭生活水平。

（1）夫妻个人债务。

1）如果夫妻双方约定由其中一方承担债务，但没有把这个约定通知债权人并征得其同意，则约定不对债权人产生效力。2）一方未经对方同意擅自资助与其没有抚养义务的亲朋所负的债务。3）一方未经对方同意，独自筹资从事经营活动，并且收入确实没有用于共同生活所负的债务。4）其他应当由个人承担的债务，包括因一方实施违法行为所欠的债务；婚前一方所负的债务；婚后一方为满足个人欲望所负的与共同生活无关的债务，等等。

（2）夫妻共同债务。

夫妻共同债务指在婚姻关系存续期间，夫妻双方或一方为共同生活所产生的负债。夫妻共同债务是一种连带债务。认定夫妻共同债务的标准：1）夫妻双方共同举债。2）夫妻一方负债是为了夫妻共同生活需要。3）夫妻双方约定由夫妻共同承担的债务。对于婚前一方的债务及婚后一方的债务，如果夫妻约定为共同债务，也应为夫妻共同债务。约定必须为债权人知道并且同意才能对债权人有约束力。

5. 抚养与赡养状况

（1）抚养。

抚养通常是指父母对子女在经济上的供养和生活上的照料，包括负担子女的生活费、教育费、医疗费等。

对于子女的抚养义务，不但存在于婚姻关系的存续期间，在婚姻关系破裂，夫妻双方已经离婚的情况下依然存在。夫妻离婚，一般也会导致夫妻一方失去抚养权。失去抚养权的一方将失去与子女共同生活的权利。不过，失去抚养权的一方仍然享有探视权。夫妻离婚进行财产分配时，要充分考虑双方对子女的抚养义务，抚养子女的一方应适当地多分配到一些财产；对于未抚养子女的一方，应当向另一方支付抚养费，包括子女对外所欠的债务等。

（2）赡养。

赡养是指子女在经济上为父母提供必需的生活用品和费用，在日常生活上给予照顾，在精神上予以关怀，在父母不能自理和患病时予以看护。赡养父母是子女应尽的法定义务，任何人不得以任何方式加以改变，也不得附加任何条件进行限制。赡养义务的承担主体不仅包括婚生子女，同时也包括养子女和继子女。

11.1.3 财产分配的原则

1. 风险隔离原则

理财规划师在为客户进行财产分配规划的时候，首先要考虑财产的安全。对于多婚多子女的家庭、跨国婚姻以及婚前就有大量财产的人，应对婚前和婚后财产通过运用财产分配工具进行不同的财产安排，保障个人财产的安全和更好地履行对其他家庭成员的义务。对于参与各种经营的客户，理财规划师还需要帮助他们在经营风险和家庭财产之间布下“防火墙”，以抵御经营风险对家庭财产的侵扰，从而保证家庭成员的正常生活不受影响。

2. 合情合理原则

理财规划师在为客户制定财产分配目标时，要注意不仅要合法也要合情。合法，是指不违反与财产分配有关的法律规定，比如为客户进行风险隔离规划时要遵守相关法律法规的规定，不能违法操作；合情，是指财产分配要合乎情理，从协调客户及其家庭成员间关系入手，并考虑各个家庭成员主要是夫妻二人对家庭的付出和贡献，这样可以减少财产分配方案在实施中可能遇到的障碍。

在现实生活中，往往存在三种错误思想倾向：一种是认为财产在谁手中就归谁所有的倾向。事实上，只要是婚后所得财产，除非有特殊约定，不管财产在谁的手里，都是夫妻共同财产。二是认为夫妻一方没有经济收入或经济收入较少就没有财产安排权的倾向。按照有关规定，只要是夫妻共同财产，夫妻双方就享有平等的所有权。在一般情况下，夫妻对共同财产的分割要平均；对共同债务，要平均承担。三是在离婚时，一方想以多占有财产作为同意离婚交换条件的倾向。离婚与财产分割是两个性质不同的问题，不能混在一起相提并论。

3. 照顾妇女、儿童原则

抚养教育未成年子女是家庭的一个中心问题，因此，在财产分配规划的制定过程中，要充分考虑子女的问题。在分割夫妻共同财产时，为了防止离婚对子女的学习生活以及心理造成消极影响，对子女的利益予以考虑显得尤为重要。同时要注意不要侵害到未成年子女的合法财产，要将未成年子女的合法财产作为子女的个人财产。未成年人的合法财产，不能列入夫妻共同财产进行分割。对于在子女教育和激励方面有特殊需要的，理财规划师除了为客户提供普通的子女教育规划，还可以为客户定制子女教育信托和子女激励信托。

大多数情况下，由于生理和社会的原因，妇女处于弱势地位，是一个弱势群体。同时，妇女又担负着生育子女、抚养下一代的极其重要的家庭和社会职责，她们在社会上面临着与男人相比更大的困难和压力。基于此，世界多数国家都在夫妻离婚分割财产时，给予妇女适当照顾，我国也是一样。在夫妻离婚分割共同财产时应给予女方一定的照顾。理财规划师在帮助客户制定财产分配规划时，应充分考虑这种情况，尽量照顾居于弱势地位的子女和女方的利益，即不得侵害子女和女方的合法利益，而应视女方的经济状况和子女的实际需要给予必要的照顾。具体来说，就是数量上适当多分给女方一些，同时品种上将一些重要的财产，特别是生活中最基本的生活资料（如住房）分配给女方。在照顾子女利益方面，要根据子女生活和学习的需要，适当多分一些财产给抚养未成年子女的一方。

离婚时，如一方困难，另一方应从其住房等个人财产中给予适当帮助。离婚后子女的抚养：一是哺乳期间的子女，以随哺乳的母亲抚养为原则；二是哺乳期后的子女，应从有利于子女的身心健康、保障子女的合法权益出发，结合抚养能力、条件决定由谁抚养；三是抚养费给付的期限，一般到子女满 18 周岁时止。

4. 有利方便原则

在夫妻离婚共同共有关系终止、分割共同财产时，有协议的按协议处理；没有协议的，考虑共有人对共有财产的贡献大小，在适当照顾共有人生活的实际需要的情况下，应当按照等分原则处理。夫妻离婚分割财产时，不应损害财产的效用、性能和经济价值。分割生产资料时，从有利于发展生产、保证生产活动的正常进行出发，应尽可能将其分给需要该种生产资料且更能够充分发挥其效用的一方。分割生活资料时，应尽量满足个人的专业或职业需求，如个人从事某个职业所需的书籍、器具等，使物品的使用价值得到最大限度的利用。

5. 不得损害国家、集体和他人利益的原则

权利与义务是相对称的，不得滥用权利是一个公民行使权利的基本准则。夫妻离婚分割夫妻共同财产时也不得滥用权利，即夫妻离婚分割其共同财产时，不得损害国家、集体和他人利益；不得把属于国家、集体和他人所有的财产当作夫妻共同财产拿来分割；不得以分割夫妻共同财产的名义损害他人的利益。在进行夫妻共同财产分割时，要切实保护家庭共有人的合法权益。对合伙经营的企业，夫妻作为合伙人与他人合伙，在离婚分割共同财产时，不能擅自分割合伙财产，必须从合伙财产中扣除其他合伙人的财产份额，属于夫妻共同财产的部分才能分割。

11.1.4 财产分配的工具

1. 公证

夫妻财产约定公证，是依法对夫妻或“准夫妻”各自婚前或婚后财产债务的范围及权利归属问题所达成的协议的真实性、合法性给予证明的活动。夫妻财产方面的公证，种类有婚前财产约定公证和婚后财产约定公证。

公证的意义在于：对约定协议的合法性予以把关；经过公证的夫妻财产约定协议，可以为有关财产登记主管机关提供有效的登记依据。

需要办理夫妻婚前、婚后财产约定公证业务的当事人，应填写公证申请书，亲自向户籍所在地的公证处申请，并向公证处提交以下证明材料：夫妻双方的身份证明；婚前财产约定的，应由双方当事人按照婚姻条例的规定，分别发布无配偶的声明；婚后夫妻财产约定的，应提供结婚证或其他夫妻关系的证明；财产约定协议书（当事人书写有困难的，公证人员可代写）；被约定财产的所有权证明；公证人员认为的其他应提交的证明材料。

(1) 婚前财产约定公证。

婚前财产约定公证的双方不仅包括未婚男女，还包括有意愿进行公证的夫妻，由公证机构依法对他们各自婚前财产和债务的范围、权利义务归属问题所达成的协议的真实性、合法性给予证明。对于结婚前有大量财产的人士，特别是曾经有过离异经历且事业处于鼎盛时期的再婚人士，再婚前可能会在私人财产保护和个人安全感上有所考虑，对对方与自己的结婚动机产生怀疑。对于这类客户，婚前财产约定公证是财产保护的有效方式之一。

（2）婚后财产约定公证。

根据我国法律的规定，婚后共同财产是在夫妻关系存续期间取得的收入，它的界定不考虑夫妻各方的工资奖金差距，也不管是单方还是双方获得的生产经营所得，只要夫妻关系存在，夫妻任一方的工资、奖金、知识产权的收益、未说明赠与财产归单方所有的赠与及法定继承所得的财产，都应视为共同所有。而一方因身体受到伤害获得的医疗费、残疾人生活补助费等费用、遗嘱或赠与合同中确定只归一方的财产、一方专用的生活用品等，不得约定为夫妻共同所有。

2. 信托

可用于家庭财产分配和传承的信托主要有：子女保障信托、养老保障信托、遗产管理信托、婚姻家庭信托、遗嘱信托和人寿保险信托等类型。

阅读资料

对子女保障、养老保障、遗产管理、婚姻家庭等信托的介绍

3. 遗嘱

遗嘱是指人生前在法律允许的范围内，按照法律规定的方式对其遗产或其他事务所作的个人处理，并于创立遗嘱人死亡时发生效力的法律行为。

根据《民法典》的相关规定，遗嘱的形式包括自书、代书、打印、录音、口头、公证等几种形式。下列人员不能作为遗嘱见证人：无民事行为能力人、限制民事行为能力人以及其他不具有见证能力的人；继承人、受遗赠人；与继承人、受遗赠人有利害关系的人。

遗嘱在财富传承中有如下优势：

（1）设立简便，继承明确。

与购买大额保险、设立信托或基金等相比，遗嘱无须签署复杂的法律文件，无须进行复杂的条款设计，也无须履行烦琐的审查登记等程序，只需符合《民法典》规定的设立遗嘱的必要条件即可。遗嘱的定向传承功能使财产的分配更加符合被继承人的意愿，在其他继承人对遗嘱无异议的情况下，财产的分配过程简单明了，免去了不必要的诉讼。

（2）指定传承。

《民法典》第 1 123 条规定：继承开始后，按照法定继承办理；有遗嘱的，按照遗嘱继承或者遗赠办理；有遗赠扶养协议的，按照协议办理。因此，除非有特殊的遗赠扶养协议，否则遗嘱继承是优先于法定继承的。而如果按照法定继承原则继承，则被继承人的财产一般是由全部法定继承人平分，因此，如果被继承人想对自己的财产按照自己的意愿进行分配，遗嘱是很好的工具。被继承人可以在生前立下有效的遗嘱，对自己身后的财产由谁继承、继承多少进行详细安排。被继承人可以选择自己的某个法定继承人继承自己的财产，也可选择法定继承人之外的人继承自己的财产，且被继承人在生前还可随时根据情况对遗嘱进行修改和调整，确保自己的财产完全按照自己的意愿分配。

（3）一定程度上防止家庭纠纷。

如果没有遗嘱，被继承人死亡留下的遗产很可能就是家庭矛盾的爆发点，围绕财富如何分配很可能引发诉讼，使原本和睦的家庭反目成仇。目前法院受理的继承纠纷案件很多都是因没有遗嘱引发的，因为被继承人生前未对有多少财产及财产分配作出安排，

导致法定继承人之间相互猜疑从而引发纠纷，而如果有一份有效的遗嘱，则可以在一定程度上平息法定继承人之间的纷争，明确财产的归属。

（4）发挥财产清单作用，避免财富流失。

被继承人突然死亡，由于其生前未留有遗嘱，其究竟有多少财产、财产在哪里，法定继承人可能并不知晓，从而导致法定继承人之间相互猜疑，财产难以查清，甚至流失。如果继承人是独生子女，又没有其他法定继承人，子女不清楚突然死亡的父母的财产信息，想通过诉讼途径查明遗产并继承，几乎是不可能的。因此，订立遗嘱，也就相当于在自己头脑清醒的时候对自己的财产进行梳理，明确财产金额、去向、种类、权属证书存放地点等重要信息，可免去继承人的继承麻烦，防止财富流失。

11.1.5 财产分配规划的工作程序

第一步：帮助客户明确财产分配的原则和目标。

第二步：向客户介绍财产分配规划工具及其不同作用。对于财产分配规划而言，一些与之相关的文本是其重要工具。理财规划师要能够应客户需求为客户提供制定相关文件的建议，鉴定客户已有文件中存在的问题，或与其他相关领域的专业人士共同拟定合法有效的文件。

第三步：形成财产分配规划方案，交付客户。在充分了解、分析客户需求的基础上，理财规划师选择适当工具制定财产分配规划方案。根据客户要求，如果客户仅进行财产分配的专项规划，则形成财产分配规划报告，交付客户。如果客户需要整合理财规划方案，则将财产分配规划作为分项规划之一纳入综合理财规划建议书中，全部完成后交付客户。

任务实施

袁先生与妻子魏女士离婚，为补偿魏女士多年为家庭的付出，袁先生提出在离婚后每月向魏女士支付 6 000 元，共支付 10 年。魏女士同意离婚，但害怕袁先生不能履行每月支付的责任，所以要求一次性付清给自己的补偿费。袁先生则担心一下子给魏女士这么多钱，她没有管理能力，而且担心她再婚后其配偶会挪用甚至侵吞这笔钱，于是两人在这一问题上产生了纠纷。请你为袁先生和魏女士推荐一种理财方式以解决以上纠纷，并说明推荐理由。

任务 11.2 财产传承规划

任务目标

1. 了解遗产的定义、范围、法律特征、分割原则。

2. 掌握财产传承规划的工作流程。

3. 熟悉常见的财产传承规划工具特性，能够为客户制定合理合规的财产传承规划。

任务引入

请回顾“情景引入”中的资料二。如果你是理财规划师，对于案例中的赵先生和苏女士，你将如何为他们制定财产分配方案呢?

任务预备

11.2.1 财产传承规划的概念

财产传承规划是为了保证财产安全继承而设计的财务方案，是当事人在健在的时候通过选择适当的财产管理工具和制定合理的遗产分配方案，对其拥有或控制的财产进行安排，确保这些财产能按照自己的意愿实现特定目的，是从财务的角度，对个人生前财产进行的最终的整体规划。

财产传承即家庭财产在家庭成员之间的转移，通常是在家庭中的一员去世后，对其财产进行继承的行为。继承是指自然人死亡后，由法律规定的一定范围内的人或遗嘱指定的人依法取得死者遗留的个人合法财产的法律制度。财产传承规划中涉及的财产就是遗产，遗产也是继承关系的客体。

11.2.2 遗产概述

1. 定义

遗产是指自然人死亡时遗留的个人合法财产，包括不动产、动产和其他具有财产价值的权利。

遗产作为一项特殊财产，仅存在于自然人死亡后一直到遗产处理结束前的这段时间。自然人生存时拥有的财产，不能称为遗产，只有在他（她）死亡之后所遗留下来的财产才叫作遗产。遗产处理结束后已经转归继承人所有，也不再具有遗产的性质。

2. 范围

根据《民法典》与《继承法》的规定，遗产包括以下财产：

（1）公民的收入。公民的收入主要是指劳动收入，也包括其他合法收入。

（2）公民的房屋、储蓄和生活用品。公民的房屋是公民个人所有的私房，储蓄是公民个人的存款，生活用品是公民个人所有的生活资料。公民租住的房屋（包括单位的公房）则不属于遗产。

（3）公民的林木、牲畜和家禽。公民的林木主要指依法归公民个人所有的树木、竹林、果园等，如公民在宅基地上自种的树木和在自留山上种的树木。但公民承包经营的归集体所有的果园等除外。

（4）公民的文物、图书资料。

（5）法律允许公民所有的生产资料。如农村承包专业户的汽车等。

（6）公民的著作权、专利权中的财产权利。如基于公民的著作被出版而获得的稿费、奖金，或因发明被利用而取得的专利转让费和专利使用费等。

（7）公民的其他合法财产。

3. 法律特征

（1）财产性。

财产权和人身权是死者生前所享有的民事权利，但与个人身份密切结合，一旦分离便不复存在的权利不能作为遗产，所以只有财产权可以作为遗产继承。在现代社会，身份继承已被各国所废除，原属于被继承人的人身权利，如姓名权、肖像权等不能作为遗产，仅实行财产继承。

（2）合法性。

自然人死亡时遗留的财产必须是合法财产，才具有遗产的法律地位，如属非法所得，不能作为遗产，继承人不得继承。被继承人生前非法占有的属于他人的财产，也不能作为遗产由继承人继承。另外，法律规定的不得作为遗产继承的财产也无遗产的法律地位。例如，《中华人民共和国文物保护法》规定的珍贵文物，在一定条件下就不能成为遗产。

（3）范围限定性。

遗产是死亡的自然人的个人财产，具有范围限定性，他人的财产不能作为遗产。

（4）可转移性。

遗产是可以与人身分离而独立转移给他人的财产，具有可转移性。不能转移给他人承受的财产不能作为遗产。一般来说，遗产仅指能够转移给他人的财产，如所有权、债权等，并不是被继承人生前拥有的一切财产都能够作为遗产转移给他人。另外，与个人身份密切结合，一旦分离便不复存在的财产权利，同样不能作为遗产。例如，承包经营权不能由继承人直接继承；有偿的委托合同、演出合同等的一方当事人在尚未履行时或者履行中死亡，未履行的部分则自然终止，它所含有的权利不能转移，也就不能作为遗产由他人继承。

（5）时间的特定性。

遗产是自然人死亡时候尚存的财产。自然人生前所拥有的个人合法财产只有在其死亡后方可称为遗产，因而自然人在世时，其所拥有的个人财产不能称为遗产，而继承人在分割完遗产之后就使遗产转化为个人合法拥有的财产，也不能称为遗产。因此遗产在法律上具有时间的特定性，只有在自然人死亡之时起至遗产分割完毕前的这一特定时间段内，自然人生前遗留的财产才能被称为遗产。正常情况下，遗产分配无异议的话，遗产的存续时间是比较短暂的。

（6）权利义务的对称性。

权利义务的对称性是指继承人在继承遗产的同时，也要以所继承的财产为限承担被继承人生前的债务。同理，如果继承人放弃继承权，则清偿被继承人生前债务的义务也就自动解除。

4. 分割原则

遗产分割指在共同继承人之间，按照各继承人的应继承份额分配遗产的行为，应继承份额可以根据遗嘱人的遗嘱确定，也可以根据法律的直接规定确定。在分割遗产时，各继承人除严格按照我国法律规定的男女平等、养老育幼、优先照顾缺乏劳动能力和没有生活来源的继承人的利益，提倡互谅互让、和睦团结的精神外，还要按照一定的原则进行。

（1）遗产分割自由原则。

继承人可以随时进行遗产分割，被继承人死亡后从继承开始到进行遗产的实际分割这个阶段，遗产属于所有继承人共有，当然这样的状态不是一直持续的，继承人可随时请求分割遗产，这并不会损害他人的利益。当事人请求分割遗产的，他人不得拒绝。当事人可以协商分割遗产，也可以通过诉讼程序请求分割遗产。

（2）保留胎儿继承份额原则。

遗产分割时，应当保留胎儿的继承份额。若没有保留的，应从继承人所继承的遗产中扣回。为胎儿保留的遗产份额，如胎儿出生时是死体的，由被继承人的继承人继承。

（3）互谅互让、协商分割原则。

遗产分割时，当事人应当互谅互让、协商处理，无论是遗产分割的时间，还是分割的方法、分割的份额，都应按继承人协商一致的意见办理，当然，若当事人协商不成，可以请调解委员会调解，也可以向法院提起诉讼。

（4）物尽其用原则。

这是指遗产分割时，应当从有利于生产和方便生活出发，注意充分发挥遗产的效用，不损害遗产的价值。法院在分割遗产中的房屋、生产资料和特定职业所需要的财产时，应依据有利于发挥其使用效用和继承人的实际需要，兼顾各继承人的利益进行处理。

11.2.3 分析客户财产传承需求

《民法典》第 1 126 条和第 1 127 条规定：继承权男女平等。第一顺序继承人有配偶、子女、父母。第二顺序继承人为兄弟姐妹、祖父母、外祖母。继承开始后，由第一顺序继承人继承，第二顺序继承人不继承。没有第一顺序继承人继承的由第二顺序继承人继承。同一顺序继承人继承遗产的份额一般应当均等，继承人协商同意也可以不均等。

1. 配偶方面

构成家庭财产继承关系的配偶是指合法的婚姻关系的当事人，或者符合法律关于事实婚姻关系规定的当事人。大致包括以下几种情况：

（1）双方当事人依法办理了结婚登记手续，领取了结婚证，但尚未举行结婚仪式，或尚未同居的，一方死亡，另一方可以配偶身份继承遗产；反之，如双方当事人已经举行了结婚仪式，或已同居，但尚未依法办理结婚登记手续的，一方当事人死亡，另一方不得以配偶身份继承遗产。

（2）夫妻双方因感情不和已经分居，不论分居的时间长短，分居期间一方死亡的，另一方仍可以配偶的身份继承遗产。

（3）夫妻双方协议离婚，已经达成离婚协议，但在依法办理离婚手续期间，一方死亡的，另一方仍可以配偶的身份继承遗产。

（4）夫妻双方已经向法院起诉离婚，在离婚诉讼过程中，或在法院的离婚判决生效前，一方死亡的，另一方仍可以配偶的身份继承遗产。

2. 父母方面

父母和子女有相互继承遗产的权利。《民法典》明确规定：父母包括生父母、养父母和有抚养关系的继父母。父母作为子女的法定继承人，还应包括以下两种情况：

（1）对非婚生子女的继承权。

1）生父母对其非婚生子女有继承权，并且继承权不以有无抚养子女的事实为条件。

2）养父母与生父母处于同等的法律地位。在收养关系存续期间，养父母是养子女的法定继承人。注意两点：一是如果养父母离婚，养父母与养子女间的权利义务关系并不消除；二是如果收养关系解除，养父母与养子女间的权利义务关系依法消除。

（2）形成抚养教育关系的继父母，与生父母享有平等的法律地位，属于法定继承人的范围，依法对继子女的遗产享有继承权。

3. 子女方面

《民法典》规定：子女包括婚生子女、非婚生子女、养子女和有抚养教育关系的继子女。

（1）婚生子女。

《民法典》规定：继承权男女平等。因此，依法享有继承权的婚生子女，不论是男是女，不论已婚未婚，不论随父姓母姓，不论女儿出嫁到男方落户或是男方到女方落户，均是法定继承人，依法享有平等的继承权。

（2）非婚生子女。

非婚生子女与婚生子女的法律地位完全相同，法律有关父母子女间的权利和义务，同样适用于父母与非婚生子女。但非婚生子女作为其生父母的继承人，其身份则需要特别予以证明。

（3）养子女。

公民依法领养他人子女为自己子女的行为是收养行为。在收养关系中，收养人为养父母，被收养人为养子女。我国养子女的法律地位与婚生子女的法律地位完全相同。养子女与养父母间的法定继承权也是基于收养关系的成立而产生的。

（4）形成抚养教育关系的继子女。

继子女是指站在现在家庭角度，丈夫与前妻或妻子与前夫所生的子女。继父母与继子女间的亲属法律地位分为两种：

1）没有通过共同生活形成事实上的抚养关系：继子女不能作为继父母的法定继承人继承遗产。

2）形成了事实上的抚养关系：双方由姻亲关系转化为拟制血亲的关系，形成法律拟制的父母子女关系。子女既可作为其生父母的法定继承人继承遗产，同时也作为其继父母的法定继承人继承遗产。

继子女享有对其生父母和有抚养关系的继父母的双重继承权。但继子女如被继父或继母收养，那么，继子女与其生母或生父及其他近亲属的权利义务关系也随之消除，不享有双重的继承权。

4. 兄弟姐妹

兄弟姐妹是血缘关系中最近的旁系血亲。兄弟姐妹在一定条件下，相互负有法定的抚养义务，同时也是法定的继承人，相互享有继承遗产的权利。作为法定继承人的兄弟姐妹，包括同父同母的兄弟姐妹、同父异母或者同母异父的兄弟姐妹、养兄弟姐妹和有扶养关系的继兄弟姐妹。

5. 祖父母、外祖父母

祖父母、外祖父母是孙子女、外孙子女除父母外最近的直系亲属。有负担能力的祖父母、外祖父母在一定条件下（如父母已经死亡或父母无力抚养）有抚养孙子女、外孙子女的义务，同时也享有继承孙子女、外孙子女遗产的权利。我国《民法典》中将祖父母、外祖父母作为孙子女、外孙子女的法定继承人，依法对孙子女、外孙子女的遗产享有继承权。

6. 对公婆、岳父母尽了主要赡养义务的丧偶儿媳、女婿

儿媳、女婿和公婆、岳父母之间属于姻亲关系。从婚姻家庭的法律关系上讲，姻亲间没有法定的权利和义务，因而，他们之间没有赡养、抚养的权利义务关系。因此，在正常的情况下，他们之间不发生法定继承关系。但我国《民法典》第1 129条规定：丧偶儿媳对公婆，丧偶女婿对岳父母，尽了主要赡养义务的，作为第一顺序继承人。

丧偶儿媳、女婿作为第一顺序继承人的前提条件，必须是对公婆、岳父母尽了主要的赡养义务。一般从以下三方面来看：一是对老人进行了生活上的照料和精神上的抚慰；二是对老人进行了经济上的扶助和供养；三是对老人的赡养具有长期性、经常性和稳定性。

11.2.4 财产传承规划工具

1. 遗嘱

遗嘱是立遗嘱人生前对其遗产所作的处分或对其身后事务所作的安排，并在死亡时发生效力的单方民事法律行为。

根据《民法典》的相关规定，遗嘱的形式包括自书、代书、打印、录音、口头、公证等几种形式。

在这些形式的遗嘱中，公证遗嘱的效力最强，若其他遗嘱的内容和公证遗嘱的内容冲突，无论公证遗嘱订立的时间先后均优先适用；口头遗嘱只能在情况紧急来不及订立其他遗嘱时才能使用，并且紧急情况解除后应当采取其他形式订立遗嘱，否则口头遗嘱无效。

2. 遗嘱信托

遗嘱信托是指委托人预先以订立遗嘱的方式，将财产的规划内容，包括设立信托后的管理、分配、运用及给付等，详订于遗嘱中，等到遗嘱生效时，再将信托财产转移给受托人，由受托人依据信托的内容，也就是委托人遗嘱所交办的事项，管理处分信托财产。遗嘱信托同样在委托人死亡后才生效。

遗嘱信托可分为执行遗嘱信托和管理遗产信托。执行遗嘱信托是指受托人在受托之后，在遗嘱人死亡后，根据遗嘱，代遗嘱人办理债权的收取和债务的清偿、遗嘱中规定的有关物品的交付以及遗产的处理和分割等遗嘱的执行事宜。管理遗产信托是指受托人受遗嘱人的委托，在一定时期内代为管理遗产的信托业务。

遗嘱信托的适用范围包括：名下有可观的财产，担心将来在财产分配上会有困扰的人；继承人为无民事行为能力或限制民事行为能力的人；想立遗嘱但不知如何规划的人；对遗产管理及配置有专业需求的人。

3. 人寿保险信托

人寿保险信托是委托人基于人寿保险中受领保险金的权利或保险金，以人寿保险金债权或人寿保险金作为信托财产设立信托，指定受托人依据信托合同的规定，为受益人管理运用信托财产或直接交付保险金。

人寿保险信托同时具备了保险和信托的双重功能，弥补了保险产品的不足。它又具有储蓄和投资理财的双重功效，且具有免税功能，使被保险人对遗属日后的生活更为放心。人寿保险信托的主要功能包括：财产风险隔离、专业财产管理、家庭生活保障、规避经营风险。

11.2.5 财产传承规划原则

1. 保证财产传承规划的可变通性

财产传承规划从制定到生效有一段不确定期间，这期间的家庭财务状况和目标是处于不断变化中的，因此，理财规划师要经常和客户沟通，对财产传承规划不断修改，以保证它能满足不同时期客户的需要。

2. 确保财产传承规划的现金流动性

家庭成员去世后所留遗产要先支付相关的税、遗产处置费用、丧葬费和所欠债务等，因此在遗产中应预留充足的现金以满足支出。遗产中的现金收入来源通常有银行存款、存单、可变现的有价证券等，应尽量减少遗产中的非流动性资产（如房地产、长期债券、珠宝和收藏品等），这些资产不仅无法及时变现为所需的现金，还会增加遗产处置的费用。理财规划师应建议客户将它们出售变现，降低现金支出。

3. 减少遗产纳税金额

在遗产税很高的国家，遗产数额较大者的遗产往往需要支付较高的遗产税。所以，减少遗产纳税支出也是遗产规划的重要原则之一。一般来说，采用捐赠、不可撤销性信托和资助慈善机构等方式可以减少纳税金额。需要强调的是，我国目前还没有开征遗产税，只是发布了遗产税暂行条例。理财规划师应关注相关政策，正确根据客户的目标和财务状况分配遗产，帮助客户实现理财目标。

11.2.6 财产传承规划工作流程

1. 确定财产传承规划目标

财产传承规划主要是遗产规划，此外还涉及一些遗产性财产的继承安排等需要，因此在制定财产传承规划时需要根据客户的需求合理选择具体的财产规划目标。常见的财产传承规划目标有：为受赡（抚）养人留下足够和适当的生活资源；减少税收支出；为有特殊需要的受益人提供遗产保障；保护受益人的养老金获取资格；非遗产性资产的继承；满足客户的慈善需要。

2. 计算和评估客户的遗产

理财规划师需要审核客户财产的权属证明原件，保留权属证明的复印件，并对客户遗产的价值和种类进行评估与计算，为下一步合理选择规划工具和策略提供关于遗产规模的参考。

3. 选择适合的传承规划工具

根据客户顾虑或者需求，结合常见传承规划工具的特性，为客户提供能够最大程度满足客户需求的传承规划工具。

4. 撰写财产传承方案

在充分了解客户信息和需求的基础上，将客户的基本情况、传承规划工具的推荐理由、使用明细、具体安排、建议等方面的内容一一进行文字落实，形成财产传承方案并交付客户。同时，需要做定期检查，根据结果调整甚至修改方案内容。

任务实施

陈女士早年丧偶，因担心自己去世后两个子女会因遗产分割产生纠纷，于是陈女士在 2020 年 3 月自己写了一份遗嘱。近段时间，陈女士患有较严重的疾病，患病期间一直是陈女士的女儿细心照料，而且相较于儿子，陈女士女儿的经济条件并不是很好，陈女士感动之余想将自己的财产多分配给女儿一些，于是她又于 2022 年 2 月自己写了一份遗嘱。在第二份遗嘱中，陈女士将名下的一处价值 300 万元的房产写明由女儿继承，儿子则继承陈女士名下的银行存款和理财产品共计 100 万元。陈女士病故后，儿子主张与妹妹两人应平分陈女士共计 400 万元的遗产。

请问，此案中，陈女士的遗产分割应以哪份遗嘱为准？

项目总结与自测

1. 准确理解并掌握《民法典》中关于财产分配和遗产继承的法规内容。

2. 复习巩固财产分配工具种类与功能、遗产传承工具种类与功能。掌握制定财产分配规划、遗产传承规划的方法。

项目总结

思维导图：

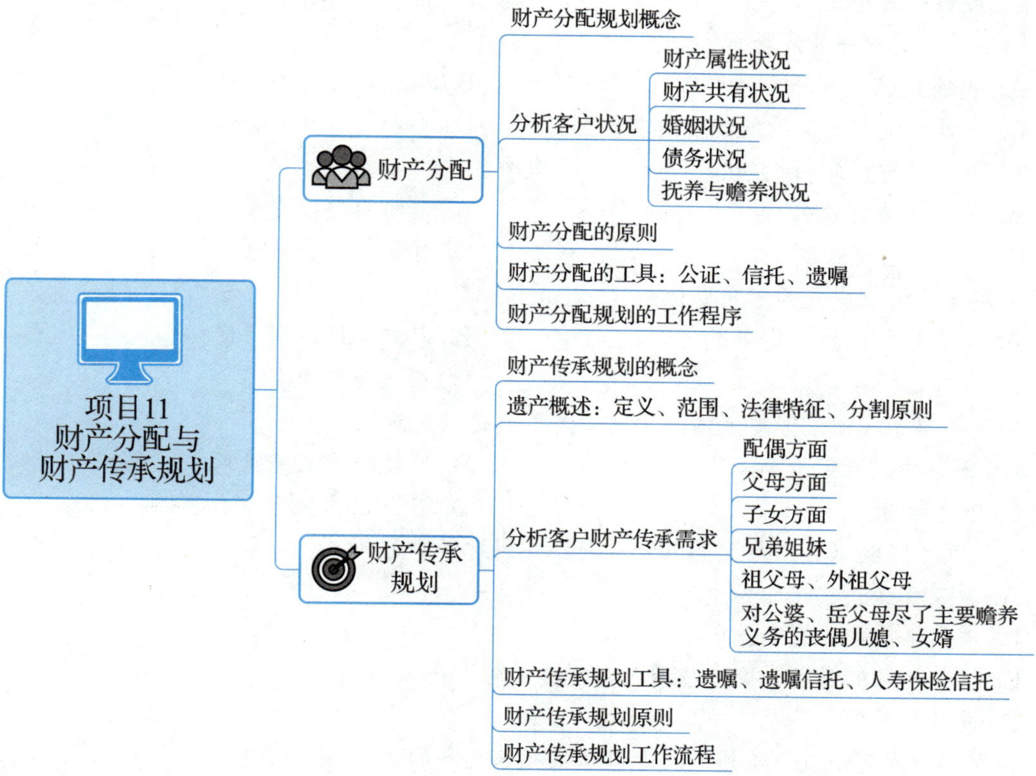

项目综述：本项目分为 2 个任务：任务 11.1 介绍了财产分配的相关知识，包括概念、分析客户状况、财产分配的原则、财产分配的工具等。理财规划师在为客户制定分配方案前，要熟悉客户财产、婚姻、债务等方面的信息，这将对分配方案的制定起到关键的影响。任务 11.2 介绍了财产传承规划的相关知识，包括概念、遗产、遗嘱、财产传承需求、财产传承原则、工作流程等。

项目自测

项目知识训练

一、判断题

1. 离婚后，子女抚养费的给付期限一律至子女结婚成家时止。（　　）
2. 公证遗嘱可以由别人代办。（　　）
3. 指定了受益人的保险金不能作为死者的遗产。（　　）
4. 家庭成员分配家产时，只能对家庭共有财产而不能对个人财产进行分配。（　　）
5. 除非有特殊的遗赠抚养协议，否则遗嘱继承是优先于法定继承的。（　　）

二、单选题

1. 再婚配偶可以继承（　　）。
   A. 再婚后的共同财产
   B. 再婚前的个人财产
   C. 再婚前的房屋
   D. 再婚前的储蓄
2. （　　）是第一顺序继承人。
   A. 丧偶儿媳
   B. 养子女对其生父母
   C. 未建立抚养关系的继子女对其生父母
   D. 孙子女对其祖父母
3. 如果有多份遗嘱同时存在，以（　　）为准。
   A. 最早的公证遗嘱
   B. 中间的公证遗嘱
   C. 最后的公证遗嘱
   D. 任意的公证遗嘱
4. 在我国，婚姻成立的形式要件是（　　）。
   A. 双方达到婚姻法定年龄
   B. 双方进行婚姻登记
   C. 双方已同居
   D. 双方当事人自愿
5. 下列不属于我国法律规定的禁止结婚类型的是（　　）。
   A. 糖尿病人未经治愈
   B. 麻风病人未经治愈
   C. 直系血亲
   D. 三代以内的旁系血亲
6. 下列属于楼某（男）与夏某（女）夫妻共同财产的是（　　）。
   A. 夏某父亲遗嘱中留给夏某的财产
   B. 楼某婚前购买的摩托车
   C. 楼某姑姑的赠与合同中强调只赠与楼某的财产
   D. 夏某的首饰
7. 按照法律规定，以下不属于父母应尽的抚养义务的是（　　）。
   A. 对未成年子女无条件地进行抚养
   B. 对不能独立生活的尚在校接受高等教育的子女的抚养
   C. 对丧失或未完全丧失劳动能力等非主观原因而无法维持正常生活的成年子女在一定条件下进行的抚养
   D. 对已经工作但收入不能满足支出的成年子女的抚养
8. 以下关于在制定财产分配和传承规划中助理理财规划师的职责说法正确的是（　　）。
   A. 助理理财规划师只要配合理财规划师的工作就可以了
   B. 助理理财规划师要能够制定财产分配和传承规划
   C. 助理理财规划师只要能收集客户信息就可以了
   D. 助理理财规划师要能够收集客户信息和提供咨询服务
9. 以下关于子女对父母的赡养义务，正确的是（　　）。
   A. 法定义务
   B. 表现为赡养费的支付
   C. 父母提出要求，子女才履行
   D. 只有在父母生活困难时才需要
10. 耿某结婚8年，因感情不和提出离婚，但是在离婚的前几个月时，其妻子张某因病失去劳动能力而无生活来源，此时耿某应当（　　）。
   A. 承担抚养义务
   B. 交由其子抚养

C. 将张某送到福利院　　D. 送到张某父母家

三、多选题

1. 王某为了对其死后的财产有个妥善处理，先后立有数份遗嘱，后其因心脏病突发死亡。以下对王某遗产的处理正确的是（　　）。

A. 如果其数份遗嘱的内容相冲突，均未公证，应以其最后所立遗嘱为准

B. 如果其数份遗嘱的内容相冲突，有一份是经公证的，则以公证的遗嘱为准

C. 即使有数份遗嘱，也应按法定继承顺序进行处理

D. 对于其遗嘱中没有涉及的财产，应按法定继承顺序处理

E. 对于其遗嘱中没有涉及的财产，应作为无主财产处理

2. 以下属于遗产的法律特征的是（　　）。

A. 财产性　　B. 合法性　　C. 范围限定性　　D. 不可转移性

3. 以下有权继承遗产的是（　　）。

A. 配偶　　B. 子女　　C. 合伙人　　D. 兄弟姐妹

4. 财产所有权是指财产所有人依法对其财产享有（　　）。

A. 占有权　　B. 使用权　　C. 收益权　　D. 处分权

5. 夫妻在婚姻关系存续期间所得的下列财产中，归夫妻一方所有的财产包括（　　）。

A. 一方因身体受到伤害获得的医药费、残疾人生活补助费等费用

B. 遗嘱或赠与合同中确定只归夫妻一方的财产

C. 工资、奖金

D. 其他应当归一方的财产

E. 其他应当归共同所有的财产

四、简答题

1. 简述遗产规划的主要目标。
2. 简述遗产的法律特征。
3. 简述财产分配的原则。

项目技能训练

实训任务一：财产分配

实训目标：掌握关于夫妻财产的分配方法。

实训内容：叶教授，71岁，每月的退休金和各种津贴在1.3万元左右，并拥有一套价值300万元的房产和90万元的存款。叶教授有一子一女，两个孩子均已成家。齐阿姨，62岁，每月退休金4千元，有一套60平方米的单位分房（无产权，无市值）和30万元的存款，有一儿子，还未结婚。经人介绍后，叶教授与齐阿姨结婚，准备携手共度晚年。请你对于叶教授和齐阿姨两人的婚前和婚后财产进行明确，并给出分配建议。

实训任务二：财产传承

实训目标：掌握无遗嘱情况下的法定继承顺序。

实训内容：杨先生是一位知名企业家，他在年轻的时候出了一场车祸，在车祸中杨先生的妻子和儿子均身故，杨先生幸存了下来。杨先生以后再未有过婚姻。杨先生的父

亲在他小时候就去世了。杨先生因病去世，因为去世前杨先生未立有遗嘱，和他感情很好的大哥站了出来，召集两个弟弟和母亲商量着把杨先生的财产分成四份，每人一份。杨先生大哥的做法合法吗？

项目延伸

项目延伸

关于遗产税

项目 12 终点亦是起点——撰写理财规划报告书

知识目标

1. 掌握理财规划报告书的内容。
2. 熟悉理财规划报告书的编制流程。
3. 熟知理财规划师的服务内容和职业要求。

技能目标

1. 掌握理财规划的程序、内容及方法。
2. 能针对具体案例展开综合理财规划。
3. 能够评价理财规划报告书的有效性和可行性。
4. 能够为客户制定合理的理财规划方案，并形成综合理财规划书。
5. 明确理财规划师的岗位要求，能够进行职业生涯规划。

素养目标

1. 具备与客户沟通的能力，以及在理财产品推荐过程中必备的客户服务沟通技巧。
2. 了解以客户为中心的现代理财服务理念和礼仪规范。

情景引入

刘先生和太太经营了一家早餐店，生意一直稳定，虽然是小本生意，但每月也能结余四五千元。夫妻俩的银行存款约 25 万元。刘先生及太太有一套固定房产，暂时没有贷款，儿子上小学，双方父母都有退休金，家庭负担不重。刘先生总觉得现在的生活虽然不错，但少了一些保障，存下来的钱都放在银行了，收益并不高。

刘先生准备请理财规划师为整个家庭做理财规划。在与理财规划师的交流中，刘先生提出了以下几个理财目标：

第一，将手里的资金盘活，钱生钱。

第二，为全家购买一些保险，保障今后的生活。

第三，现在儿子在读小学，为儿子准备一份教育金。

第四，两年内可以为家里增添一辆汽车。

思考：作为理财规划师，你将如何为刘先生夫妇进行整体理财规划呢？在与他们沟通与交流中需要注意哪些事项？

任务 12.1

撰写理财规划报告书

任务目标

1. 了解理财规划报告书的设计和编辑。
2. 熟悉理财规划报告书的内容和格式要求。
3. 能够根据客户的信息编制理财规划报告书。

任务引入

最近，王先生联系了理财规划师，他的太太怀孕 8 个月了，家里人正准备迎接小家伙的诞生。王先生希望孩子出生后，理财规划师能为三口之家重新调整理财目标，设计一份新的理财规划设计书。

从青年家庭到中年家庭，再到老年家庭，理财规划师面对处于不同生命周期阶段的家庭该如何设计理财规划报告书？一份完整的理财规划报告书应该包括哪些要素、会经过哪些撰写流程？将理财规划报告书递交给客户后，是否意味着理财规划师的工作就完成了呢？

接下来，我们就打开“理财规划报告书”的大门，探索一下理财规划师的日常工作。

任务预备

12.1.1 理财规划师的工作

理财规划师的工作内容简而言之即为客户提供全方面金融理财咨询服务，具体包括：收集金融市场信息资讯和客户的相关资料，了解客户在财务方面存在的问题以及理财需求；根据客户的财务状况作出合理的财务分析报告；根据客户的资产负债规模、收入支出情况、生活目标、预期收益目标和风险属性等因素进行合理分析，出具专业的理财规划报告书，推荐合适的理财产品组合，确保客户财务独立和金融安全；通过调整存款、股票、债券、基金、保险等各种金融产品的比重达到资产的合理配置，使客户的资产在安全、稳健的基础上保值升值；协助客户完成理财的相关准备工作（如账户开立）并提供一系列后期服务；定期与客户联系，报告理财产品的收益情况，收集客户建议与反馈，结合客户自身情况持续更新诊断意见并适时调整理财规划报告书的内容，维护良好的信任与合作关系。

拓展阅读

哪些人群需要理财规划师？

- 家庭年收入超过 5 万元人民币的人群。
- 每年缴纳税收超过 20 万元的人群。
- 因继承或中奖得到一笔意外之财的人群。

- 遗产总额超过60万元人民币的人群。
- 改变用钱习惯，加强个人储蓄的人群。
- 需为子女储存大量学费的人群。
- 缺乏时间和精力收集了解投资项目资料的人群。
- 了解各种保险契约以及员工社保福利等资料的人群。
- 有重大生活形态的改变，如遇结婚、离异、小孩出生或购房等情况的人群。

理财规划师可以称为是客户的“私人理财顾问”，他们以客户的利益为出发点，帮助投资者进行产品选择、产品组合和资产配置。理财规划师要有敏锐的眼光，要根据市场和政策的变化，不断调整客户的投资组合，以实现长期理财的目标。

拓展阅读

理财规划师的职业道德

一位合格的理财规划师不仅要具备常规的基础知识和工作经验，遵守实务操作守则，还应遵守职业道德准则。

1. 正直诚信原则

理财规划师应当以正直和诚实信用的精神为客户提供理财规划专业服务。因此，理财规划师职业操守的核心原则就是个人诚信。“正直诚信”要求理财规划师诚实不欺，不能因为个人的利益而损害委托人的利益。如果理财规划师并非由于主观故意而导致错误，或者与客户存在意见分歧，且该分歧并不违反法律，则此种情形并不违背正直诚信原则。正直诚信原则绝不容忍欺诈。正直诚信原则要求理财规划师不仅要熟知职业道德准则的文字内容，更重要的是把握职业道德准则的理念和灵魂。

2. 客观公正原则

理财规划师在向客户提供专业服务时，应秉承客观公正的原则。“客观”，是指理财规划师以自己的专业知识进行判断，坚持客观性，不带感情色彩。无论理财规划师在具体业务中提供何种服务，或以何种身份行事，均应确保公正、坚持客观性，避免自己的判断受到不正常因素的干扰。“公正”，是指理财规划师在执业过程中应对客户、委托人、合伙人或所在机构持公正合理的态度，对于执业过程中发生的或可能发生的利益冲突应随时向有关各方进行披露。因此，理财规划师应摒弃个人情感、偏见和欲望，以确保在存在利益冲突时做到公正合理。

3. 勤勉谨慎原则

理财规划师在执业过程中，应恪尽职守、勤勉谨慎，全心全意为客户提供专业服务。勤勉谨慎原则，要求理财规划师在提供专业服务时，工作要及时彻底、不拖拖拉拉，在理财规划业务中务必保持谨慎的工作态度。勤勉谨慎是对理财规划师工作全过程的要求，不仅包括理财计划的制订过程，还包括理财计划的执行及其监督过程。

4. 专业尽责原则

理财规划是一个需要较高专业背景及资深经验的职业。作为一名合格的尽责的理财规划师，必须具备资深的专业素养，应每年参加继续教育，及时储备知识。由于理财规划师提供服务的重要性，因此理财规划师有义务在提供服务的过程中，既要做到专业，同时又要尽责，秉承严谨、诚实、信用、有效的职业素养，用专业的眼光和方法去帮助委托人。

5. 严守秘密原则

理财规划师不得泄露在执业过程中知悉的客户信息，除非取得客户明确同意，或在适当的司法程序中，理财规划师被司法机关要求必须提供所知悉的相关信息。这里的信息主要是指客户的个人隐私和商业秘密。所以，理财规划师必须恪守严守秘密的职业道德准则，确保客户信息的保密性和安全性。

6. 团队合作原则

理财规划业务涉及客户的现金规划、消费支出规划、风险管理规划、教育规划、税务筹划、投资规划、退休养老规划、家庭财产分配与传承规划，贯穿个人与家庭的整个生命周期。理财规划业务是一个系统的过程，对理财规划师来说，所掌握的知识有限，必须要与各个领域的专业人士合作，才能为客户制定最佳的理财规划方案，实现最终的理财规划目标。

微课 31

理财规划书的二三事

12.1.2 理财规划报告书的概念

理财规划报告书是以客户分析为基础，在对目标客户的家庭状况、财务状况、理财目标及风险偏好等情况进行详细全面了解和分析的基础上，通过与客户的充分沟通，运用科学的方法，利用财务指标、统计资料、分析核算等多种手段，对客户的财务现状进行描述、分析、评价，并对客户财务规划提出方案和建议的书面报告。

理财规划报告书的作用：第一，认识当前财务状况。大多数客户很少审视自己的财务状况，理财规划师通过条理清晰的分析，可以使客户认清自己的财务状况，便于其调整财务规划。第二，明确现有问题。理财规划报告书中的内容包含专业理财规划师对客户财务状况的分析和评价，可以让客户更了解家庭财务存在的问题。第三，改进不足之处。理财规划师通过分析客户的财务问题，提出相应意见和建议，使客户能够尽快调整财务行为与财务计划，选择最优方案，最终实现理财规划效益最大化。

阅读资料

理财规划师应具备的职业素养、综合能力和应遵守的职业道德准则

理财规划不仅仅是某个阶段的规划，更是针对理财对象个体或者家庭生命周期进行的综合性规划。总的来说，它的目标指向性强，即通过调查分析，指出问题所在，进而提出改进方案。

12.1.3 理财规划报告书的特点

1. 操作专业性

操作专业性主要体现在对理财规划师的专业要求、分析方法的

专业要求及理财规划报告书行文语言的专业要求上。

2. 分析的量化性

理财规划报告书需要对客户的资产状况、现金流状况、投资状况等多个指标进行量化，通过数字来分析和表述。数量化分析和数量化对比是理财规划的操作方法，同时也体现了理财规划报告书的专业特点。

3. 目标指向性

理财规划报告书写作的目的是指向未来的。分析客户一定时期的财务状况属于回顾，回顾是为今后更好地进行理财规划提供充分、真实的决策依据。

12.1.4 理财规划报告书的写作要求

在理财规划报告书的写作中，最重要的工作是理顺材料本身的内在结构，在此基础上拟定写作提纲。对材料的梳理安排是行文流畅的基础；在执笔行文之前的准备工作也正体现了理财规划工作的流程与内容要求。这些工作需要有条不紊、有计划地进行，基本的写作要求如下所述。

1. 明确目的，制订计划

理财规划报告书的写作目的是根据客户当前财务状况中存在的问题，有针对性地确定调整方案，并制订整个调研工作计划。

2. 收集材料，分类汇总

需收集并分类汇总的材料主要有：以家庭收支账为主的账面材料；与客户面谈的现实材料，包括客户的风险偏好、理财观念和习惯等；客户的历史材料；与相似家庭各方面情况比较的参照材料；还有市场状况材料和政策法规材料等。

3. 辨别真伪，梳理材料

首先，通过辨别真伪，剔除虚假的含有“水分”的材料，选取具有典型价值的材料。其次，根据分析目的和写作计划对材料进行分类整理。最后，根据写作者的专业知识和经验，对各类材料进行系统深入的分析，得出理财规划建议。

4. 一鼓作气，运思行文

得出分析结论后，应注重将工作时拟定的计划和材料所反映出来的实际情况相结合，使整个文本围绕中心目的平实、清晰地展开行文。

12.1.5 理财规划报告书的基本设计原则

在进行理财规划的整体设计时，需要遵循六大基本原则，才可以为客户做好资金的管理与配置，为客户提供更加有效的理财服务。

1. 整体规划原则

整体规划原则既包含规划思想的整体性，也包含理财方案的整体性。因为综合理财规划贯穿整个生命周期，不是单一性规划，它涉及现金规划、消费支出规划、教育规划、风险管理与保险规划、税收筹划、投资规划、退休养老规划、财产分配与传承规划等内容，是综合性的规划。

2. 提早规划原则

要及早地实现财务自由就要未雨绸缪，预先做好规划和安排。通过理财规划达到预期的财务目标，与时间长短有直接的关系。一方面，客户可以遵照理财规划尽早地利用“钱生钱”的复利功效；另一方面，提前做好理财规划，凭借较长的准备期，可以减轻客户各个阶段的经济压力。

3. 现金保障优先原则

现金保障规划应该是理财规划师首先考虑和重点安排的内容，只有建立了完备的现金保障，才能考虑其他专项规划。现金规划内容通常包括日常生活覆盖准备和意外现金储备。

4. 风险管理优于追求收益原则

追求收益最大化应基于风险管理，理财规划师应根据客户不同生命周期及风险承受能力制订不同的理财方案。

5. 消费、投资与收入相匹配原则

理财规划应该正确处理消费、资本投入与收入之间的矛盾，实现资产的动态平衡，确保在投资达到预期目的的同时保证生活质量的提高。

6. 家庭类型与理财策略相匹配原则

根据不同的家庭生命周期，在理财策略上应有所侧重。例如，青年家庭理财风险承受能力强，规划的核心策略可为进攻型；中年家庭风险承受能力居中，可以采取攻守兼备型理财策略；老年家庭的家庭风险承受能力较低，应采取防守型理财策略。

12.1.6 编制理财规划报告书的基本流程

编制理财规划报告书要遵循一定的流程，基本遵循以下几个步骤（见图 12－1）。

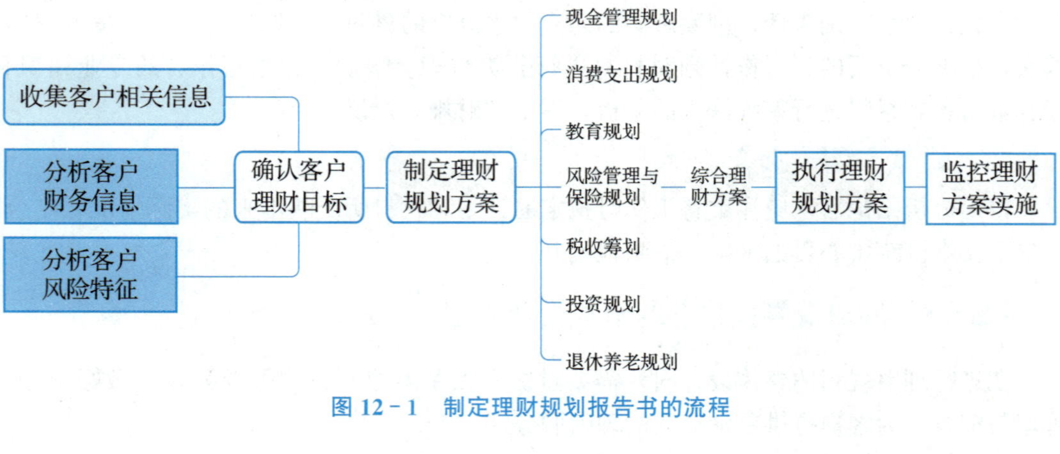

图 12－1 制定理财规划报告书的流程

1. 收集客户相关信息

首先是确定客户关系。通过与客户交流和沟通，在确认客户有真实的理财需求并且有委托意向的情况下，理财规划师应与客户签订规划服务合同，正式确定客户关系。

在确定客户关系以后，理财规划师就要开始进一步收集客户的相关信息，因为最

终的理财规划方案是否符合客户的实际需要，关键取决于是否充分和准确地了解了客户相关信息。各国的理财资格标准中，明确指出将收集客户信息作为理财规划的基础。

其次是收集信息。客户信息需要通过直接和间接途径来获取。直接途径包括理财规划师与客户直接沟通和交谈。除了收集与客户直接相关的信息外，还需要获取由政府部门或金融机构公布的宏观经济信息，例如经济周期、物价和通货膨胀率、金融市场监管制度、个税制度、社会保障等相关信息，以作为理财规划设定经济假设前提的备用数据。

再次是进行信息分类。客户信息可以分成财务信息和非财务信息。财务信息具体包括客户目前的收支情况、资产负债情况和其他财务安排以及这些信息的未来变化状况。财务信息是理财规划的依据，本书项目 2 中已经阐述过财务信息的收集方法。非财务信息是指其他相关的信息，包括客户的社会地位、年龄、投资偏好、价值观、风险承受能力。掌握客户的非财务信息能够进一步了解客户，直接影响理财规划的制定。

2. 分析客户财务信息

在收集了完整的个人财务信息和非财务信息以后，接下来是对这些零散的信息进行整理。可以采取类似编制企业财务报表的方式处理这些信息，使其成为一系列个人财务表。例如客户的财务信息可以整理归类到个人资产负债表、个人收支表以及现金流量表中。

个人资产负债表反映的是某一时点客户个人资产和负债状况的总结，它由资产、负债以及净资产组成，而净资产恰恰可以体现个人累积财富的程度。需要注意的是，在实际运用时，个人理财规划与公司理财规划不一样，在编制的时候应以客户的家庭情况和工作习惯进行具体的格式设计。

个人收支表反映的是一段时间内客户的财务活动状况，包括收入、支出和结余（或赤字）。这张表格可以帮助理财规划师深入了解客户的现金流情况，发现实际发生的费用和预算数字、所得收入与花费之间的差异。从某种意义上来说，个人收入支出表比个人资产负债表更能体现客户存在的财务问题，为进行财务现状分析和理财目标设置提供基础资料。

现金流量表主要对客户未来的现金流量进行一定的预算和估测，包括预测未来客户的现金收入和支出。在对未来收入进行预测时需要注意两点：一是估计客户收入最低时的情况，这将有助于客户了解自己基本的生活质量；二是根据客户以往收入和宏观经济情况对其收入进行调整。而预测客户未来支出时则要注意，首先要考虑满足客户基本生活的支出，其次要了解客户期望实现的支出水平。

3. 分析客户风险特征

风险是对预期的不确定性，是可以被度量的。同样的风险在不同的主体那里会有不同的感受，因此每个客户对待风险的态度都是不一样的。客户的风险特征是进行理财规划要考虑的重要因素之一。客户的风险特征可以从风险偏好、风险认知度、实际风险承受能力三个方面来进行说明，前文已有阐述。

4. 确认客户理财目标

俗话说，“知道目标等于完成了行程的一半。”在家庭理财领域管理家庭财务，如果没有一个具体的目标，就像驾驶一辆不知道驶向何处的汽车，很难到达目的地。可见，能否给自己的家庭理好财，其关键是有没有明确的理财目标。

5. 制定理财规划方案

（1）现金管理规划主要是分析客户现金需求以及制定现金规划方案。

（2）消费支出规划主要是制定住房、汽车消费规划和消费信贷规划的方案。

（3）教育规划主要是分析客户教育需求，例如教育费用等，以及制定教育规划方案。现在，教育规划已经成为理财规划方案中非常重要的一部分。

（4）风险管理与保险规划主要体现在收集信息和提供咨询服务上，目的是让客户以尽可能小的成本去争取最大的安全保障和经济利益。

（5）税收筹划主要是在符合国家法律及税收法规的前提下，为客户提供降低税负的有效建议，以期实现资产的最大程度保值。

（6）投资规划是根据客户投资理财目标和风险承受能力，收集信息，为客户提供信息再制定合理的资产配置方案。

（7）退休养老规划主要考虑收集现在及未来的养老等信息，为客户提供各种社保、养老保险等相关咨询服务。

6. 执行理财规划方案

依照制定的整体理财规划方案实施，首先是取得客户授权，这是执行规划的第一步，包括代理授权和信息披露授权；其次是签署客户声明，包括资质声明、客户许可、实施效果等声明；最后就是对执行时间、人员、资金做出合理的安排。

7. 监控理财方案实施

提供持续的理财服务，定期对理财规划方案进行评估，当宏观经济的重要参数发生变化、金融市场或客户自身的情况发生改变时，都要对理财规划方案进行调整。

12.1.7 理财规划报告书的格式

理财规划报告书的格式具体包括：封面、前言、假设前提和正文等。

1. 封面

具体内容及样式见图 12－2。

××家庭或××先生（女士）

理财规划报告书

理财机构：

理财经理：

编写日期：　　年　　月　　日

注：《理财规划师工作要求》规定，理财规划师不能单独从业，必须以所在机构的名义接受客户委托。所以，务必写明理财机构。

图 12－2　理财规划报告书封面

2. 前言

（1）致谢辞。

致谢辞是对客户信任本公司并选择本公司的服务表示谢意，应该写在理财规划报告书的开头部分。具体的写法是，抬头内容为敬语加客户的称谓，如“尊敬的××先生/女士”，接下来换行空两格写致谢辞。在致谢辞中首先可简明介绍公司概况，如执业年限、理财经理及下属的理财规划师资历，其次表达对客户信任公司的感谢，最后可以提出与客户保持长期合作关系的愿望。

（2）理财规划报告书的由来。

在这一部分，通常要写明理财规划师是在接受了客户的明确委托后，基于客户提供的信息，根据通常可接受的财务假设和合理估计，在充分考虑客户的资产负债情况、收入支出情况和理财目标后，为客户量身定制的理财规划报告，并明确表明在分析过程中所涉及的金融产品不做收益保证，理财建议仅供参考。

（3）理财规划报告书所用资料的来源。

理财规划师在制订理财规划的过程中，必然采用各种资料，包括客户自己提供的资料，理财规划师通过其他途径收集到的客户的材料以及相关的市场和政策材料，在报告书中需列举出这些材料的来源，以使客户知晓理财规划的最终方案是可信的，而并非理财规划师凭空创造出来的。

（4）公司和客户义务。

在理财规划报告书的前言里，有必要写明公司和客户双方的权利和义务，以便将来遇到矛盾或争端时能够准确划分双方的责任。

（5）免责条款。

免责条款是指双方当事人事先约定，为免除或限制一方或双方当事人未来责任的条款。

（6）费用标准。

这部分需要写明公司各项理财规划的收费情况，让客户心中有数，并及时缴纳费用。

3. 假设前提

理财规划方案是基于多个假设前提制定的，包括未来平均每年通货膨胀率、定期及活期存款的年利率、基金年回报率、房地产及汽车的市场价值、子女教育费的年增长率、个人所得税及其他税的税率、客户收入年增长率、汇率的变动等。理财规划师需在充分分析市场状况的基础上，一一列出这些项目的预期数值，以便在接下来的具体理财规划中运用。

4. 正文

正文部分是整个理财规划报告书的核心部分，它记录了理财规划师的调查与分析结果，最能反映理财规划师的专业水平。这部分也是客户最关心的部分，任何数据都可能会对客户未来的决策和行为产生影响。因此，正文的写作必须考虑周全，在写作过程中，切忌粗枝大叶，一定要保证内容的准确性。

5. 分析理财规划方案预期效果

按照调整后的财务状况编制资产负债表、现金流量表，可同时列出调整前的数字，使客户能够直观地看到理财规划给其财务状况带来的巨大改变。在这部分中，还应给出调整后的财务比率数值，如资产负债率、负债收入比率、储蓄比率、流动性比率等，并列出国际通用的这些比率的合理数值范围以及调整前的数值，使客户了解在调整后自身财务状况将达到怎样的水平。

6. 完成理财规划方案的执行与调整

理财规划方案的执行与调整是理财活动中重要的一部分。应对具体执行工作按照轻重缓急进行排序，即编制一个具体执行的时间计划，明确各项工作的前后次序，以提高方案实施的效率，节约客户的实施成本，并应一一列明参加方案实施的人员。例如，对于一个积极成长型方案，应当配备证券、信托、不动产等方面的投资专家；对于一个退休客户的方案，则可能需要配备保险专家或税收专家。

此外，在理财规划报告书中还需要向客户说明公司的执行人员如何分工和协作；如何依照设计好的理财规划方案协助其购买合适的理财产品；当出现新产品时理财规划师承诺将主动提醒客户关注；如果客户的家庭及财务状况出现变动，影响理财规划方案的实施，则应按怎样的程序进行方案调整；方案调整注意事项；在理财规划方案的具体实施过程中所产生的文件存档管理；以及具体理财计划实施中的争端处理等。

7. 附件及相关材料

附件及相关材料主要有投资风险承受能力与风险偏好测试卷、相关表格以及配套理财产品的详细介绍等。

任务 12.2 综合案例分析

本部分内容将通过一个综合案例来介绍为客户提供综合理财规划服务的具体步骤、内容和方法。

1. 建立客户关系

客户李女士于 2021 年 5 月参加了某市某家银行举办的基金投资报告会。会上，李女士对理财规划师小王的讲解和咨询解答比较满意，于是和小王互相留下了联系方式。次日，小王对李女士进行了首次电话拜访，在电话中小王了解到李女士家庭的一些基本情况和目前的金融资产状况：李女士和她丈夫都是企业的高级管理人员，工作收入和日常结余较高，但因工作繁忙，对股市也缺乏了解，所以家庭大部分的资产都用于存款了。电话中，小王主动邀请李女士在她方便的时候来理财中心面谈，届时可以向她推荐一些合适的投资品种，并帮她设计一个合理的投资组合，李女士愉快地接受了邀请。接下来，小王做了一些会面前的准备工作，准备了若干相关话题。

2. 确定理财目标

第二天上午，李女士如约来到理财中心。通过交谈，李女士对小王的专业素质和工作能力给予了极大的信任，因此，双方进一步就李女士家庭的财务状况和理财需求进行了交流，在交谈中小王了解到如下信息：

李女士今年 33 岁，是一家知名外企的高级经理，税后月收入 1.5 万元；丈夫陈先生 35 岁，是一家公司的高管，税后月收入 2 万元。李女士的儿子今年 5 岁，活泼可爱，身体健康；一家人现与李女士的公婆同住。李女士一家五口每月的生活开支为 7 500 元，加上儿子上幼儿园的各项费用 2 500 元，一个月生活开销大约是 1 万元；另外，每个月有房贷支出 5 000 元，这样算下来，每个月的结余大约为 2 万元。年度性收支方面，李女士一家有 6 万元左右的年终奖，2 万元左右的存款利息。除去 1 万元左右的保险费，以及 4 万元左右的各项杂费（人情往来、孝敬父母、购买大宗物品等），年度性结余大约为 3 万元。

李女士的公婆已经退休，身体健康，而且都有养老金，因为跟儿子一家生活，不需要负担生活费用。一年后孩子就要上小学了，会需要更多的生活空间和活动空间，所以李女士和先生计划今年底或明年初在附近再购买一套 150 平方米左右的房子，现有住房留给公婆居住。目前所住这套房屋市值大约 180 万元，尚有 50 万元的贷款本金未还清。

李女士手中有 40 万元的活期存款，70 万元的定期存款本月末到期，另外还有一部分股票投资，但近年来股市行情时好时坏，股票市值也在不断缩水。6 月上旬李女士清空了所有的股票，收回 25 万元投资，目前这笔资金处于闲置状态。

风险保障方面，李女士和丈夫有最基本的社会保障，五险一金已经由单位代扣代缴。同时夫妻两人从 2011 年起分别购买了某保险公司的重大疾病保险，缴费期限 20 年，保险期到两人 80 岁，李女士年缴 5 740 元，保额 20 万元；陈先生年缴 4 250 元，保额 10 万元。此外，李女士和丈夫希望将来能送儿子出国留学，并能在儿子上大学以后，也就是两人在 50 岁左右，至少有一个人提前退休，安享晚年。同时李女士还希望在儿子大学毕业时能给他提供一笔创业基金。

在收集以上资料的同时，小王还请李女士填写了“客户风险承受能力与风险偏好测试问卷”，调查结果显示：风险偏好测试得分 18 分，属风险中性；风险承受能力测试得分 26 分，属稳健型客户。针对此测试结果，小王与李女士进行了沟通，并向其详细解释了测试结果代表的含义，取得了李女士对测试结果的认同。

归纳以上情况，小王将李女士家庭的理财需求按实现期限的长短总结为以下三个方面：

（1）短期目标。

李女士的短期理财目标非常明确，就是在附近购买一套 150 平方米左右的房子，为儿子提供一个更加独立自由的空间。

（2）中期目标。

李女士的中期理财目标包括：为儿子准备充足的教育金，保障儿子在国外顺利读完大学；为父母准备充足的医疗费用，保障父母安度晚年。

（3）长期目标。

李女士的长期理财目标包括：为儿子准备充足的创业基金，为其大学毕业后独立创业提供资金支持；为夫妻二人准备退休后的养老基金，使夫妻俩能够在退休后安享晚年，维持现有的生活水平不变，并保证夫妻双方至少有一个人在 50 岁左右就可以提前退休。

3. 分析客户的财务状况和风险属性

结合李女士的情况，小王为其编制了资产负债表及年收支状况表，并从以下三方面对李女士的家庭财务状况进行了分析：

（1）资产负债分析。

（2）收入支出分析。

（3）财务比率分析。

以上三项分析的具体内容详见附录1《家庭理财规划报告书》中的第四部分“财务状况分析”。

（4）风险承受能力分析。

李女士家庭所处的生命周期应该属于家庭成长初期，这个阶段的家庭一般将面临赡养父母、子女初等教育方面的财务需求，这些方面的支出会越来越多，再加上改善家庭生活质量的需要，日常开支较大。从李女士家庭的经济状况和所处生命周期阶段来看，能够承受较高的风险，但李女士自身的风险态度相对保守，结合其“客户风险承受能力与风险偏好测试问卷”调查结果，属风险中性、投资稳健型的客户。因此，在李女士家庭的理财规划中要重点考虑子女教育和债务偿还的需要，同时兼顾养老健康保障等保险需求。在投资组合设计上选择中、低风险品种的投资，尽量少涉及高风险投资。

（5）调整家庭财务状况的建议。

根据以上分析，李女士家庭的财务状况存在的主要问题是资产流动性过高，投资品种单一，投资收益率过低，家庭成员的安全保障不足等。针对以上问题，小王首先建议李女士降低流动资金的持有比例，具体数额保持在家庭月支出水平3～6倍较为适宜，同时建议调整家庭的投资结构，增加一些中等风险品种的投资，按照李女士的风险承受能力和个人兴趣，可以适当进行基金投资；在安全保障方面，夫妻双方单位都已经代扣代缴了五险一金，而且两人也购买了部分商业医疗保险，根据家庭的日常开支需求，建议每年的保险费用再增加3万元左右为夫妻二人投保定期寿险、意外伤害保险和商业医疗保险，同时为孩子购买一定额度的重大疾病保险。

4. 制定理财规划方案

小王对李女士家庭的财务状况分析得到了她本人的认同，双方在认识上达成了一致，于是李女士又请小王根据其家庭的财务状况和具体需求为其提供详细的理财规划方案。小王从李女士家庭的理财目标出发，做了以下分析和设计。

（1）理财目标分析。

从李女士的理财需求来看，主要是购房、为孩子准备教育金和创业基金、为父母准备医疗费、为夫妻二人准备养老金，大多数目标都是刚性的，在实现过程中不宜承受太大的风险。

（2）供需分析。

以目标现值法估计实现各个目标的资金需求。

在购房资金方面：李女士在短期目标中希望购买的150平方米的房产，目前总价为280万元，李女士对这套房产打算简单装修，预计装修费用为15万元，即购房、装修及家具购置295(280＋15）万元。

在子女教育金方面：理财规划师首先根据李女士儿子的年龄、教育目标、目前的高等教育平均费用、教育费用增长率等因素预计13年后，即她的儿子上大学时的教育费用终值，并按照市场平均投资收益率7.49%进行折现，得到子女教育金现值为100万元。

在创业基金方面：李女士打算在孩子大学毕业后，即17年后为其提供200万元的创业基金，这笔资金的现值为：

$$P=F\times(P/F,i,n)=200\times(P/F,7.49\%,17)=59(\text{万元})$$

在养老金方面：由于李女士希望50岁退休，即17年后退休，并设想届时拥有174万元以安享晚年，同理，这笔资金的现值为：

$$P=F\times(P/F,i,n)=174\times(P/F,7.49\%,17)=51(\text{万元})$$

在赡养费用方面：理财规划师根据李女士公婆身体比较健康，且都有养老金保障等信息，初步建议李女士一家为公婆准备20万元的赡养费用。

在保险费用方面：理财规划师根据李女士家庭目前的保险储备及保险需求分析的结果，建议在现有保费基础上再增加3万元/年的保费支出，用以提高在寿险、人身意外伤害险、重疾险和商业医疗保险上的保障力度。此项开销的现值为：

$$P=A\times(P/A,i,n)=3\times(P/A,7.49\%,17)=28(\text{万元})$$

综上，

$$\text{所有目标的需求资金现值}=295+100+59+51+20+28=553(\text{万元})$$

然后，从李女士家庭现有及未来可能产生的资金来源两个角度统计供给资金，主要有：

现有存款：135万元。

根据案例资料，在月度性收支方面，李女士一家的月度结余约为2万元，这样一年就有约24万元的结余，年度性收支方面又有3万元的结余，所以年总结余约为27万元。同时，根据资料统计，李女士一家的平均投资收益率为12.86%，则17年后，各年结余资金总额的终值为：

$$F=A\times(F/A,i,n)=27\times(F/A,12.86\%,17)=1\,432(\text{万元})$$

该笔资金的现值为：

$$P=F\times(P/F,i,n)=1\,432\times(P/F,7.49\%,17)=419(\text{万元})$$

综上，

$$\text{李女士一家资金供给金额}=135+419=554(\text{万元})$$

总供给资金554万元>总需求资金553万元，暂不考虑其他偶发因素，仅从资金角度分析，李女士以上所有理财目标均可实现。

（3）具体规划设计。

从以上分析可以看出，如果投资组合设计合理，李女士家庭的收入能力完全可以满足家庭成员在教育、养老、安全保障等方面的所有需求。根据未来的理财目标，小王针对李女士家庭的理财需求，从以下方面进行规划设计。

1）现金规划。

2）购房规划。

3）子女教育规划。

4）风险保障规划。

5）退休养老规划。

6）风险保障规划。

7）投资组合规划。

具体内容详见附录1《家庭理财规划报告书》中的第五部分“理财规划方案设计”。

（4）可行性分析。

针对李女士家庭情况，理财规划师小王从以下三方面进行可行性的综合分析。

1）现金流量分析。

2）资产负债分析。

3）敏感度分析。

以上三项分析的具体内容详见附录1《家庭理财规划报告书》中的第六部分“可行性分析”。

5. 实施理财规划方案

6月中旬，小王再次约客户李女士来到理财中心，将打印好的《家庭理财规划报告书》交到她的手中，并对其中的具体内容进行了详细的解释和说明。李女士对小王为其家庭设计的理财规划方案非常感兴趣，想要仔细研究一下报告书中的具体规划和内容，于是双方约定月末李女士再与小王会面。

10天后，当双方又一次会面时，李女士不仅表达了对理财规划方案的认可，还将自己在他行的存款改存至小王所在的分行，小王为李女士申办了一张本行理财白金卡。同时双方也就理财规划中的一些具体细节进行了商榷，李女士表达了希望委托小王管理其家庭理财事宜的愿望，双方当即签署了《代理客户进行投资与资产管理书面委托授权书》，对代理事项、代理权限范围、有效期限等内容进行了说明。

当日，小王将工作进展情况向所在分行领导进行了汇报，并与理财中心的其他4名理财规划师组成了李女士家庭理财团队，针对李女士的家庭状况和理财规划方案进行了进一步的讨论，为其制订了详尽的理财规划方案执行计划，进行了详细的时间进度安排，对于实现各规划的资金来源和安排做了具体的配置。同时，理财团队还根据目前国内的资本市场状况和投资规划中的投资类型设计，选择了目前比较适合李女士的投资品种，包括2只货币型基金、2只债券型基金、1只混合型基金、1只股票型基金和部分银行存款产品。

月末，小王再次与李女士会面，将理财团队的情况、理财规划方案执行计划和具体产品的选择向李女士进行了介绍并征求她的意见，李女士比较认同理财团队的方案，并指定由小王代为操作。

6. 监控理财规划方案的执行情况

7月初，李女士家庭理财团队开始进行代理投资运作，并根据市场波动情况和具体的执行方案，定期、不定期地对理财规划方案的进展情况进行检查。同时，每月末都形成一份书面文件向李女士和陈先生汇报投资情况，年末进行全面总结，小王仍然负责书面文件的递交和日常客户关系的维护工作，并及时将客户的意见反馈给理财团队。

2022年1月上旬，小王约见了李女士，将半年来的投资运作情况向李女士做了汇报。根据理财团队的产品组合设计，该家庭下半年的投资运作情况为：应急资金的年收益水平为2.2%，货币型基金年收益水平为3.2%，债券型基金的年收益率为21.6%，混合型基金的年收益率为96%，股票型基金的年收益率为118%，投资组合（不包括应急资金）的总体年收益率达到了40.14%，远远超过了李女士的预期水平。理财规划方案的实施不但给李女士的家庭带来了丰厚的回报，也使客户与银行的关系更加密切。

同时，理财团队考虑到近来投资市场震荡加剧，为了尽量降低投资风险，决定适当调整投资组合产品的构成，准备在年初选择适当的时机，将组合中的股票型基金转换为平衡型基金，并逐渐增加一些国债和理财产品的投资。小王将这一想法反馈给了李女士，得到了李女士的认同，并仍由小王代为管理操作，双方还约定每半年见面交流一次，对理财规划方案的执行情况进行评定。

任务实施

1. 李先生今年28岁，单身，现供职于一家外贸公司，月收入7 000元左右。李先生目前和同事合租一房，正考虑以首付+贷款形式买房，平时自己住，逢年过节接父母过来同住。

由于上班地点离家较远，因此李先生产生了买车的想法。

李先生现有存款10万元，日常支出每月3 000元，无其他投资。父母的存款和工资完全可以承担父母两人的生活开销，父母准备帮李先生出一部分买房首付资金。

李先生的理财目标是：

（1）针对10万元存款，合理进行资金投资组合，购房计划为当务之急。

（2）适当预留资金应对不时之需，保持资金的流动性。

（3）未雨绸缪，保障生活。

根据李先生的理财目标，请为他编制一份较为完善的个人理财规划报告书。

2. 刘先生今年47岁，是一家公司的高管，月收入1.5万元。太太45岁，职业是医生，月收入8 000元。两人正值事业高峰，工作都非常繁忙。

他们的儿子在读高中，家庭月支出7 500元，存款30万元，在市中心有80平方米住房一套。由于孩子成长需要更大的生活空间，而且现在居住的房屋有些老旧，因此刘先生计划在两年内换一套120平方米以上的住房，并一次性付款。新住房地理位置不一定要在市中心。刘先生希望通过理财，尽量减少房款的负担。

根据上述材料，请帮助刘先生确定理财目标，并编制刘先生一家的个人理财规划报告书。

3. 张先生今年65岁，现每月有2 300元的退休金。老伴10年前退休，也有800元的退休工资。老两口住在两室一厅近80平方米的一套房屋中，房子价值约20万元，备有5万元的定期存款养老金，另外还有3万元的国债。除去每月伙食与日常生活的水、电、煤气等费用，每月还能结余1 500元左右。

张先生的儿子已经结婚，没有和老人一起居住，张先生的孙子目前3岁。

张先生的理财目标为：

（1）夫妇俩养老无忧。

（2）额外给孙子上学准备一笔教育经费。

(3) 增加意外伤害等保险保障。

(4) 想攒出相当一笔钱以保证和改善全家人生活质量。

此外，张先生希望再增加一些投资，能够获取多于定期存款利息的投资收益，同时希望理财规划师能推荐一些养老保险和意外保险品种供他们选择。

请为张老先生编制一份家庭理财规划报告书。

项目总结与自测

1. 准确掌握理财规划报告书的基本结构、语言范式、写作风格。

2. 能够以撰写理财规划报告书为指引，形成对理财工作的全流程系统性认识，培养严谨认真的学习和工作作风。

项目总结

思维导图：

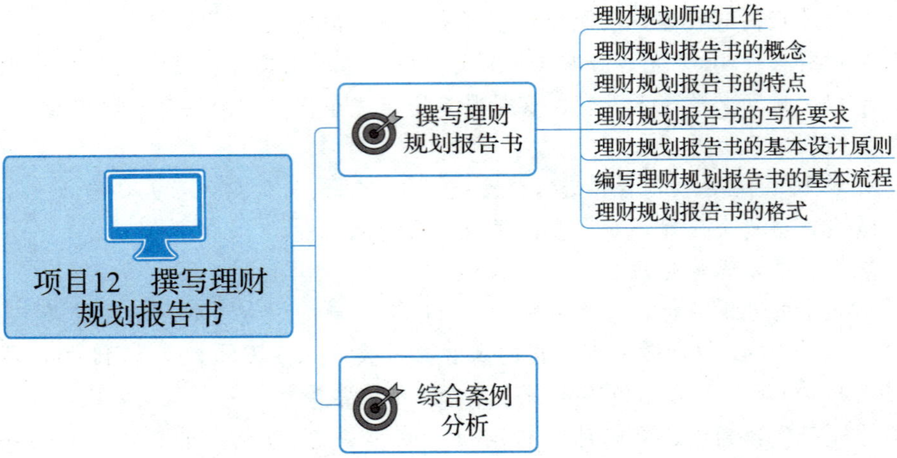

项目综述：本项目对个人或者家庭综合理财规划的制定、流程、内容等进行了详细的介绍，主要介绍了个人或者家庭综合理财方案的制定流程；在明确个人或者家庭目标的基础上，对各项专门的理财规划进行整合；对个人或者家庭综合理财规划方案的实施与监控。

项目自测

项目知识训练

一、判断题

1. 理财规划是技术含量很高的业务，服务态度并不会直接影响理财服务水平。 (　　)

2. 理财客户经理在与客户沟通时需了解多方信息。 (　　)

3. 理财客户经理在与客户沟通时，应直接切入主题，话题不应涉及客户太多的个人或家庭问题。（ ）
4. 宏观经济信息可以从政府部门或金融机构公布的信息中获取。（ ）
5. 个人家庭负债率越低，个人家庭财务状况就越健康。（ ）
6. 理财规划师的责任之一在于改变客户不正确的理财价值观。（ ）
7. 在经济增长比较快、处于扩张阶段时，个人和家庭应当考虑增持收益比较好的股票、房地产等资产。（ ）
8. 退休养老期的理财特征是尽力保全已积累的财富，厌恶风险。相对应的理财策略是投资组合中选择高价股票、高风险债券、期货等理财投资产品。（ ）
9. 个人资产负债表反映的是过去某一时点个人的现金收入和支出情况。（ ）
10. 个人资产负债表中的个人资产部分主要指实物资产，而且一般为升值性资产。（ ）

二、单选题

1. 理财规划师在为客户进行投资规划时的合理步骤是（ ）。
   A. 客户分析—资产配置—证券选择—投资评估
   B. 客户分析—证券选择—资产配置—投资评估
   C. 客户分析—投资评估—资产配置—证券选择
   D. 客户分析—投资评估—证券选择—资产配置
2. 以下各项属于个人资产负债表中的流动资产的是（ ）。
   A. 活期存款 B. 房地产 C. 股票 D. 债券
3. 收集客户个人信息的方法不包括（ ）。
   A. 填写登记表 B. 与客户交谈
   C. 向第三人打听 D. 使用心理测试问卷
4. 对客户拒绝的理解不恰当的是（ ）。
   A. 拒绝是客户的习惯性动作
   B. 客户之所以拒绝，有可能是有顾虑
   C. 客户的拒绝行为能为从业人员提供有意义的提示
   D. 客户提出拒绝，从业人员就没有回旋的余地了
5. 个人理财客户最基本的需求是（ ）。
   A. 服务需求 B. 体验需求 C. 关系需求 D. 产品需求
6. 预期未来经济增长较快、处于景气周期，相应的理财措施是（ ）。
   A. 增加储蓄产品的配置 B. 增加债券产品的配置
   C. 增加股票产品的配置 D. 适当减少房产的配置
7. 在个人生命周期中的退休期，投资组合应以（ ）为主。
   A. 期权 B. 外汇
   C. 固定收益投资工具 D. 股票
8. 在预测客户未来支出的时候，理财规划人员首先应该考虑客户所在地区（ ）的高低。
   A. 就业率 B. 经济增长率 C. 通货膨胀率 D. 货币升值空间

9. 理财规划师在分析客户需求时，了解客户的财务状况非常重要。（　　）属于客户的财务信息。
   A. 客户每月的工薪收入
   B. 客户的婚姻状况
   C. 客户家庭成员
   D. 进行教育规划时客户对子女的期望
10. （　　）属于客户非经常性收入。
   A. 工资薪金
   B. 每月奖金
   C. 债券利息
   D. 彩票中奖收入

三、多选题

1. 下列关于宏观经济状况对个人理财策略影响的描述，正确的有（　　）。
   A. 在经济增长比较快时，个人和家庭应考虑买入对周期波动比较敏感的行业资产
   B. 在经济扩张阶段，成长性、高投机性股票价值表现良好
   C. 当经济处于景气周期时，个人和家庭应考虑增持固定收益类产品
   D. 当经济增长较快时，应减持股票、房产等资产，避免经济波动造成损失
   E. 当经济衰退时，企业亏损，股票的收益和价值显著下降，可能引发熊市
2. 处于中年稳健期的理财客户的特征是（　　）。
   A. 理财理念是增加消费、减少负债
   B. 风险厌恶程度提高，追求稳定收益
   C. 适度增加财富是其理财目标
   D. 在资产组合中选择低风险的股票，高等级的债券、优先股等
   E. 尽力保全自己已积累的财富，厌恶风险
3. 下列哪些选项可能增加家庭的净资产？（　　）
   A. 投资实现资产增值
   B. 增加消费
   C. 将投资收益进行再投资
   D. 利用自动转账偿还信用卡透支
   E. 提前还贷
4. 理财规划师获得客户良好的第一印象的主要方法有（　　）。
   A. 开朗的性格
   B. 诚恳的态度
   C. 干净利落的动作
   D. 细致周到的服务
5. 关于理财服务过程中的投诉处理，以下说法正确的是（　　）。
   A. 积极面对，对投诉的客户怀有感恩的心
   B. 满足所有投诉客户的所有需求
   C. 积极与客户展开辩论，维护公司产品的形象
   D. 制订个人理财业务应急计划
   E. 及时处理客户投诉
6. 理财规划师要对客户现行财务状况进行分析，其分析的主要内容包括（　　）。
   A. 客户家庭资产负债表分析
   B. 客户家庭现金流量表分析
   C. 客户投资冒险心理分析
   D. 客户婚姻状况分析
   E. 客户子女身体状况分析
7. 理财规划师应该帮助客户纠正的错误观念有（　　）。
   A. 把结余全部放在银行

B. 把存款视为最好的投资

C. 追涨杀跌

D. 投资某个领域，不再考虑其他投资工具

8. 下列关于信息收集的说法，正确的是（　　）。

A. 客户信息只包括财务信息

B. 在客户填写调查表之前，理财规划师应对有关项目加以解释

C. 如果客户由于个人原因不愿意回答某些问题，理财规划师应该谨慎地了解客户拒绝的原因，并向客户解释该信息的重要性，以及在缺乏该信息情况下可能造成的误差

D. 宏观经济信息可以从政府部门或金融机构公布的信息中获得

9. 一般来讲，理财规划师在对客户进行理财规划的过程中，应当遵循（　　）原则。

A. 顾问性　　B. 决策性　　C. 专业性

D. 服务性　　E. 一致性

10. 人生的目标多种多样，每个人的理财目标又千差万别，同一个人在不同生命周期阶段的理财目标也不相同，但从一般角度而言，理财规划的目标可以归结为两个层次，包括（　　）。

A. 早点财务独立　　B. 实现财务安全　　C. 个人价值最大化

D. 个人收入最大化　　E. 追求财务自由

11. 理财规划师在为客户提供理财服务的过程中，要注意应遵循一定的原则，具体包括（　　）。

A. 提早规划　　B. 整体规划　　C. 现金保障优先

D. 风险管理优于追求收益　　E. 家庭类型和理财策略相匹配

12. 理财目标确定的原则有（　　）。

A. 理财目标不需要考虑客户的现金准备

B. 理财目标以改善客户财务状况，使之更加合理为主旨

C. 理财目标要具体、明确、一致

D. 理财目标必须具有现实性

E. 理财目标要兼顾不同的期限和先后顺序

四、分析题

赵先生今年40岁，在一家公司担任高级管理人员，每月税后收入10 000元。其妻孙女士为某高校教师，每月税后收入8 000元左右。赵先生的父母早已离世，他们唯一的孩子今年12岁，正在读小学六年级。

赵先生一家原先居住的房屋现值110万元，目前租给了一对外籍夫妇，每月可获得租金收入6 000元。现在他们居住在2010年贷款购置的第二套房中，市值90万元，目前贷款余额尚余15万元，预计两年即可还清。除了两处房产外，他们还有30万元的国债，每年可获利息收入约10 000元。他们还购买了20万元的信托产品，每年的收益在10 000元左右。另有各类银行存款约40万元（不考虑利息收入）。

他们的支出情况如下：每月按揭还款额为6 000元，全家每个月的日常支出约为

5 000 元。此外，赵先生一家每年还有 10 000 元左右的旅游支出。

听过一次理财讲座后，赵先生觉得有必要对家庭财产进行一番规划。赵先生主要考虑了以下几个方面的问题：

（1）赵先生夫妇以前对保险了解不多，除参加基本社会保险外没有购买任何商业保险。赵先生觉得有必要加强风险管理，决定请理财规划师为全家设计一个保险规划。

（2）他们计划在孩子高中毕业后（18 岁）将其送往国外读书（本硕连读共 6 年）。预计届时在国外就读每年所需费用为 12 万元，并且学费将每年上涨 3%。赵先生希望理财规划师能为他制定一个子女教育规划（要求投资收益率为 6%）。

（3）由于经常出差在外，经过考虑，赵先生决定提前拟订一份遗嘱对财产分配进行安排，这同样需要咨询理财规划师的意见。

提示：信息收集时间为 2023 年 1 月，资料截止时间为 2022 年 12 月 31 日。

根据上述材料，制定赵先生的资产负债表和现金流量表，描述赵先生的理财目标。

五、简答题

1. 简述个人理财规划流程。
2. 简述编写理财规划书应该遵循的原则。
3. 简述理财规划师的职业素养。

项目技能训练

实训任务一：熟悉个人理财规划流程

实训目标：掌握个人/家庭资产负债表、个人/家庭收支表的编制，以及各种财务指标的分析方法和分析技巧。

实训内容：请你为自己编制一学期以来的资产负债表和收入支出表，进行资产流动性、负债程度、投资资产占比、投资效果评价、财务自由度等方面的财务指标计算并对计算结果做以简要分析。同时，确定自己的短、中、长期理财目标，为自己制定一份理财规划报告书。

实训任务二：综合案例分析

实训目标：在熟悉各种理财工具的特点和客户的基本财务状况、风险偏好的基础上，综合运用各种理财工具设计出比较完善的理财组合方案。

实训内容：聂先生今年 32 岁，杭州某公司高管，月税后收入 3 万元，年底派发年终奖 8 万元（税后）。聂太太今年 30 岁，某公司职员，月税后收入 7 000 元。夫妇二人有一子，今年 3 岁。一家三口过着幸福的生活。

聂先生一家的家庭支出比较稳定，每月家庭日常生活开支为 6 000 元，聂太太美容及购买化妆品每月需 1 500 元，养车费用每月 2 500 元，聂先生每月应酬支出 2 000 元。同时，为了孝敬双方老人，聂先生每月还需向双方老人各支付 2 000 元赡养费。聂先生每年组织一次家庭外出旅游，支出为 10 000 元。

聂先生现有家庭活期存款 20 万元，定期存款 40 万元，货币市场基金 10 万元，债券 25 万元，股票型基金 30 万元，股票 15 万元，另有一部价值 30 万元的家用型轿车。聂先生于 2017 年 1 月购买了一套 120 平方米的住房，当时购价为 180 万元，首付 80 万元，银行贷款100万元，期限20年，贷款利率为6%，采用等额本息还款，购买当月开始还款，该套住房当前市场价值为320万元。夫妻二人除社保外并未购买其他商业保险。

目前，聂先生想请理财规划师通过理财规划为其解决以下问题：

(1) 聂先生考虑到现在家庭条件比较富裕，希望现在购买家庭的第二套住房，他看好了一套面积为100平方米的商品房，市场价格180万元，聂先生想知道根据目前的家庭情况，如何进行规划来购买第二套住房。

(2) 聂先生想知道目前只依靠社会保险保障是否完备，如果不足，还需要补充哪些保险。

(3) 孩子是夫妻二人的希望，他们希望儿子能茁壮成长，接受良好的教育。由于小学和中学阶段教育开支并不太大，因此聂先生想请理财规划师着重为其解决儿子的高等教育费用问题。而且二人非常希望孩子18岁时可以出国上大学，届时至少需要80万元。

(4) 尽管聂先生夫妻二人单位福利不错，但考虑到养老费用是一笔不小的开支，同时想在身后能够为儿子留下遗产，所以夫妻二人还是想在退休时积攒下一笔财富。假设聂先生60岁退休，届时积攒资金的目标额度为300万元。

(5) 能够对现金等流动资产进行有效管理。

要求：根据上述材料，编制聂先生的资产负债表和现金流量表，分析聂先生一家的财务比率，并完成下面的不定项选择题。

1. 在编写聂先生家庭关于资产负债表与现金流量表时，下列表头描述正确的是（　　）。
   A. 聂先生家庭资产负债表（2020年12月31日）
   B. 聂先生家庭现金流量表（2020年12月31日）
   C. 聂先生家庭现金流量表（2020年1月1日—2020年12月31日）
   D. 聂先生家庭资产负债表（2020年1月1日—2020年12月31日）
2. 截至2020年12月31日，关于聂先生家庭资产的表述正确的是（　　）。
   A. 聂先生家庭现金及现金等价物金额为600 00元
   B. 聂先生家庭金融资产为90 000元
   C. 聂先生家庭实物资产为3 500 000元
   D. 聂先生家庭总资产为5 100 000元
3. 截至2020年12月31日，关于聂先生家庭负债与净资产的表述正确的是（　　）。
   A. 聂先生家庭住房贷款负债金额为8 822 916元
   B. 聂先生家庭总负债金额为882 916元
   C. 聂先生家庭净资产为4 017 084元
   D. 聂先生家庭负债与净资产总计为4 900 000元
4. 下列关于聂先生家庭支出数据描述正确的是（　　）。
   A. 房屋按揭还贷为85 972元　　B. 日常生活支出为72 000元
   C. 赡养费用为48 000元　　D. 应酬支出为24 000元
5. 下列对聂先生家庭现金流量表的信息描述正确的是（　　）。
   A. 聂先生的工薪类收入为360 000元　　B. 聂先生家庭收入总计为524 000元
   C. 聂先生家庭支出总计为387 972元　　D. 聂先生家庭年结余为136 028元
6. 下列关于聂先生家庭财务比率表的描述正确的是（　　）。

A. 聂先生家庭结余比率为 32%　　B. 聂先生家庭清偿比率为 68%
C. 聂先生家庭负债收入比率为 16%　　D. 聂先生家庭投资于净资产的比率为 20%

7. 关于结余比率，下列说法正确的是（　　）。
A. 聂先生家庭结余比率为 32%
B. 聂先生家庭积累财富的速度比较慢
C. 结余比例过高从侧面反映出家庭生活质量偏低
D. 结余比率可以反映聂先生家庭提高其净资产的能力

8. 根据聂先生家庭投资与净资产比率的判断，下列说法正确的是（　　）。
A. 投资净资产比率＝净资产/投资资产
B. 聂先生家庭投资与净资产比率过高
C. 投资资产包括股票、债券、基金等其他金融资产及投资房产
D. 投资与净资产比率反映了聂先生家庭通过投资提高净资产规模的能力

9. 根据聂先生家庭流动性比率，下列说法正确的是（　　）。
A. 流动性比率＝每月支出/流动资产
B. 聂先生家庭收入比较稳定，流动性可以调高
C. 流动性比率反映客户支出能力的强弱
D. 聂先生家庭流动性比率应设定的合理区间为 3～6 倍的月支出

10. 对于聂先生家庭财务状况总体评价，下列说法正确的是（　　）。
A. 聂先生家庭投资与净资产比率较高，可以保证未来生活质量
B. 聂先生家庭流动性比率过低，无法满足预防动机
C. 聂先生家庭的风险保障相对比较充分
D. 聂先生家庭的负债收入比率较低，不易发生财务危机

11. 关于聂先生家庭财务状况的预测，下列表述正确的是（　　）。
A. 聂先生妻子将成为家庭最大消费主体
B. 聂先生家庭未来 15 年各项支出会急速增加
C. 聂先生处于事业黄金阶段，收入增长空间小
D. 如无其他债务安排，随着房贷压力越来越小，聂先生家庭债务负担将逐渐减轻

12. 关于聂先生家庭理财目标的整理，下列说法正确的是（　　）。
A. 需要保险规划方面的理财建议
B. 需要对其房产投资进行相应建议
C. 需要对其子女进行高等教育费用的统筹
D. 需要对其退休后 300 万元的退休养老资金进行规划

13. 在针对聂先生家庭提供现金规划这部分内容中，流动性比率是比较重要的参照指标，下列选项对其描述正确的是（　　）。
A. 聂先生家庭的流动性资产应保留 3 个月左右的月支出总和
B. 聂先生需要预留 19 000 元以保证自己家庭资产的流动性
C. 流动性资产可通过活期存款与货币市场基金的形式存在
D. 流动性资产可通过股票达到良好收益以保持家庭流动性资产的增值

14. 聂先生家庭属于家庭事业成长期，下列关于其家庭现金规划方面的建议正确的

是（　　）。

A. 聂先生可以通过定活两便储蓄来减少活期存款的利率损失

B. 聂先生可以通过办理信用卡以应对现金及现金等价物不足时的临时性支出

C. 聂先生可以通过办理定活通的储蓄方式满足存款收益与活期存款便利的双重需求

D. 聂先生家庭可以通过购买商业债券以弥补流动性资产收益性不足的缺点

15. 针对聂先生家庭筹备孩子的教育费用方面的理财建议，下列表述正确的是（　　）。

A. 教育金最没有时间弹性和费用弹性

B. 聂先生家庭的教育负担比为50%，相对较高

C. 当教育负担比高于30%时，家庭就应提早准备该部分资金

D. 预估教育费用时，仅考虑学费开销即可

16. 在筹备孩子的高等教育费用时，理财规划师应推荐的筹资工具有（　　）。

A. PE　　B. 教育保险　　C. 共同基金　　D. 债券

17. 对于聂先生家庭筹备退休养老费用，理财规划师建议运用（　　）理财工具。

A. PE　　B. 外汇期货　　C. 黄金现货　　D. 商业养老保险

18. 对于聂先生家庭风险识别分析正确的是（　　）。

A. 聂先生与聂太太均为家庭贡献收入，同时考虑到工作中的频繁应酬与生活中的旅游，所以应首先为夫妇二人配置投资类保险产品

B. 如果聂先生发生意外死亡或残疾，家庭收入将彻底中断，所以只需要为聂先生一人配置商业保险即可

C. 聂先生和聂太太除社保外并未购买其他商业保险，建议在医疗、养老等方面配置商业保险以提高保障强度

D. 孩子作为家庭的希望，应首先为孩子配置商业保险

19. 下列对于聂先生家庭风险保障方面保费及保额的相关建议合理的是（　　）。

A. 结合聂先生家庭年收入确定聂先生家庭保险额度

B. 建议聂先生将年收入的5%作为每年保险费用支出

C. 聂先生是家庭的主要收入者，因此家庭的保障只要考虑聂先生即可

D. 孩子面临的主要风险是意外伤害和疾病，所以需要把家庭的风险保障主要放在孩子身上

项目延伸

项目延伸

私人银行

参考文献

[1] 杰克·R卡普尔，李·R德拉贝，罗伯特·J休斯．个人理财．9版．上海传神翻译服务有限公司，译．上海：上海人民出版社，2011.

[2] 陈惠芳，古洁．个人理财实训．大连：大连理工大学出版社，2021.

[3] 罗瑞琼．个人理财．北京：中国金融出版社，2020.

[4] 闾定军．个人理财实务．北京：清华大学出版社，2020.

[5] 阿瑟·J基翁．个人理财．8版．北京：中国人民大学出版社，2021.

[6] 杨则文．个人理财业务．北京：经济科学出版社，2010.

[7] 刘方远．资管新规背景下银行个人理财业务战略转型研究．北京：中国人民大学出版社，2020.

[8] 银行业专业人员职业资格考试应试指导教材编写组．个人理财．北京：中国财富出版社，2022.

[9] 潘静波．个人理财．北京：高等教育出版社，2018.

[10] 梁玉．个人理财实训教程．南宁：广西人民出版社，2017.

[11] 劳伦斯·J吉特曼．个人理财．3版．北京：中国人民大学出版社，2016.

[12] 邹静，杨秀秀．个人理财．上海：立信会计出版社，2021.

[13] 闾定军．中国古代理财文化．北京：中国财政经济出版社，2018.

[14] 刘彦斌．理财有道．北京：中信出版社，2010.

[15] 高泽金，郑兴．个人理财实务．3版．大连：东北财经大学出版社，2021.

[16] E登比·布兰登，H奥利弗·韦尔奇．金融理财史．现代国际金融标准（上海）有限公司，译．北京：中信出版集团股份有限公司，2021.

[17] 彭福军．投资理财实战．北京：中国铁道出版社有限公司，2020.

[18] 祝小兵．金融交易与理财实务．3版．北京：国家开放大学出版社，2019.

[19] 徐慧玲，边智群．理财学．北京：中国金融出版社，2022.

[20] 张颖．个人理财：流程与案例．北京：机械工业出版社，2022.

[21] 万思杝．理财规划实训教程．成都：西南财经大学出版社，2021.

[22] 李政．我国商业银行个人理财业务研究：从产品销售向理财规划的演进．北京：中央财经大学出版社，2017.

附录1　《家庭理财规划报告书》

家庭理财规划报告书

×××银行股份有限公司

××理财中心

王××

20××年××月

声　明

尊敬的李××女士：

您好！感谢您与我们分享您家庭所遇到的财务问题。您拥有一个令人羡慕的家庭，收入丰厚、三代同堂、共享天伦。与此同时，在越来越高的生活成本推动下，您也感到了前所未有的压力。根据对您家庭财务问题的分析，在未来的一段时间内，您的家庭需要不断增加财富以实现购房、赡养长辈、教育孩子和自身的退休养老规划，建立全面的家庭保障计划，并进行与您的风险承受能力相匹配的投资。作为理财方面的专业人员，我们将为您提供全面的家庭理财方案，帮助您的家庭实现未来的生活目标。

当然，我们所制订的理财方案仅仅是基于您为我们提供的家庭基本信息以及资产负债和收支情况。如果方便，建议您前往×××银行理财中心，我们的服务团队可以与您进一步沟通，在更准确地了解您的家庭情况和需求后，为您量身定制更加细致、合理的家庭理财规划方案。

除您本人提供的书面许可外，我们将对您提供的所有信息严格保密。真诚地祝愿您和您的家人拥有更高质量、更有保障、更具回报的美满生活！

×××银行股份有限公司××分行××理财中心

理财顾问：王××

20××年××月

目　录

第一部分　家庭基本情况

一、家庭成员信息

您的家庭为 5 口之家，夫妻二人均为企业高级管理人员；刚过而立之年，收入颇丰，但有一定的失业风险；有一个即将上小学的儿子，今年 5 岁。目前您与公公婆婆同住。家庭成员信息如附录表 1 所示。

附录表 1　家庭成员信息表

家庭成员	姓名	年龄	职业
妻子	李女士	33 岁	高级经理
丈夫	陈先生	35 岁	高级管理人员
儿子	陈××	5 岁	幼儿园学生
公公	—	—	退休
婆婆	—	—	退休

二、家庭收支状况

1. 每月收支状况（见附录表 2）

附录表 2　每月收支状况　　单位：元

每月收入		每月支出	
本人收入	15 000	基本生活开销	7 500
配偶收入	20 000	子女教育费	2 500
		房贷还款	5 000
合计	35 000	合计	15 000
每月结余（收入-支出）	20 000		

2. 年度性收支状况（见附录表 3）

附录表 3　年度性收支状况　　单位：元

收入		支出	
年终奖金	60 000	保险费	10 000
利息收入	20 000	其他	40 000
合计	80 000	合计	50 000
每年结余（收入-支出）	30 000		

3. 家庭资产负债状况（见附录表 4）

附录表 4　家庭资产负债状况

单位：元

家庭资产		家庭负债	
现金及活期存款	650 000	房屋贷款（余额）	500 000
定期存款	700 000	汽车贷款（余额）	0
股票	0	消费贷款（余额）	0
债券	0	信用卡未付款	0
房地产（自用）	1 800 000	其他	0
资产总计	3 150 000	负债总计	500 000
净资产（资产-负债）	2 650 000		

说明：在对实物资产计价时，采用市场重置价格计价方法，自用房地产的市场价格为 180 万元。

第二部分　理财目标确定

根据您所提供的信息，我们把您家庭的理财目标分为短期目标、中期目标和长期目标。

一、短期目标

您的短期目标非常明确，就是在家附近购置一套 150 平方米左右的房子，房价大约为 280 万元，为儿子提供一个更独立、更自由的空间。

二、中期目标

您的中期目标包括：为儿子准备充足的高等教育费用约 100 万元（现值），保障儿子在国外顺利读完大学；为父母准备充足的医疗费用 20 万元（现值），保障父母安度晚年。

三、长期目标

您的长期目标是：为儿子准备充足的创业基金；在夫妻二人退休时，准备养老金 174 万元，使夫妻俩能够在退休后维持现有的生活水平不变；保证夫妻双方至少有一人在 50 岁左右就可以提前退休。

第三部分　基本假设

为了便于我们做出数据翔实的理财规划方案，根据您提供的数据资料和当前市场经济状况，加之我们的科学估计和推算分析，我们对相关内容做如下假设和预测：

（1）假设我国年通货膨胀率将维持在目前 3%～6%的水平上，不会出现太大的上扬，长期来看，年均增长率在 4%左右。

（2）据本市人力和社会保障局及统计局公布的数据，保守地估计，未来本市职工的月平均工资年度涨幅应能达到 5%以上。

（3）您和丈夫均从 25 岁起参加工作，根据家庭的风险承受能力与投资组合设计，工作期间的投资报酬率为 7.49%，退休后的收益率为 5.42%。

（4）学生的教育费用，参照目前国内的标准，平均每年增长幅度约 4%。

（5）近一年来，国内房价快速上涨，国家已经加大了调控力度，从本市的走势来看，涨幅趋缓，估计未来将保持一个稳定并适当的增长幅度，故假设房地产增值率为3%。

（6）您全家5口人目前每月的生活开销大约为10 000元。假设退休后夫妻二人维持现有生活水平不变，保守地估计，每月的生活费用大约需要5 000元。

第四部分　财务状况分析

一、资产负债分析

从附录表4的家庭资产负债状况可知，您的家庭有现金及现金等价物65万元，定期存款为70万元，自有房产为180万元，房贷负债为50万元，故净资产为265万元。

从附录图1所示的资产结构来看，自有房产在总资产中占57.14%，对于处在成长初期的家庭来说，这种比例已经是比较理想的了；金融资产在总资产中占42.86%，但现金和活期存款与银行定期存款几乎各占一半的比例，虽然流动性很强，比较容易变现，但盈利能力很弱，收益较低，而且投资品种单一。因此，需要对这部分资产进行有效配置，以获取更多收益，从而降低通货膨胀率对家庭财富的侵蚀，并尽量使家庭财富不断增长。

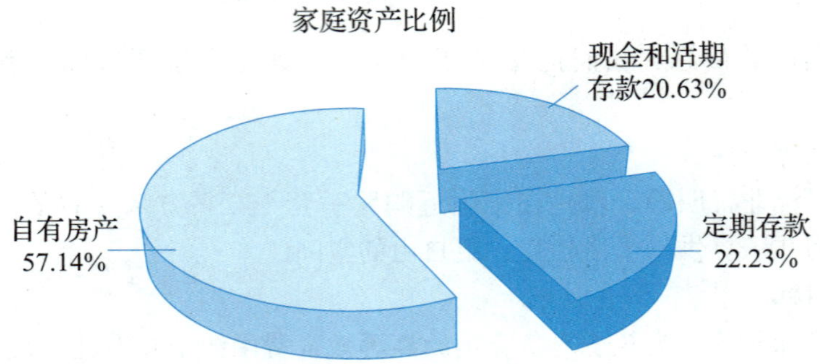

附录图1　家庭资产比例图

从负债和净资产情况来看，您的家庭只有50万元的住房贷款，资产负债率为15.87%，应该说债务负担较轻；净资产偿付比率为84.13%，说明家庭的综合偿债能力很强，经济状况良好。

二、收入支出分析

首先，把家庭的每月收支数据转为年度收支数据并合并至年度性收支状况表，可得出您家庭的年度收支表（见附录表5）、家庭全年收入结构（见附录图2）及家庭全年支出结构（见附录图3）。

附录表5　年度收支表

单位：元

收入		支出	
本人收入	180 000	基本生活开销	90 000
配偶收入	240 000	子女教育费	30 000
年终奖金	60 000	房贷还款	60 000
利息收入	20 000	保险费	10 000

续表

收入		支出	
		其他支出	40 000
合计	500 000	合计	230 000
每年结余（收入-支出）	270 000		

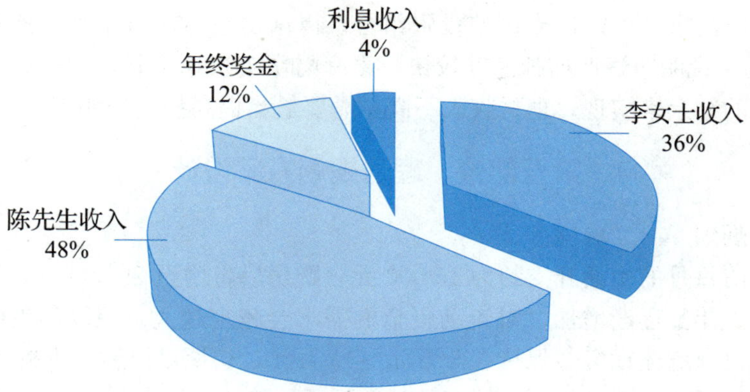

附录图 2 家庭全年收入结构

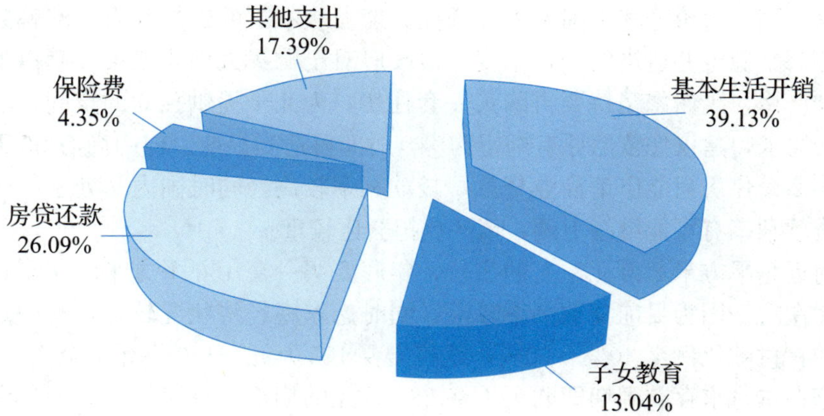

附录图 3 家庭全年支出结构

从收入情况来看，家庭收入主要来源于工资性收入，占收入结构的 96%，而投资收益收入只占 4%，这与占总资产 42.86%的金融资产占比很不相符，投资收益明显偏低。

从支出结构来看，主要是家庭基本生活开销和房贷偿还，分别占比 39.13%和 26.09%，比重较为合理；子女教育支出占 13.04%，目前孩子年龄较小，支出较少，随着孩子年龄的增加，这部分支出的比重会逐渐增加；人情往来、孝敬父母、购买大宗物品等其他支出占 17.39%，属于合理范围；保险费支出占 4.35%，对于您这样的高收入家庭来说偏低，说明家庭成员的安全保障不足。

全家年度结余 27 万元，结余比例为 54%，说明家庭的增收节支能力和储蓄能力很强，家庭净资产将快速增长。

三、其他财务分析

根据您家庭的各项财务数据，家庭的收入负债比率为 0.12，处于较低水平，属于正常范围，说明家庭财务状况良好；流动性比率为 43.33，与“3～6”倍的理想范围差距太大，说明家庭流动性资产比例过高，会影响家庭金融资产的总体收益水平，需要进行合理规划，以增加投资收益；投资与净资产比例为 0.51，说明家庭投资能力比较强，家庭财富积累会不断增加，但结合家庭收入结构来看，投资收益偏低，根据您的风险承受能力和家庭理财需求，可以适当调整投资组合，以增加总体收益水平；您家庭的净资产增长率约 17%，说明净资产增长速度较快，家庭财富会快速增长，但从结构来看，主要靠工资性收入的结余来实现，理财收入不高，需要适当提高投资报酬率。

第五部分 理财规划方案设计

一、现金规划

您家庭目前每月的生活开支约为 15 000 元，购房后将增至 29 300 元，同时家中又有老人，随着老人年龄逐渐增加，对流动资金的需求会越来越大。但因年度购房资金较为紧张，所以建议家庭流动资金保持在 5 万元～10 万元，初期可以暂时维持在 5 万元左右，随着资金积累的增加，再增加现金持有数量 5 万元，使流动资金保持在 10 万元左右，即可满足家庭的流动性需求。

二、购置房地产规划

近年来，国内房价上涨，国家加大调控力度。从本市的走势来看，涨幅趋缓，估计未来将保持一个稳定并适当的增长幅度，但政府对于购买大面积或第 2 套以上住房的限制将会更加严格。既然您坚持要再购买一套住房，为儿子提供独立的空间，考虑到市场状况和您的需求，建议您依照原有期望购房，时间可适当提前。但因尚有 50 万元贷款未还，购买第 2 套住房只能申请商业贷款，贷款利率较高，同时国内又处于一个加息的经济周期，贷款利率有可能继续上调，债务负担会比较重。

按照附近每平方米 2 万元左右的房价，年底要买一套 150 平方米的房子，总价可能在 280 万元左右。因为目前贷款利率较高，同时您家庭经济状况较好，有一定的支付能力，可增加首付款比例至 40%～50%，这将需要 112 万元～140 万元资金。

建议您在本月末存款到期即购买价格 280 万元的期房，首付 112 万元，向银行贷款 168 万元，还款至退休（期限 17 年），商业贷款利率为 7.2%，需要月还款 14 300.5 元，年还款额 171 606 元。

年末进行新房装修，可用现有存款支付装修款 15 万元。

三、子女教育规划

对照当前您家附近中小学的教育费用，每学期小学学费为 4 500 元～5 500 元，初中学费为 5 500 元～7 300 元，高中学费为 3 500 元～6 000 元，全年学费最高也不会超过 15 000 元，再考虑孩子业余补习及特长班的学习费用，目前每年 3 万元的教育开支足以满足中小学学习的费用需求。

您希望将来送孩子到国外去读大学，参考有关部门公布的国外留学费用标准，按照现行汇率，去英国读完本科课程的总费用为59.4万元～67.1万元，去美国读完本科课程的总费用为65.4万元～102万元，如果您不希望孩子半工半读，而是为孩子提供全额留学费用的话，需要准备现值约100万元的高等教育金，以便供孩子继续享受较好的教育环境。按照目前教育费用每年4%左右的增长率，13年后孩子读大学时，需要积累大约167［*FV*(4%，13，−100，0)］万元的教育费用。考虑到近期房贷还款的负担较大，第一年和第二年可以先积累少部分教育费用，每月定期定额投资5 000元以减轻前期资金压力。从第三年起每月需要积累0.664［*PMT*(7.49%/12，11.5×12，9.49，167)］万元，即需要月存款6 640元做定期定额投资，年投资79 680元。

对于孩子创业基金的积累，可以视其他理财目标的安排来确定，而且到孩子上大学时，每个月家庭的生活开支将逐渐减少，此时不再需要继续积累教育金，夫妻双方的收入也有所增加，因此每年结余的资金可全部用来投资。到孩子大学毕业，为他积累200万元的创业基金或进一步的留学费用是可以实现的。

四、退休养老规划

您全家5口人目前每月的生活开销大约为10 000元，保守地估计，夫妻二人每月的生活费为5 000元，17年后李女士50岁、陈先生52岁，夫妻一起退休，假设退休后再生活30年，退休时两人的月生活费为0.974［*FV*(4%，17，0，−0.5)］万元，如果通货膨胀率在4%左右，则退休时两人全年的生活费用将达到11.69万元。

考虑到每年4%的通货膨胀率和退休后5.42%的投资收益率，如果退休后再生活30年，则折算到退休时，维持未来生活需要的养老金为290［*PV*(1.37%，30，−11.69，0.1)］万元。

当前全市职工的月平均工资为2 464元，相比之下您和丈夫的收入较高，所以夫妻二人应以社会平均工资的3倍为基数缴纳基本养老保险。从本地统计局公布的数据来看，保守地估计，未来本市职工的月平均工资年度涨幅应能达到5%以上。若两人同时退休，前15年因为可以同时从个人账户和社会统筹账户领取养老金，每月可领取总额约为6 520元，后15年只能从社会统筹账户领取，大约每月领取3 980元，折算到2035年可领取的养老金现值为116万元，养老金缺口为174万元，这部分资金需要夫妻二人在退休前自行筹集。

因为本年度要买房、还贷、筹备子女教育金，再加上新增加的保险费，家庭资金比较紧张，考虑到未来收入会继续增长，所以计划7年半后开始积累养老金，共10年时间，到退休时积累养老金174万元，为此，每月需要定期定额积蓄9 785［*PMT*(7.49%/12，10×12，0，174)］元，年积累117 420元。

此外，您的公公婆婆在您购房后需要独立生活，其生活费用中的一部分可以由两位老人的养老金解决。您家庭现在每月的日常开支7 500元中包括两位老人的生活开销，在分开居住后，可以考虑从中拿出1/3补充老人的生活费用。因此，即使分开居住，您家庭的生活开销依然会保持不变。你需要考虑的是为老人筹备现值20万元左右的医疗费用，以备不时之需。考虑到近两年购房和子女教育的刚性需求，同时老人年纪又不是很大，身体还很健康，短期内也不会有大额的资金需求，建议不必做定期定额投资，利用每年的资金结余作为积累，7年半后，一次性支付给老人25.31［*FV*(4%，6，0，20)］万元的医疗费用。

五、风险保障规划

您家庭的主要经济来源是夫妻双方的工资性收入，作为家庭的经济支柱，夫妻任何一方因意外伤害或重大疾病而停止工作都会直接影响家庭的正常生活。因此，正如前面分析的，您家庭的保障远远不足。目前，您家庭每年的开支为 23 万元，应有的保额需达到 230 万元左右，只要每年再增加 3 万元左右的保险费用（即全年总的保险费支出约为 4 万元），用于您和您先生购买定期寿险、意外伤害保险和医疗保险，并为孩子购买重大疾病保险。因此，您夫妻二人应分别购买 230 万元保额的保险。因为您已有 20 万元保额，陈先生已有 10 万元保额的重大疾病险，所以您再增加 210 万元保额，陈先生再增加 220 万元保额即可。

六、投资组合规划

综合考虑您的风险承受能力和风险偏好，再结合家庭生命周期，在退休前合适的投资组合如附录表 6 所示。

附录表 6　工作期间投资组合结构

产品类别	配置比例	预期收益率
货币市场方向	15%	2.6%
债券市场方向	35%	6%
股票市场方向	30%	12%
另类投资（包括黄金、信托等产品）	20%	7%
综合指标	100%	7.49%

退休时，需要调整家庭的投资组合结构，降低投资风险，此时适合您的投资组合如附录表 7 所示。

附录表 7　退休后投资组合结构

产品类别	配置比例	预期收益率
货币市场方向	20%	2.6%
债券市场方向	70%	6%
另类投资（包括黄金、信托等产品）	10%	7%
综合指标	100%	5.42%

从以上设计能够看出，如果严格按照上面的比例分配资金进行投资，同时各投资方向都能达到预期收益，则工作期间家庭投资资产组合收益率将达到 7.49%，退休后的收益率也能达到 5.42%。需要说明的是：现有投资组合是根据我国目前宏观经济环境、资本市场状况和您家庭的具体财务状况及理财需求进行设计的，上述任何条件发生较大的变化，都会对预期收益产生影响。因此建议您经常与理财规划师保持密切联系，并随时与理财规划师沟通变化情况，以便及时调整和修正，从而尽量减少外部因素变化对您家

庭财务的影响。

第六部分　可行性分析

一、现金流量分析

综合归纳以上各项具体规划，通过预算可以发现，第1年的购房款和住房装修款以及后面其他年限分别有赡养老人的支出、子女高等教育费用和创业基金等大额支出，导致当年现金流出量增大，需要变现前期积累的金融资产；同时，各年现金流量均大于0，说明根据预先设计的理财规划方案，各理财目标所需资金完全能够满足。因此，以上设计的理财规划方案完全可行。

二、资产负债分析

综合归纳以上各项具体规划，根据模拟测算，各年资产总额不断增加，家庭净资产也快速增长，说明该理财规划方案给家庭财富增长带来的效果非常可观。因为资金有所结余，您可以适当增加一些改善生活质量的开支，如适当增加家庭旅游等方面的支出。

三、敏感度分析

由于房贷支出是您家庭的最主要支出，目前我国正处于加息周期，利率上升将增加房贷支出。通过分析可以知道利率变动对您家庭的房贷支出和年末金融资产余额的影响。随着利率上升，房贷支出不断增加，年末金融资产余额不断减少，当利率上升到9.6%时，金融资产余额开始为负，届时如果其他因素不变，将影响整体目标的实现。

第七部分　规划结论

针对您家庭的特点，我们在确保您家庭生活质量不下降、退休后有充足生活保障的理财原则下，通过制订上述理财规划，为您规避了家庭面临的风险，适当提高财务杠杆会增加投资收益，并规划了充足的购房资金与教育基金，提高了生活品质。在目前各类条件下，本方案为您达成了所有的短期、中期和长期目标。

第八部分　风险揭示

（1）本理财规划方案是基于目前市场情况做出的一些假设制订出来的，这些假设会随着国家经济的变化而发生变化，例如，物价水平变化、证券市场波动、经济增长率变化、汇率变动、国家实行不同的房地产调控政策等，这些都会对理财规划方案产生一定的影响，

（2）生活支出除了受到物价水平等因素的影响之外，还要考虑未来生活质量的提高、疾病和其他突发事件的影响，这些支出需求如果是不断增加，就会影响到其他目标的实现。

（3）孩子的教育支出也可能会超出预期增长。目前只是估算了大学的费用，还可能有研究生的教育费用，如果孩子接受研究生教育，也会对理财规划方案产生一定的影响

（4）在执行本方案时，应该遵循理财规划师的意见，理财规划师会定期与您沟通，

并根据需要适时对方案进行调整，如果您单方面修改或不遵照执行，也会产生一定的风险。

后　记

理财投资是一个动态的过程，会随着社会经济以及投资环境发生变化，可能会因为政策、市场等风险使得投资工具的收益存在较大的波动。理财规划方案需要定期进行适当的修改或更新，您如果在投资中出现资金变动或者投资目标、投资收益需要进行调整的情况，请及时与我们进行联系。我们愿伴随您家庭的成长历程，随时为您提供更多的理财建议，为您减轻财务忧虑。祝您早日达成您的理财目标，祝您早日实现财务自由！

附录 2　系数表

附表一　复利终值系数表

期数	1%	2%	3%	4%	5%	6%	7%	8%	9%	10%	11%	12%	13%	14%	15%	16%	17%	18%	19%	20%	21%	22%	23%	24%	25%	26%	27%	28%	29%	30%
1	1.01	1.02	1.03	1.04	1.05	1.06	1.07	1.08	1.09	1.1	1.11	1.12	1.13	1.14	1.15	1.16	1.17	1.18	1.19	1.2	1.21	1.22	1.23	1.24	1.25	1.26	1.27	1.28	1.29	1.3
2	1.020 1	1.040 4	1.060 9	1.081 6	1.102 5	1.123 6	1.144 9	1.166 4	1.188 1	1.21	1.232 1	1.254 4	1.276 9	1.299 6	1.322 5	1.345 6	1.368 9	1.392 4	1.416 1	1.44	1.464 1	1.488 4	1.512 9	1.537 6	1.562 5	1.587 6	1.612 9	1.638 4	1.664 1	1.69
3	1.030 3	1.061 2	1.092 7	1.124 9	1.157 6	1.191	1.225	1.259 7	1.295	1.331	1.367 6	1.404 9	1.442 9	1.481 5	1.520 9	1.560 9	1.601 6	1.643	1.685 2	1.728	1.771 6	1.815 8	1.860 9	1.906 6	1.953 1	2.000 4	2.048 4	2.097 2	2.146 7	2.197
4	1.040 6	1.082 4	1.125 5	1.169 9	1.215 5	1.262 5	1.310 8	1.360 5	1.411 6	1.464 1	1.518 1	1.573 5	1.630 5	1.689	1.749	1.810 6	1.873 9	1.938 8	2.005 3	2.073 6	2.143 6	2.215 3	2.288 9	2.364 2	2.441 4	2.520 5	2.601 4	2.684 4	2.769 2	2.856 1
5	1.051	1.104 1	1.159 3	1.216 7	1.276 3	1.338 2	1.402 6	1.469 3	1.538 6	1.610 5	1.685 1	1.762 3	1.842 4	1.925 4	2.011 4	2.100 3	2.192 4	2.287 8	2.386 4	2.488 3	2.593 7	2.702 7	2.815 3	2.931 6	3.051 8	3.175 8	3.303 8	3.436	3.572 3	3.712 9
6	1.061 5	1.126 2	1.194 1	1.265 3	1.340 1	1.418 5	1.500 7	1.586 9	1.677 1	1.771 6	1.870 4	1.973 8	2.082	2.195	2.313 1	2.436 4	2.565 2	2.699 6	2.839 8	2.986	3.138 4	3.297 3	3.462 8	3.635 2	3.814 7	4.001 5	4.195 9	4.398	4.608 3	4.826 8
7	1.072 1	1.148 7	1.229 9	1.315 9	1.407 1	1.503 6	1.605 8	1.713 8	1.828	1.948 7	2.076 2	2.210 7	2.352 6	2.502 3	2.66	2.826 2	3.001 2	3.185 5	3.379 3	3.583 2	3.797 5	4.022 7	4.259 3	4.507 7	4.768 4	5.041 9	5.328 8	5.629 5	5.944 7	6.274 9
8	1.082 9	1.171 7	1.266 8	1.368 6	1.477 5	1.593 8	1.718 2	1.850 9	1.992 6	2.143 6	2.304 5	2.476	2.658 4	2.852 6	3.059	3.278 4	3.511 5	3.758 9	4.021 4	4.299 8	4.595	4.907 7	5.238 9	5.589 5	5.960 5	6.352 8	6.767 5	7.205 8	7.668 6	8.157 3
9	1.093 7	1.195 1	1.304 8	1.423 3	1.551 3	1.689 5	1.838 5	1.999	2.171 9	2.357 9	2.558	2.773 1	3.004	3.251 9	3.517 9	3.803	4.108 4	4.435 5	4.785 4	5.159 8	5.559 9	5.987 4	6.443 9	6.931	7.450 6	8.004 5	8.594 8	9.223 4	9.892 5	10.604 5
10	1.104 6	1.219	1.343 9	1.480 2	1.628 9	1.790 8	1.967 2	2.158 9	2.367 4	2.593 7	2.839 4	3.105 8	3.394 6	3.707 2	4.045 6	4.411 4	4.806 8	5.233 8	5.694 7	6.191 7	6.727 5	7.304 6	7.925 9	8.594 4	9.313 2	10.085 7	10.915 3	11.805 9	12.761 4	13.785 8
11	1.115 7	1.243 4	1.384 2	1.539 5	1.710 3	1.898 3	2.104 9	2.331 6	2.580 4	2.853 1	3.151 8	3.478 6	3.835 9	4.226 2	4.652 4	5.117 3	5.624	6.175 9	6.776 7	7.430 1	8.140 3	8.911 7	9.748 9	10.657 1	11.641 5	12.708	13.862 5	15.111 6	16.462 2	17.921 6
12	1.126 8	1.268 2	1.425 8	1.601	1.795 9	2.012 2	2.252 2	2.518 2	2.812 7	3.138 4	3.498 5	3.896	4.334 5	4.817 9	5.350 3	5.936	6.580 1	7.287 6	8.064 2	8.916 1	9.849 7	10.872 2	11.991 2	13.214 8	14.551 9	16.012	17.605 3	19.342 8	21.236 2	23.298 1
13	1.138 1	1.293 6	1.468 5	1.665 1	1.885 6	2.132 9	2.409 8	2.719 6	3.065 8	3.452 3	3.883 3	4.363 5	4.898	5.492 4	6.152 8	6.885 8	7.698 7	8.599 4	9.596 4	10.699 3	11.918 2	13.264 1	14.749 1	16.386 3	18.189 9	20.175 2	22.358 8	24.758 8	27.394 7	30.287 5
14	1.149 5	1.319 5	1.512 6	1.731 7	1.979 9	2.260 9	2.578 5	2.937 2	3.341 7	3.797 5	4.310 4	4.887 1	5.534 8	6.261 3	7.075 7	7.987 5	9.007 5	10.147 2	11.419 8	12.839 2	14.421	16.182 2	18.141 4	20.319 1	22.737 4	25.420 7	28.395 7	31.691 3	35.339 1	39.373 8
15	1.161	1.345 9	1.558	1.800 9	2.078 9	2.396 6	2.759	3.172 2	3.642 5	4.177 2	4.784 6	5.473 6	6.254 3	7.137 9	8.137 1	9.265 5	10.538 7	11.973 7	13.589 5	15.407	17.449 4	19.742 3	22.314	25.195 6	28.421 7	32.030 1	36.062 5	40.564 8	45.587 5	51.185 9
16	1.172 6	1.372 8	1.604 7	1.873	2.182 9	2.540 4	2.952 2	3.425 9	3.970 3	4.595	5.310 9	6.130 4	7.067 3	8.137 2	9.357 6	10.748	12.330 3	14.129	16.171 5	18.488 4	21.113 8	24.085 6	27.446 2	31.242 6	35.527 1	40.357 9	45.799 4	51.923	58.807 9	66.541 7
17	1.184 3	1.400 2	1.652 8	1.947 9	2.292	2.692 8	3.158 8	3.7	4.327 6	5.054 5	5.895 1	6.866	7.986 1	9.276 5	10.761 3	12.467 7	14.426 5	16.672 2	19.244 1	22.186 1	25.547 7	29.384 4	33.758 8	38.740 8	44.408 9	50.851	58.165 2	66.461 4	75.862 1	86.504 2
18	1.196 1	1.428 2	1.702 4	2.025 8	2.406 6	2.854 3	3.379 9	3.996	4.717 1	5.559 9	6.543 6	7.69	9.024 3	10.575 2	12.375 5	14.462 5	16.879	19.673 3	22.900 5	26.623 3	30.912 7	35.849	41.523 3	48.038 6	55.511 2	64.072 2	73.869 8	85.070 6	97.862 2	112.455 4

续表

期数	1%	2%	3%	4%	5%	6%	7%	8%	9%	10%	11%	12%	13%	14%	15%
19	1.208 1	1.456 8	1.753 5	2.106 8	2.527	3.025 6	3.616 5	4.315 7	5.141 7	6.115 9	7.263 3	8.612 8	10.197 4	12.055 7	14.231 8
20	1.220 2	1.485 9	1.806 1	2.191 1	2.653 3	3.207 1	3.869 7	4.661	5.604 4	6.727 5	8.062 3	9.646 3	11.523 1	13.743 5	16.366 5
21	1.232 4	1.515 7	1.860 3	2.278 8	2.786	3.399 6	4.140 6	5.033 8	6.108 8	7.400 2	8.949 2	10.803 8	13.021 1	15.667 6	18.821 5
22	1.244 7	1.546	1.916 1	2.369 9	2.925 3	3.603 5	4.430 4	5.436 5	6.658 6	8.140 3	9.933 6	12.100 3	14.713 8	17.861	21.644 7
23	1.257 2	1.576 9	1.973 6	2.464 7	3.071 5	3.819 7	4.740 5	5.871 5	7.257 9	8.954 3	11.026 3	13.552 3	16.626 6	20.361 6	24.891 5
24	1.269 7	1.608 4	2.032 8	2.563 3	3.225 1	4.048 9	5.072 4	6.341 2	7.911 1	9.849 7	12.239 2	15.178 6	18.788 1	23.212 2	28.625 2
25	1.282 4	1.640 6	2.093 8	2.665 8	3.386 4	4.291 9	5.427 4	6.848 5	8.623 1	10.834 7	13.585 5	17.000 1	21.230 5	26.461 9	32.919
26	1.295 3	1.673 4	2.156 6	2.772 5	3.555 7	4.549 4	5.807 4	7.396 4	9.399 2	11.918 2	15.079 9	19.040 1	23.990 5	30.166 6	37.856 8
27	1.308 2	1.706 9	2.221 3	2.883 4	3.733 5	4.822 3	6.213 9	7.988 1	10.245 1	13.11	16.738 7	21.324 9	27.109 3	34.389 9	43.535 3
28	1.321 3	1.741	2.287 9	2.998 7	3.920 1	5.111 7	6.648 8	8.627 1	11.167 1	14.421	18.579 9	23.883 9	30.633 5	39.204 5	50.065 6
29	1.334 5	1.775 8	2.356 6	3.118 7	4.116 1	5.418 4	7.114 3	9.317 3	12.172 2	15.863 1	20.623 7	26.749 9	34.615 8	44.693 1	57.575 5
30	1.347 8	1.811 4	2.427 3	3.243 4	4.321 9	5.743 5	7.612 3	10.062 7	13.267 7	17.449 4	22.892 3	29.959 9	39.115 9	50.950 2	66.211 8

期数	16%	17%	18%	19%	20%	21%	22%	23%	24%	25%	26%	27%	28%	29%	30%
19	16.776 5	19.748 4	23.214 4	27.251 6	31.948	37.404 3	43.735 8	51.073 7	59.567 9	69.388 9	80.731	93.814 7	108.890 4	126.242 2	146.192
20	19.460 8	23.105 6	27.393	32.429 4	38.337 6	45.259 3	53.357 6	62.820 6	73.864 1	86.736 2	101.721 1	119.144 6	139.379 7	162.852 4	190.049 6
21	22.574 5	27.033 6	32.323 8	38.591	46.005 1	54.763 7	65.096 3	77.269 4	91.591 5	108.420 2	128.168 5	151.313 7	178.406	210.079 6	247.064 5
22	26.186 4	31.629 3	38.142 1	45.923 3	55.206 1	66.264 1	79.417 5	95.041 3	113.573 5	135.525 3	161.492 4	192.168 3	228.359 6	271.002 7	321.183 9
23	30.376 2	37.006 2	45.007 6	54.648 7	66.247 4	80.179 5	96.889 4	116.900 8	140.831 2	169.406 6	203.480 4	244.053 8	292.300 3	349.593 5	417.539 1
24	35.236 4	43.297 3	53.109	65.032	79.496 8	97.017 2	118.205	143.788	174.630 6	211.758 2	256.385 3	309.948 3	374.144 4	450.975 6	542.800 8
25	40.874 2	50.657 8	62.668 6	77.388 1	95.396 2	117.390 9	144.210 1	176.859 3	216.542	264.697 8	323.045 4	393.634 4	478.904 9	581.758 5	705.641
26	47.414 1	59.269 7	73.949	92.091 8	114.475 5	142.042 9	175.936 4	217.536 9	268.512 1	330.872 2	407.037 3	499.915 7	612.998 2	750.468 5	917.333 3
27	55.000 4	69.345 5	87.259 8	109.589 3	137.370 6	171.871 9	214.642 4	267.570 4	332.955	413.590 3	512.867	634.892 9	784.637 7	968.104 4	1 192.533 3
28	63.800 4	81.134 2	102.966 6	130.411 2	164.844 7	207.965 1	261.863 7	329.111 5	412.864 2	516.987 9	646.212 4	806.314	1 004.336 3	1 248.854 6	1 550.293 3
29	74.008 5	94.927 1	121.500 5	155.189 3	197.813 6	251.637 7	319.473 7	404.807 2	511.951 6	646.234 9	814.227 6	1 024.018 7	1 285.550 4	1 611.022 5	2 015.381 3
30	85.849 9	111.064 7	143.370 6	184.675 3	237.376 3	304.481 6	389.757 9	497.912 9	634.819 9	807.793 6	1 025.926 7	1 300.503 8	1 645.504 6	2 078.219	2 619.995 6

附表二 复利现值系数表

期数	1%	2%	3%	4%	5%	6%	7%	8%	9%	10%	11%	12%	13%	14%	15%	16%	17%	18%	19%	20%	21%	22%	23%	24%	25%	26%	27%	28%	29%	30%
1	0.990 1	0.980 4	0.970 9	0.961 5	0.952 4	0.943 4	0.934 6	0.925 9	0.917 4	0.909 1	0.900 9	0.892 9	0.885	0.877 2	0.869 6	0.862 1	0.854 7	0.847 5	0.840 3	0.833 3	0.826 4	0.819 7	0.813	0.806 5	0.8	0.793 7	0.787 4	0.781 3	0.775 2	0.769 2
2	0.980 3	0.961 2	0.942 6	0.924 6	0.907	0.89	0.873 4	0.857 3	0.841 7	0.826 4	0.811 6	0.797 2	0.783 1	0.769 5	0.756 1	0.743 2	0.730 5	0.718 2	0.706 2	0.694 4	0.683	0.671 9	0.661	0.650 4	0.64	0.629 9	0.62	0.610 4	0.600 9	0.591 7
3	0.970 6	0.942 3	0.915 1	0.889	0.863 8	0.839 6	0.816 3	0.793 8	0.772 2	0.751 3	0.731 2	0.711 8	0.693 1	0.675	0.657 5	0.640 7	0.624 4	0.608 6	0.593 4	0.578 7	0.564 5	0.550 7	0.537 4	0.524 5	0.512	0.499 9	0.488 2	0.476 8	0.465 8	0.455 2
4	0.961	0.923 8	0.888 5	0.854 8	0.822 7	0.792 1	0.762 9	0.735	0.708 4	0.683	0.658 7	0.635 5	0.613 3	0.592 1	0.571 8	0.552 3	0.533 7	0.515 8	0.498 7	0.482 3	0.466 5	0.451 4	0.436 9	0.423	0.409 6	0.396 8	0.384 4	0.372 5	0.361 1	0.350 1
5	0.951 5	0.905 7	0.862 6	0.821 9	0.783 5	0.747 3	0.713	0.680 6	0.649 9	0.620 9	0.593 5	0.567 4	0.542 8	0.519 4	0.497 2	0.476 1	0.456 1	0.437 1	0.419	0.401 9	0.385 5	0.37	0.355 2	0.341 1	0.327 7	0.314 9	0.302 7	0.291	0.279 9	0.269 3
6	0.942	0.888	0.837 5	0.790 3	0.746 2	0.705	0.666 3	0.630 2	0.596 3	0.564 5	0.534 6	0.506 6	0.480 3	0.455 6	0.432 3	0.410 4	0.389 8	0.370 4	0.352 1	0.334 9	0.318 6	0.303 3	0.288 8	0.275 1	0.262 1	0.249 9	0.238 3	0.227 4	0.217	0.207 2
7	0.932 7	0.870 6	0.813 1	0.759 9	0.710 7	0.665 1	0.622 7	0.583 5	0.547	0.513 2	0.481 7	0.452 3	0.425 1	0.399 6	0.375 9	0.353 8	0.333 2	0.313 9	0.295 9	0.279 1	0.263 3	0.248 6	0.234 8	0.221 8	0.209 7	0.198 3	0.187 7	0.177 6	0.168 2	0.159 4
8	0.923 5	0.853 5	0.789 4	0.730 7	0.676 8	0.627 4	0.582	0.540 3	0.501 9	0.466 5	0.433 9	0.403 9	0.376 2	0.350 6	0.326 9	0.305	0.284 8	0.266	0.248 7	0.232 6	0.217 6	0.203 8	0.190 9	0.178 9	0.167 8	0.157 4	0.147 8	0.138 8	0.130 4	0.122 6
9	0.914 3	0.836 8	0.766 4	0.702 6	0.644 6	0.591 9	0.543 9	0.500 2	0.460 4	0.424 1	0.390 9	0.360 6	0.332 9	0.307 5	0.284 3	0.263	0.243 4	0.225 5	0.209	0.193 8	0.179 9	0.167	0.155 2	0.144 3	0.134 2	0.124 9	0.116 4	0.108 4	0.101 1	0.094 3
10	0.905 3	0.820 3	0.744 1	0.675 6	0.613 9	0.558 4	0.508 3	0.463 2	0.422 4	0.385 5	0.352 2	0.322	0.294 6	0.269 7	0.247 2	0.226 7	0.208	0.191 1	0.175 6	0.161 5	0.148 6	0.136 9	0.126 2	0.116 4	0.107 4	0.099 2	0.091 6	0.084 7	0.078 4	0.072 5
11	0.896 3	0.804 3	0.722 4	0.649 6	0.584 7	0.526 8	0.475 1	0.428 9	0.387 5	0.350 5	0.317 3	0.287 5	0.260 7	0.236 6	0.214 9	0.195 4	0.177 8	0.161 9	0.147 6	0.134 6	0.122 8	0.112 2	0.102 6	0.093 8	0.085 9	0.078 7	0.072 1	0.066 2	0.060 7	0.055 8
12	0.887 4	0.788 5	0.701 4	0.624 6	0.556 8	0.497	0.444	0.397 1	0.355 5	0.318 6	0.285 8	0.256 7	0.230 7	0.207 6	0.186 9	0.168 5	0.152	0.137 2	0.124	0.112 2	0.101 5	0.092	0.083 4	0.075 7	0.068 7	0.062 5	0.056 8	0.051 7	0.047 1	0.042 9
13	0.878 7	0.773	0.681	0.600 6	0.530 3	0.468 8	0.415	0.367 7	0.326 2	0.289 7	0.257 5	0.229 2	0.204 2	0.182 1	0.162 5	0.145 2	0.129 9	0.116 3	0.104 2	0.093 5	0.083 9	0.075 4	0.067 8	0.061	0.055	0.049 6	0.044 7	0.040 4	0.036 5	0.033
14	0.87	0.757 9	0.661 1	0.577 5	0.505 1	0.442 3	0.387 8	0.340 5	0.299 2	0.263 3	0.232	0.204 6	0.180 7	0.159 7	0.141 3	0.125 2	0.111	0.098 5	0.087 6	0.077 9	0.069 3	0.061 8	0.055 1	0.049 2	0.044	0.039 3	0.035 2	0.031 6	0.028 3	0.025 4
15	0.861 3	0.743	0.641 9	0.555 3	0.481	0.417 3	0.362 4	0.315 2	0.274 5	0.239 4	0.209	0.182 7	0.159 9	0.140 1	0.122 9	0.107 9	0.094 9	0.083 5	0.073 6	0.064 9	0.057 3	0.050 7	0.044 8	0.039 7	0.035 2	0.031 2	0.027 7	0.024 7	0.021 9	0.019 5
16	0.852 8	0.728 4	0.623 2	0.533 9	0.458 1	0.393 6	0.338 7	0.291 9	0.251 9	0.217 6	0.188 3	0.163 1	0.141 5	0.122 9	0.106 9	0.093	0.081 1	0.070 8	0.061 8	0.054 1	0.047 4	0.041 5	0.036 4	0.032	0.028 1	0.024 8	0.021 8	0.019 3	0.017	0.015
17	0.844 4	0.714 2	0.605	0.513 4	0.436 3	0.371 4	0.316 6	0.270 3	0.231 1	0.197 8	0.169 6	0.145 6	0.125 2	0.107 8	0.092 9	0.080 2	0.069 3	0.06	0.052	0.045 1	0.039 1	0.034	0.029 6	0.025 8	0.022 5	0.019 7	0.017 2	0.015	0.013 2	0.011 6
18	0.836	0.700 2	0.587 4	0.493 6	0.415 5	0.350 3	0.295 9	0.250 2	0.212	0.179 9	0.152 8	0.13	0.110 8	0.094 6	0.080 8	0.069 1	0.059 2	0.050 8	0.043 7	0.037 6	0.032 3	0.027 9	0.024 1	0.020 8	0.018	0.015 6	0.013 5	0.011 8	0.010 2	0.008 9
19	0.827 7	0.686 4	0.570 3	0.474 6	0.395 7	0.330 5	0.276 5	0.231 7	0.194 5	0.163 5	0.137 7	0.116 1	0.098 1	0.082 9	0.070 3	0.059 6	0.050 6	0.043 1	0.036 7	0.031 3	0.026 7	0.022 9	0.019 6	0.016 8	0.014 4	0.012 4	0.010 7	0.009 2	0.007 9	0.006 8
20	0.819 5	0.673	0.553 7	0.456 4	0.376 9	0.311 8	0.258 4	0.214 5	0.178 4	0.148 6	0.124	0.103 7	0.086 8	0.072 8	0.061 1	0.051 4	0.043 3	0.036 5	0.030 8	0.026 1	0.022 1	0.018 7	0.015 9	0.013 5	0.011 5	0.009 8	0.008 4	0.007 2	0.006 1	0.005 3
21	0.811 4	0.659 8	0.537 5	0.438 8	0.358 9	0.294 2	0.241 5	0.198 7	0.163 7	0.135 1	0.111 7	0.092 6	0.076 8	0.063 8	0.053 1	0.044 3	0.037	0.030 9	0.025 9	0.021 7	0.018 3	0.015 4	0.012 9	0.010 9	0.009 2	0.007 8	0.006 6	0.005 6	0.004 8	0.004
22	0.803 4	0.646 8	0.521 9	0.422	0.341 8	0.277 5	0.225 7	0.183 9	0.150 2	0.122 8	0.100 7	0.082 6	0.068	0.056	0.046 2	0.038 2	0.031 6	0.026 2	0.021 8	0.018 1	0.015 1	0.012 6	0.010 5	0.008 8	0.007 4	0.006 2	0.005 2	0.004 4	0.003 7	0.003 1
23	0.795 4	0.634 2	0.506 7	0.405 7	0.325 6	0.261 8	0.210 9	0.170 3	0.137 8	0.111 7	0.090 7	0.073 8	0.060 1	0.049 1	0.040 2	0.032 9	0.027	0.022 2	0.018 3	0.015 1	0.012 5	0.010 3	0.008 6	0.007 1	0.005 9	0.004 9	0.004 1	0.003 4	0.002 9	0.002 4
24	0.787 6	0.621 7	0.491 9	0.390 1	0.310 1	0.247	0.197 1	0.157 7	0.126 4	0.101 5	0.081 7	0.065 9	0.053 2	0.043 1	0.034 9	0.028 4	0.023 1	0.018 8	0.015 4	0.012 6	0.010 3	0.008 5	0.007	0.005 7	0.004 7	0.003 9	0.003 2	0.002 7	0.002 2	0.001 8
25	0.779 8	0.609 5	0.477 6	0.375 1	0.295 3	0.233	0.184 2	0.146	0.116	0.092 3	0.073 6	0.058 8	0.047 1	0.037 8	0.030 4	0.024 5	0.019 7	0.016	0.012 9	0.010 5	0.008 5	0.006 9	0.005 7	0.004 6	0.003 8	0.003 1	0.002 5	0.002 1	0.001 7	0.001 4
26	0.772	0.597 6	0.463 7	0.360 7	0.281 2	0.219 8	0.172 2	0.135 2	0.106 4	0.083 9	0.066 3	0.052 5	0.041 7	0.033 1	0.026 4	0.021 1	0.016 9	0.013 5	0.010 9	0.008 7	0.007	0.005 7	0.004 6	0.003 7	0.003	0.002 5	0.002	0.001 6	0.001 3	0.001 1
27	0.764 4	0.585 9	0.450 2	0.346 8	0.267 8	0.207 4	0.160 9	0.125 2	0.097 6	0.076 3	0.059 7	0.046 9	0.036 9	0.029 1	0.023	0.018 2	0.014 4	0.011 5	0.009 1	0.007 3	0.005 8	0.004 7	0.003 7	0.003	0.002 4	0.001 9	0.001 6	0.001 3	0.001	0.000 8
28	0.756 8	0.574 4	0.437 1	0.333 5	0.255 1	0.195 6	0.150 4	0.115 9	0.089 5	0.069 3	0.053 8	0.041 9	0.032 6	0.025 5	0.02	0.015 7	0.012 3	0.009 7	0.007 7	0.006 1	0.004 8	0.003 8	0.003	0.002 4	0.001 9	0.001 5	0.001 2	0.001	0.000 8	0.000 6
29	0.749 3	0.563 1	0.424 3	0.320 7	0.242 9	0.184 6	0.140 6	0.107 3	0.082 2	0.063	0.048 5	0.037 4	0.028 9	0.022 4	0.017 4	0.013 5	0.010 5	0.008 2	0.006 4	0.005 1	0.004	0.003 1	0.002 5	0.002	0.001 5	0.001 2	0.001	0.000 8	0.000 6	0.000 5
30	0.741 9	0.552 1	0.412	0.308 3	0.231 4	0.174 1	0.131 4	0.099 4	0.075 4	0.057 3	0.043 7	0.033 4	0.025 6	0.019 6	0.015 1	0.011 6	0.009	0.007	0.005 4	0.004 2	0.003 3	0.002 6	0.002	0.001 6	0.001 2	0.001	0.000 8	0.000 6	0.000 5	0.000 4

附表三 年金终值系数表

期数	1%	2%	3%	4%	5%	6%	7%	8%	9%	10%	11%	12%	13%	14%	15%
1	1	1	1	1	1	1	1	1	1	1	1	1	1	1	1
2	2.01	2.02	2.03	2.04	2.05	2.06	2.07	2.08	2.09	2.1	2.11	2.12	2.13	2.14	2.15
3	3.030 1	3.060 4	3.090 9	3.121 6	3.152 5	3.183 6	3.214 9	3.246 4	3.278 1	3.31	3.342 1	3.374 4	3.406 9	3.439 6	3.472 5
4	4.060 4	4.121 61	4.183 63	4.246 46	4.310 13	4.374 62	4.439 94	4.506 11	4.573 13	4.641	4.709 73	4.779 33	4.849 8	4.921 14	4.993 38
5	5.101 01	5.204 04	5.309 14	5.416 32	5.525 63	5.637 09	5.750 74	5.866 6	5.984 71	6.105 1	6.227 8	6.352 85	6.480 27	6.610 1	6.742 38
6	6.152 02	6.308 12	6.468 41	6.632 98	6.801 91	6.975 32	7.153 29	7.335 93	7.523 33	7.715 61	7.912 86	8.115 19	8.322 71	8.535 52	8.753 74
7	7.213 54	7.434 28	7.662 46	7.898 29	8.142 01	8.393 84	8.654 02	8.922 8	9.200 43	9.487 17	9.783 27	10.089	10.404 7	10.730 5	11.066 8
8	8.285 67	8.582 97	8.892 34	9.214 23	9.549 11	9.897 47	10.259 8	10.636 6	11.028 5	11.435 9	11.859 4	12.299 7	12.757 3	13.232 8	13.726 8
9	9.368 53	9.754 63	10.159 1	10.582 8	11.026 6	11.491 3	11.978	12.487 6	13.021	13.579 5	14.164	14.775 7	15.415 7	16.085 3	16.785 8
10	10.462 2	10.949 7	11.463 9	12.006 1	12.577 9	13.180 8	13.816 4	14.486 6	15.192 9	15.937 4	16.722	17.548 7	18.419 7	19.337 3	20.303 7
11	11.566 8	12.168 7	12.807 8	13.486 4	14.206 8	14.971 6	15.783 6	16.645 5	17.560 3	18.531 2	19.561 4	20.654 6	21.814 3	23.044 5	24.349 3
12	12.682 5	13.412 1	14.192	15.025 8	15.917 1	16.869 9	17.888 5	18.977 1	20.140 7	21.384 3	22.713 2	24.133 1	25.650 2	27.270 7	29.001 7
13	13.809 3	14.680 3	15.617 8	16.626 8	17.713	18.882 1	20.140 6	21.495 3	22.953 4	24.522 7	26.211 6	28.029 1	29.984 7	32.088 7	34.351 9
14	14.947 4	15.973 9	17.086 3	18.291 9	19.598 6	21.015 1	22.550 5	24.214 9	26.019 2	27.975	30.094 9	32.392 6	34.882 7	37.581 1	40.504 7
15	16.096 9	17.293 4	18.598 9	20.023 6	21.578 6	23.276	25.129	27.152 1	29.360 9	31.772 5	34.405 4	37.279 7	40.417 5	43.842 4	47.580 4
16	17.257 9	18.639 3	20.156 9	21.824 5	23.657 5	25.672 5	27.888 1	30.324 3	33.003 4	35.949 7	39.189 9	42.753 3	46.671 7	50.980 4	55.717 5
17	18.430 4	20.012 1	21.761 6	23.697 5	25.840 4	28.212 9	30.840 2	33.750 2	36.973 7	40.544 7	44.500 8	48.883 7	53.739 1	59.117 6	65.075 1
18	19.614 7	21.412 3	23.414 4	25.645 4	28.132 4	30.905 7	33.999	37.450 2	41.301 3	45.599 2	50.395 9	55.749 7	61.725 1	68.394 1	75.836 4
19	20.810 9	22.840 6	25.116 9	27.671 2	30.539	33.76	37.379	41.446 3	46.018 5	51.159 1	56.939 5	63.439 7	70.749 4	78.969 2	88.211 8
20	22.019	24.297 4	26.870 4	29.778 1	33.066	36.785 6	40.995 5	45.762	51.160 1	57.275	64.202 8	72.052 4	80.946 8	91.024 9	102.444
21	23.239 2	25.783 3	28.676 5	31.969 2	35.719 3	39.992 7	44.865 2	50.422 9	56.764 5	64.002 5	72.265 1	81.698 7	92.469 9	104.768	118.81
22	24.471 6	27.299	30.536 8	34.248	38.505 2	43.392 3	49.005 7	55.456 8	62.873 3	71.402 7	81.214 3	92.502 6	105.491	120.436	137.632
23	25.716 3	28.845	32.452 9	36.617 9	41.430 5	46.995 8	53.436 1	60.893 3	69.531 9	79.543	91.147 9	104.603	120.205	138.297	159.276
24	26.973 5	30.421 9	34.426 5	39.082 6	44.502	50.815 6	58.176 7	66.764 8	76.789 8	88.497 3	102.174	118.155	136.831	158.659	184.168
25	28.243 2	32.030 3	36.459 3	41.645 9	47.727 1	54.864 5	63.249	73.105 9	84.700 9	98.347 1	114.413	133.334	155.62	181.871	212.793
26	29.525 6	33.670 9	38.553	44.311 7	51.113 5	59.156 4	68.676 5	79.954 4	93.324	109.182	127.999	150.334	176.85	208.333	245.712
27	30.820 9	35.344 3	40.709 6	47.084 2	54.669 1	63.705 8	74.483 8	87.350 8	102.723	121.1	143.079	169.374	200.841	238.499	283.569
28	32.129 1	37.051 2	42.930 9	49.967 6	58.402 6	68.528 1	80.697 7	95.338 8	112.968	134.21	159.817	190.699	227.95	272.889	327.104
29	33.450 4	38.792 2	45.218 9	52.966 3	62.322 7	73.639 8	87.346 5	103.966	124.135	148.631	178.397	214.583	258.583	312.094	377.17
30	34.784 9	40.568 1	47.575 4	56.084 9	66.438 8	79.058 2	94.460 8	113.283	136.308	164.494	199.021	241.333	293.199	356.787	434.745

期数	16%	17%	18%	19%	20%	21%	22%	23%	24%	25%	26%	27%	28%	29%	30%
1	1	1	1	1	1	1	1	1	1	1	1	1	1	1	1
2	2.16	2.17	2.18	2.19	2.2	2.21	2.22	2.23	2.24	2.25	2.26	2.27	2.28	2.29	2.3
3	3.505 6	3.538 9	3.572 4	3.606 1	3.64	3.674 1	3.708 4	3.742 9	3.777 6	3.812 5	3.847 6	3.882 9	3.918 4	3.954 1	3.99
4	5.066 5	5.140 51	5.215 43	5.291 26	5.368	5.445 66	5.524 25	5.603 77	5.684 22	5.765 63	5.847 98	5.931 28	6.015 55	6.100 79	6.187
5	6.877 14	7.014 4	7.154 21	7.296 6	7.441 6	7.589 25	7.739 58	7.892 63	8.048 44	8.207 03	8.368 45	8.532 73	8.699 91	8.870 02	9.043 1
6	8.977 48	9.206 85	9.441 97	9.682 95	9.929 92	10.183	10.442 3	10.707 9	10.980 1	11.258 8	11.544 2	11.836 6	12.135 9	12.442 3	12.756
7	11.413 9	11.772	12.141 5	12.522 7	12.915 9	13.321 4	13.739 6	14.170 8	14.615 3	15.073 5	15.545 8	16.032 4	16.533 9	17.050 6	17.582 8
8	14.240 1	14.773 3	15.327	15.902	16.499 1	17.118 9	17.762 3	18.43	19.122 9	19.841 9	20.587 6	21.361 2	22.163 4	22.995 3	23.857 7
9	17.518 5	18.284 7	19.085 9	19.923 4	20.798 9	21.713 9	22.67	23.669	24.712 5	25.802 3	26.940 4	28.128 7	29.369 2	30.663 9	32.015
10	21.321 5	22.393 1	23.521 3	24.708 9	25.958 7	27.273 8	28.657 4	30.112 8	31.643 4	33.252 9	34.944 9	36.723 5	38.592 6	40.556 4	42.619 5
11	25.732 9	27.199 9	28.755 1	30.403 5	32.150 4	34.001 3	35.962	38.038 8	40.237 9	42.566 1	45.030 6	47.638 8	50.398 5	53.317 8	56.405 3
12	30.850 2	32.823 9	34.931 1	37.180 2	39.580 5	42.141 6	44.873 7	47.787 7	50.895	54.207 7	57.738 6	61.501 3	65.51	69.78	74.327
13	36.786 2	39.404	42.218 7	45.244 5	48.496 6	51.991 3	55.745 9	59.778 8	64.109 7	68.759 6	73.750 6	79.106 6	84.852 9	91.016 1	97.625
14	43.672	47.102 7	50.818	54.840 9	59.195 9	63.909 5	69.01	74.528	80.496 1	86.949 5	93.925 8	101.465	109.612	118.411	127.913
15	51.659 5	56.110 1	60.965 3	66.260 7	72.035 1	78.330 5	85.192 2	92.669 4	100.815	109.687	119.347	129.861	141.303	153.75	167.286
16	60.925	66.648 8	72.939	79.850 2	87.442 1	95.779 9	104.935	114.983	126.011	138.109	151.377	165.924	181.868	199.337	218.472
17	71.673	78.979 2	87.068	96.021 8	105.931	116.894	129.02	142.43	157.253	173.636	191.735	211.723	233.791	258.145	285.014
18	84.140 7	93.405 6	103.74	115.266	128.117	142.441	158.405	176.188	195.994	218.045	242.585	269.888	300.252	334.007	371.518
19	98.603 2	110.285	123.414	138.166	154.74	173.354	194.254	217.712	244.033	273.556	306.658	343.758	385.323	431.87	483.973
20	115.38	130.033	146.628	165.418	186.688	210.758	237.989	268.785	303.601	342.945	387.389	437.573	494.213	558.112	630.165
21	134.841	153.139	174.021	197.847	225.026	256.018	291.347	331.606	377.465	429.681	489.11	556.717	633.593	720.964	820.215
22	157.415	180.172	206.345	236.438	271.031	310.781	356.443	408.875	469.056	538.101	617.278	708.031	811.999	931.044	1 067.28
23	183.601	211.801	244.487	282.362	326.237	377.045	435.861	503.917	582.63	673.626	778.771	900.199	1 040.36	1 202.05	1 388.46
24	213.978	248.808	289.494	337.01	392.484	457.225	532.75	620.817	723.461	843.033	982.251	1 144.25	1 332.66	1 551.64	1 806
25	249.214	292.105	342.603	402.042	471.981	554.242	650.955	764.605	898.092	1 054.79	1 238.64	1 454.2	1 706.8	2 002.62	2 348.8
26	290.088	342.763	405.272	479.431	567.377	671.633	795.165	941.465	1 114.63	1 319.49	1 561.68	1 847.84	2 185.71	2 584.37	3 054.44
27	337.502	402.032	479.221	571.522	681.853	813.676	971.102	1 159	1 383.15	1 650.36	1 968.72	2 347.75	2 798.71	3 334.84	3 971.78
28	392.503	471.378	566.481	681.112	819.223	985.548	1 185.74	1 426.57	1 716.1	2 063.95	2 481.59	2 982.64	3 583.34	4 302.95	5 164.31
29	456.303	552.512	669.447	811.523	984.068	1 193.51	1 447.61	1 755.68	2 128.96	2 580.94	3 127.8	3 788.96	4 587.68	5 551.8	6 714.6
30	530.312	647.439	790.948	966.712	1 181.88	1 445.15	1 767.08	2 160.49	2 640.92	3 227.17	3 942.03	4 812.98	5 873.23	7 162.82	8 729.99

附表四　年金现值系数表

期数	1%	2%	3%	4%	5%	6%	7%	8%	9%	10%	11%	12%	13%	14%	15%
1	0.9901	0.9804	0.9709	0.9615	0.9524	0.9434	0.9346	0.9259	0.9174	0.9091	0.9009	0.8929	0.8850	0.8772	0.8696
2	1.9704	1.9416	1.9135	1.8861	1.8594	1.8334	1.8080	1.7833	1.7591	1.7355	1.7125	1.6901	1.6681	1.6467	1.6257
3	2.9410	2.8839	2.8286	2.7751	2.7232	2.6730	2.6243	2.5771	2.5313	2.4869	2.4437	2.4018	2.3612	2.3216	2.2832
4	3.9020	3.8077	3.7171	3.6299	3.5460	3.4651	3.3872	3.3121	3.2397	3.1699	3.1024	3.0373	2.9745	2.9137	2.8550
5	4.8534	4.7135	4.5797	4.4518	4.3295	4.2124	4.1002	3.9927	3.8897	3.7908	3.6959	3.6048	3.5172	3.4331	3.3522
6	5.7955	5.6014	5.4172	5.2421	5.0757	4.9173	4.7665	4.6229	4.4859	4.3553	4.2305	4.1114	3.9975	3.8887	3.7845
7	6.7282	6.4720	6.2303	6.0021	5.7864	5.5824	5.3893	5.2064	5.0330	4.8684	4.7122	4.5638	4.4226	4.2883	4.1604
8	7.6517	7.3255	7.0197	6.7327	6.4632	6.2098	5.9713	5.7466	5.5348	5.3349	5.1461	4.9676	4.7988	4.6389	4.4873
9	8.5660	8.1622	7.7861	7.4353	7.1078	6.8017	6.5152	6.2469	5.9952	5.7590	5.5370	5.3282	5.1317	4.9464	4.7716
10	9.4713	8.9826	8.5302	8.1109	7.7217	7.3601	7.0236	6.7101	6.4177	6.1446	5.8892	5.6502	5.4262	5.2161	5.0188
11	10.3676	9.7868	9.2526	8.7605	8.3064	7.8869	7.4987	7.1390	6.8052	6.4951	6.2065	5.9377	5.6869	5.4527	5.2337
12	11.2551	10.5753	9.9540	9.3851	8.8633	8.3838	7.9427	7.5361	7.1607	6.8137	6.4924	6.1944	5.9176	5.6603	5.4206
13	12.1337	11.3484	10.6350	9.9856	9.3936	8.8527	8.3577	7.9038	7.4869	7.1034	6.7499	6.4235	6.1218	5.8424	5.5831
14	13.0037	12.1062	11.2961	10.5631	9.8986	9.2950	8.7455	8.2442	7.7862	7.3667	6.9819	6.6282	6.3025	6.0021	5.7245
15	13.8651	12.8493	11.9379	11.1184	10.3797	9.7122	9.1079	8.5595	8.0607	7.6061	7.1909	6.8109	6.4624	6.1422	5.8474
16	14.7179	13.5777	12.5611	11.6523	10.8378	10.1059	9.4466	8.8514	8.3126	7.8237	7.3792	6.9740	6.6039	6.2651	5.9542
17	15.5623	14.2919	13.1661	12.1657	11.2741	10.4773	9.7632	9.1216	8.5436	8.0216	7.5488	7.1196	6.7291	6.3729	6.0472
18	16.3983	14.9920	13.7535	12.6593	11.6896	10.8276	10.0591	9.3719	8.7556	8.2014	7.7016	7.2497	6.8399	6.4674	6.1280
19	17.2260	15.6785	14.3238	13.1339	12.0853	11.1581	10.3356	9.6036	8.9501	8.3649	7.8393	7.3658	6.9380	6.5504	6.1982
20	18.0456	16.3514	14.8775	13.5903	12.4622	11.4699	10.5940	9.8181	9.1285	8.5136	7.9633	7.4694	7.0248	6.6231	6.2593
21	18.8570	17.0112	15.4150	14.0292	12.8212	11.7641	10.8355	10.0168	9.2922	8.6487	8.0751	7.5620	7.1016	6.6870	6.3125
22	19.6604	17.6580	15.9369	14.4511	13.1630	12.0416	11.0612	10.2007	9.4424	8.7715	8.1757	7.6446	7.1695	6.7429	6.3587
23	20.4558	18.2922	16.4436	14.8568	13.4886	12.3034	11.2722	10.3711	9.5802	8.8832	8.2664	7.7184	7.2297	6.7921	6.3988
24	21.2434	18.9139	16.9355	15.2470	13.7986	12.5504	11.4693	10.5288	9.7066	8.9847	8.3481	7.7843	7.2829	6.8351	6.4338
25	22.0232	19.5235	17.4131	15.6221	14.0939	12.7834	11.6536	10.6748	9.8226	9.0770	8.4217	7.8431	7.3300	6.8729	6.4641
26	22.7952	20.1210	17.8768	15.9828	14.3752	13.0032	11.8258	10.8100	9.9290	9.1609	8.4881	7.8957	7.3717	6.9061	6.4906
27	23.5596	20.7069	18.3270	16.3296	14.6430	13.2105	11.9867	10.9352	10.0266	9.2372	8.5478	7.9426	7.4086	6.9352	6.5135
28	24.3164	21.2813	18.7641	16.6631	14.8981	13.4062	12.1371	11.0511	10.1161	9.3066	8.6016	7.9844	7.4412	6.9607	6.5335
29	25.0658	21.8444	19.1885	16.9837	15.1411	13.5907	12.2777	11.1584	10.1983	9.3696	8.6501	8.0218	7.4701	6.9830	6.5509
30	25.8077	22.3965	19.6004	17.2920	15.3725	13.7648	12.4090	11.2578	10.2737	9.4269	8.6938	8.0552	7.4957	7.0027	6.5660

期数	16%	17%	18%	19%	20%	21%	22%	23%	24%	25%	26%	27%	28%	29%	30%
1	0.8621	0.8547	0.8475	0.8403	0.8333	0.8264	0.8197	0.8130	0.8065	0.8000	0.7937	0.7874	0.7813	0.7752	0.7692
2	1.6052	1.5852	1.5656	1.5465	1.5278	1.5095	1.4915	1.4740	1.4568	1.4400	1.4235	1.4074	1.3916	1.3761	1.3609
3	2.2459	2.2096	2.1743	2.1399	2.1065	2.0739	2.0422	2.0114	1.9813	1.9520	1.9234	1.8956	1.8684	1.8420	1.8161
4	2.7982	2.7432	2.6901	2.6386	2.5887	2.5404	2.4936	2.4483	2.4043	2.3616	2.3202	2.2800	2.2410	2.2031	2.1662
5	3.2743	3.1993	3.1272	3.0576	2.9906	2.9260	2.8636	2.8035	2.7454	2.6893	2.6351	2.5827	2.5320	2.4830	2.4356
6	3.6847	3.5892	3.4976	3.4098	3.3255	3.2446	3.1669	3.0923	3.0205	2.9514	2.8850	2.8210	2.7594	2.7000	2.6427
7	4.0386	3.9224	3.8115	3.7057	3.6046	3.5079	3.4155	3.3270	3.2423	3.1611	3.0833	3.0087	2.9370	2.8682	2.8021
8	4.3436	4.2072	4.0776	3.9544	3.8372	3.7256	3.6193	3.5179	3.4212	3.3289	3.2407	3.1564	3.0758	2.9986	2.9247
9	4.6065	4.4506	4.3030	4.1633	4.0310	3.9054	3.7863	3.6731	3.5655	3.4631	3.3657	3.2728	3.1842	3.0997	3.0190
10	4.8332	4.6586	4.4941	4.3389	4.1925	4.0541	3.9232	3.7993	3.6819	3.5705	3.4648	3.3644	3.2689	3.1781	3.0915
11	5.0286	4.8364	4.6560	4.4865	4.3271	4.1769	4.0354	3.9018	3.7757	3.6564	3.5435	3.4365	3.3351	3.2388	3.1473
12	5.1971	4.9884	4.7932	4.6105	4.4392	4.2784	4.1274	3.9852	3.8514	3.7251	3.6059	3.4933	3.3868	3.2859	3.1903
13	5.3423	5.1183	4.9095	4.7147	4.5327	4.3624	4.2028	4.0530	3.9124	3.7801	3.6555	3.5381	3.4272	3.3224	3.2233
14	5.4675	5.2293	5.0081	4.8023	4.6106	4.4317	4.2646	4.1082	3.9616	3.8241	3.6949	3.5733	3.4587	3.3507	3.2487
15	5.5755	5.3242	5.0916	4.8759	4.6755	4.4890	4.3152	4.1530	4.0013	3.8593	3.7261	3.6010	3.4834	3.3726	3.2682
16	5.6685	5.4053	5.1624	4.9377	4.7296	4.5364	4.3567	4.1894	4.0333	3.8874	3.7509	3.6228	3.5026	3.3896	3.2832
17	5.7487	5.4746	5.2223	4.9897	4.7746	4.5755	4.3908	4.2190	4.0591	3.9099	3.7705	3.6400	3.5177	3.4028	3.2948
18	5.8178	5.5339	5.2732	5.0333	4.8122	4.6079	4.4187	4.2431	4.0799	3.9279	3.7861	3.6536	3.5294	3.4130	3.3037
19	5.8775	5.5845	5.3162	5.0700	4.8435	4.6346	4.4415	4.2627	4.0967	3.9424	3.7985	3.6642	3.5386	3.4210	3.3105
20	5.9288	5.6278	5.3527	5.1009	4.8696	4.6567	4.4603	4.2786	4.1103	3.9539	3.8083	3.6726	3.5458	3.4271	3.3158
21	5.9731	5.6648	5.3837	5.1268	4.8913	4.6750	4.4756	4.2916	4.1212	3.9631	3.8161	3.6792	3.5514	3.4319	3.3198
22	6.0113	5.6964	5.4099	5.1486	4.9094	4.6900	4.4882	4.3021	4.1300	3.9705	3.8223	3.6844	3.5558	3.4356	3.3230
23	6.0442	5.7234	5.4321	5.1668	4.9245	4.7025	4.4985	4.3106	4.1371	3.9764	3.8273	3.6885	3.5592	3.4384	3.3254
24	6.0726	5.7465	5.4509	5.1822	4.9371	4.7128	4.5070	4.3176	4.1428	3.9811	3.8312	3.6918	3.5619	3.4406	3.3272
25	6.0971	5.7662	5.4669	5.1951	4.9476	4.7213	4.5139	4.3232	4.1474	3.9849	3.8342	3.6943	3.5640	3.4423	3.3286
26	6.1182	5.7831	5.4804	5.2060	4.9563	4.7284	4.5196	4.3278	4.1511	3.9879	3.8367	3.6963	3.5656	3.4437	3.3297
27	6.1364	5.7975	5.4919	5.2151	4.9636	4.7342	4.5243	4.3316	4.1542	3.9903	3.8387	3.6979	3.5669	3.4447	3.3305
28	6.1520	5.8099	5.5016	5.2228	4.9697	4.7390	4.5281	4.3346	4.1566	3.9923	3.8402	3.6991	3.5679	3.4455	3.3312
29	6.1656	5.8204	5.5098	5.2292	4.9747	4.7430	4.5312	4.3371	4.1585	3.9938	3.8414	3.7001	3.5687	3.4461	3.3317
30	6.1772	5.8294	5.5168	5.2347	4.9789	4.7463	4.5338	4.3391	4.1601	3.9950	3.8424	3.7009	3.5693	3.4466	3.3321